商学双書 3

社会保障論

土田武史 編著
Tsuchida Takeshi

Social Security

成文堂

はしがき

「社会保障を初めて学ぶ人を対象にしたものであると同時に，理論的内容もそなえた教科書にしたい」，成文堂の飯村晃弘さんと教科書をつくる話をしたとき，そう思った。立教大学の菅沼隆氏と流通経済大学の百瀬優氏に編集委員を依頼し，この本に対する私の意図を話して，構成と執筆者について相談した。執筆者は私が30年余り事務局をしてきた社会保障研究会のメンバーから選ぶことにした。私自身の学問的営みについてはさておき，人を見る目は持っているつもりである。いずれのテーマでもこれからの社会保障研究をリードする第一人者をそろえたと思っている。

　本書の構成と内容についての特色を記しておきたい。1つは，従来の社会保障の研究対象よりも範囲をやや広くとっていることがあげられる。本章の中に家族政策，労働と生活保障，企業福祉，民間保険などを入れ，さらに新たな課題として，社会的排除と包摂，社会的企業，災害時の生活保障などを加えた。そこには住宅政策も加える予定であったが間に合わず，入れることができなかったのは残念である。これらのテーマはいずれ日本の社会保障の分野にも入ってくるものと思っている。

　2つ目は，諸外国の社会保障を加えたことである。近年，社会保障の先進国では社会保障改革が大きな課題となっており，また東アジアでは急速に社会保障の整備が進められている。しかもそうした動きが経済のグローバル化，福祉国家の変容等と密接に絡み合い，日本にも大きな影響を及ぼしている。日本の社会保障研究において多様な外国研究の展開がみられるようになったが，そのなかからタイプの異なる国と地域を選択した。

　3つ目は，本書および各章の意図については編者から説明し了解を得たが，各章の内容については執筆者に委ね，編者による大きな修正は行わなかった。本書が専門的な理論的内容を求めていることによるものであり，その点では各章がそれぞれの執筆者の独立した論文ともなっている。内容が重なり合うところもあるが，ご海容を願いたい。

最近の貧困や格差の拡大は，社会保障の研究を行う者にとって憂慮せざるを得ないものである。しかも，日本の為政者は国民の生活保障を図ることこそが真の強国への道であることを理解せず，またその問題の重要性も十分に認識できていない。また，社会保障をめぐる論議でも，費用の抑制に傾斜しすぎる議論と，現実を無視した福祉の後退を非難する主張とが，まったく噛み合わない状況を繰り返している。こうした状況に対して，社会保障とはどういうものなのか，世界と日本の社会保障はどういう歴史を経てきたのか，社会保障はどんな問題に直面しているのか，そうしたことがらを本書を読むことによって学び取り，現実を見つめていただければ，編者としてそれにまさる喜びはない。

　本書の執筆者には心から感謝を申し上げたい。いずれも私の期待に応える論文を書いてくれた。また，本書の作成にあたって，各章の基本的な内容の確認，校正の確認，執筆者への原稿催促，出版社との連絡，その他多くの事務的作業は，すべて百瀬優氏が担当した。本書は百瀬氏がいなかったら上梓できなかったと思っている。編集委員の菅沼氏には，作業の過程で幾度も貴重なアドバイスを受けた。二人に心からお礼を申し上げたい。

　成文堂の飯村氏には，お詫びの言いようもないほどご迷惑をおかけした。執筆者が多いこともあって完成までに予想以上の時間がかかってしまった。飯村氏の寛容な対応に心からお礼を申し上げたい。

2015年2月

　　　　　　　　　　　　　　　　　　　　　　　　　土田　武史
　　　　　　　　　　　　　　　　　　　　　　　　　　　　誌す

目　次

はしがき

序章　社会保障とは何か …… 1

1　社会保障の役割 …… 1
1-1　全ての国民に最低生活を保障する役割 …… 1
1-2　生活を安定させる役割 …… 2
1-3　社会的公平を図る役割 …… 4

2　社会保障の前提条件 …… 5

3　社会保障の体系 …… 6
3-1　日本の社会保障制度の体系 …… 6
3-2　保障分野による体系 …… 8

4　社会保障の新たな取り組み …… 9

第1章　医療保険 …… 13

1　医療保険とは …… 13
1-1　医療保険の役割 …… 13
1-2　公的医療保険の特徴 …… 14
1-3　医療保険制度体系 …… 15
　(1) 公的医療保険の全体像 (15)
　(2) 公的医療保険と民間医療保険の関係 (17)

2　医療保険制度の概要 …… 19
2-1　健康保険制度 …… 19
　(1) 被保険者 (19)
　(2) 被扶養者 (20)
　(3) 保険者 (20)

(4) 財源 (20)
　2-2　国民健康保険制度 …………………………………………… 22
　　　(1) 被保険者 (22)
　　　(2) 保険者 (23)
　　　(3) 財源 (24)
　　　Column　保険料か，税か (25)
　2-3　高齢者医療制度 ……………………………………………… 26
　　　(1) 後期高齢者医療制度 (26)
　　　(2) 前期高齢者医療制度 (29)

3　医療保険の給付 ……………………………………………… 29
　3-1　保険給付 ……………………………………………………… 29
　3-2　患者の一部負担金 …………………………………………… 32

4　医療保障の三者関係 ………………………………………… 33
　4-1　現物給付の医療サービス …………………………………… 33
　4-2　診療報酬の仕組み …………………………………………… 34
　　　(1) 診療報酬の支払い方式 (34)
　　　(2) 日本の診療報酬制度 (36)

5　医療費 ………………………………………………………… 38
　5-1　医療費の増加要因 …………………………………………… 38
　5-2　国民医療費 …………………………………………………… 38

6　医療提供体制 ………………………………………………… 40
　6-1　医療供給の状況 ……………………………………………… 40
　6-2　これからの医療提供体制 …………………………………… 42
　　　Column　データヘルスとは？ (42)

第2章　介護保険 …………………………………………………… 45

1　介護保険とは ………………………………………………… 45
　1-1　高齢社会における介護保障の必要性 ……………………… 45
　1-2　介護保険が創設される以前の状況 ………………………… 46

2 介護保険の仕組み ……………………………………………… 47
- 2-1 保険者 …………………………………………………… 47
- 2-2 被保険者 ………………………………………………… 49
- 2-3 保険料 …………………………………………………… 50
  - (1) 第 1 号被保険者の保険料 (50)
  - (2) 第 2 号被保険者の保険料 (51)
- 2-4 介護サービス利用の手続き …………………………… 52
  - (1) 要介護認定 (52)
  - Column 介護保険がカバーするリスクとは何か (53)
  - (2) 介護サービス計画,介護予防サービス計画の作成 (54)
- 2-5 保険給付の種類 ………………………………………… 54
  - (1) 居宅介護サービス (55)
  - (2) 施設介護サービス (56)
  - (3) 地域密着型介護サービス (56)
  - (4) 介護予防給付 (57)
  - (5) 定期巡回・随時対応サービスの創設 (57)
- 2-6 介護保険のサービスの提供者 ………………………… 58
- 2-7 給付基準と支給限度額 ………………………………… 58
- 2-8 介護報酬 ………………………………………………… 59
- 2-9 利用者の負担(自己負担) ……………………………… 60
- 2-10 介護保険の運営 ………………………………………… 60
  - (1) 財政 (60)
  - (2) 介護予防と地域支援事業 (61)

3 介護保険制度の最近の動向 …………………………………… 62

第3章 公的年金 ………………………………………………………… 65

1 公的年金とは ……………………………………………………… 65

2 公的年金の目的と必要性 ………………………………………… 66
- 2-1 目的 ……………………………………………………… 66

  2-2 必要性 ·· 67
   (1) 家族による扶養と個人による貯蓄の限界 (67)
   (2) 私的年金と公的扶助の限界 (68)
   (3) 公的年金の必要性とその特徴 (69)
3 公的年金の体系 ··· 70
4 公的年金の保険者および被保険者・保険料 ····················· 72
  4-1 保険者 ·· 72
  4-2 被保険者・保険料 ·· 73
   Column 学生納付特例の意義 (74)
5 公的年金の給付 ··· 75
  5-1 老齢年金 ··· 75
   (1) 老齢基礎年金 (75)
   (2) 老齢厚生年金 (76)
  5-2 年金の給付水準 ·· 77
  5-3 障害年金 ··· 78
  5-4 遺族年金 ··· 80
  5-5 併給調整 ··· 81
6 公的年金の財政 ··· 81
  6-1 財源調達方式と財政方式 ·· 81
  6-2 公的年金の財政構造 ·· 83
7 公的年金が直面する主な課題とそれに対応した改革 ········ 85
  7-1 公的年金の財政問題 ·· 85
  7-2 年金保険料の未納問題 ··· 87
  7-3 低年金・無年金問題 ·· 89
  7-4 厚生年金保険非適用の非正規労働者 ························· 91
8 おわりに ·· 93

第4章　雇用保険 …… 95

1　雇用保険制度の目的 …… 95
- 1-1　失業保険法の制定 …… 95
- 1-2　失業保険から雇用保険へ …… 95

2　雇用保険の保険者と被保険者 …… 97
- 2-1　保険者と行政組織 …… 97
- 2-2　被保険者 …… 97

3　失業の定義 …… 98

4　保険給付 …… 99
- 4-1　求職者給付 …… 99
- 4-2　就職促進給付 …… 101
- 4-3　教育訓練給付 …… 103
- 4-4　雇用継続給付 …… 103

5　雇用保険二事業と雇用保険の財政 …… 105
- 5-1　雇用保険二事業 …… 105
- 5-2　雇用保険の財源 …… 106

6　平成26年雇用保険法改正 …… 106
- (1)　育児休業給付の充実(2014年4月1日施行)　(107)
- (2)　教育訓練給付金の拡充および教育訓練支援給付金の創設(2014年10月1日施行)　(107)
- (3)　就業促進手当(再就職手当)の拡充(2014年4月1日施行)　(108)
- (4)　平成25年度までの暫定措置の延長　(108)
  Column　求職者支援制度とは　(108)

第5章　労働者災害補償保険制度 …… 111

1　労災保険制度の目的 …… 111
- 1-1　労災保険とは何か …… 111

1-2　労働基準法上の災害補償責任 …………………………………… *112*

　2　適用事業，保険者，保険料 ………………………………………… *113*

　　2-1　適用事業 ……………………………………………………………… *113*
　　2-2　保険者 ………………………………………………………………… *114*
　　2-3　保険料 ………………………………………………………………… *114*

　3　業務災害，通勤災害の認定 ………………………………………… *115*

　　3-1　業務災害の認定 ……………………………………………………… *116*
　　3-2　通勤災害の認定 ……………………………………………………… *117*

　4　保険給付 ………………………………………………………………… *118*

　5　社会復帰促進等事業 ………………………………………………… *122*

　　　Column　過労死等の労災認定（*123*）

第6章　生活保護 ………………………………………………………… *125*

　1　生活保護とは何か：原理と原則 ………………………………… *125*

　　はじめに ……………………………………………………………………… *125*
　　1-1　四つの基本原理 ……………………………………………………… *126*
　　　（1）国家責任による最低生活保障の原理（*126*）
　　　（2）無差別平等の原理（*126*）
　　　（3）健康で文化的な最低生活保障の原理（*126*）
　　　（4）補足性の原理（*126*）
　　1-2　実施上の四つの原則 ………………………………………………… *127*
　　　（1）申請保護の原則（*127*）
　　　（2）基準及び程度の原則（*127*）
　　　（3）必要即応の原則（*128*）
　　　（4）世帯単位の原則（*128*）

　2　保護の内容 ……………………………………………………………… *129*

　　2-1　保護の種類 …………………………………………………………… *129*
　　　（1）生活扶助（*129*）

(2) 教育扶助 (129)
　　(3) 住宅扶助 (130)
　　(4) 医療扶助 (130)
　　(5) 介護扶助 (130)
　　(6) 出産扶助 (130)
　　(7) 生業扶助 (131)
　　(8) 葬祭扶助 (131)
　2-2　保護基準・最低生活費 …………………………………………… 131
3　生活保護の実施 ……………………………………………………… 134
　3-1　実施過程 …………………………………………………………… 134
　3-2　生活保護の費用，財政 …………………………………………… 135
4　生活保護の動向・実態 ……………………………………………… 137
　4-1　地域差，地域性 …………………………………………………… 137
　4-2　生活保護世帯の特徴 ……………………………………………… 138
5　生活保護の見直し・今後 …………………………………………… 139
　　Column　東日本大震災・原発事故，被災者支援，生活保護 (141)

第7章　障害者福祉 ……………………………………………………… 143

1　障害者福祉制度の目的と背景 ……………………………………… 143
　1-1　障害者福祉をめぐる理念 ………………………………………… 143
　1-2　障害者権利条約 …………………………………………………… 144
　1-3　障害者基本法 ……………………………………………………… 145
2　障害者総合支援法の特徴 …………………………………………… 146
　2-1　支援費制度から障害者自立支援法へ …………………………… 146
　2-2　障害者自立支援法のポイント …………………………………… 147
　　(1) 障害者施策を3障害一元化 (148)
　　(2) 利用者本位のサービス体系に再編 (148)
　　(3) 就労支援の抜本的強化 (148)

(4) 支給決定の透明化，明確化 (149)
　　　(5) 安定的な財源の確保 (149)
　　2-3　障害者自立支援法から障害者総合支援法へ ………………… 150
　3　制度の対象者 ……………………………………………………… 151
　4　給付内容 …………………………………………………………… 151
　5　実施主体 …………………………………………………………… 152
　6　サービスの供給体制 ……………………………………………… 157
　　6-1　サービス提供事業所 ……………………………………………… 157
　　6-2　障害福祉計画 ……………………………………………………… 157
　7　財政 ………………………………………………………………… 158
　　7-1　国庫負担 …………………………………………………………… 157
　　7-2　利用者負担 ………………………………………………………… 157
　8　障害者福祉制度の課題について ………………………………… 160
　　　Column　障がい者制度改革推進会議の情報発信 (161)
　　　Column　骨格提言 (162)

第8章　家族政策 …………………………………………………… 165

　1　少子化対策に着目して …………………………………………… 165
　2　少子化の現状 ……………………………………………………… 165
　　2-1　人口動態 …………………………………………………………… 165
　　2-2　少子化の動向 ……………………………………………………… 167
　　2-3　少子化は問題か …………………………………………………… 168
　3　少子化の要因 ……………………………………………………… 170
　　3-1　少子化をもたらす2つの要因 …………………………………… 170
　　3-2　未婚化・晩婚化の進行 …………………………………………… 171
　　3-3　既婚夫婦の出生児数の低下 ……………………………………… 174
　4　少子化対策の展開 ………………………………………………… 176

4-1 展開の経緯と主な内容 …………………………………………… 176
　(1) 1990年代の展開　(176)
　(2) 2000年代の展開　(178)
4-2 対策の特徴とその意味 …………………………………………… 180
　(1)「仕事と家庭の両立支援政策」を中心とした政策展開　(181)
　(2)「安上がりの政策」志向とその実状　(183)
4-3 若干の評価と今後の課題 ………………………………………… 187

第9章　社会保障財政 ……………………………………………… 189

1　社会保障制度の財政規模 …………………………………… 189
1-1 増え続ける日本の社会保障給付費 ……………………………… 189
1-2 社会保障規模の国際比較 ………………………………………… 191
1-3 国民負担率の国際比較 …………………………………………… 193

2　財政制度における社会保障 ………………………………… 195
2-1 財政制度と社会保障との関係 …………………………………… 195
2-2 一般会計歳出における社会保障関係費 ………………………… 196
　(1) 社会保障関係費の構成　(196)
　(2) 社会保障関係費の規模　(197)
　(3) 費目別社会保障関係費の変化　(199)
2-3 普通会計における社会保障関係費 ……………………………… 199

3　財源構成と財源調達方式 …………………………………… 200
3-1 社会保障の財源構成 ……………………………………………… 200
3-2 財源調達方式 ……………………………………………………… 201
3-3 主要制度の財源構成と財源調達方式 …………………………… 202
3-4 両方式のメリットとデメリット ………………………………… 203

4　財源調達方式の選択基準 …………………………………… 205
4-1 受益と負担の対応関係による選択基準 ………………………… 205
4-2 財源政策の政策基準 ……………………………………………… 206

第10章　社会保険と民間保険 …… 209

1　保険の仕組みと保険の技術的原則 …… 209
はじめに …… 209
1-1　保険の基本的仕組み …… 209
1-2　大数の法則（危険率の測定） …… 210
1-3　共同準備財産の形成 …… 211
1-4　収支相等の原則 …… 211
1-5　給付・反対給付均等の原則 …… 212

2　社会保険と民間保険の異同 …… 213
2-1　社会保険の要件 …… 213
　(1)　国家管理 （213）
　(2)　国庫負担 （214）
　(3)　強制加入 （214）
　(4)　雇用主負担 （215）
2-2　保険の技術的原則からみた社会保険と民間保険の類似点と相違点 …… 215

3　社会保険の機能 …… 218
3-1　生活リスクと社会保険の対応 …… 218
3-2　社会保障としての社会保険 …… 219
3-3　社会保険の所得再分配機能 …… 221
3-4　日本の所得再分配と社会保険 …… 222
　Column　ジニ係数とローレンツ曲線 （223）

4　福祉国家における連帯と社会保険 …… 226

第11章　雇用と社会保障 …… 229

1　日本的雇用慣行の縮小 …… 229
はじめに …… 229
1-1　日本的雇用慣行 …… 230

1-2　日本的雇用慣行の縮小 ……………………………………… *230*
　　1-3　非正規労働者の増大と社会保険 …………………………… *230*
　2　積極的雇用政策 ……………………………………………………… *231*
　　2-1　消極的雇用政策と積極的雇用政策 ………………………… *231*
　　2-2　職業訓練 ……………………………………………………… *232*
　　　(1) OJT と Off-JT　(*232*)
　　　(2) 初期職業教育と卒後職業訓練　(*233*)
　　　(3) 職業訓練プログラムの体系　(*233*)
　　　(4) 現行職業訓練制度の課題　(*234*)
　3　雇用政策の国際比較 ………………………………………………… *235*
　　3-1　積極的労働市場政策支出 …………………………………… *235*
　　3-2　雇用政策費の内訳 …………………………………………… *235*
　4　新しいセーフティネットの模索 …………………………………… *236*
　　4-1　非正規労働対策の拡充 ……………………………………… *236*
　　4-2　雇用保険非適用者に対する職業訓練の開始 ……………… *238*
　　4-3　給付付き税額控除の可能性 ………………………………… *239*
　　まとめ―生活保障体系のなかの社会保障 ……………………… *241*

第12章　社会保障と企業福祉 …………………………………… *243*

　1　企業福祉とは何か …………………………………………………… *243*
　　1-1　「企業福祉」とは …………………………………………… *243*
　　1-2　企業福祉の基本的な仕組み ………………………………… *244*
　　1-3　企業福祉の変遷 ……………………………………………… *245*
　　　(1) 企業福祉の生成　(*245*)
　　　(2) 企業福祉の拡大と合理化　(*246*)
　　　(3) 生涯総合福祉プランの展開　(*247*)
　　　(4) 転機に立つ企業福祉　(*248*)
　2　企業福祉の内容と実施体制 ………………………………………… *249*

2-1 企業福祉の内容 …………………………………………………… 249
　(1) 施策構成 (249)
　(2) 制度の仕組み (251)
2-2 給付・サービスと実施体制 ……………………………………… 251
2-3 カフェテリアプランの導入 ……………………………………… 252
2-4 退職金・企業年金 ………………………………………………… 253
　(1) 退職金の性質と退職一時金の年金化 (253)
　(2) 企業年金制度の現状 (255)
　　Column　代行返上 (255)

3 企業福祉の費用とその動向 …………………………………………… 258

3-1 福利厚生費の構造 ………………………………………………… 258
3-2 福利厚生費の動向 ………………………………………………… 259
3-3 福利厚生費の合理化とその特徴 ………………………………… 261

4 企業福祉の今後の方向 ………………………………………………… 262

4-1 これまでの多面的な関係 ………………………………………… 262
4-2 企業福祉の今後の方向 …………………………………………… 263
　　Column　ワークライフバランス (264)

第13章　社会保障の歴史 ……………………………………………………… 267

1 救貧制度の成立と展開 ………………………………………………… 267

はじめに ………………………………………………………………… 267
1-1 救貧法の成立 ……………………………………………………… 268
　(1) 商業革命と救貧法の成立 (268)
　(2) 救貧法の内容と意義 (269)
1-2 救貧法の展開 ……………………………………………………… 270
　(1) 自由放任主義と救貧法の改正 (270)
　(2) 新救貧法の成立 (272)

2 救貧法の解体と公的扶助の成立 ……………………………………… 273

2-1 貧困調査 …………………………………………………………… 273

2-2　王立救貧法委員会と少数派報告 ……………………………… *275*
2-3　リベラル・リフォームにおける改革 …………………………… *275*

3　社会保険の成立と展開 …………………………………………… *276*
3-1　ドイツにおける社会保険の成立 ………………………………… *276*
3-2　ドイツの社会保険の内容とその意義 …………………………… *277*
3-3　イギリスにおける社会保険の導入 ……………………………… *280*

4　社会保障の形成 …………………………………………………… *281*
4-1　失業保険の破綻と失業扶助との統合 …………………………… *281*
4-2　アメリカの社会保障法の成立 …………………………………… *282*
4-3　ニュージーランドにおける社会保障法 ………………………… *283*
4-4　ベヴァリッジ報告 ………………………………………………… *284*

5　社会保障の展開 …………………………………………………… *286*
5-1　社会保障の普及 …………………………………………………… *286*
5-2　1980年代以降の社会保障の変容 ………………………………… *289*

第14章　日本の社会保障の歴史 …………………………………… *291*

1　戦前期－社会保障前史 …………………………………………… *291*
　はじめに …………………………………………………………………… *291*
　　(1) 社会保障の源流としての救貧と共済 (*291*)
　　(2) 日本における社会保障という言葉の誕生と普及 (*291*)
　1-1　救貧の系列 …………………………………………………………… *292*
　　(1) 恤救規則の時代 (*292*)
　　(2) 軍人特別立法 (*294*)
　　(3) 方面委員制度の普及と救護法の制定 (*294*)
　1-2　共済の系列 …………………………………………………………… *295*
　　(1) 恩給の先行と共済組合の後追い (*295*)
　　(2) 健康保険法の制定 (*297*)
　　(3) 労働者年金保険法 (*299*)
　　(4) 国民健康保険法の制定 (*300*)

2 被占領期から国民皆保険・皆年金体制の成立まで …………… 302
- 2-1 生活保護法の制定 …………………………………………… 302
- 2-2 社会保障の模索 ……………………………………………… 303
- 2-3 講和後〜国民皆保険・皆年金体制の成立 ………………… 304

3 国民皆保険・皆年金体制下の社会保障 ……………………… 306
- 3-1 生活保護 ……………………………………………………… 306
- 3-2 健康保険 ……………………………………………………… 307
- 3-3 年金 …………………………………………………………… 307
- 3-4 「福祉元年」 ………………………………………………… 308

4 1980年代前半の改革 …………………………………………… 309
- 4-1 生活保護 ……………………………………………………… 309
- 4-2 老人保健制度の創設と健康保険 …………………………… 309
- 4-3 基礎年金の創設 ……………………………………………… 310

おわりに ……………………………………………………………… 311

第15章 諸外国の社会保障 …………………………………………… 315

1 イギリスの社会保障 …………………………………………… 315
- はじめに ………………………………………………………… 315
- 1-1 国民保険制度と制度改革 …………………………………… 315
  - (1) 公的年金の概要 (317)
  - (2) キャメロン政権下の年金改革 (319)
  - (3) 拠出制の雇用関連給付 (319)
- 1-2 福祉関連給付と福祉改革 …………………………………… 320
- 1-3 NHS制度と改革 ……………………………………………… 322
- 1-4 高齢者, 障害者向けの介護制度と改革 …………………… 323
- まとめ …………………………………………………………… 324

2 フランス ………………………………………………………… 326
- はじめに ………………………………………………………… 326

2-1　社会保障制度全体の概要 ……………………………………… *326*
　2-2　各制度の概要 …………………………………………………… *328*
　　(1) 年金制度 (*328*)
　　(2) 医療保険制度 (*329*)
　　(3) 家族給付 (*331*)
　　(4) 失業・社会的排除対策 (*332*)
　　(5) 高齢者介護給付 (*333*)
　2-3　最近の動向 ……………………………………………………… *333*
3　ドイツ ……………………………………………………………………… *335*
　3-1　ドイツの社会保障制度の特徴 ………………………………… *335*
　3-2　ドイツの社会保障制度の概要 ………………………………… *336*
　　(1) 公的扶助：社会扶助と求職者基礎保障 (*336*)
　　(2) 社会保険 (*338*)
　3-3　ドイツの社会保障制度の最近の動向 ………………………… *339*
　　(1) 公的扶助：ハルツⅣ法(2005年)による再編 (*339*)
　　(2) 医療保険：医療費適正化をめぐる動き (*341*)
　　(3) 年金保険：「三本柱モデル」への移行と「年金パッケージ」(*342*)
　　(4) 介護保険：新要介護評価基準と要介護度の導入の動き (*343*)
4　デンマーク ………………………………………………………………… *345*
　はじめに ………………………………………………………………… *345*
　4-1　デンマークの概要 ……………………………………………… *345*
　　(1) 概要 (*345*)
　　(2) 行政機構 (*346*)
　　(3) 納税者番号制度(国民登録番号制度) (*346*)
　4-2　保健医療 ………………………………………………………… *347*
　　(1) 行政機構と財源 (*347*)
　　(2) 医療提供体制と受診の流れ (*347*)
　　(3) 医療の品質保障 (*348*)
　4-3　現金給付-子ども手当と年金 …………………………………… *349*

(1) 子ども若者手当，子ども支援手当 (349)
　　　(2) 国民年金 (349)
　　　(3) 労働市場付加年金ATP (350)
　　4-4 失業保険と積極的雇用政策 …………………………………… 351
　　　(1) 失業保険 (351)
　　　(2) 積極的雇用政策とフレクシキュリティ (352)
　　　(3) その他—早期退職手当 (352)
　　まとめ ……………………………………………………………………… 354

5　東アジア ……………………………………………………………………… 355
　　5-1 東アジアの社会保障 ………………………………………………… 355
　　5-2 韓国・台湾の社会保障 ……………………………………………… 357
　　5-3 中国の社会保障 ……………………………………………………… 360
　　　　Column　社会保障の国際比較 (364)

第16章　社会保障の新たな課題 …………………………………………… 367

1　社会的排除と包摂 …………………………………………………………… 367
　　1-1 社会的排除概念の起源と背景 ……………………………………… 367
　　1-2 貧困と社会的排除 …………………………………………………… 368
　　1-3 さまざまな社会的包摂 ……………………………………………… 370
　　1-4 日本の政策領域における社会的排除‐包摂論の展開 …………… 371
　　1-5 日本で社会的排除概念を用いる意義：問題の可視化をめざして
　　　　……………………………………………………………………………… 372
　　1-6 可視化された社会的排除 …………………………………………… 373
　　1-7 まとめ：社会的排除‐包摂論がわれわれに問いかけること …… 374

2　社会的企業の可能性 ………………………………………………………… 376
　　はじめに ………………………………………………………………………… 376
　　2-1 社会的企業についての概観 ………………………………………… 376
　　　(1) 前提としての福祉の混合経済 (376)
　　　(2) 社会的企業とは何か (377)

（3）社会的企業の広がりと制度化 （378）
　　（4）社会保障にかかわる社会的企業の活動分野と具体例 （379）
　2-2　社会的企業への政策的・学術的期待と懸念 ………………………… 380
　　（1）社会的企業概念の二つの潮流 （380）
　　（2）社会保障分野の社会的企業の政策的意義 （380）
　　（3）社会保障分野での社会的企業概念の研究上の意義 （381）
　おわりに ……………………………………………………………………… 382

3 災害支援と社会保障 …………………………………………………… 384

　3-1　災害に向けた社会保障はあるのか ………………………………… 384
　3-2　災害サイクルからみる社会保障 …………………………………… 385
　　（1）緊急期の社会保障 （386）
　　（2）応急期の社会保障 （386）
　　（3）復興期の社会保障 （387）
　3-3　社会保障と災害支援の連続性と新しい課題 ……………………… 389
　　（1）被災者支援と社会保障の隙間の課題 （390）
　　（2）人為災害と社会保障の課題 （390）
　　（3）被災者支援の検討課題 （391）

索引　395

序章　社会保障とは何か

1　社会保障の役割

1-1　全ての国民に最低生活を保障する役割

　社会保障とは何かということについて，最初にその役割から考えてみよう。それについてよく指摘されているのは，「社会保障は国家が全ての国民に最低限の生活を保障するものである」ということである。これは社会保障の定義としてもよく使われる文言であるが，社会保障の最も基本的な役割を示しているものといえよう。この役割について少し説明を加えておこう。

　まず，社会保障の運営主体が「国家」であるという場合，中央の政府が直接運営する以外に，都道府県や市町村などの地方政府（地方自治体）が運営したり，それらの政府から委託を受けて公法人が運営したりする場合も含まれる。例えば，市町村で運営する介護保険や，全国健康保険協会が運営する健康保険などが該当する。ただし，そうした場合であっても最終的な責任は中央政府が負っている。なお，今日では，民間部門が公的部門を補完したり代替したりすることが多くなり，両者の区分がかなり曖昧になっていることにも留意する必要がある。

　また，「全ての国民」という場合，かつては日本国籍を有する人びとに限定され，外国籍の人は社会保障から除外されていたが，今日では，外国籍の人であっても，日本国内に住所をもつ居住者は社会保障が適用されるようになっている。しかし，国境を越えて移動する人が多くなるにつれて，一時的な滞在者や不法な滞在者などに対する社会保障の適用をどうするかといった問題も生じている。

政府が全国民に保障する「**最低限の生活**」(ナショナル・ミニマムともいう)とは，どのような水準をいうのであろうか。かつては生存可能なぎりぎりの水準という絶対的貧困観によるものが支配的であったが，現在では相対的な観点からその国の成員にふさわしい水準として考えられている。日本では憲法第25条で，全ての国民は健康で文化的な最低限度の生活を営む権利を有すると定められており，日本の社会保障もこの**生存権保障**といわれる理念を根拠として制度化されている。具体的にそれがどのように構築されるかは国によって異なっているが，一般的に全国民に最低生活を保障することを主として担う制度は**公的扶助**と呼ばれている。日本では**生活保護制度**がこれに該当し，そこで示される扶助の基準が最低生活水準とされている。もっとも，日本の全ての国民が生活保護によって最低限の生活が保障されているかどうかということをめぐってはさまざまな議論が行われている。

　政府が全ての人に最低限の生活を保障するということについて，もう少し補足しておこう。現在の社会保障のなかには，最低限の保障という捉え方にはなじまないものもある。例えば医療の保障である。現在，社会保障における医療の給付は，必要にして適切な医療を行うこととされており，そこでは最低限保障という基準は設定されていない。また，障害者や母子，高齢者などで日常生活を営むうえでハンディキャップを有している人びとについては，かつてはその所得が最低限を下回った場合に公的扶助から給付を行うという対応しかなされていなかったが，今日では，そうした人びとには，その収入の有無にかかわらず，日常生活を営むうえで必要なサービスを社会福祉サービスとして行っている。

1-2　生活を安定させる役割

　社会保障の2つ目の役割として，生活を安定させる役割をあげることができる。社会保障の役割が，生活に困窮する人びとに最低限の生活を保障するだけであれば，基本的には公的扶助ないしはその水準の給付があればよいという考え方が強くなる。社会保障は真に困っている人にだけ給付を行う方が効率的で安上がりだという主張がしばしば行われるが，それはそうした考え方によるものといえよう。しかし，貧困に陥る前に何らかの対策を講じた

方が，経済的にも負担が少なくてすむ場合が多いことが指摘されている。また，公的扶助においては，生活困窮の程度を個別的に調査して扶助すべき程度と方法を決める**ミーンズテスト**(資力調査)があり，それが公的扶助の申請者にスティグマ(汚辱)を与えることが少なくない。公的扶助を受けるのは当然の権利だとしても，生活における自由と自己責任を基本理念とする資本主義社会にあっては，そこにはなお被保護者に対するスティグマをめぐる問題が存在している。

それに関して，社会保障では病気，障害，老齢，失業，死亡といったような社会的に共通する生活上のリスクに対して事前に共同で拠出して基金をつくり，それらのリスクが発生した場合にはそこから自動的に給付を行うという制度が設けられている。**社会保険**にほかならない。公的扶助が貧困に陥った者を救済する役割を担っているのに対して，社会保険は貧困に陥るのを防ぐという意味で，生活を安定させる役割を担っているということができる。

公的扶助が生存権を理念としているのに対して，社会保険は拠出と給付を通じて社会的な相互扶助を行うということから**社会連帯**を理念としている。また，社会保険の運営においては保険料拠出者の**当事者自治**が重視されている。こうした社会保険における保険料負担と当事者自治による運営は，自己責任を果たすものとして資本主義社会の理念とも矛盾しない。それに加えて，連帯による給付が恩恵になって自己責任を阻害することにないように給付には補足性の原則が加味され，それによって社会連帯と自己責任のバランスが保たれている。多くの資本主義国において社会保険を社会保障の根幹とし，それを基盤に福祉国家が形成されてきたのは，そうした社会保険における社会連帯と自己責任に基づく制度運営に資本主義の下での社会秩序との適合性を見出したからであろう。

社会福祉サービスにおいても，生活を安定させる役割が付与されている。社会福祉サービスは，低所得者に限らず，サービスを必要とする人びとに対して給付が行われる制度である。給付に際しては，ミーンズテストはなく，また保険料の拠出もない。このため，公的扶助と社会保険の中間に位置しているともいわれる。社会福祉サービスは**ノーマライゼーション**を理念にするもので，障害者や高齢者や子どもなどが普通の生活をするうえでの障壁を取

り払い，普通の生活をするのに必要なサービスを提供する制度であり，貧困に陥るのを防止し生活を安定させる役割を担うものとなっている。

1-3 社会的公平を図る役割

　社会保障は，経済学的にみると，**所得再分配**の仕組みである。社会保障は，富裕者と貧困者，健康な人と病気の人，若齢者と高齢者など，それぞれの間で所得の再分配を行い，社会的な不公平を是正し，社会の安定を図るという役割を担っている。

　本来，資本主義という社会は，自由な市場競争を原理とし，この優勝劣敗の経済活動から外れた者は社会的営みから排除されてしまうという冷厳な社会である。その一方で，合法的な枠のなかであれば，いかに富を得ていかに贅沢な暮らしをしても，何ら差し支えない。しかし，そうした状態を放置した場合には，貧富の差がひどくなり，社会の安定が危惧されるということにもなる。そのため第2次世界大戦後，多くの国々では社会の安定を図るために，できるだけ人びとの生活水準を公平にするような政策を講じることになった。そうした政策を担うものとして，社会保障は公的扶助や社会保険などによって所得再分配を行い，社会的公平を図る役割を果たしている。

　公的扶助は，税を通じて所得の高い人から所得の低い人へと垂直的な所得再分配を行うものである。また，医療保険は病気の人と健康な人の間の所得再分配を行っているが，保険料は所得に応じて徴収され，給付は病気の程度に応じて行われるため，所得が低く保険料拠出が少ない人であっても重い病気の場合は高額な給付が受けられるという点では，そこでも垂直的な所得再分配が行われている。同時にまた，日本の医療保険はさまざまな制度に分かれており，企業に設けられている健康保険組合では同じ企業内の従業員同士の再分配ということで水平的な所得再分配が行われており，また後期高齢者医療制度では高齢者の医療費の多くが若い世代の負担で賄われているので世代間の所得再分配が行われている。さらに他国では元気なときに拠出して積み立て，病気になったときに給付を受けるという時間的な所得再分配もある。同じように，他の社会保険や社会福祉サービスでもさまざまな所得再分配が行われている。

このような社会保障の所得再分配機能は，基本的に，社会的な所得格差を是正し，社会的な公平性を図ることを目的としている。しかし，現代社会は市場経済を基礎としており，さまざまな競争が行われ，効率化が求められている。そうした社会では公平化に偏りすぎると効率が低下し，競争に敗れてしまう。そのため，社会の安定化のためには公平化を求めながら，競争に打ち勝つためには効率化を求めなければならない。社会保障は効率と公平という間でそれぞれの国がどのようなウエイトをつけるかによって，その内容が異なってくるといえよう。

2 社会保障の前提条件

社会保障は上記のような3つの役割を担っているが，社会保障がそうした役割を果たすためには幾つかの前提条件が整っていなければならない。

1つは**雇用の確保**である。今日の社会で生活を維持していくためには，一定の所得があり，家計が構成され，収支が保たれなければならない。そのためにはまず，一定の所得が確保されなければならず，その前提として働ける人びとが働くことができるようにしなければならない。そのためには積極的に就業の機会を保障することが必要である。多くの国々で雇用政策を優先的な政策に掲げているのは，雇用の保障が国民生活の基礎であり，それが実現されることによって社会の安定が図られることを認識しているからにほかならない。高度経済成長期には完全雇用が実現され，それを背景に社会保障は大きな展開を遂げたが，低成長となるなかで雇用問題が発生し，社会保障も多くの問題を抱えるようになった。働き得る人びとへの雇用の確保（完全雇用）が社会保障の第1の前提条件である。

さらに，仕事に就いたとしても，そこで得られる所得が生活を維持できるものでなければならない。さらに社会保障を維持していくためには，そこから一定の税および社会保険料を納めることが必要である。いくら働いても，低賃金のため生活ができない，税や社会保険料が納められないということであれば，社会保障を維持することは難しくなる。そうした状況を防ぐには，

生活を営み,税と社会保険料を納められるだけの賃金が確保されなければならない。そのためにはそうした賃金を保障する**最低賃金制度**が必要である。これが社会保障の第2の前提条件である。

雇用の確保(完全雇用)と最低賃金制度は,労働政策の重要な課題であるばかりでなく,社会保障制度にも密接に結びついているものであることを理解しなければならない。

3 社会保障の体系

3-1 日本の社会保障制度の体系

多くの国々では昔から人びとの生活を支えるためにさまざまな仕組みが設けられてきた。それらの制度が時代の推移とともに変化し,それらの集大成として国民全体を対象とした形で現れるところに社会保障の特徴がある。したがって,社会保障はいきなり新しい制度をつくって,これが社会保障だというものではない。社会保障の制度はそれぞれの国の経済社会の諸制度,政治の理念,社会慣行などを反映しており,国によってその制度内容は大きく異なっている。社会保障が**歴史的形成体**といわれる所以である。ここでは,日本の社会保障制度について,その体系をみてみよう。

日本の社会保障については幾つかの体系化が行われているが,最初に制度別に示した体系を示しておこう。この体系は,それぞれの法制度と対応しており,また各制度を全体的に把握しやすいという点で分かりやすいが,それぞれの制度が幾つかの機能をもっているため,機能別には相互に入り組んだものとなっている。

表0-1は,社会保障制度審議会による社会保障の制度分類をもとに現在の社会保障制度の体系を示したものである。ここで「狭義の社会保障」とするものが,一般にいわれている社会保障である。そこでは**社会保険,公的扶助,社会福祉,公衆衛生および医療**の4本柱から成っている。毎年度の政府予算ではしばしば社会保障予算が問題となるが,その場合の社会保障の費目

図0-1 社会保障制度審議会による社会保障制度の体系

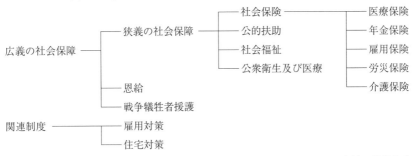

資料：筆者作成

のたて方は，この4本柱で行われている。

社会保険は，1961年から全ての国民が医療保険制度および年金制度に加入するという**国民皆保険・皆年金体制**が実現しており，日本の社会保障の基軸となっている。また，要介護というリスクに対して介護保険という社会保険で対応しているのも，日本の社会保障の特徴といえよう。公的扶助は，1946年から生活保護制度として実現された後，1950年に改正され現在に至っている。年金保険や失業保険の現金給付は，生活保護の給付水準とはほとんど無関係に設定されてきたが，最近は低年金者をめぐる問題や，失業給付の水準などに関連して，生活保護水準との対応関係が議論されている。

社会福祉は，第2次世界大戦が終わってまもなく児童福祉法，身体障害者福祉法が制定されて以来，必要性の高い人たちに対する制度が逐次つくられていき，児童，老人，身体障害，知的障害，精神障害，母子家庭など対象ごとに制度が分かれたものとなっている。社会福祉の多くは地方自治体が実施主体となっている。

公衆衛生および医療は，国民生活の基本的な条件として，健康で清潔な生活を営むことを重視したものといえる。医療保険や生活保護(医療扶助)があるのに「公衆衛生および医療」という制度を設けたのは，伝染病や精神病などのように社会生活に大きな影響を及ぼすような傷病を，一般的傷病とは区分して特定の立法や制度で対応するもので，その多くは公費負担医療として行われている。また，栄養を改善する，食品衛生の改善を図るといったこと

も公衆衛生として行われている。

　こうした狭義の社会保障に**恩給**と**戦争犠牲者援護**を加えたものが「広義の社会保障」である。恩給は、戦前の軍人恩給および文官恩給、戦後の共済組合制度ができるまでの公務員退職年金などをいう。また戦争犠牲者援護としては、戦没者遺族年金、戦傷病者医療、原爆医療などが含まれる。これらは、その対象者がいずれはいなくなることが想定されており、そうした点から上記のように狭義の社会保障が本来の社会保障とされている。なお、ヨーロッパ諸国では、恩給や戦争犠牲者援護も社会保障に含まれている場合が多い。

　また、社会保障制度審議会の制度分類では、**雇用対策**と**住宅対策**を「社会保障の関連制度」としてあげている。これは、雇用と住宅が十分に確保されていなければ、社会保障がその役割を果たすことは難しいということからあげたもので、その内容は異なるが、先に述べた社会保障の前提条件と同じ趣旨であるといってよい。

3-2　保障分野による体系

　社会保障が何を保障するのかという観点からの体系化も行われている。その場合、日本の社会保障は、**所得保障**、**医療保障**、**社会福祉サービス**の3つに分けられる。機能別分類と呼ばれる場合もある。

　所得保障は、病気、老齢、障害、失業、家計維持者の死亡などにより所得が中断ないしは喪失し、生活が困窮した場合あるいは困窮する恐れがある場合に、現金を給付し、その生活を支えるものである。日本では生活保護における給付、老齢年金などの年金給付、医療保険の傷病手当金、雇用保険からの失業手当などの**現金給付**がそれに該当する。

　子どもを育てるための費用にあてるための**児童手当**も所得保障に該当し、一般的に制度的には**社会手当**に区分されている。ここで社会手当というのは、ミーンズテストはなく(緩やかな所得制限を設ける場合もある)、公費による無拠出制の現金給付で、一定の要件に該当する場合に、自動的に定められた給付が行われる制度をいう。ただし、日本の児童手当は社会福祉の一分野である児童福祉に分類されており、また他国に比べると所得制限が厳しく制限

された手当となっている。児童扶養手当，特別児童扶養手当，障害児福祉手当，特別障害者手当も社会手当に該当し，20歳前障害者に対する障害基礎年金も社会手当とする場合が多いが，日本の制度分類では社会福祉や年金制度などに分類されている。

医療保障は，病気やけがに際して外来や入院の治療を行うことや，予防的な健康診査・保健指導，初期治療，さらにはリビリテーションなどの**包括的な保健医療サービス**が含まれる。日本ではこれらの多くは医療保険の給付として行われているが，生活保護の被保護者に対しては医療扶助として行われている。また，日本の介護保険では要介護者に対する医療給付の一部が介護給付として行われているが，これも医療保障に該当する。なお，その他の介護給付は，従来，老人福祉として行われてきたことから，社会福祉サービスにより近いものとみられている。

社会福祉サービスは，先述したように，障害や老齢などにより**介護**を要する状態にある人や，母子や子どもなど**日常生活の支援**を必要とする人に対して，さまざまなサービスを提供することにより，その生活の安定を図るものである。給付の形態としては主に現物給付によって行われている。

4 社会保障の新たな取り組み

日本では1950年代の高度経済成長期から1990年代中頃まで，多くの労働者は年功賃金と長期雇用(終身雇用)を柱とする雇用システムの下で生活が維持され，社会保障は退職老後の所得保障と医療保障を中心に制度化され，労働による生活保障を補完する役割を果たしてきた。しかし，1990年代半ば以降，経済のグローバル化，長期不況，少子高齢化の進展のなかで従来の雇用システムが大きく変容し，労働による生活保障の機能が著しく後退していった。本来であれば，そうしたときに社会保障による生活保障が機能し，人びとの生活を支えていくことが必要であり，そのための社会保障の制度改革がなされなければならなかったが，社会保障財政の逼迫と既得権の壁に阻まれてそうした改革はなされないままに経過した。2000年代の半ばになって社会保障

制度の改革が行われたが，その内容は社会保障の持続可能性を維持するための財政安定化対策であり，社会保障の機能強化はほとんどなされなかった。ようやく2010年代に入ってから社会保障の持続可能性の維持と機能強化のための改革案が策定されたが，ここでも財政対策に重きがおかれ，機能強化のための改革は遅々として進んでいない。

　最後に，社会保障の機能強化のための取り組みについて述べておこう。社会保障の機能強化を考える際の問題としては，少子高齢化の進展に加えて，非正規雇用の拡大と社会的格差の拡大があげられる。それらの変化が余りに大きく，しかも社会保障改革が遅々として進まなかったため，最低生活を支え，生活を安定させるという社会保障の役割が果たせなかったということになる。しかし現在，少子高齢化の進展，非正規雇用の拡大，社会的格差の拡大といった課題に対応していくためには社会保障だけでは難しく，雇用を含めた広範な対応がなされなければならない。そうした雇用や社会保障を含む広い視点から国民生活をとらえることを「生活保障」と呼んでいる（大沢，2007年；宮本，2009年参照）。

　生活保障という視点から社会保障改革をとらえた場合，幾つかの新たな課題が浮かび上がってくる。1つには，若い世代に対する生活支援の強化である。高齢世代の所得保障と医療保障に傾斜していた社会保障政策を全世代型に是正し，子ども・子育て世代への対応を強化することである。その際には，所得制限の強い選別的な児童手当を改め，普遍的な社会手当にふさわしいものに改めることが必要であろう。また，ワークライフバランスのうえから労働時間の短縮が何よりも重要であり，それにともなって育児休業や休暇制度の拡大がなされなければならない。その他，育児施設や児童施設の拡充など多くの課題があげられる。

　2つには，非正規雇用者への対応である。非正規雇用者の待遇改善として，同一労働同一賃金制やフレキシキュリティの導入，最低賃金制の改善など雇用面での対応策が俟たれるが，社会保障の課題としては非正規雇用者に対する被用者保険の適用拡大があげられる。2012年の社会保障改革で2018年からパートタイム労働者に対して被用者保険の適用拡大が図られることになっているが，その対象者は余りにも少ない。早急に対象者を拡大していく

ことが必要である。

3つには，失業者や貧困者に対する対応策の強化があげられる。近年，失業や貧困を契機に家族や社会から孤立し，労働市場や社会保障などの領域に関わっていく資格を失ってしまう**社会的排除**が拡大しており，それに対して従来の社会保険や公的扶助だけでは十分に対応できないことが指摘されている。ヨーロッパ諸国では何らかの労働を課して彼らを社会に復帰させる対応策などさまざまな**社会的包摂**の仕組みが講じられているが，日本でもこうした取り組みを講じていくことが求められている。

4つには，**社会的企業**と呼ばれる新たな取り組みがあげられる。これは障害者や失業者等に対して所得やサービスを提供するだけではなく，企業で就業する機会を与え，それによる所得確保や自己実現に向けた支援を行うというものである。その組織や運営の形態はさまざまであるが，企業としての活動を行い，その利潤をもって生活保障を図るという市場経済の仕組みを福祉領域に応用した試みである。政府を実施主体とする社会保障の仕組みとは異なるものであるが，税や社会保険料の負担軽減等を通じてその活動を支援するなどその拡大が図られており，今後の方向として注目される。

5つには，**住宅政策**があげられる。日本では住宅政策は社会保障には含まれず，社会保障の関連制度とされており，これまで個人や企業福利厚生等を通じて住宅の確保が図られてきた。しかし，最近の高齢化にともなう在宅医療や在宅介護の拡大，住環境のバリアフリー化などにも関連して，高齢世帯の住宅問題が次第に大きな社会問題になってきている。ヨーロッパでは住宅手当をはじめ住宅の保障が社会保障のなかに含まれているが，日本でも住宅政策を社会保障の一環として捉えていくことが必要であろう。

最後に，**災害時の生活保障**があげられる。台風，地震，火山噴火などの自然災害はそのリスクの特性と保障の仕組みからいって社会保険にはなじみづらく，また公的扶助では対応が難しく範囲も限定される。そうしたこともあって災害保障は社会保障の対象からは除外されてきたが，東北大震災の経験等からいって被災者に対する生活保障の必要度が高いことが広く認識されてきている。それに応えるために社会手当に類似した仕組みやその他の対策が求められている。現在，災害支援のための所得税が上乗せされているが，

これを恒久化して財源とすることも考えられよう。社会保障の新たな分野といってよい。

　以上，新たな社会保障の取り組みを述べてきた。社会保障は固定的なものではなく，経済社会の変化に応じて変化を遂げてきた。大きな時代の変化を迎えている今日，社会保障の新たな試みに期待したい。

<参考文献>

一圓光彌，1993年『自ら築く福祉－普遍的な社会保障を求めて－』大蔵省印刷局
大沢真理，2007年『現代日本の生活保障システム』岩波書店
厚生労働省編，2012年『平成24年版　厚生労働白書』日経印刷社
ニコラス・バー著／菅沼隆監訳，2007年『福祉の経済学－21世紀の年金・医療・失業・介護』光生館
堀　勝洋編，2004年『社会保障読本〔第3版〕』東洋経済新報社
宮本太郎，2009年『生活保障―排除されない社会へ』岩波書店
椋野美智子・田中耕太郎，2015年『はじめての社会保障〔第12版〕』有斐閣

（土田　武史）

第 1 章　医療保険

1　医療保険とは

1-1　医療保険の役割

　私たちが日々の生活を営んでいくなかで，病気やけがのリスクは誰にでも降りかかる。病気やけがによって稼得能力が減退したり，日常生活が困難になったりする場合もある。必要なときに適切な治療を受け，可能な限り速やかに健康を取り戻すことはすべての人の願いである。また，多くの国では国民の安心や生活の安定を確保することのできる医療保障を実現することは国の役割となっており，日本では全国民を対象とした医療保障制度が整備されている。

　国民の医療保障を確保するために実施されている日本の政策的な取組みは，二つの側面から考えることができる。一つは，病気やけがをしたときに，必要な医療サービスを提供し，休業等による賃金の減少を補填する役割を担う**医療保険制度**を安定的に管理運営することであり，もう一つは，病院の整備や医療を担う人材の確保等を通じて住民の医療需要に対応することのできる**医療提供体制**を整備することである。私たちが身近なところで適切な費用で必要な医療を受けることができるかどうかは，医療保障をめぐるこれら二つの政策がうまく機能しているかどうかにかかっている。

　一般的に医療保険は，被保険者の拠出する保険料を主な財源として，傷病にかかった場合に給付を行い，被保険者の間での**リスク分散**を通じて，傷病による生活への影響を小さいものにとどめる仕組みである。つまり医療保険は，健康な人から病気の人への所得移転を行う仕組みである。日本の医療保

険には，地方自治体，公的団体等によって管理運営され，法定の給付を行う**公的医療保険**と，市場経済のもとで保険会社等によって提供され，公的医療保険の給付に上乗せを行う**民間医療保険**がある。

1-2 公的医療保険の特徴

　公的医療保険は，社会保障政策上の目的を達成するために公的責任のもとで実施される社会保険の一つであり，日本に住むすべての人に対して疾病，負傷，出産又は死亡に関して必要な保険給付を行い，生活の安定と福祉の向上を図ることを目的としている。全居住者の医療保障を確保するという政策課題を達成するために，日本の公的医療保険は，民間医療保険には見られないいくつかの特徴を有している。

　その一つは，**強制加入**の仕組みがとられていることである。日本に住み，あるいは日本の会社に雇用されて働く人には，公的医療保険制度への加入が強制され，保険料の拠出が義務づけられる。日本ではこのような強制加入の仕組みを通じて，すべての人が何らかの公的医療保険制度に加入する**国民皆保険**が実現している。

　今日では，多くの国ぐにいおいて，すべての人が医療へアクセスできる仕組みが整備されているが，医療保障を実現する方法は国によって異なる。日本と同様に公的医療保険によって全居住者の医療へのアクセスを確保している国としてはフランスが挙げられる。社会保険の発祥国ドイツは，公的医療保険に加入していない人に民間医療保険への加入を義務づけることによって，すべての人の医療保障を実現している。スイスやオランダにおいても皆保険体制がとられているが，民間保険会社が公的な制度の保険者となることができる制度である。

　特徴の二つ目は，所得(負担能力)に応じて保険料の額が定められる**応能負担**の考え方が導入されていることである。つまり公的医療保険は，所得に応じて保険料を支払い，必要に応じて給付を受けとる仕組みであるが，このような負担と給付のあり方は，高所得者から低所得者への所得移転(所得再分配)を医療保険制度の内部で行うことを前提としている。これに対して民間医療保険では，一般的に，保険料の水準はリスクの高低と保険給付額に応じて定

められる。これは「**給付・反対給付均等の原則**」(保険料＝リスク発生確率×保険給付額)と呼ばれる保険の原則の一つであり，このように保険料を定めることによって被保険者間での保険数理的な公平が確保される。

しかし，公的医療保険では，保険料はリスクの高低とは無関係に設定されるため，この原則は成り立たない。公的医療保険が目指しているのは，所得水準が異なる社会の構成員が平等に医療を受けられる状況を確保すること，つまり社会的な公平を実現することである。ただし，医療保険制度内部においてどのような公平を実現するかは国によって異なる。例えば，スイスやオランダでは，疾病リスクの大きさや所得の多寡にかかわらず保険料は定額で定められる(この場合，社会的公正を実現するために必要な所得再分配は他の制度・仕組みを通じて行われる)。

三つ目の特徴としては，公的医療保険は保険料を主な財源として給付を行う社会保険であるが，財政の安定を確保するために多額の公費(国や地方の税財源)が投入されていることがあげられる。今日，日本の**国民医療費**の約4割は公費によってまかなわれている。また，日本の公的医療保険は，以下に見るように職域，地域あるいは年齢に応じて設けられたいくつかの制度からなるが，それぞれの制度に加入する被保険者の所得水準は大きく異なっているため，公費は傾斜配分され，財政面における制度間の構造的な格差を是正する役割を果たしている。

1-3　医療保険制度体系

(1) 公的医療保険の全体像

公的医療保険制度は，職域や地域ごとに設けられた複数の制度によって構成されている。それらは，被用者(雇用されて働く者)とその家族等に対して給付を行う**被用者保険**，被用者保険によってカバーされない地域住民に対して給付を行う**国民健康保険**，さらに75歳以上の者が加入する**後期高齢者医療制度**の三つに大別できる(図1-1参照)。

まず，被用者保険には，民間事業所に雇用されて働く者(サラリーマン等)が加入する**健康保険**と，公務員や私立学校の教職員が加入する**共済組合**があ

図1-1　公的医療保険制度の体系

後期高齢者医療制度		75歳以上 約1,600万人 保険者数：47（広域連合）	

75歳

前期高齢者医療制度　（約1,600万人）

65歳

国民健康保険 （市町村＋国保組合）	協会けんぽ （全国健康保険協会）	組合健保 （健康保険組合）	共済組合
自営業者、年金生活者、非正規雇用労働者等 約3,800万人 保険者数：約1,900	中小企業のサラリーマン等 約3,500万人 保険者数：1	大企業のサラリーマン等 約3,000万人 保険者数：約1,400	公務員等 約900万人 保険者数：85

　　　　　　　　　　　　　　健康保険
　　　　　　　　　　　　　　　　　　　被用者保険

資料：厚生労働省ホームページ「我が国の医療保険について」の「医療保険制度の体系」を簡略化し，加筆・修正して作成。
注：加入者数・保険者数は2014年度予算ベースの数値。

る。医療保険の運営主体を**保険者**というが，健康保険の保険者は大企業において設立された**健康保険組合**と中小企業の被用者の健康保険を管掌する**全国健康保険協会**である。前者によって実施される健康保険を組合管掌健康保険(**組合健保**)，後者によって実施される健康保険を全国健康保険協会管掌健康保険(**協会けんぽ**)という。中小企業の被用者が加入する健康保険は長らく政府が運営する政府管掌健康保険(政管健保)であったが，社会保険庁の廃止に伴って2008年10月からは全国健康保険協会が保険者となっている。一方，公務員や私学教職員は，それぞれの集団ごとに組織された共済組合に組合員として加入している。共済組合は長期給付(退職・障害・遺族共済年金)と短期給付(保健・休業・災害給付)を実施しており，短期給付には健康保険の各種給付に相当する給付が含まれている。

　また，被用者保険では，一定の要件を満たす場合に被保険者の配偶者や子

などに**被扶養者**という資格を与え，追加的な保険料負担を求めないで被保険者と同様の給付を行う仕組みをとっている。これによって，被扶養者のいない(少ない)世帯から被扶養者のいる(多い)世帯へ所得移転が行われている。

国民健康保険は，市町村および特別区(以下，「市町村」という)と国民健康保険組合によって実施される。まず，市町村が保険者である**市町村国民健康保険**(市町村国保)においては，当該市町村に住所を有する者が被保険者となるが，被用者保険によってカバーされている者(被保険者と被扶養者)および生活保護を受けている世帯に属する者は対象から除外される。市町村国保は地域を基盤とした医療保険であり，**地域保険**と呼ばれる。また，国民健康保険は，特定の事業・業務に従事する者(医師・歯科医師・薬剤師，一人親方の建設業者等)によって組織された**国民健康保険組合**(国保組合)によっても実施されている。

75歳以上の高齢者等を対象とする後期高齢者医療制度の運営主体は，都道府県ごとに設置され，全ての市町村が加入する**後期高齢者医療広域連合**(広域連合)である。後期高齢者医療制度の財源の約4割は若年者の保険料によってまかなわれており，世代間での所得移転を前提とした制度設計となっている。

以上のように，日本では**社会保険方式**をベースとして，分立した複数の制度からなる医療保険制度体系が構築されている。日本のほか，社会保険方式を中心とした制度体系をもつ代表的な国としてはドイツ，フランス等が挙げられる。これに対して，税を財源として全居住者に必要な医療サービスを提供する**税方式**をとっている国もあり，イギリス(国民保健サービス：NHS)や北欧諸国がその代表国である。

日本では，国民皆保険のもとで，平均寿命や乳児死亡率等の指標に照らしても世界的に高い水準の保健医療が実現している。今後も国民皆保険を堅持しつつ，高齢化の進展，慢性疾患の増大等を背景とした医療需要の変化に対応できる医療提供体制を再構築していくことが課題となっている。

(2) **公的医療保険と民間医療保険の関係**

先進諸国では，医療技術の進歩や高齢化の進展等による医療費の増大にい

かに対応するかが重要な政策課題となっている。公的医療保険の財源に限りがある場合，財政収支の均衡を図るためには，給付範囲の見直しや患者の自己負担の引上げ等が求められる。このような状況下で，医療保障をめぐる公的医療保険と民間医療保険の関係や相互の役割分担のあり方が注目されている。民間医療保険は，加入が強制されないこと(任意加入)，リスクに応じた保険料が求められること等において公的医療保険と異なり，自由や自己責任といった価値に重きを置く仕組みである。

　医療保険制度体系における公私の関係・役割分担は，国ごとに異なっている。公的医療保険による皆保険体制が実現しているフランスでは，患者の自己負担が比較的大きいため，これをカバーする**補足医療保険**が医療保障上の重要な役割を担っている。ドイツでは，年間所得が限度額を超える場合には公的医療保険への加入義務が免除されており，公的医療保険に加入していない人には民間医療保険の契約締結義務がある。この場合，民間医療保険は**代替医療保険**としての役割を担う。さらに，高齢者・障害者と低所得者を対象とした制度を除き，公的医療保険が存在しないアメリカでは，民間医療保険(多くは企業が従業員に提供する医療保険)が人びとの医療保障の中心となっている。また，オランダのように公的な制度を担う主体として民間保険会社等の参画を認めている国もある。

　これらの国ぐにと比較した場合，日本における民間医療保険の役割はそれほど大きくはない。公的医療保険がかなり高いレベルの医療保障を平等に提供し，民間医療保険はそれに**上乗せ**する役割にとどまっている。増大する医療費をまかなうための現役世代の負担が増加するなかで，今後，どこまで公的制度(社会)で保障し，どこからは個人の自由や自助に任せるのかといった公私の境界線をめぐって国民的に議論し，合意を形成していかなければならない。

2 医療保険制度の概要

2-1 健康保険制度

(1) 被保険者

健康保険は，日本の居住者の約半分をカバーする中心的な医療保険である。健康保険は被用者とその被扶養者に対する給付を行うが，健康保険の被保険者となるかどうかは，勤めている会社や商店，施設等が健康保険法の**適用事業所**であるかどうかによって決まる。健康保険法の適用事業所とは，法人のすべての事業所と常時5人以上の従業員を雇っている個人事業所(農林水産業，クリーニング業・飲食店等の一部のサービス業を除く)であり，該当する事業所は**強制適用事業所**と呼ばれ，その従業員は被保険者となる。強制適用となる要件に該当しない事業所のうち，従業員の半数以上が適用事業所となることに同意し，事業主が申請して厚生労働大臣の認可を受けた場合には**任意適用事業所**となることができ，その従業員はすべて被保険者となる。

適用事業所の正規の社員・従業員に対する健康保険の適用は以上のルールに従って行われるが，今日，雇用者全体の3分の1以上を占める非正規雇用労働者(勤務先での呼称はパート，アルバイト，契約社員，嘱託等)に対する社会保険の適用は限定的である。非正規雇用であっても事業所と常用的使用関係にある場合には被保険者となり，その基準は一般的に，労働時間と労働日数が一般社員の概ね4分の3以上である場合とされている。非正規雇用労働者のセーフティネットの強化が政策課題となるなかで，近年の法改正により被用者保険の適用の拡大が決定され，一定の条件のもとで，被保険者となるために必要な週労働時間の引下げ(30時間から20時間)が行われることとなった(2016年10月から実施予定)。

なお，適用事業所を退職して被保険者の資格を喪失した者(継続して2か月以上の被保険者期間がある場合に限る)は，保険者に申請して被保険者を継続し，**任意継続被保険者**となることができる(最長2年間)。

(2) 被扶養者

健康保険では，①被保険者の直系尊属，配偶者，子および孫であって主として被保険者により生計を維持する者，②被保険者の三親等内の親族(①以外)で，被保険者と同一の世帯に属し，主として被保険者により生計を維持する者を「被扶養者」と位置づけている。つまり，①に該当する近い親族である場合には生計維持関係(対象者の年収は130万円未満であることを要する)，②に該当するより広い範囲の親族である場合には，生計維持関係と同一世帯(同居して家計を共にしている)の条件を満たせば，被扶養者と認定され，追加的な保険料負担を行うことなく被保険者と同様の給付を受けることができる。

(3) 保険者

健康保険を運営している保険者は二つに大別できる。一つ目は健康保険組合(健保組合)である。これには，従業員700人以上の企業が単独で設立した**単一組合**と同業種の複数企業が共同で(被保険者は合計で3,000人以上)設立した**総合組合**がある。企業・業種ごとに設立されるため，全国に1,400以上の組合が存在する。健保組合は職域において実感される連帯意識に基づいた医療保険の保険者であり，加入者の相互扶助の精神がより強く発揮される形態である。二つ目は全国健康保険協会であり，勤務先に健保組合が設立されていない被保険者の健康保険を管掌する全国唯一の保険者である。

被用者がどの保険者の健康保険に加入するかは，勤務する事業所の規模と組合の設立状況に応じて異なるが，概して大企業の被用者は会社の組合健保に，中小企業の被用者は協会けんぽに加入すると考えると理解しやすい。

(4) 財源

健康保険を実施するための財源の大部分は，被保険者の拠出する保険料によってまかなわれている。保険料額は被保険者の負担能力に応じて算定されるが，保険料賦課の対象となるのは**報酬**(給料，手当など労働の対価として受け取るすべてのもの)と**賞与**(3ヵ月を超える期間ごとに受け取るもの)である。報酬に基づく保険料額は，実際には，報酬月額を区切りのよい幅で47等級に区分し，それぞれの区分ごとに定められた**標準報酬月額**(第1級の5万8000円から第47級

の121万円まで)を用いて計算される。また賞与については，千円未満の端数を切り捨てた**標準賞与額**(年間540万円まで)が用いられる。つまり，個々の被保険者の保険料額は，相当する標準報酬月額と標準賞与額に**保険料率**を乗じることによって算定される。従来，保険料の賦課は毎月支給される報酬のみを対象としていたが，2003年から賞与も賦課対象となった。このような仕組みを**総報酬制**と呼ぶ。

　保険料率の設定方法は保険者によって異なる。まず健康保険組合に関しては，財政状況に応じて3%から12%の範囲内で組合ごとに保険料率が定められる。このため保険料率は組合ごとに大きく異なるが，増大する医療費をまかなうために保険料率を引き上げる組合も少なくない(2014年度は約3割の組合が引上げを実施)。健康保険組合連合会によれば，2014年度の全組合の平均保険料率は8.86%である。

　一方，全国健康保険協会の管掌する協会けんぽにおいては，地域による医療費の違いを反映した都道府県単位の保険料率が定められる。これは，疾病予防等の地域的な取組みによって医療費が減少した(伸びが抑制された)場合には，保険料率の引下げ，あるいは引上げの延期が可能となるなど，地域での努力の成果を保険料水準に反映させることができる仕組みである。なお，被保険者の年齢構成や所得水準は地域により異なるが，これらの要因が保険料率の設定に直接的な影響を与えないよう，都道府県の間で相互調整が行われている。つまり，相互扶助と連帯の考え方に基づき，平均年齢が高い(低い)ことによって医療費が大きい(小さい)こと，平均所得が高い(低い)ことに起因する財政収入の多さ(少なさ)といった有利不利の均等化が行われている。保険料率の上下限は健康保険組合の場合と同様に法定されている。2014年度の保険料率は，9.85%(長野県)から10.16%(佐賀県)の幅で設定されており，平均保険料率は10.00%である。

　算定された保険料額は，被保険者と事業主でそれぞれ2分の1を負担(折半負担)する。なお，健康保険組合は規約で定めることによって事業主の負担割合を増加することができる。また，退職後に被保険者の資格を継続する任意継続被保険者は，保険料の全額を負担する。

　健康保険制度の主要な財源は保険料であるが，これに加えて国庫負担が投

入されている。中小企業の被用者が加入する協会けんぽには，より多くの国庫補助が行われている。国庫補助は定率で定められ，給付費の16.4%(2014年現在)である。一方，健康保険組合に関しては，一定の交付基準に基づき財政窮迫組合に対する定額補助が行われているが，対象となる組合は少数にとどまっている。

2-2 国民健康保険制度

(1) 被保険者

　国民健康保険は，国民皆保険体制を実質的に担保する日本独自の制度であり，居住者の約3割が加入している。国民健康保険制度の中心は市町村国民健康保険であり，その被保険者は，被用者保険によってカバーされている者と生活保護受給世帯を除き，当該区域内に住所を有するすべての者である。被用者保険と異なり，市町村国保には被扶養者という資格はなく，世帯の構成員すべてが被保険者となる。

　国民皆保険が実現した1960年代には，市町村国保の加入世帯の世帯主の6割以上は，自営業や農林水産業に従事していた。その後の産業構造の変化とともに世帯主の職業構成は大きく変化し，近年では自営業・農林水産業の割合は15%程度である。その一方で，無職者(年金生活者等)や被用者保険によってカバーされない被用者の割合が増加している。加入者一人当たりの平均所得は組合健保の半分以下であり(2011年度で83万円)，加入世帯の約23%は「所得なし」世帯である。

　また，被保険者の約3割は65-74歳の高齢者であり，この割合は組合健保では2.5%(2011年度)，協会けんぽでは4.7%(同)に過ぎない。このような違いが生まれるのは，退職した者の多くが市町村国保に移る制度体系となっているためである。高齢者が多いため，加入者一人当たり医療費は約30万円と高額であり，これは被用者保険の2倍の水準となっている。市町村国保には低所得者が多く加入する一方で，必要となる医療費の規模が大きいことから，財政収支を均衡させることが困難な構造となっている。

　もう一つの国民健康保険の制度として，特定の事業・業務の従事者によっ

て組織される国民健康保険組合があり，加入者数は約300万人である。国保組合が設立されている事業・業種としては，建設業(大工，左官などの一人親方)や医療職(医師，歯科医師，薬剤師)が中心である。国保組合に加入することができるのは，自営業者や被用者保険によってカバーされない者のうち，従事する職業・業種において国保組合が設立されている者である。つまり，市町村国保に加入できる(している)就業者のうち，この条件に該当する場合は国保組合に加入することを選択することができる。これは強制加入の仕組みのもとで，加入する医療保険制度が法律で定められている日本における唯一の例外であるといえる。

　世界を見渡すと，被保険者による**保険者の選択**を医療保障システムの改善や医療供給の質の向上のための手段として導入している国ぐにが存在する。その代表国ドイツでは，1990年代半ばに実施された医療制度改革によって被保険者による保険者の選択が大幅に拡大された。被保険者の獲得をめぐって保険者が競争し，医療給付の改善につながることを企図したものである。

(2)　保険者

　国民健康保険の保険者である市町村の数は2013年現在で1,717であるが，市町村の合併にともない減少傾向にある。被保険者が3,000人未満の小規模保険者が全体の4分の1を占め，財政運営の不安定が懸念されている。このようななか，2013年8月の「社会保障制度改革国民会議報告書」では，都道府県に国民健康保険の保険者を移行することが提案された。今後，市町村との連携のもと，都道府県を主体とした国民健康保険の運営についての具体的な検討が進むと見られる。

　もう一つの国民健康保険の保険者である国保組合としては，現在164組合が存在し，その多くは都道府県別に組織されている。国保組合の歴史は古く，市町村国保の制度ができる以前から特定の業種において相互扶助の精神に基づき任意で組織されたものが存在していた。国民皆保険が実現した1961年以降は市町村国保を原則とする考え方に基づき，いくつかの例外を除いて新たな国保組合の設立は認められていない。

(3) 財源

　ここでは，対象を市町村国保に限定して重要点を確認していく。市町村国保の財源は保険料と公費(国・都道府県・市町村)であるが，公費の規模が大きいことが特徴である。市町村国保は，被保険者の年齢および医療費水準が相対的に高い一方で，所得水準が低いという構造的な財政運営上の難しさを抱えていることから，保険料財源の不足を公費で埋め合わせる必要がある。先の「社会保障制度改革国民会議報告書」においても，国民健康保険の財政基盤の安定化が優先課題として示されている。

　国保財政(収入)は複雑な構造となっているが，ここでは大きく二つの部分に分けて見ていきたい。なお，後述の前期高齢者医療制度によって，医療保険の各保険者(後期高齢者医療制度は除く)の間で前期高齢者(65-74歳)の偏在に起因する負担の偏りが調整され，市町村国保は社会保険診療報酬支払基金を通じて多額の前期高齢者交付金(2014年予算で3兆5,000億円)を受け取っているが，ここでは説明の対象とする財源からは除くこととする。

　まず，財源の50%は法令に基づく公費によってまかなわれる。これは，国の定率国庫負担(32%)と調整交付金(9%)および都道府県調整交付金(9%)からなる。国と都道府県の調整交付金は，市町村間の財政力の不均衡を，それぞれ全国レベル，都道府県内において調整するために交付される。

　残りの50%は保険料を中心とした財源である。市町村国保の被保険者の所得の状況は多様であるため，公平性を確保するためにいくつかの要素に着目した保険料の賦課が行われている。保険料は，①**所得割額**(世帯所得額×所得割率)，②**資産割額**(世帯資産額×資産割率)，③**均等割額**(一人当たり定額×世帯被保険者数)，④**平等割額**(一世帯当たり定額)の合計金額となる。①と②は，世帯の負担能力に応じて保険料を賦課する部分であり，**応能割額**と呼ばれる。③と④は被保険者および世帯が平等に負担する部分であり，**応益割額**と呼ばれる。保険料賦課の方法は保険者ごとに異なるが，四つの要素(①, ②, ③, ④)すべてを用いて保険料を賦課する方式は四方式と呼ばれる。この場合，必要な保険料財源の総額は，所得割総額(40%)，資産割総額(10%)，均等割総額(35%)，平等割総額(15%)というように按分され，個々の世帯への賦課率や定額が定められる。このほか，三方式(①, ③, ④)と二方式(①, ③)があり，い

ずれの方式を選択するかは保険者(市町村)によって決定されるが，3分の2以上の保険者は四方式を選択している。このような仕組みの下では，同じ負担能力・世帯構成であっても居住する市町村によって保険料水準が異なることとなるが，公平性の観点からはこの格差があまり大きくならないようにする必要がある。

低所得者に対しては，応益割保険料の軽減(所得に応じて7・5・2割軽減)が行われている。これによる保険料収入の不足に対して公費(都道府県4分の3，市町村4分の1)による支援が行われており，保険基盤安定制度と呼ばれる。さらに低所得者数に応じて，公費(国2分の1，都道府県・市町村4分の1ずつ)で財政支援を行う保険者支援制度がある。

また，高額な医療費(1件80万円超)が発生した場合の財政への影響を緩和するために実施されている高額医療費共同事業では，各市町村国保からの拠出金に加えて，国・都道府県が事業対象の4分の1ずつを負担している。併せて，保険料の平準化や財政の安定化を図るために，保険財政共同安定化事業として1件30万円超の医療費については，各市町村からの拠出金を財源とした都道府県単位での調整が行われてきたが，2015年度からはこの対象がすべての医療費に拡大されることとなっている。このように，市町村国保に対しては法定の公費投入以外にも国や都道府県による財政的支援が行われており，さらに財政の安定化を企図した保険者間の費用負担の調整が実施されている。

> **Column　保険料か，税か**
>
> 日本では，医療費の財源は主に保険料と公費(国と地方の税)から構成されているが，今後も増大する医療費の財源をどのように調達していけばよいのだろうか。社会保険方式に基づく医療保障の仕組みを採用している以上，まずは保険料を引き上げて医療保険の収入を増やすことが肝要であろう。社会保険方式のメリットの一つは，給付と負担の関係が明確であり，負担増への抵抗がより少ないことであるが，実際には保険料の引上げはそれほど容易ではない。近年の経済政策によって景気回復の兆しが見えてきたものの，その恩恵が隅々にまで行き渡っていない現状においては，生活者にとっても企業にとっても，保険料の引上げによる負担の増加は大きな痛手である。医療保険の保険者として

は，被保険者や企業に不人気の保険料の引上げはできる限り避けたいし，引き上げるとしても最小限にとどめたい。このような状況のもとで期待されるのは，税財源のさらなる投入である。

1990年代初頭，国民医療費の3割程度であった税財源（国・地方）は年を経るごとに存在感を増し，今日では4割近くに達している。とりわけ財政的に厳しい市町村国保の財政支援や高齢者医療制度の財源として公費の増額を求める声は大きい。しかしながら，税財源を捻出する国家財政，地方財政とも逼迫していることは周知のとおりである。また税金を負担するのは私たち国民であることから，税財源の拡大を求めるのであれば，同時にさらなる増税を受け入れることが前提となるであろう。

保険料にしろ，税にしろ，医療保険の財源を追加的に捻出することが難しいのは日本に限ったことではない。先進諸国においては，医療保険の財源調達をめぐってより踏み込んだ議論（さらには政治的選択）が行われている。その目的は，増大する財源負担の透明性・納得性を高めることである。ドイツでは，公的医療保険の果たしている機能を，疾病リスクの分散（＝保険料財源）とそれ以外（所得再分配等）（＝税財源）に整理して，あるべき財源調達の姿が議論されている。これは，給付と負担の関係の曖昧さを可能な限り解消して，それぞれの負担の意味・目的を明確にする方向である。フランスでは，1990年代に一般社会（保障）税（CSG）が創設され，今日ではその約7割が医療保険に投入されている。医療保険の被保険者の保険料はほぼCSGに置き換えられたが，CSGの賦課ベースは広く（勤労所得，代替所得，資産所得，賭博益等），多様な収入源に対して公平に医療保険の財源負担を求める仕組みとなっている。目指されたのは，負担の公平性を高めるという方向である。今後，日本においても医療保険の財源負担が重くなればなるほど，その透明性・納得性を高めることが必要になるであろう。

2-3 高齢者医療制度

医療保険によって高齢者の医療を安定的に確保するための制度的な工夫として，後期高齢者医療制度（独立した医療保険制度）と前期高齢者医療制度（財政調整制度）が実施されている（図1-1参照）。

(1) 後期高齢者医療制度

高齢化の進む日本において，高齢者の医療費をいかにまかなうかというこ

とは医療政策の最重要テーマの一つである。1983年に創設された**老人保健制度**によって，より公平な高齢者医療費の負担を実現するために保険者間の財政調整が導入された。しかし，この仕組みのもとで高齢者の加入率が低い被用者保険の**老人保健拠出金**が増大したことなどから，制度の抜本的な見直しが求められ，2006年に高齢者医療の制度改革が行われた。

この改革により2008年4月から実施されている後期高齢者医療制度は，75歳以上の高齢者(65歳から74歳で一定の障害のある者を含む)を対象とした，被用者保険や国民健康保険とは別建ての独立した医療保険制度である。生活保護を受けている者は制度の適用除外となる。後期高齢者医療制度の導入により，老人保健制度のもとで不明瞭となっていた高齢者と若年世代の負担のあり方が明確化されるとともに，運営主体として都道府県ごとに広域連合が設けられ，従来の仕組みではあいまいであった財政・運営責任が明確化された。

後期高齢者医療制度の仕組みは図1-2のとおりである。制度を運営するための財源の約1割(この割合は若年者の減少に応じて少しずつ増加)は，高齢者が拠

図1-2 後期高齢者医療制度の仕組み

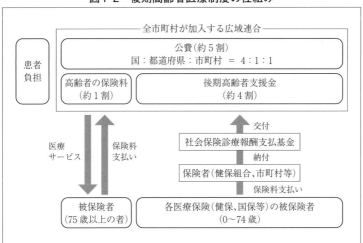

資料：厚生労働省ホームページ「我が国の医療保険について」の「高齢者医療制度」を簡略化し，加筆・修正して作成。

出する保険料によってまかなわれる。若年者の加入する医療保険制度から拠出される**後期高齢者支援金**が財源の約4割を占める。さらに，財源のおよそ半分は公費(国，都道府県，市町村が4:1:1の割合で負担)によって調達される。

　後期高齢者医療制度では，従来保険料を負担していなかった者(被用者保険の被扶養者であった者)も含めて，すべての人が被保険者として保険料を負担する。保険料額は，被保険者全員に均等に賦課される**応益割**(**均等割**)と所得に一定率を乗じて定められる**応能割**(**所得割**)の合計額である。保険料算定のベースとなる均等割額と所得割率は都道府県ごとに異なり，財政収支が均衡するように2年ごとに見直しが行われる。2014-15年度の保険料月額(全国平均)は5,668円(見込額)となっている。実際には，低所得者に対しては所得割額が減額されるため，負担は大きく軽減されている。例えば，基礎年金のみを受給する者の保険料月額は375円(同期間の全国平均，見込額)である。なお，保険料の徴収は市町村が行っている。

　財源の約4割を占める後期高齢者支援金は医療保険の各保険者により拠出されており，若年世代と高齢世代の支え合いを前提とした制度であるが，増大する支援金の負担のあり方が検討課題となっている。当初，各保険者の拠出金の負担方法は加入者割(各医療保険の加入者数に応じて負担)とされ，財政力の弱い保険者に重い負担を求める仕組みとなっていた。被用者保険における負担の公平の見地から，2010年に支援金の3分の1に総報酬割(被用者保険の被保険者の総報酬額に応じて負担)が導入され，今後はこれを拡大した全面総報酬割が導入される見通しである。

　なお，年齢で区分した医療保険制度の導入は日本独自の試みであり，ドイツやフランス等では，高齢期になっても現役世代の制度に加入し続ける仕組みがとられている。後期高齢者医療制度は，医療をめぐる世代間連帯を「支援金」という形で具体化・数値化したが，そのことは国民の連帯意識の喚起にいかなる影響を与えたのだろうか。すでに，健保組合からは支援金負担の増大による財政圧迫が指摘されているように，高齢者の医療費の分担をめぐる問題は未解決のままである。

(2) 前期高齢者医療制度

　前期高齢者医療制度は，前期高齢者(65歳から74歳)の医療費を公平に負担するために保険者間の財政調整を行う仕組みである。現役時代に健康保険に加入していた人が退職後に市町村国保に移るケースが多いため，前期高齢者の8割以上が市町村国保に加入している状況である。この状況に何ら調整を加えないとすると，保険者の負担が市町村国保に偏ってしまうことになる。このため，後期高齢者医療制度の導入と併せて，前期高齢者給付費の総額を，各保険者がそれぞれの加入者総数に応じて分担する仕組みが導入された。このような調整の結果，前期高齢者の加入率が低い被用者保険の保険者が**前期高齢者納付金**を拠出し，市町村国保が**前期高齢者交付金**として受け取ることによって負担の公平化が図られている。

3 医療保険の給付

3-1　保険給付

　国民皆保険体制のもとで複数の医療保険制度が存在し，また多数の保険者が運営主体となって制度が実施されている。そうではあるが，医療保険を通じて行われている基本的な給付は共通である。法律によって定められている**保険給付**には，**法定給付**と**付加給付**がある。法定給付は保険者が等しく実施しなければならない給付であるのに対して，付加給付は医療費の一部負担金の償還や傷病手当金の給付期間の延長など法定給付に上乗せする任意の給付であり，その実施は健康保険組合，共済組合および国保組合の一部に限られる。

　法定給付には**医療給付**と**現金給付**がある。まず，医療給付の種類と内容を確認しておく。なお，個々に言及はしないが，健康保険の場合は家族(被扶養者)に対しても被保険者と同様の医療給付が行われる。また，共済組合の加入者には健康保険と同様の給付が行われている。

　被保険者が病気になり，けがをしたときには，保険医療機関において一部

負担金のみで必要な医療(診察,薬剤又は治療材料の支給,処置・手術・その他の治療,居宅における療養上の管理・世話・看護,病院又は診療所への入院・世話・看護)が受けられる。これを**療養の給付**という。なお,通常の出産は医療給付の対象とはならない。また,医療保険の保険証(**被保険者証**)が提示できない場合や海外旅行中に病気になって治療を受けた場合などには,いったん自費で支払い,事後的に一定部分の払い戻しを受けることができる。この償還払いの給付を**療養費**という。

入院時の食事は,一食当たり260円(低所得者への軽減措置あり)の負担を除く部分が現物給付されるが,これを**入院時食事療養費**という。さらに65歳以上の被保険者が療養病床に入院した場合には,食費と居住費の患者負担が求められる(それぞれ一食460円と一日320円,低所得者への軽減措置あり)。費用の残りの部分は,**入院時生活療養費**として現物給付される。

日本では,いわゆる「**混合診療**」は原則的に禁止されており,保険診療と自由診療(保険外診療)を併用すると診療全体が自由診療となり,全額が患者の負担となる。これは,負担能力の有無に関係なく平等で安全な医療を確保するという政策目的によるものである。この原則の例外として,**評価療養**(先進医療など,保険給付の対象とするかどうか評価が必要な一定の療養)と**選定療養**(特定の病室など,被保険者等の選定による一定の療養)については,保険診療と併用することができる。この場合,評価療養・選定療養に要する費用は患者が自費で負担するが,保険診療の部分については医療保険の給付(**保険外併用療養費**)が行われる。混合診療をめぐってはさまざまな立場から活発な議論が行われており,とりわけ医療技術の進歩をどこまで,どのような手続きで保険診療の対象とするのかは医療保障をめぐる重要な論点である。

また,医療を受けた場合の患者の一部負担が過重にならないよう,一カ月に医療機関で支払った額が一定額を超えた場合には,超過部分は**高額療養費**として医療保険から支給される。自己負担限度額の計算に用いられる算式は年齢と所得に応じて異なる(表1-1参照)。なお,同一世帯において同一月に複数の窓口負担が生じている場合には,これを合算して自己負担限度額の計算を行うことができる(「**世帯合算制度**」)。ただし,70歳未満の者については,合算できるのは21,000円以上の窓口負担に限られる。直近の12ヵ月に高額療

表1-1 高額療養費制度における自己負担限度額

		月単位の上限額	多数回該当
70歳未満	標準報酬月額83万円以上	252,600円+(医療費−842,000円)×1%	4月目〜：140,100円
	標準報酬月額53万円〜79万円	167,400円+(医療費−558,000円)×1%	4月目〜：93,000円
	標準報酬月額28万円〜50万円	80,100円+(医療費−267,000円)×1%	4月目〜：44,400円
	標準報酬月額26万円以下	57,600円	4月目〜：44,400円
	低所得者(住民税非課税)	42,000円	4月目〜：24,600円

			外来(個人ごと)	月単位の上限額	多数回該当
70歳以上	現役並み	標準報酬月額28万円以上	44,400円	80,100円+(医療費−267,000円)×1%	4月目〜：44,400円
	一般	標準報酬月額26万円以下	12,000円	44,400円	
	低所得者	Ⅱ(住民税非課税, 年金収入80〜160万円)	8,000円	24,600円	
		Ⅰ(住民税非課税, 年金収入80万円以下)		15,000円	

資料：厚生労働省保険局保険課事務連絡「高額療養費の見直しに伴う関係政令等の改正内容について(平成25年12月24日)」の別添1より作成。

養費の払い戻しを3回以上受けた場合(**多数回該当**)，4回目からはさらに低い自己負担限度額が適用される。以上の法定給付は，後期高齢者医療制度においても同様に行われる。

次に現金給付について見ていく。被保険者(あるいは被扶養者)が出産した際には，**出産育児一時金**として42万円(産科医療補償制度の対象とならない出産の場合は40.4万円)が支給される。また，健康保険の被保険者(あるいは被扶養者)が死亡した場合には，埋葬料として5万円が支給される(市町村国保の場合には条例の定めにより1〜5万円を支給)。

さらに，健康保険の被保険者が療養のために仕事を休み，報酬が支払われ

ない場合には、休業一日につき標準報酬日額の3分の2が**傷病手当金**として支給される。また、被保険者本人の産休中(出産日以前42日から出産日後56日まで)の期間には、一日につき標準報酬日額の3分の2が**出産手当金**として支給される。これら二つの現金給付(傷病手当金と出産手当金)は市町村国保では任意給付とされており、実際には実施している市町村はない。

3-2 患者の一部負担金

　患者が医療サービスを受けた場合には、医療費の一定割合の**一部負担金**(患者の「自己負担」、あるいは「窓口負担」)を支払う仕組みがとられているが、これは、現在の日本社会においては定着している。この仕組みにはいくつかのメリットがある。まずは公平性の確保である。医療サービスの利用状況に応じて、医療費の一定割合(現役世代は3割)を負担することによって、医療サービスを利用した人と利用していない人(さらに多く利用した人と少し利用した人)の間の公平性を確保することができる。このように、自分が受けた利益に応じて負担することを**応益負担**という。医療保険の歴史を振り返ると、1973年に導入された老人医療費支給制度によって高齢者は一部負担金なし(無料)で医療が受けられるようになった。それによって受診できるようになった高齢者が増大したが、医療機関の「サロン化」と表現されるような不必要な受診も多く見られるようになった。メリットの二つ目は、一部負担金の支払いを求めることによって、このような不適切な受診を抑制することができることである。さらに、患者の一部負担金そのものが医療費をまかなう財源となることも重要なメリットである。

　一部負担金の負担割合は、年齢区分ごとに設定されている。小学校入学前までの児童に対しては2割、小学校入学以降70歳未満までは3割、70歳以上は2割(現役並み所得者は3割)であるが、2014年3月31日以前に70歳になった者には軽減特例措置が継続され、1割となっている。また、後期高齢者医療制度の対象者(多くは75歳以上の者)は1割(現役並み所得者は3割)である。応益負担のもとで、高額な医療が必要となった患者の負担が過重なものとならないように高額療養費制度が設けられており、世帯の負担が一定限度に抑えられている。

4　医療保障の三者関係

4-1　現物給付の医療サービス

　病気やけがに見舞われた場合には病院や診療所で必要な治療を受けるが，公的医療保険の保険証を提示すれば，医療費の一定割合(年齢・所得に応じて1～3割)の支払いのみで済む。これは，公的医療保険の医療給付として医療サービスの**現物給付**が行われるからである。現物給付の仕組みを理解するために，医療給付をめぐる患者(被保険者)と公的医療保険の保険者，**保険医療機関**の三者の関係を確認しておこう(図1-3)。なお，保険医療機関とは，保険診療を行う病院・診療所として厚生労働大臣の指定を受けた医療機関であるが，実際にはほぼすべての医療機関が保険医療機関である。また，保険診療を行うことができるのは，厚生労働大臣の登録を受けた医師・歯科医師(**保険医**と呼ぶ)でなければならないと定められている。したがって，現物給付が可能となるのは，保険医療機関で保険医によって提供された医療サービスである。

　まず，患者と保険者との関係であるが，公的医療保険が社会保険の仕組み

図1-3　医療保障の三者関係

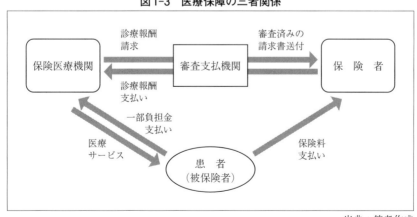

出典：筆者作成

を採用している以上，医療給付を受けるには保険者の定める保険料をきちんと納付しておくことが前提となる。保険料の滞納が長期間に及ぶと，給付が制限され，医療サービスを現物給付という形では受けられなくなる。

次に患者と保険医療機関の関係においては，多くの場合，患者が病院や診療所に行って，必要な医療サービスを受ける。治療後にかかった費用の一部(一部負担金)を窓口で支払う。

最後に，保険医療機関と保険者との関係においては，保険医療機関は，医療サービスの提供に要した費用(**診療報酬**)から患者の一部負担金を差し引いた診療報酬の額を保険者に請求する。これに対して保険者は，提供された医療サービスの対価として保険医療機関に対して患者の一部負担金を差し引いた診療報酬の支払いを行う。実務としては，提供された医療サービスの内容と診療報酬の請求額が適切なものであったのかどうかの審査と医療機関への支払い業務は，**審査支払機関**(社会保険診療報酬支払基金(支払基金)と**国民健康保険団体連合会**(国保連合会))に委託されており，保険者は委託先のいずれかを選択することができる。具体的には次のようなやりとりが行われる。医療機関は毎月，審査支払機関に**診療報酬明細書**(レセプト)としてまとめて診療報酬の請求を行う。審査支払機関はこれが適正であるかどうかを審査し，審査済みの請求書を保険者に送付する。これを受けて保険者は審査支払機関に対して請求金額の支払いを行い，審査支払機関は個別の病院へ診療報酬を支払う。

以上のような三者関係のもとで，私たちは必要な医療サービスを現物で受けることができる。このような医療給付の方法を**現物給付方式**と呼んでいる。それに対して，患者が窓口で費用の全額を支払い，事後的に保険者から払い戻しを受ける方法を**償還払い方式**という。歴史的にフランスの公的医療保険の外来診療においては償還払い方式が用いられてきたほか，日本でも医療給付の一部(療養費)においてはこの方式がとられている。

4-2 診療報酬の仕組み

(1) 診療報酬の支払い方式

医師または医療機関が提供した医療サービスに対する対価として受け取る

報酬を診療報酬という。「診療報酬をどのように算定するか」は，医療機関にとっては経営に直結する重要な問題である。また，支払う側にとっても，財源に限りがあるなかで診療報酬の算定・支払いを適切に行うことは重要な課題である。診療報酬の支払い方式には，出来高払い，包括払い，請負払いなどがある。

　出来高払い方式は，個々の診療行為ごとに価格をつけ，医師または医療機関が行った診療行為の価格を積み上げて，その合計値を診療報酬とするもので，行われた診療行為の量によって診療報酬が決まることから出来高払いと呼ばれている。この方式は，医師の判断による積極的な治療を導き，治療効果も大きいというメリットが指摘されており，多くの国ぐにで採用されている算定方式である。その反面，過度の検査や投薬，長期入院など，いわゆる過剰診療や医療費の高騰を招きやすいこと，同じ医療行為を行った場合の医師の技術格差が反映されないこと，医療費の算定事務も煩雑であるといったデメリットも指摘されている。

　次に，**包括払い方式**は，複数の医療行為を1つにまとめ，それに対する報酬を定額で支払うものである。包括払い方式は，包括する範囲(全体あるいは部分)，報酬の算定単位(1日当たり，1件当たりなど)などによってバリエーションがある。包括払い方式では，医師が提供する医療行為を増やしても診療報酬の増加につながらないため，出来高払いのデメリットとされる過剰診療が抑制されるとともに，医師の技術等により実際の費用が定額を下回った場合にはその差額が利益となることから医療の効率性の向上が促されるというメリットがある。近年，多くの国ぐにで包括払いが導入され，拡大している理由もそうしたメリットによるところが大きい。しかし他方では，定額とされる診療報酬を上回る医療行為を行った場合には，医療経営にとってはマイナスになるため，過少診療を招く恐れがあり，医療の質を確保するためには一定のコントロールが必要とされている。

　包括払い方式のなかで，とくに注目されているのが，アメリカで開発された**DRG／PPS**(Diagnosis Related Group 診断群分類／Prospective Payment System 予定支払い方式)と呼ばれる算定方式である。これは，患者の診断名とその病気に対する標準的な治療方法に基づいて包括的な診療報酬が決まるという方式

である。ドイツやフランスでも同様な制度が導入されている。

また、**請負払い方式**は、家庭医のいる診療所への家庭医登録をした住民の数に応じて医療費を支払うイギリスの登録人頭制のように、一定の基準の下で医師または医療機関が医療を請け負う方式である。登録した人びとが病気をしないことが医師や医療機関の利益にもなるため、病気の予防や初期治療などプライマリケアに効果がある。一方、この方式では、提供する医療の量と質に関係なく報酬が支払われるため、十分な医療が行われない可能性がある。

このようにいずれの支払い方式もメリット・デメリットがあり、各国ともそれぞれの医療制度、医療費への影響、住民および医師・医療機関の意向などを考慮しながら適切な診療報酬制度を模索している状況にある。

(2) 日本の診療報酬制度

日本の公的医療保険においては、外来診療は出来高払い方式、入院診療は出来高払いと包括払いを組み合わせた方式となっている。

まず、出来高払いの仕組みにおいては、保険給付の対象となる各医療行為を点数で示した**診療報酬点数表**がつくられており、1点が10円として計算される。この点数表は、保険診療として行うことのできる医療行為の範囲と内容を示す品目表としての役割と、各医療行為の価格表としての役割をあわせもったものといえる。例えば、初めて診療所に行って診察を受け、尿検査と心電図検査を受けた後、薬局で薬をもらうための処方箋を出してもらった場合、初診料、尿検査、心電図、処方箋料についてそれぞれ点数が定められており、それに10円をかけた値が診療報酬となる。その合計額の一部を患者が窓口で支払い、残りは保険者から医療機関に支払われる。また、薬については**薬価基準**が定められ、保険診療で使用できる全ての薬の名称とそれぞれの薬の点数が記されており、それを医療行為と同じように1点＝10円として計算する仕組みになっている。

包括払い方式としては、急性期入院患者を対象に、診断群分類に基づく1日当たり定額報酬算定制度(DPC/PDPS, Diagnosis Procedure Combination/Per-Diem Payment System 略して**DPC制度**と呼ばれる)が導入されている。これは日本

で開発された方式で，診断群と治療の組合せによって患者を分類し，それに必要な医療行為について，入院基本料，検査，画像診断，投薬等(ホスピタルフィーに該当する項目)を包括した1日当たり単価(点数)を定め，それに入院日数を乗じて診療報酬を算定する方式である。1日当たり単価は入院日数に応じて3段階で逓減する仕組みとなっており，入院期間短縮への誘導がなされている。包括の対象とならない手術，麻酔，放射線治療，リハビリテーション等(ドクターフィーに該当する項目)は別途，出来高払いによって算定する。DPC制度は，2003年に大学病院等に導入された後，徐々に拡大し，現在はDPC対象病院が1,500を超え，一般病床の約55％を占めるに至っている。

また，慢性期の療養の場である療養病棟においても，検査，投薬，注射等を包括した入院基本料が導入されている。この入院基本料の1日当たり単価(点数)は，患者の医療区分(医療必要度による3区分)とADL区分(日常生活自立度による3区分)に応じて定められている。

日本では診療報酬が2年ごとに改定されている。この改定は，国の予算編成過程で内閣が定めた改定率をふまえ，社会保障審議会の医療保険部会と医療部会の定めた基本方針に基づき，中央社会保険医療協議会(中医協)において審議された後，厚生労働大臣により告示されることになっている。中医協は，医療保険の当事者自治の理念が反映され，支払い側(保険者，被保険者，事業主等の代表7名)，診療側(医師，歯科医師，病院，薬剤師等の代表7名)，公益側の代表6名によって構成され，診療報酬をめぐる利害調整や合意形成が行われる。

診療報酬制度は望ましい医療制度を構築するための手段となっており，政府が積極的に推進したい医療の診療報酬点数を引き上げ，抑制したい医療の点数を引き下げるといった対応を通じて医療保険制度のコントロールが行われている。さらに，近年の医療費の急増を背景として，診療報酬の改定を通じた医療費増加の抑制が重要な政策課題となっている。

5 医療費

5-1 医療費の増加要因

　医療に要する費用は年々増加している。増加の主な要因としては，第一に医療技術の高度化による影響があげられる。新しく高額な治療方法，医療機器，新薬などが開発され，それにともない医師や看護師などの医療従事者の数が増加していくことによって医療費が急速に増大している。第二の要因は，高齢化によって医療の必要性が増大していることである。第三の要因は，所得の増加にともない医療需要が増大し，高度の医療を受ける人が増加していることである。なかでも第一の医療技術の高度化が医療費増加の最大の要因とされており，高度化する医療技術をどこまで保険診療の範囲に含めるかといったことも検討されている。また，第三の要因による医療費の増加は経済成長にともなって生じるものであり，とりわけ発展途上国などで顕著に見られる。

5-2 国民医療費

　日本において医療に用いられた費用の年間の総額は，厚労省によって**国民医療費**として毎年公表されている。国民医療費には，医療保険の給付費(患者の一部負担金を含む)に加えて，生活保護制度の医療扶助等の公費負担医療が含まれる。なお，健康診断や予防の費用，薬局等の売薬，通常の出産の費用，美容整形，差額ベッド代等は含まれない。

　図1-4によって国民医療費の動向を確認しておこう。2000年代前半に伸びが抑制されていた国民医療費は，2000年代後半以降，毎年1兆円前後の規模で増大している。2012年度は約39兆円の規模であり，間もなく40兆円の大台に突入すると見られる。国民医療費の対GDP(国内総生産)比も，2011年度には8.2%まで上昇している。また，2008年以降の後期高齢者医療費の増加が顕著である。

　日本の医療費の大きさは，国際比較の視点からはどのように位置づけられ

5 医療費 39

図1-4 医療費の動向

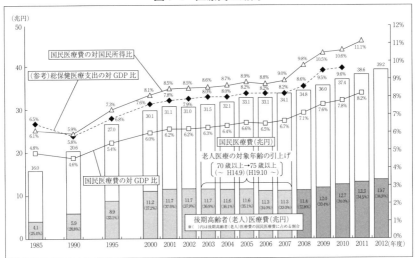

出所：厚生労働省『厚生労働白書（資料編）平成26年版』
注：2012年度の国民医療費（及び後期高齢者医療費）は実績見込みである。

図1-5 国民医療費の構造（2011年度）

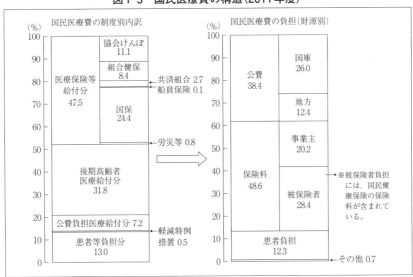

出所：厚生労働省『厚生労働白書（資料編）平成26年版』

るのであろうか。OECDによれば，総保健医療支出(OECD諸国の医療費を比較する際に使用される医療費で，予防サービスなども含む)の対GDP比(2011年)は，最も高いアメリカが17.7%であり，これにオランダ11.9%，フランス11.6%，ドイツ11.3%が続く。日本は9.6%(2010年)でOECD34か国中12位であり，先進諸国のなかでは医療費は低い方に属する。

次に，2011年度の国民医療費の内訳を整理した図1-5によって，いくつかの特徴を確認しておきたい。まず制度別内訳によれば，若年世代を対象とした医療保険等給付分が国民医療費の約半分を占める一方で，75歳以上の者を対象とした後期高齢者医療給付分が3割強の規模に及んでおり，高齢期における医療の必要性の高さがうかがえる。さらに財源別の内訳をみると，中心は保険料(48.6%)であるが，公費(38.4%)がかなりのウエイトを占めている。高額療養費制度の効果もあり，患者負担(12.3%)は相対的に低く抑えられている。

6 医療提供体制

6-1 医療供給の状況

日本では，患者が自由に医療機関を選択して医療を受けることができる**フリーアクセス**の仕組みがとられている。この仕組みは，患者にとって大きなメリットがある一方で，患者が大病院に集中するなど医療資源の効率的な活用の観点からは問題もある。諸外国では，患者のフリーアクセスを制限しているところも少なくない。また，**自由開業医制**のもとで，診療所や民間病院は自由な開業が認められてきた(現在，病床については規制あり)。地域での医療アクセスを確保するために，病院の開業等について日本より厳しい規制を行っている国もある。このように「自由」に価値を置いてきた日本の医療提供体制は，今，それゆえの問題にも直面している。

医療法上の医療提供施設(医療機関)は，病院(20床以上)と診療所(19床以下)である。厚労省の実施する医療施設調査によれば，2013年10月1日現在の病院数は8,540施設(一般病院7,474施設，精神科病院が1,066施設)であり，病院数は

緩やかに減少している。有床・無床の診療所(歯科診療所は除く)は約10万施設であり，なかでも無床診療所の増加が顕著である。病院の開設者の3分の2は医療法人であり，ヨーロッパ諸国と比較すると，日本では病院医療の供給における民間部門の役割が大きい。

病院の病床数(2013年10月1日現在)は約157万4千床である。諸外国と比較すると，日本は病床の多さは際立っている。OECDによれば，2011年の人口千人当たり病床数は，イギリス3.0床，アメリカ3.1床(2010年のデータ)，フランス6.4床，ドイツ8.3床であるのに対して，日本は13.4床と格段に多い。このため，病床削減を目指した政策が推し進められてきており，病院の病床数は1992年の約168万7千床をピークに漸減している。医療法上，病院の病床は目的に応じて5つに区分されている。最も数の多い**一般病床**は，主に急性疾患の患者が入院する病床であり，病院の病床全体の約57%を占めている。**療養病床**(約21%)は長期にわたって療養が必要な患者が入院する病床である。この他，精神疾患の患者が入院する**精神病床**(約22%)，感染症病床，結核病床に区分されている。それぞれに必要な人員配置や必置施設等は異なる。

また，日本では諸外国と比較して在院期間が長い。OECDによれば，2011年の平均在院日数(すべての入院患者数を対象)は，アメリカ6.1日，イギリス7.3日，フランス9.2日(2010年)，ドイツ9.3日であるのに対して，日本では17.9日(急性期の入院患者のみ)となっている。効率的な医療供給を実現するために各国で在院日数の削減が推進されているが，日本でも平均在院日数は重要な政策指標の一つである。今後，より早期の退院を実現していくためには，退院後の受け入れ先の確保や在宅医療の充実が求められる。

医療提供体制を適切に整備するために，都道府県によって**医療計画**が策定されている。医療計画には，5疾病(がん，脳卒中，急性心筋梗塞，糖尿病，精神疾患)・5事業(救急医療，災害時における医療，へき地の医療，周産期医療，小児医療)及び在宅医療に関する施策等が記載される。さらに，入院医療を提供する地域的単位である**二次医療圏**ごとに一般病床と療養病床の**基準病床数**が定められ，これを超える病床数の増加が抑制されている。

6-2 これからの医療提供体制

　2013年社会保障制度改革プログラム法と2014年医療介護総合確保推進法により，現在，医療提供体制は変化の途上にある。医療提供体制をめぐる改革方策は多岐にわたるが，病床の機能分化を推進する改革方策についてまとめておく。

　まず，団塊世代が75歳以上となる2025年に向けて，病院・病床の機能分化を促進し，地域の医療需要に見合った医療提供体制を確保することが喫緊の政策課題となっている。2014年から実施されている**病床機能報告制度**は，各医療機関が病床の機能等について都道府県に報告を行う仕組みである。これにより，これまで十分に把握されていなかった病床の実際の機能(高度急性期機能，急性期機能，回復期機能，慢性期機能)を明らかにしたうえで，都道府県は，それらの情報と地域の医療需要の推移を踏まえて，**地域医療構想**(ビジョン)として病床の機能ごとの将来の必要量等についての計画を策定することとなる。これは，変化する地域の医療需要に医療供給を対応させていくという考え方に基づく改革といえよう。

　また，2014年には医療・介護サービスの提供体制改革のための新たな**財政支援制度**が創設され，都道府県に設けられた基金(財源は国と地方)を通じて，医療・介護サービスの一体的・総合的な確保を図るための事業の支援が行われている。財政支援制度により，地域医療構想の達成に向けた医療機関の整備が推進されるとともに，在宅医療・介護サービスの充実や医療従事者等の確保・養成が図られることとなっている。このように，経済的な支援のもとで，地域の医療需要に応じた病床への転換が今後どのように進められていくのかが注目されるところである。

Column　データヘルスとは？

　高齢化が進み，平均寿命も長い日本では，今後も医療需要が増大すると見込まれている。なかでも75歳以上の高齢者の急激な増加(総人口に占める割合は2014年12.5％から2030年19.5％へ)にともない，慢性疾患の患者や要介護者が増大することが懸念されている。このようななかで「健康」で長生きすることは，私たち個人にとっても国にとっても重要なテーマとなっている。

2013年6月に閣議決定された「日本再興戦略」では，国をあげて推進するテーマの一つとして「国民の「健康寿命」の伸長」が掲げられており，今後ますます，一人ひとりが生活習慣病の予防に心がけ，健康づくりに努めることが必要となってくる。また，糖尿病などの慢性疾患をもっている場合には，それを重症化させないための予防も大切である。

　なかでも個々人の取組みを後押しし，健康増進を支援する役割が期待されているのは被用者保険の保険者(とくに健康保険組合)であり，保険者の実施する保健事業の重要性が高まっている。近年，医療情報の電子化が進み，保険者がレセプトと特定健診等のデータを活用することが可能となっている。これらのデータの分析に基づく保健事業を「データヘルス」と呼ぶ。例えば，糖尿病の重症化予防事業として，健診データで把握した血糖コントロールの値とレセプトの通院に関するデータを突き合わせることによって，対象者の健康状態・受診状況を把握したうえで適切な受診や定期検査，教育入院を促し，予防効果を高めることができる。保険者は，データヘルスを実施するための事業計画(データヘルス計画)を策定し，PDCA(計画・実施・評価・改善)サイクルに従い，効果的かつ効率的に事業を実施するよう求められている。

　また，予防や健康増進のための加入者の取組みを促進するため，インセンティブ向上策が導入されている。加入者が健康づくりに資する活動を行った場合にポイントを付与し，貯まったポイントで健康関連グッズ等の交換ができる仕組みなどである。一方，保険者に対しても，積極的な取組みを通じて加入者の健康状態が改善された場合に財政的なメリットを付与することも検討されている。データヘルスを含めた保険者の保健事業は，今後の医療政策においても存在感を増していくであろう。

参考文献

遠藤久夫・池上直己編著，2005年『医療保険・診療報酬制度』勁草書房
池上直己・J.C.キャンベル，1996年『日本の医療　統制とバランス感覚』中公新書
厚生労働省編，各年版『厚生労働白書』
佐口卓・土田武史，2003年『社会保障概説　第四版』光生館
島崎謙治，2011年『日本の医療　制度と政策』東京大学出版会
松本勝明，2011年「国際比較の視点から見た皆保険・皆年金」『季刊・社会保障研究』Vol.47 No.3
李蓮花，2013年「医療保障システムにおける民間保険　国際比較と中国の現状」『彦根論叢』No.395

OECD, 2013, Health at a Glance 2013

松本　由美

第2章　介護保険

1　介護保険とは

　介護保険は，要介護状態にある高齢者に必要な介護サービスを提供する目的で2000年からスタートした比較的新しい社会保険制度である。介護保険が創設される以前は社会福祉制度などで対応していたが，高齢者に介護サービスを提供するうえでさまざまな問題を有していた。そのため，社会保険の仕組みを用いた新しい介護保障システムが構築されることとなったのである。

　介護保険は，市町村が保険者となって運営する制度であり，被保険者の範囲，保険料負担，保険給付などにおいて特色を有した制度となっている。特に保険給付の支給にあたっては，要介護認定や介護サービス計画(ケアプラン)の作成など，ほかの制度に見られない独自の利用手続きがとられており，2005年の介護保険法の改正により予防給付が再編成されたことで，この手続きはさらに複雑なものとなった。

1-1　高齢社会における介護保障の必要性

　高齢期になると，多くの人が高い確率で介護が必要な状態になると予想されている。戦後間もない時期には，高齢者が介護を必要とする期間は比較的短く，家族による対応もある程度可能であった。しかし，今日では，医療の進歩などにより，高齢者が介護を必要とする期間は長期化し，高齢者介護が家族に与える身体的，精神的な負担は大きなものとなっている。今後，寝たきりや認知症の高齢者が急速に増加すると予想されている状況を踏まえ，従来の医療や福祉から介護の部分を切り出して独立させ，介護を必要とする高

齢者の保健医療サービスや福祉サービスを提供することを目的として1997年に介護保険制度は創設され，2000年4月から実施された。

1-2　介護保険が創設される以前の状況

　介護保険が創設されるまでは，高齢者に介護サービスを提供する社会保障制度として，**老人福祉法**に基づく措置制度と，老人保健法に基づく老人保健制度による，2つの仕組みがあった。1963年に創設された老人福祉法に基づく措置制度は，それまで低所得の高齢者に限定されていた福祉サービスを，所得にかかわりなく，すべての高齢者に提供しようとするものであった。しかしながら，市町村がサービスの種類・提供機関を決めるため，サービスの質やコストの面で競争原理が働かず，サービスが画一的になりがちであった。また，所得に応じた利用者負担を徴収する目的で，高齢者と同居している世帯員の所得調査が行われたため，手続きが複雑でサービスを利用しづらい，などの問題点があった。

　他方，1982年に創設された**老人保健制度**は，総合的な保健医療サービスを提供するために老人保健施設や老人訪問看護などのサービスを制度化し，高齢者介護の一部を担っていた。しかし，これらのサービスは高齢者医療の一部として提供されるものであったため，高齢者が長期に療養する場としての体制が不十分となり，介護の質への配慮の面で一定の限界を有していた。また，一人当たり自己負担額の面でも特別養護老人ホームより老人病院のほうが少ないため，介護が必要な高齢者が治療を目的とする病院に長期間入院するいわゆる「社会的入院」が社会問題となっていた。

　1980年代後半から，日本では高齢化に対応した福祉サービスの整備が差し迫った政策課題として意識されるようになっていた。1989年には高齢者保健福祉推進10ヵ年戦略(ゴールドプラン)が策定され，福祉サービスの計画的整備が推進された。また，1990年に老人福祉法など福祉8法の改正が行われ，福祉サービスの実施にかかわる権限が市町村に移譲されるとともに，老人保健福祉計画の策定が市町村と都道府県に義務付けられた。後に市町村が介護保険制度の実施主体として位置づけられ基盤は，この時期に整備されていったといえる。

2 介護保険の仕組み

介護保険は，1990年代以降から深刻化する高齢者介護という課題を社会全体で共有することを目的として，多くの高齢者が要介護状態になるリスクを社会的な保険事故ととらえることにより制度化された日本で第5番目の社会保険制度である。介護リスクを主に家族が引き受けてきたこれまでの仕組みから脱却し，誰にも要介護状態になる可能性があることから，家族だけに過重な負担とならないように，現役世代にも高齢者の助け合いに参加してもらう仕組みを採っている。

ここでは制度の仕組みの全体像を理解するために，細部には立ち入らず，その骨格について簡単に説明する。

2-1 保険者

介護保険は，医療保険のように職域・地域の二元体系の制度ではない。被保険者の中心が現役をリタイアした65歳以上の地域住民（第1号被保険者）であり，介護サービス利用も市町村の範囲内で行われてきた経緯などを踏まえ，保険者は住民に一番身近な自治体である市町村とした（市町村が広域的に連携して介護保険事業を共同で運営することもできる）。保険者である市町村の担当事務は，65歳以上の第1号被保険者の介護保険料を賦課・徴収すること，介護認定調査会を設置し，申請のあった被保険者に対して要介護認定を行い，給付の要否と給付額を決めること，中長期的な観点から介護保険事業計画を策定し介護サービスの供給基盤を整備すること，などである。

市町村が保険者となるということは，その地域に必要なサービスが揃うようにサービス供給をコントロールできる権限を持つとともに，保険料なども市町村の条例で決めることができるため，保険財政の健全な運営責任も負っていることを意味する。

介護保険の事務は地方自治法にいう「自治事務」とされているため，保険給付のほかに被保険者が要介護状態となるのを予防するための地域支援事業，家族介護者の支援などを行う保健福祉事業を行うこともできる。これら

図2-1　介護保険制度の体系図

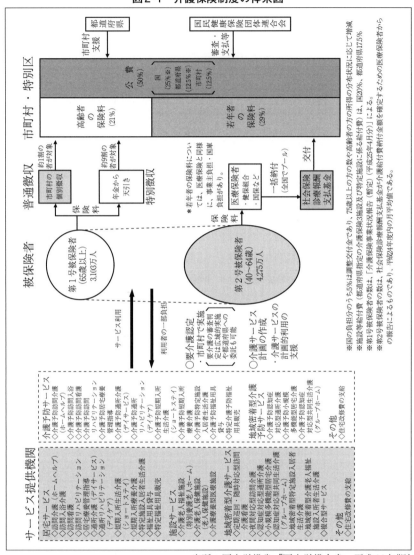

出所：厚生労働省『厚生労働白書　平成26年版』

を総じて介護保険事業という。

介護保険の財政運営は3年サイクルで行われ，それにあわせて市町村は3年ごとに介護保険事業計画を策定する。介護保険事業を策定する際には，被保険者の意見を反映させるため，多くの市町村では介護保険事業計画策定委員会に被保険者が委員として参加する。介護保険事業計画では保険給付や地域支援事業の見込みなどを定めるが，その際，それに必要な保険料の水準も示され，給付に応じて負担のあり方が議論されるようになる。

市町村は，介護保険の業務を共同で行うために，地方自治法に基づく**広域連合**を作ることが認められており，その場合は広域連合が介護保険の保険者となる。介護保険は，医療保険のような被用者を対象とする健康保険と健康保険に入らない人を対象とする国民健康保険という二元的な制度ではなく，制度としては1つしかない一元的な制度である。一元的な制度の下に，市町村や広域連合の数だけ保険者がある。

2-2 被保険者

介護保険では40歳以上の人が強制加入の被保険者となっている。**第1号被保険者**(65歳以上の人)と**第2号被保険者**(40歳以上65歳未満の人)とに区分さ

表2-1 被保険者

	第1号被保険者	第2号被保険者
対象者	65歳以上の者 (約3,103万人)	40歳以上65歳未満の医療保険加入者 (約4,275万人)
受給権者	要介護者，要支援者	加齢に起因する疾病(特定疾病)を原因とする要介護者および要支援者
保険料	市区町村が徴収 (低所得者の負担軽減)	医療保険者が医療保険料として徴収し，納付金として一括納付
保険料の賦課・徴収	所得段階別定額保険料 ★年金額が18万円以上の者は年金から天引き(特別徴収)，18万円未満の者は市町村窓口等での支払い(普通徴収)	被用者保険加入者：標準報酬×介護保険料率(事業主負担あり) 国民健康保険加入者：所得割，均等割に按分(公費負担あり)

資料：厚生労働省『厚生労働白書 平成26年版』を一部加筆修正。第1号被保険者数は「介護保険事業状況報告(暫定)」(2013年4月)，第2号被保険者数は2012年度内の月平均値である。

れ，保険給付の支給要件，保険料の設定や徴収方法などに相違がある。

　第1号被保険者は，市町村の区域内に住所を有する地域住民である。生活保護を受給している65歳以上の者も第1号被保険者となり，生活保護費から介護保険料が支払われる。第2号被保険者は，市町村に住所を有する40歳以上65歳未満の医療保険加入者である。第2号被保険者の場合には，加齢に伴う一定の疾病により要介護状態となった場合に限り，保険給付を受けることができる。これは，介護保険が「加齢に伴って生ずる心身の変化に起因する疾病等」による要介護状態を保険給付の対象にしているためである。このように，第2号被保険者が保険給付を受ける可能性はかなり限定されているにもかかわらず，被保険者としたのは，40歳以上になると親が要介護状態になる可能性が高く，親が介護給付を受けられれば家族にもメリットがあることから，保険料負担に対する納得が得られやすいという判断に基づいている。

2-3　保険料

(1)　第1号被保険者の保険料

　第1号被保険者の保険料は，各市町村の第1号被保険者の市町村民税の課税状況に応じて，原則6段階の定額で設定されている。①第1段階は市町村民税非課税世帯に属する生活保護受給者等，②第2段階は市町村民税非課税世帯に属し，公的年金等の収入額＋合計所得金額（これを基準所得）が年間80万円以下の者，③第3段階は市町村民税非課税世帯に属し，所得が第2段階より多い者，④第4段階は市町村民税非課税の者（世帯としては市町村民税課税），⑤第5段階は市町村民税課税の者で合計所得金額が基準所得未満の者，⑥第6段階は市町村民税課税の者で，合計所得金額が基準所得以上の者である。各段階の保険料額は，第4段階の保険料を基準額とし，第1・2段階は基準額×0.5，第3段階は基準額×0.75，第5段階は基準額×1.25，第6段階は基準額×1.5という算式によって設定される。なお，負担能力に応じて保険料を賦課する観点から，市町村の実情に応じて，基準額に掛ける倍率を動かしたり，段階を増やしたりすることもできる。

表2-2　第1号被保険者の保険料の設定

段階	対象者	保険料
第1段階	生活保護受給者，市町村民税世帯非課税の老齢福祉年金受給者	基準額×0.5
第2段階	市町村民税世帯非課税で，公的年金等収入金額＋地方税法上の合計所得金額が80万円(年)以下の者	基準額×0.5
第3段階	市町村民税世帯非課税で，第2段階対象者以外の者	基準額×0.75
第4段階	市町村民税本人非課税者(他の世帯員は課税)等	基準額×1.0
第5段階	市町村民税本人課税者(合計所得金額が基準所得金額未満)等	基準額×1.25
第6段階	市町村民税本人課税者(合計所得金額が基準所得金額以上)	基準額×1.5

資料：厚生労働省『厚生労働白書　平成26版』

　各市町村の第1号被保険者ごとの1号保険料の額は，老齢年金などの支払いを行っている年金支払機関(日本年金機構・共済組合の連合会)に通知され，月額1.5万円以上の年金がある者の場合は，その年金(通常は老齢基礎年金)から天引き(これを**特別徴収**という)されて，年金支払機構から各市町村に送付される。年金から天引きされない第1号被保険者の1号保険料については，市町村から本人に納付通知がなされ，それにより窓口納付や口座振替などにより納付する**普通徴収**の方法が採られる。

(2) 第2号被保険者の保険料

　第2号被保険者の保険料は，1号保険料のように市町村ごとに設定されるのではなく，各医療保険者に対し，全市町村の介護保険給付費のうち第2号保険料で賄われるべき額(給付費の29%：2012～2014年度)を全国の第2号被保険者数で割った1人当たり単価に基づき，各医療保険者が徴収すべき2号保険料の総額が割り当てられる。次に各医療保険者は，割り当てられた額を，医療保険の被保険者ごとに医療保険料と同じ方式で2号保険料として設定し，医療保険料と一体的に徴収する(協会けんぽの場合は1.72%)。各医療保険者は徴収した2号保険料を**社会保険診療報酬支払基金**に納付し，同基金は納付された2号保険料を財源として各市町村にその給付額の29%を一律に交付する。

なお，市町村の介護保険の給付費総額が予想以上に増加した場合，各医療保険者から納付された2号保険料の総額では不足することになるが，その場合は，社会保険診療報酬支払基金が金融機関から借り入れをして，市町村に必要額を交付することになっている。借り入れ分は利息も含めて，翌々年度の2号保険料に上乗せされて徴収される。

2-4　介護サービス利用の手続き

介護サービスの利用手続きは，保険者による要介護認定・要支援認定と，認定後のケアマネジメントを通じたサービス利用の2段階に分かれる。

(1)　要介護認定

介護が必要な状態になった被保険者が保険給付を受けるためには，市町村による**要介護認定**を受ける必要がある。被保険者やその家族などから，市町村に要介護認定の申請があると，市町村の担当者(一般にはケースワーカーや保健師)が家庭または施設を訪問して，心身の状況などの調査(認定調査という)を実施する。その際介護の手のかかり具合に影響を与える事項(特記事項という)について，別途，記述するようになっている。この訪問調査結果と主治医の意見書をもとに「要介護認定等基準時間」が算出され，要介護認定の1次判定が出される。

次に，各市町村に設置された**介護認定審査会**において，一次判定の結果と訪問調査の際の特記事項と主治医の意見書を参考に，最終判定が行われる(2次判定)。介護認定審査会は，医師や看護師，保健師，介護福祉士，社会福祉施設の施設長など福祉・医療・看護分野の専門家5人から構成される。

要介護の認定基準は，自立，要支援1・2，要介護1から5までの全部で8つに区分されており，申請のあった被保険者がこのいずれに該当するかしないかを判定する。この区分を決める基準は，病気やケガなどの症状が重いか軽いかの心身の重篤度ではなく，介護の手間のかかり具合であることに十分注意する必要がある。

第2号被保険者については，老化に伴うものとして掲げられている16の疾病(特定疾病)により要支援または要介護状態になった場合にしか給付を受

けることができない。また，施設サービスは介護給付であるため，要支援の認定を受けた人は施設サービス利用ができない。

市町村は申請から30日以内に要介護認定を行う。要介護認定の有効期限は原則として6ヶ月とされており，それをすぎるときは更新認定を受けることになる。また，有効期限内に，要介護状態が進行したと思われるような場合には，要介護認定区分の変更の認定申請を行うことができる。これらの要介護認定の結果に不服があるときは，都道府県に設置された介護保険審査会に審査請求または不服申立てを行うことができる。

要支援及び要介護の区分は，その程度に応じて居宅サービスを利用できる限度額や施設サービスに関して支払われる介護報酬の額を定める基礎となる。

> **Column　介護保険がカバーするリスクとは何か**
>
> 　介護の必要性は，要介護者の住居や経済状況，家族介護者の有無などの生活環境によって大きく異なる。介護保険法でも要介護者の心身の状況のほかそのおかれている環境を調査すると規定されている。これと関連して，介護保険の給付水準が在宅の家族等の介護者の存在を前提としていると主張し，家族等の介護力を考慮しないのは矛盾しているという意見がある。また同居家族がいることを理由に介護サービスの利用を制限したり，逆に，同居家族がいないことを理由に利用できる在宅サービスの限度を引き上げるべきだという意見も根強くある。
>
> 　このような意見は要介護リスクを公的保険化した趣旨に反するといえる。介護保険は被保険者本人の要介護リスクを対象に制度化された。そのため，介護保険がカバーするリスクは，要介護状態になるリスクであって家族としての介護負担リスクではない。同じ保険料を負担しているのに，介護をしてくれる家族がいるからといって保険給付を受けられなくなるのは不合理となる。万一，家族としての介護負担リスクを対象に介護保険を設けるとすれば，被保険者は家族としての介護負担を負う可能性のある壮年期・初老期の者に限定されたり，家族による介護の状況によって保険給付の条件が異なってくることも考えられる。
>
> 　しかし，介護保険の第1号被保険者は一人ひとり個人単位で保険に加入し，誰もが同じ基準で保険料を支払う。要介護リスクが生じた場合，家族の事情で介護保険サービスの利用が左右されることなく，要介護者本人のニーズに合わ

せた要介護認定基準の判断を行う。要介護認定の判断は最も客観的かつ画一的な基準である「時間」を使い要介護度を決めることになる。

　このように，保険者が要介護者の個別事情を意図的に排除したり，恣意的な認定によって給付を抑制することを防止するために一定の標準化は必要不可欠であるとされている。従って，要介護認定にあたって，本人の家族関係等の環境的要素が判断材料に加えられていないことについては，要介護認定の客観性の確保という観点から積極的に評価する見解が強い。

(2) 介護サービス計画，介護予防サービス計画の作成

　要介護被保険者が居宅サービスや地域密着型サービスを利用する場合には，原則として居宅介護支援事業者に**ケアプラン**(居宅サービス計画)の作成を依頼し，これに基づいて各種のサービスを利用することになる(要介護者自身がケアプランを作成することもできる)。ケアプランは，利用者である高齢者や家族の状態，居宅などの環境，高齢者本人の希望などを総合的に考慮し**ケアマネジャー**(介護支援専門員)が作成する。介護保険施設に入所している被保険者は施設のケアマネジャー等，介護支援専門員が施設サービス計画を作成する。このように，ケアマネジャーが被保険者のニーズを把握して介護サービス計画を作成し，これをもとに事業者等と連絡調整を行い，利用者本位のサービスを実現する作業を**ケアマネジメント**という。介護保険制度では，保健・医療・福祉分野において初めて本格的なケアマネジメントの仕組みを導入しており，ドイツや韓国の介護保険制度にはない日本の特徴である。

　要支援1または要支援2と認定された被保険者に対しては，要支援状態の悪化を防止する目的で，**介護予防サービス計画**が作成される。介護予防サービス計画は地域包括支援センターが作成する。居宅サービス計画及び介護予防サービス計画の作成は保険給付の対象となるが，ほかの保険給付と異なり自己負担はない。

2-5 保険給付の種類

　介護保険の給付は，要介護状態にある要介護者に対する「介護給付」と，要支援状態にある要支援者に対する「予防給付」に分けられる。**介護給付**

は，居宅介護サービス費の支給・地域密着型介護サービス費の支給・居宅介護サービス計画費の支給・施設介護サービス費の支給など，主に現物給付として行われる。このほか，居宅介護福祉用具購入費と居宅介護住宅改修費は，実際の購入費，改修費について一定の限度額の範囲で事後的に払い戻しをする現金給付(償還払い)であり，事業者を指定する仕組みは取っていない。

(1) 居宅介護サービス

居宅介護サービス費が支給されるサービスの種類は以下のとおりである。
① 訪問介護(ホームヘルプサービス)
② 訪問入浴介護
③ 訪問看護
④ 訪問リハビリテーション
⑤ 居宅療養管理指導(医師などが居宅を訪問して行う療養上の管理及び指導)
⑥ 通所介護(デイサービス)
⑦ 通所リハビリテーション(デイケア)
⑧ 短期入所生活介護(特別養護老人ホームへのショートステイ)
⑨ 短期入所療養介護(介護老人保健施設・介護療養病床へのショートステイ)
⑩ 特定施設入居者生活介護(有料老人ホーム・ケアハウス等の入居者に対して行われる介護サービス)
⑪ 福祉用具貸与(福祉用具レンタル)

これらのうち，各サービスを通じたサービス利用量について要介護の区分に応じた限度額が設けられているのは，訪問介護・訪問入浴介護・訪問看護・訪問リハビリテーション・通所介護・通所リハビリテーション・短期入所生活介護・短期入所療養介護・福祉用具貸与の9種類のサービスである。居宅療養管理指導は，これらの居宅サービスとあわせ別枠で利用できる。特定施設入所者生活介護は，次に述べる施設サービスと同じように，居宅サービスと併用されることはないので，施設サービスに準じたものという意味で施設サービスと呼ばれることもある。

(2) 施設介護サービス

施設介護サービス費が支給されるサービスは次のとおりである。施設介護サービスは、それだけで完結しているため、居宅サービスと併用することはない。

① 介護老人福祉施設(特別養護老人ホーム)
② 介護老人保健施設
③ 介護療養型医療施設(介護療養病院・病棟)

2012年3月まで廃止が決定されいた介護療養型医療施設については廃止が6年延長され、2017年度末までとなった。当初想定していた介護老人保健施設などへの移行が進まず、このまま廃止になってしまえば、受け入れ先が見つからない高齢者が介護難民になってしまう恐れがあったためである。現在は、介護療養型医療施設の廃止は取りやめになり、機能継続される見通しとなっている。

(3) 地域密着型介護サービス

地域密着型介護サービスは超高齢社会を迎え、認知症や一人暮らしの高齢者の増加が見込まれるなかで、高齢者が身近な地域での生活が継続できるようにするために支援するサービスを指す。地域密着型介護サービス費が支給されるサービスの種類は次の通りである。

① 夜間対応型訪問介護(夜間の定期的な巡回または通報により行われる訪問介護。略称、夜間対応)
② 認知症対応型通所介護(略称、認知症デイサービス)
③ 小規模多機能型居宅介護(居宅訪問または通所による介護と短期間の宿泊を行う。略称、小規模多機能)
④ 認知症対応型共同生活介護(グループホーム)
⑤ 地域密着型特定施設入居者生活介護(30人未満の有料老人ホーム、軽度老人ホームなど。略称、小規模特養)
⑥ 地域密着型介護老人福祉施設入所者生活介護

これらのうち、夜間対応・認知症デイサービス・小規模多機能は、各サービスを通じたサービス利用量について、要介護の区分に応じた支給限度額が

設けられている居宅系のサービスである。これに対し，グループホーム・小規模特養・地域密着型介護老人福祉施設入所者生活介護は，支給限度額の適用のない施設系サービスであり，居宅サービスまたは地域密着型の居宅系のサービスと併用されることはない。

(4) 介護予防給付

2005年の介護保険法の改正により，常時介護を要する状態の軽減または悪化を防止することを目的として要支援1または要支援2と認定された被保険者に対する**介護予防給付**及び介護予防事業が再編成された。

市町村が実施する介護予防給付費としては，介護予防サービス費の支給・地域密着型介護予防サービス費の支給・介護予防サービス計画費の支給に加え，介護予防福祉用具購入費の支給と介護予防住宅改修費の支給がある。介護予防サービス費が支給されるサービスとしては，居宅介護サービス費が支給される11種類のサービスのそれぞれに対応する11種類の介護予防サービスがある。地域密着型介護予防サービス費が支給されるサービスとしては，地域密着型介護サービスのうち，認知症デイサービス・小規模多機能・グループホームの3種類のサービスのそれぞれに対応する地域密着型介護予防サービスがある。介護予防サービス計画費が支給されるのは，原則として地域包括支援センターの保健師などが行う介護予防プランの作成などのケアマネジメントサービスである。

なお，本章の最後に述べているように，これらの介護予防給付は2015年度から17年度にかけて介護保険給付から市町村の地域支援事業に移されることになっている。

(5) 定期巡回・随時対応サービスの創設

重度者を始めとした要介護高齢者の在宅生活を支えるため，日中・夜間を通じて，訪問介護と訪問看護を一体的にまたはそれぞれが密接に連携しながら，定期巡回訪問と随時対応を行う「定期巡回・随時対応型訪問介護看護」が創設された(2014年4月)。

これは地域密着型サービスの一種類として創設され，要介護者のみを対象

とし，身体介護サービス中心に一日複数回のサービスを提供する。

2-6　介護保険のサービスの提供者

　介護保険のサービスを提供しようとする事業者は地域密着型介護サービスの場合は市町村の指定を，それ以外のサービスの場合は都道府県の指定を受ける必要がある。それらの指定を受けた事業者の提供するサービスを利用する場合に限り，介護保険の給付を受けることができる。**介護老人福祉施設**(特別養護老人ホーム)や**介護療養型医療施設**(療養病床)などのように他の法律に根拠があるものは，それらの法律に基づく開設・設置の許可を得ることが前提である。介護保険法による事業者の指定要件は，申請者が法人であることが必要であり，老人福祉法や医療法によって社会福祉法人や医療法人しかできないサービスを除けば，営利企業の参入も認められる。但し，施設系サービスについては都道府県の介護保険事業支援計画においてベット数の総量規制が行われている場合，それを超えると指定されないことがある。

2-7　給付基準と支給限度額

　施設系サービスにおいては，提供されるサービスの内容や量は入所・入居したそれぞれの施設等において決まっているため，それらを利用者が決めることはない。それに対して居宅系サービスにおいては，さまざまな種類のサービスがそれぞれの事業者から別々に提供され，それらをどのように組み合わせ，どれくらい利用するかは利用者自身が決めることになる。この場合に介護保険の給付として認められるサービスの限度を決めるのが，要介護区分(要介護度)ごとに決められる**支給限度額**である。2014年から消費税率が8%に引き上げられたことに合わせ，支給限度額も見直された(<表2-3>参照)。

　この支給限度額の範囲内で，利用者は自ら必要と考えるサービスを組み合わせて利用することができる。これを超えてサービスを利用することは可能であるが，その場合は，支給限度額を上回る分は全額自己負担となる。**ケアプラン**ではこのようなサービスの利用計画をたてる。利用者の置かれている状況を評価(アセスメント)したうえで，利用者の意向を踏まえ，必要な調整を行いながら適切なサービスの種類とそれを提供する事業者を決めて，具体的

なケアプランを作成するとともに、その利用・提供状況をフォローしてケアプランの変更など、必要な対応をすることがケアマネジメントである。このケアマネジメントを担うのが、**ケアマネジャー**(介護支援専門員)である。ケアマネジャーになるには、保健医療福祉に関する国家資格を有する者、または、高齢者等に対する相談援助業務の従事者であって、一定期間以上の実務経験がある者が「介護支援専門員実務研修」課程を受講・修了して都道府県に登録される必要がある。介護支援専門実務研修を受けるには「介護支援専門員実務研修受講試験」に合格することが必要となる。登録された者には「介護支援専門員証」が交付され、ケアマネジャーとなる。

表2-3 居宅サービスの支給限度額（1ヶ月）（2014年度）

要介護度	支給限度額
要支援1	5,003単位
要支援2	10,473単位
要介護1	16,692単位
要介護2	19,616単位
要介護3	26,931単位
要介護4	30,806単位
要介護5	36,065単位

注：1単位：10円～11.26円
（地域やサービスにより異なる）

2-8 介護報酬

介護報酬とは、介護保険において介護サービスを提供した場合、その費用を算定するための基準(費用算定基準)である。この基準は1ヶ月の介護保険から支払う上限価格(要介護度別の支給限度基準額)であり、実際にかかった費用が基準によって算定した額より低い場合は、実際の費用の9割が事業所に支払われ、その残りの1割が利用者負担となる。医療保険の診療報酬と異なり、全国一律に同じ報酬額が適用されるのではなく、地域区分ごとに1単位あたりの単価(10円～11.26円)が設定されている。

介護報酬は良質なサービスを確保できる水準にすることのみならず、必要なサービス供給量を確保できる水準にすることが求められる。しかし、介護サービスは医療サービスのように身体に対して不快かつ侵襲的ではなく、サービスが多ければ多いほど、利用者にとって快適で便利なサービスである。そうした介護サービスの特性をふまえて、居宅サービスにおいては時間

をベースとし、施設の場合は一定の職員体制があることを前提として日数に基づき算定することになっている。介護報酬の審査・支払いの事務は、市町村の委託を受けた都道府県の国民健康保険団体連合会が行う。

2-9 利用者の負担（自己負担）

　介護保険の給付は必要な費用の9割で、残りの1割が利用者の**自己負担**となる。介護保険施設などに入所し、施設サービスの提供を受ける場合には、1割の費用負担のほかに、保険給付の対象外である食費や居住費用(ホテルコスト)などを負担する。食費や居住費用の負担は、利用者や家族の負担が軽く、コスト的にも割安感のあることから在宅介護と施設介護の間で自己負担の不均衡が生じるのを是正するために導入された。

　ただし、この1割の負担額が高額になる場合は、一定の限度額があり、それを超える額について高額介護サービス費が支給される。高額介護サービス費は、低所得者については一般より低い限度額が設定されている。また、医療保険の高額療養費支給後の自己負担額と合算して高額になる場合は、その合算額に着目した限度額が設けられ、それを超える場合にも支給されることになっている。

2-10 介護保険の運営

(1) 財政

　介護保険制度の財源構成は、介護給付費のうち50％を公費負担(国25％、各都道府県12.5％、各市町村12.5％)で賄い、残りの50％を第1号被保険者と第2号被保険者が負担する。国の負担25％のうち、5％は、各市町村保険者における後期高齢者(75歳以上)の割合や高齢者の所得水準の相違などを勘案し、調整交付金として交付される。

　残りの50％が保険料負担で、そのうち、21％が第1号被保険者の保険料、29％が第2号被保険者の保険料で負担する(2012年～2014年度)。この割合は日本全国の第1号被保険者の総数と第2号被保険者の総数の割合によって定められるため、高齢者人口が増大して比率が高まると、第1号被保険者の費用

2 介護保険の仕組み

図2-2 介護保険制度の財政状況

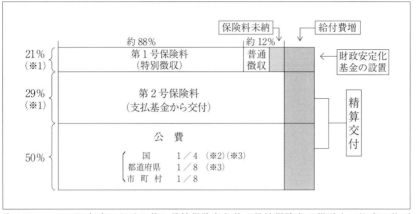

注：※1　24～26年度における第1号被保険者と第2号被保険者の推計人口比率に基づく割合。
　　※2　国費の5％分は，市町村間の財政の格差の調整のために充てる（市町村により交付割合が異なる）。
　　※3　平成18年度からの介護保険施設等（＊）に係る給付費の負担割合は次のとおり。
　　　　（＊）都道府県指定の介護保険3施設及び特定施設
　　　　　　国　　　　25％　→　20％
　　　　　　都道府県　12.5％　→　17.5％

出所：厚生労働省『厚生労働白書　平成26年版』

負担が増え，逆に第2号被保険者の費用負担は減ることになる。第1号被保険者の保険料は3年ごとに見直されるが，第2号被保険者の保険料は毎年改定される。なお，市町村の介護保険財政の安定化を図る目的で，各都道府県には**財政安定化基金**が設置されており，保険料収入に不足が生じた場合などに交付または貸与を行うことになっている。

　第1号被保険者の保険料は，2012年度から2014年度までの3年間の平均月額は約4,972円，第2号被保険者の保険料率は，協会けんぽで17.2／1000と計算されている(2014年度)。

(2) 介護予防と地域支援事業

　介護予防と**地域支援事業**は，2005年の介護保険法改正における最大の項目であった。それまであった予防介護が一新され，サービスのメニューもそ

れを提供する事業者も，介護予防に特化したものが設けられた。特に，介護給付におけるケアマネジメント(居宅介護支援)に相当する予防給付のケアマネジメントではなく，市町村が設置する地域包括支援センターの保健師が原則として担当することになった。また，要支援に至らないが介護予防に努めることが望ましい者に対しても，「介護予防事業」として，介護予防に資するサービスを提供することとされ，これに関するケアマネジメント(介護予防支援)と一体的に地域包括支援センターで行われることになっている。地域包括支援センターは，この「介護予防事業」のケアマネジメントに，総合相談・支援，権利擁護，包括的・継続的ケアマネジメント支援を加えた4つの事業を「包括的支援事業」として行う。この「包括的支援事業」と「介護予防事業」の2つは，「地域支援事業」として，全市町村が行うべき必須事業とされており，その事業規模は給付費の一定割合以内(地域支援事業全体で平成20年度以降3.0％以内，介護予防事業は2.0％以内。いずれも小規模市町村は除く)と定められている。また，財源については，「介護予防事業」は2号保険料を含む給付費と同じ財源構成，「包括的支援事業」は国が40％，都道府県・市町村・1号保険料がそれぞれ20％ずつ負担することになっている。地域支援事業には，前記の必須事業のほかに，市町村が任意で実施できる事業もある。任意事業の例としては，介護給付費等費用適正化事業・家族介護支援事業などがあげられる。この任意事業の事業規模は「包括的支援事業」と合わせて2.0％以内，財源構成は「包括的支援事業」と同じである。なお，市町村は，「地域支援事業」に加えて，1号保険料を財源としてさまざまな「保健福祉事業」も行うことができるようになっている。

③ 介護保険制度の最近の動向

　介護保険制度が施行された2000年当時，約900万人だった75歳以上高齢者(後期高齢者)は，2014年現在，約1,400万人となっており，2025年には2,000万人を突破し，「後期高齢者2,000万人社会」になっていく見込みである。都市部を中心に75歳以上高齢者数が急増するとともに，単身や夫婦のみの高

齢者世帯が増加するなど，地域社会・家族関係が大きく変容するなかで，介護保険制度が目指す「高齢者の尊厳の保持」や「自立支援」をいかに実現していくかが問われている。これまで介護保険制度は2回ほどの改正を行ってきた。2005年の見直しでは，市町村単位でサービスの充実とコーディネートが図られるよう，地域密着型サービスや**地域包括支援センター**が創設されるとともに，自立支援の視点に立って，予防給付や地域支援事業が導入されるなど，地域包括ケアシステムの構築に向けて第一歩が踏み出された。2011年の見直しでは，**地域包括ケアシステム**にかかわる理念規定が介護保険法に明記されるとともに，重度者を始めとした要介護高齢者の在宅生活を支える仕組みとして，定期巡回・随時対応型訪問介護看護，複合型サービスといった新サービスが導入された。また，地域支援事業において，多様なマンパワーや社会資源の活用を図りながら，要支援者と二次予防事業対象者に対して，介護予防サービスや配食・見守り等の生活支援サービスを市町村の判断で実施できる「介護予防・日常生活支援総合事業」が創設された。これとあわせて，「高齢者の居住の安定確保に関する法律」が改正され，在宅生活を継続する上での土台となる住まいを必要な社会資本として整備し，居住の確保を保障する取り組みが進められてきた。このように，順次見直しが行われてきたが，「団塊の世代(1947年～1949年に生まれた世代)」がすべて75歳以上となる2025年までの間に，地域包括ケアシステムの構築を実現することが求められている。さらに，この間に，社会保障制度改革国民会議の提案のように，「病院完結型」の医療から，「地域完結型」の医療への改革が行われようとしており，地域医療・介護の一体的なサービス提供体制の見直しが求められている。2014年6月に介護保険や医療提供体制を見直す「**地域における医療及び介護の総合的な確保を推進するための関係法律の整備等に関する法律**」(地域医療・介護総合確保推進法)という長い名前の法律が成立した(2015年4月以降施行)。介護保険制度がスタートして14年経つが，この法律によって利用者の負担増とサービスが縮小され，制度が大きく変容するだろう。同法の主な内容は次の3つである。

　第1に，これまで1割だった介護サービス利用の自己負担について，一定以上の所得がある人(厚労省は単身で年間の年金収入280万円以上，夫婦で359万円以

上を対象と想定)は2015年8月から2割に引き上げられる。確かに介護給付費が増え続けており、団塊の世代が75歳以上になる2025年度には21兆円まで膨れ上がると言われており、何とかしなければならないが、利用者負担をいきなり倍にするのではなく、根拠となる試算や消費税負担分の使い道、医療との連携などによる効率化策を先に示すべきだという批判もある。

　第2に、特別養護老人ホームへの入所基準を厳格化する。現在要介護1から入所できるが、これを要介護3以上しか認めないというものである。その代わりサービス付き高齢者向け住宅(略称、サ高住)の拡充や在宅サービスを質量ともに引き上げるという。ただし、既に入所している高齢者は引き続き入所できる。また、一定以上の貯金や遺族年金を受給している低所得者(市町村民税非課税世帯)に対して食費や部屋代の補助を廃止することになった。だが、一人暮らしの高齢者が増えている実状を考えれば、負担の増大だけではなく在宅介護の体制づくりに本腰を入れる必要もある。

　第3に、比較的経度の要支援1と要支援2の人が対象の「訪問介護」(介護予防ホームヘルプサービス)と「通所介護」(介護予防デイサービス)を、3年かけて段階的に介護保険の給付事業から市町村の地域支援事業へ移管することになった。国は施設に頼るだけでなく、ボランティアによるサービスを勧めているが、認知症などの重症化を予防するには、専門知識を持ったプロによる早期からの適切な対応が欠かせない。

参考文献

沖藤典子、2010年『介護保険は老いを守るか』岩波書店
国立社会保障・人口問題研究所編、2013年『地域包括ケアシステム』慶應義塾大学出版会
堤修三、2010年『介護保険の意味論―制度の本質から介護保険のこれからを考える―』中央法規出版
椋野美智子・田中耕太郎、2014年『はじめての社会保障(第11版)』有斐閣
結城康博、2008年『介護―現場からの検証』岩波新書

鄭　在哲

第3章　公的年金

1　公的年金とは

年金は，厳密には，定期的かつ長期間にわたって支給される金銭，あるいは，年を単位として支給される金銭と定義される。また，この年金を支給するための仕組みを**年金制度**と呼ぶが，これを略して年金とすることも多い。この年金制度は，一般的に，金融機関等が実施運営し，加入が任意である**私的年金**，そして，社会保障制度の一環として，政府が実施運営し，一定の条件に合致した者を強制的に加入させる**公的年金**に分類される。年金制度が保険の仕組みを利用している場合は，**年金保険**という用語が使われることもある。

日本の主な公的年金として，**国民年金**と**厚生年金保険**が存在する。日本国内に住所を有する者はすべて，20歳以降，国民年金に強制的に加入する。また，民間企業に雇用される70歳未満の者は，厚生年金保険に強制的に加入する。これらの公的年金の加入者には，**年金保険料**を納付する義務が生じるが，それによって，一定年齢に到達した際には**老齢年金**を受け取る権利が生じる。また，本人が障害の状態に至った際には**障害年金**が支給され，本人が死亡した際には遺族に**遺族年金**が支給される。高齢，障害，生計維持者の死亡に直面した者は，長期的に所得を獲得する能力(稼得能力)や所得そのものを喪失することが一般的である。公的年金は，それに対応した現金給付を行っている。

2012年度末現在，日本の公的年金の加入者総数は6,736万人，年金受給権者数は3,942万人に達し，公的年金は多くの国民に関係する制度となっている。一方で，公的年金の支給総額は53兆2千億円に達し，負担の面におい

ても，給付の面においても，日本社会に及ぼす影響は大きい。少子高齢化や経済の低成長という環境の中で，今まさに，この巨大な仕組みをどのように維持していくのかが，問われている。

2 公的年金の目的と必要性

　日本の公的年金では，老齢年金，障害年金，遺族年金が支給されている。そのなかでも，全体の支給総額の8割以上が老齢年金にかかわるものであり，公的年金の中心は老齢年金にある。以下では，老齢年金に着目して，公的年金の目的と必要性を整理する。

2-1 目的

　私たちの暮らす社会では，基本的には就労による所得を通じて生活することが要請されている。しかし，被用者(雇われて働く者)という働き方が圧倒的に多い現代においては，高齢になれば，体力面の問題だけでなく，雇用機会の減少により，働き続けることは難しくなり，就労を通じて生活費を確保することができなくなる。

　公的年金の最大の目的は，貧困を回避するために，このような高齢者に**所得保障**を行うことである。言い換えれば，「加齢に伴い稼得能力を喪失・減退させた高齢者に対して，金銭を給付することによって，彼らが老後の生活を営めるようにすること」である。もちろん，実際には，高齢者であっても，就労をして所得を獲得できる者も存在する。しかし，高齢者一人ひとりに対して，稼得能力の有無を判断することは実務的にも困難である。それゆえ，年金の支給開始年齢(日本では，原則65歳)という形で一定のラインを引いて，原則として，それ以降を年金による所得保障の対象としている。

　また，個人の立場から見た場合，公的年金には**消費の平準化**という目的がある。各個人は，公的年金を通じて，収入のある現役期の所得の一部を収入の乏しい高齢期に計画的に回すことが可能となり，生涯全体での生活の満足度を高めることができる。

2-2　必要性

公的年金が存在する理由として，他の手段によって老後の生活費を確保するのが難しいことが挙げられる。

(1)　家族による扶養と個人による貯蓄の限界

就労をすることのできない高齢者が公的年金以外の方法で老後の生活費を確保しようとした場合，まず考えられるのは，家族による扶養である。例えば，息子や娘などの家族が高齢者と同居して，あるいは仕送りで，老親の生活費を支えるという方法である。しかしながら，各国の平均寿命は延び続けており，日本では男性の平均寿命は79.94年，女性は86.41年(厚生労働省「平成24年簡易生命表の概況」)に達し，長期にわたる老後の生活費を家族だけで支えることは困難になっている。また，家族扶養の場合，老親の寿命の長短によって同居や仕送りの期間が大きく変動するため，支える側は自分たちの生活設計を計画的に立てることができなくなる。さらに，都市化と核家族化の進展や兄弟姉妹の減少とともに，家族の扶養能力自体も低下しており，この手段は現実的ではないであろう。

次に考えられるのは，働いている間に自ら貯蓄をし，老後にそれを取り崩して生活費に充てるという方法である。この手段にもいくつかの限界が存在するが，主なものとして以下の3つがある。

第一に，**寿命の不確実性**への対応である。私たちは，現在の平均寿命が分かっていたとしても，自分が何歳まで生きるかは分からない。それゆえに，老後，死ぬまでの間に，いくら生活費が必要になるのかを事前に予測することはできず，老後のための貯蓄を計画的に行うことは不可能である。仮に，平均寿命まで生きると想定して，その間に必要な生活費を貯蓄で用意したとしても，その年齢より長生きした場合は貯蓄が底をついてしまう。そうならないように，平均寿命を超えて長生きすることを想定して貯蓄を行うのであれば，現役期の所得から消費に回す部分を大きく減らさなければならず，高所得者以外でそれを行うことは不可能であろう。また，仮にそれが可能であったとしても，もし短命だった場合には，本来であれば不必要であった貯蓄を膨大に残すことになる。

第二に，**将来の経済状況の不確実性**への対応である。老後の生活にとって大事なものは，金銭そのものよりも，その時点で購入できる財やサービスの量である。それゆえ，将来の物価水準が重要になる。しかし，私たちは自分が老後を迎える何十年も先の物価の状況を正確に予測することはできない。例えば，日本では，過去50年間で物価が4〜5倍になっているが，今後50年間で物価がどう変化するかは分からない。現在の物価水準を前提に，老後のために潤沢な貯蓄をしていたとしても，将来の物価水準が上昇していれば，その貯蓄の価値は下がる。その結果，老後の生活に必要な財やサービスの購入が十分にできなくなってしまう。

第三に，人間の**近視眼的な行動**が挙げられる。私たちは，将来よりも今を優先する傾向がある。老後の生活費が必要だと分かっていても，目の前の消費を優先し，将来のための貯蓄を軽視してしまう可能性が高い。そのため，老後の生活費の確保を，個人の貯蓄に任せた場合，老後の備えが不十分になる恐れがある。高齢期になってから，そのことに気が付いたとしても，現役期に戻って貯蓄をやり直すことはできない。

(2) 私的年金と公的扶助の限界

家族による扶養や個人による貯蓄以外にも，私的年金に加入し，働けるときに保険料を保険会社に支払い，老後に年金を受け取るという方法も考えられる。この方法であれば，保険を通じて，短命であった者から長命であった者への再分配が行われるため，貯蓄で備える場合の大きな問題であった寿命の不確実性への対応が可能となる。しかしながら，私的年金には，その多くが市場の失敗に由来する次のような問題が存在する(堀，2013)。

第一に，低所得者は，私的年金の保険料を払うことができない。第二に，将来発生するリスクを重視しない者は，私的年金に加入しない，あるいは，加入しても保険料額を本来必要な額よりも少なく設定することが多い。第三に，私的年金は破綻する可能性がある。第四に，私的年金では積立方式という財政方式をとることになるが，この場合，インフレや低金利に脆弱である。第五に，私的年金では宣伝広告費などのコストを要し，また利益を確保する必要があるため，保険料が高くなる。

このような問題があるために，私的年金は，老後の生活費を確保するための中心的な手段としては不十分であると考えられる。

一方，これまで見てきたような私的な手段に限界があったとしても，公的年金ではなく，政府が公的扶助によって国民の老後の生活費を保障することも考えられる。公的扶助とは，税を財源として，**資力調査**(ミーンズテスト)をした後，貧困状態にある者だけに給付を行う仕組みであり，日本では生活保護に相当する。

しかし，歴史的に見た場合，公的扶助の前身である救貧制度に存在していたスティグマ(汚名)や公的扶助に必須である資力調査ゆえに，公的扶助には受給に対する抵抗感が伴いやすい。もし，この方法だけであれば，貧困状態であっても，公的扶助を受給しない高齢貧困層を多く生むことになるであろう。それゆえに，公的扶助とは異なる仕組みとしての公的年金が各国で選好されてきた。

一方で，公的扶助が存在するのに公的年金がない状態が続けば，現役期に老後に対する備えを意図的に回避して，公的扶助の給付を受け取って生活しようとする者が増加する可能性もある。そうなれば，そうした行動をとった者と現役期に消費を抑制して老後の備えを行ってきた者との間の不公平が拡大する。公的扶助だけでなく公的年金を作り，その財源となる保険料や税を強制的に徴収し，すべての人に老後のための備えを強制すれば，このような不公平の発生を緩和することができる。

(3) 公的年金の必要性とその特徴

公的年金以外の手段には，老後の生活費を確保する方法として，大きな問題点や限界が認められる。それゆえに，高齢期の貧困を回避するためには，政府が国民生活に介入し，他の手段とは異なる特徴をもつ公的年金を導入することが必要になる。公的年金の主な特徴として以下の4点が挙げられる。第一に，**強制加入**であり，公的年金は，法律によって年金制度への加入を強制することができる。第二に，**終身給付**であり，公的年金は受給者が死亡するまで年金を支給する。第三に，**スライド制**があげられ，特に**賦課方式**という財政方式が採用できる公的年金では，物価や賃金の変動に応じて，支給さ

れる年金額を変動させることができる。第四に、**所得再分配機能**であり、公的年金では、高所得者の負担する保険料あるいは税を用いることで、現役期に低所得であった者に対する保険料負担の軽減や年金給付額の増額などが行われる。ただし、公的年金が存在したとしても、それ以外の手段が完全に不要になる訳ではなく、老後の生活費を確保するための補足的手段としての意義は残る。

　また、各個人が生涯にわたる消費を平準化しようとした場合、貯蓄という方法では、様々な不確実性の存在、特に寿命の不確実性ゆえに、高齢期に貯蓄不足あるいは過剰貯蓄が生じ、非効率的になる。この問題は、保険によって回避することができるが、先に見たように、それは民間市場では不十分にしか提供されない。それゆえに、政府によって提供される公的年金は、私たちが消費の平準化を効率的に行うためにも必要である。

　公的年金には、以上のような必要性が認められ、現に、各国で導入されている。また、日本の高齢者世帯では、1世帯当たり平均所得金額の約7割が公的年金によるものであり、公的年金が必要不可欠の生活基盤となっている（厚生労働省「平成24年国民生活基礎調査」）。逆に、このような状況下で、もし公的年金が廃止されれば、現在の高齢者の生活は立ち行かなくなる。その結果、家族の仕送りや生活保護で対応せざるを得ず、公的年金に対する私たちの負担が無くなったとしても、高齢期の生活費を確保する手段としては問題点や限界の多い手段での負担が増加する。

3　公的年金の体系

　日本では、1985年の年金改正以降、公的年金は2階建ての構造になっている（図3-1）。

　1階部分に相当するのが国民年金であり、20歳以上60歳未満のすべての住民が加入する。老齢、障害、死亡の際には、それぞれに対応した定額の**基礎年金**が支給される（制度名は国民年金であるが、支給される年金は基礎年金と呼ぶ）。この国民年金の存在により、全ての国民が公的年金に加入するという

意味での**国民皆年金**が達成されている。国民年金は，原則として年金保険であるが，厚生年金保険とは異なり，制度名には保険が付かない。実際に，制度創設時に高齢者であった者に対して，保険料納付の有無にかかわらず税財源で老齢福祉年金を支給するなど，年金保険とは言えない要素も有している。

　一方，2階部分に相当するのが厚生年金保険である。民間企業の被用者は，原則として，国民年金に加入すると同時に，厚生年金保険に加入する。そして，老齢，障害，死亡の際には，基礎年金に加えて，就労時の所得に比例した給付額の厚生年金が支給される。自営業者の場合，定年がなく農地や商店などを活用することによって老後も収入が期待できる。それに比べて，被用者の場合，老後に仕事を辞めれば収入源である賃金を得ることができなくなるため，公的年金の必要性は一般的により高くなる。そのことが，被用者に，二つの公的年金が用意される根拠とされる。また，2階部分には，厚生年金保険の他にも，公務員や私立学校教職員が加入する各種**共済年金**が存在する。ただし，2015年10月から，共済年金は厚生年金保険に統合される予定であるため，本章では説明を割愛する。

　この2階建ての公的年金とは別に，各企業がその従業員を対象に任意で実施する私的年金として，厚生年金基金，確定給付企業年金，確定拠出年金(企業型)などの**企業年金**が存在する。企業年金は，公的年金の補完として，上積みの機能(公的年金に上乗せする年金を支給し，老後の生活をより豊かにする機能)などを有する。日本では，これらを含めて，年金制度全体では3階建ての体系になっている。その他にも，公的年金の2階部分が存在しない自営業者を主な対象に公的年金に上乗せする給付を行う**国民年金基金**，自営業者だけでなく企業年金のない企業の従業員も対象にした確定拠出年金(個人型)も存在する。自営業者等はこれらの制度に任意で加入できる。

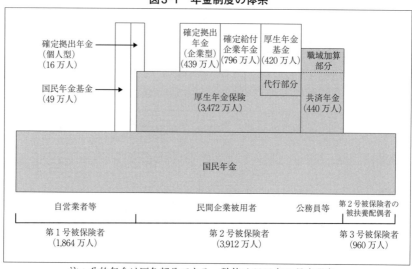

図3-1 年金制度の体系

注：公的年金は灰色部分である。数値は2013年3月末現在。
資料：厚生労働省『平成26年版 厚生労働白書』p.235の図に基づく。

4 公的年金の保険者および被保険者・保険料

4-1 保険者

　国民年金と厚生年金保険はともに政府が管掌しており，その事業の実施主体である保険者は中央政府(国)である。ただし，実際の管理運営業務の多くは，公法人の**日本年金機構**が国からの委任・委託を受けて実施している。

　医療保険に比べて，公的年金では，保険者の規模を小さくすることのメリットが存在せず，保険者の数が少ない。むしろ，保険料の納付期間，給付の受給期間ともに長期にわたる公的年金の場合，保険者が複数に分かれていることは財政基盤の不安定化や運営事務の複雑化などのデメリットが大きい。

4-2 被保険者・保険料

　厚生年金保険の被保険者となるのは，民間企業に雇われている70歳未満の者である。ただし，個人経営の事業所の一部で厚生年金が任意適用であること，パート等については労働時間・労働日数が正社員の3/4以上という加入基準があることなどから，民間企業で雇われていても，被保険者とならないことがある。その他にも，日々雇い入れられる者（1か月を超えて引き続き使用される場合を除く），2か月以内の期間を定めて使用される者，季節的業務（4か月以内）に使用される者，臨時的事業の事業所（6か月以内）に使用される者も厚生年金の被保険者とはならない。

　厚生年金の被保険者は，給与に一定の率を掛けた額を**厚生年金保険料**として納付する。2014年の保険料率は約17%であるが，その半分は事業主が負担する。残り半分は本人の給与から天引きで徴収される。なお，実際の計算上は，給与そのものではなく，標準報酬月額が用いられる。**標準報酬月額**は給与をキリの良い金額に直したもので，62万円の上限と9.8万円の下限が設定されている。また，賞与にも千円未満を切り捨てた額（標準賞与額）に保険料が課される。納付手続きは会社が行う。

　一方，国民年金には，原則として，20歳以上60歳未満の日本に住所のある人すべてが加入する。被保険者は，働き方によって，3つの被保険者区分に分類される。

　まず，厚生年金保険の被保険者は，国民年金に**第2号被保険者**として加入する。第2号被保険者は国民年金の被保険者であるが，厚生年金保険料の一部が国民年金の財政に回るため，国民年金保険料を納付する必要は無い。次に，第2号被保険者に扶養されている配偶者が**第3号被保険者**になる。本人に収入があっても，年収130万円未満であれば，扶養されているとみなされる。第3号被保険者には保険料負担は求められず，その負担は，厚生年金保険の被保険者全体の保険料拠出で賄われる。

　最後に，第2号被保険者でも第3号被保険者でもない人が**第1号被保険者**である。具体的には，自営業者，フリーター，失業者，大学生などが該当する。第1号被保険者は，定額の**国民年金保険料**（2014年で約1.5万円）を納付する。定額保険料は低所得者ほど重い負担となるため，申請によって保険料

の全部または一部が免除されることもある。また，学生や30歳未満の若年者については特別な納付猶予の仕組みが設けられている。保険料を納付するにせよ，免除猶予するにせよ，その手続きは自分で行う。その過程で保険料滞納が発生する可能性がある。

> **Column　学生納付特例の意義**
>
> 　現在の公的年金の制度体系のもとでは，学生であっても，20歳以上になれば，国民年金に強制的に加入する。このような取扱いになったのは1991年度からであり，その前は，任意で制度に加入できるという規定になっていた。とはいえ，学生は所得が少ないこともあり，実際に任意加入した学生は全学生の2％未満であった。確かに，学生時代に公的年金に加入していなくとも，卒業後に就職をし，そこで公的年金に加入して保険料を一定期間納めれば，老齢年金を受け取ることができた。一見すると，この取扱いに問題はなかったようにも思われる。しかし，このときに任意加入をしていなかった学生が在学中の事故により障害の状態に至る確率は0％ではない。そのような場合には，制度に加入していないため，障害年金が支給されない。後の厚生労働省の推計によれば，このような理由で無年金となった障害者（学生無年金障害者）が4,000人生まれた。その多くは経済的に困窮するに至った。
>
> 　その後，1991年度から学生も強制加入とされ，さらに，1995年度からは加入手続きを行わない者に対する職権適用も開始された。その結果，学生が国民年金に加入していないために障害年金を受給できないという事態は回避されるようになった。しかし，学生が国民年金に加入したとしても，所得の少ない本人がその保険料負担をすることは難しい。低所得の被保険者のための申請による免除制度は用意されていたものの，この仕組みは世帯主の所得も考慮して免除の可否を決めるため，親に一定額以上の所得がある場合は利用することができなかった（そもそもこの仕組みを知らない学生も多かった）。免除を利用しない場合は，事実上，親に保険料を払ってもらうか，保険料を滞納するかの選択になる。在学中の子の保険料まで親に負担させることは不合理であるだけでなく，このような状況では，保険料を滞納する学生も少なくなかった。1999年の厚生省の実態調査では，学生の被保険者の2割が保険料を完全に滞納しており，彼らが在学中に障害の状態に至った場合も，障害年金は支給されなかった。
>
> 　こうしたことを背景に2000年度から導入されたのが学生納付特例である。

この仕組みでは，親の所得の多寡にかかわらず，学生本人の所得が一定以下（アルバイトの場合，年収194万円が目安）であれば，申請により在学中の保険料納付が猶予される。学生納付特例を利用した期間は，年金を受給するために必要な資格期間に算入される一方で，老齢年金の年金額を計算する式には算入されない。しかし，この期間は，障害年金と遺族年金に関して言えば，保険料を納付した期間と同じ取扱いがなされる。つまり，この仕組みを利用していれば，保険料を納付していなくとも，在学中に障害の状態に至った際に，満額の障害年金を受給することができる。

学生納付特例は，国民年金開始当初から存在したのではなく，このような経緯を経て導入されている。この仕組みが無かったことで不利益を被った方々も少なくない。だからこそ，この制度を利用できる現在の学生は，保険料を納付できないならば，学生納付特例を申請することが求められる。

5 公的年金の給付

5-1 老齢年金

公的年金の被保険者が保険料を一定期間納付していれば，老後に老齢年金を受給することができる。老齢年金は受給者が死亡するまで支給される。現在の日本では，老齢年金の受給者数は3,000万人を超えている。

(1) 老齢基礎年金

国民年金から支給される老齢年金を老齢基礎年金という。保険料納付済期間が25年以上あれば，**老齢基礎年金**を受給することができる。納付済期間には，第1号被保険者として国民年金保険料を納付した期間だけでなく，第2号被保険者として20～60歳の間に厚生年金保険料を納付した期間，第3号被保険者として国民年金に加入していた期間も含まれる。また，納付済期間が25年に満たなくとも，保険料免除や猶予を受けていた期間も含めて25年以上あれば，受給資格期間を満たすことができる。将来的には，この25年という条件は，10年に短縮される予定である。

老齢基礎年金の年金額は，保険料納付済期間が40年の場合，満額(2014年で年額772,800円)となる。ただし，老齢という事前に予測できる事態に備えて保険料を欠かさず納付してきた人とそうでない人を同一に扱うことはできないため，納付済期間が短ければ，それに応じて年金額が減額される。例えば，納付済期間が30年であれば，年金額は満額の4分の3になる。一方，保険料を免除された期間は，その期間が年金額に一部反映される。例えば，全額免除期間については，納付済期間の2分の1として計算し，仮に40年間すべて保険料を全額免除された場合であっても，満額の2分の1の年金額が支給される。これは，基礎年金の給付費の半分を国が公費(税金等)で負担していることに由来する。保険料を滞納すれば，この国庫負担分も受け取れなくなる。

老齢基礎年金の本来の支給開始年齢は65歳である。ただし，実際には，60歳〜70歳の範囲内で受給開始年齢を本人が選択できる。65歳よりも早く受給することを繰上げといい，1ヶ月繰り上げるごとに年金額が0.5%減る。60歳から受給した場合には30%の減額となり，減額された年金が一生続く。それゆえ，長生きをすれば，繰上げを選択した場合の受け取り年金総額は，65歳から受給を開始していた場合よりも少なくなる。逆に遅く受給することを繰下げといい，こちらは1ヶ月繰り下げるごとに年金額が0.7%増え，70歳から受給した場合には42%の増額となる。

(2) **老齢厚生年金**

厚生年金保険から支給される老齢年金を**老齢厚生年金**という。民間企業被用者だった人に，老齢基礎年金の上乗せとして支給される年金である。老齢厚生年金を受け取るためには，老齢基礎年金の受給資格期間を満たしていること，厚生年金保険の被保険者期間を有すること，原則として65歳に達していることが必要である。ただし，支給開始年齢が完全に65歳になるのは，男性で2025年度，女性で2030年度からであり，それまでの期間については，生年月日に応じて，65歳より前に**特別支給の老齢厚生年金**を受け取ることができる。

老齢厚生年金の年金額は，厚生年金保険加入時の給与等の額や加入してい

た期間の長さによって決まる。給与等が高かった人や被保険者期間が長かった人ほど多く保険料を納付しているため，年金額も多くなる。具体的には，原則として，〔平均標準報酬額×5.481/1000×被保険者期間の月数〕で年金額が計算される。平均標準報酬額とは，前述の標準報酬月額と標準賞与額の合計額の平均額である。ただし，過去の標準報酬については，その後の現役労働者の手取り賃金の伸びを考慮して，現在の価値に修正した上で計算する。これにより，受給開始までに労働者全体の賃金が上昇した場合，年金額も増加する。

　なお，60歳以降も企業に在職しながら，老齢厚生年金を受け取る場合，ボーナス込み月収と1ヶ月当たりの年金額の合計収入が一定額を超えた際に，年金額の一部または全部がカットされる仕組み(**在職老齢年金**)がある。この仕組みは，高賃金で年金の必要性が高くない高齢者に対する給付を停止することで，現役世代の負担の上昇を抑えている。その一方で，高齢者の就業意欲を阻害するという批判もなされている。

　その他，老齢厚生年金にかかわる仕組みとして，**離婚時の年金分割**がある。夫婦が離婚した場合に，婚姻期間中の保険料に基づく年金額の一部を一方の配偶者から他方の配偶者に分割する仕組みである。特に中高年齢で離婚した場合，妻のそれまでの就労期間が短く，賃金が低ければ，離婚後の妻が老後に受け取る年金額は夫に比べて極めて低くなる。年金分割には，こうした事態の発生を防ぐ目的がある。

5-2　年金の給付水準

　老後に受け取る年金額は人によって異なるため，給付水準を決めるときなどに指標となる年金(**モデル年金**)が設定されている。現在は，夫が男性の平均的な賃金を得ながら厚生年金保険と国民年金に40年間加入し，妻が専業主婦等で国民年金に40年間加入している世帯を標準とし，そのような世帯が受け取る年金(＝夫婦二人分の老齢基礎年金と夫の老齢厚生年金)の給付額をモデル年金としている。2014年度のモデル年金月額は約22万円である。ただし，公的年金の給付は，絶対的な金額よりも，賃金や物価との対比で見た相対的な水準が重要である。例えば，経済成長により現役労働者の賃金が上

がっていく場合，年金額が据え置きであれば，年金の名目的な価値は不変でも，実質的な価値は低下する。また，物価が上昇した場合，年金額がそのままであれば，年金で購入できる財・サービスの量が低下する。

　それゆえ，年金の給付水準を示す数値として，現役男性労働者の平均手取り賃金に対する年金額の割合(**所得代替率**)が用いられる。現在のモデル年金の所得代替率は約6割となっている。この所得代替率を維持するためには，現役労働者全体の手取り賃金がX%上がった(下がった)場合に，年金額をX%引き上げる(引き下げる)必要がある。その仕組みが年金受給開始時に行われる**賃金スライド**であり，年金額を計算する際には，現役労働者全体の手取り賃金の変動にあわせて年金額も変動させる。

　これに対して，一旦年金を受給した後は，**物価スライド**が行われる。年金で購入できる財・サービスの量を維持していくために，消費者物価指数がX%上がれば(下がれば)，年金額もX%増加(減少)させている。その結果，賃金上昇率＞物価上昇率という一般的想定のもとでは，受給開始からの経過期間に応じて所得代替率は低下していくが，年金で購入できる財・サービスの量は維持される。

　このように，賃金スライドや物価スライドは，年金の給付水準を維持するための仕組みである。ただし，2004年改正で導入されたマクロ経済スライド(後述)によって，これらのスライドに調整が加えられ，今後，年金の給付水準は実質的に低下していく。

5-3　障害年金

　公的年金の被保険者が一定程度以上の障害の状態に至った場合には，障害年金を受給することができる。障害年金も基本的には受給者が死亡するまで支給されるが，障害の状態に該当しなくなったときは，その障害の状態に該当しない間，支給停止される。また，該当しない状態で65歳に達したときなどには受給権そのものが消滅する。現在，約200万人の障害者が障害年金を受け取っている。

　国民年金の**障害基礎年金**を受給するためには，以下3つの要件をすべて満たす必要がある。第1の要件は，障害の原因となった疾病・負傷について初

めて診療を受けた日(**初診日**)において,国民年金の被保険者であること(または,被保険者であった者で60歳以上65歳未満であること)である。第2の要件は,初診日から1年6カ月を経過した日あるいは傷病が治癒または固定化した日(**障害認定日**)において,政令で定められた**障害等級**1級か2級の状態に該当することである。第3の要件は,初診日の前日において,初診日の属する月の前々月までの被保険者期間のうち,保険料納付済期間と保険料免除期間(学生納付特例期間等を含む)を合わせた期間が3分の2以上あることである。ただし,最後の要件については特例があり,この要件を満たせなくとも,初診日の属する月の前々月までの1年間に滞納期間がなければ受給可能となる。

　また,初診日に20歳未満であった者は,先の要件を満たすことはできない。しかし,その者が20歳に達した日(障害認定日が20歳後の場合は障害認定日)において,障害等級に該当する状態にある場合には,障害基礎年金が支給される。20歳前障害に基づく障害基礎年金については,本人所得が一定額を超えると,全部または半分が支給停止となる。それ以外にも,障害認定日において障害等級に該当しなかったが,その後,状態が悪化して65歳に達する前に障害の状態に至った場合,本人請求により障害基礎年金が支給される。これを**事後重症**といい,後述の障害厚生年金でも同様の仕組みがある。

　年金額は,2級の場合,満額の老齢基礎年金と同額,より重度の1級の場合,その1.25倍となっている。障害は老齢と異なり,いつ発生するか分からないため,老齢基礎年金と同じように計算した場合,若くして障害の状態に至った場合の年金額が極めて低くなってしまう。それを避けるために,このような年金額の決め方がなされている。また,受給者に子がいる場合には年金額の加算がある。

　一方,厚生年金保険から支給されるのが**障害厚生年金**である。原則として,初診日において厚生年金の被保険者であること,障害認定日において障害等級の1級から3級のいずれかの状態にあること,初診日の前日において障害基礎年金の場合と同じ拠出要件を満たしていることが受給条件である。障害等級1級または2級の場合には,障害厚生年金は障害基礎年金に上乗せされて支給される。

　年金額は,老齢厚生年金と同じ計算式で算定された額を基準として,2

級，3級の場合はそれと同額，1級の場合はその1.25倍となる。ただし，いずれの場合も，被保険者月数が300月未満の場合は300月とみなして計算し，年金額が嵩上げされる。また，1級と2級では，65歳未満の配偶者がいる場合に加給年金額が加算される。

5-4　遺族年金

　公的年金の被保険者や受給者が死亡した場合，その遺族は遺族年金を受給することができる。遺族年金は，受給者である遺族が死亡や再婚した場合，遺児が一定年齢に到達した場合などに支給が終了する。現在，遺族年金では600万人近くの受給者がいる。

　国民年金の**遺族基礎年金**は，国民年金の被保険者や老齢基礎年金の受給資格期間を満たしている者が死亡したときなどに，死亡した者によって生計を維持されていた「子のある配偶者」あるいは「子」に支給される。ただし，死亡した者の保険料納付済期間等が被保険者期間の3分の2以上あることが支給の要件になっている(障害基礎年金と同様の特例措置もある)。また，子は，18歳到達後の最初の3月末までの間にある子(一定の障害の状態にある場合は20歳未満)に限定される。年金額は老齢基礎年金の満額と同じであり，子の人数に応じた加算がつく。

　厚生年金保険からは，厚生年金の被保険者や老齢厚生年金(あるいは1級・2級の障害厚生年金)の受給権者が死亡したときなどに**遺族厚生年金**が支給される。ただし，遺族基礎年金と同様の保険料納付要件を満たしていることが必要である。支給対象となる遺族は遺族基礎年金よりも広く，配偶者または子，父母，孫，祖父母のいずれかである(左から優先順位が高い)。夫，父母，祖父母については，被保険者等が死亡した時に55歳以上という条件があり，支給開始も60歳になる。また，子のいない30歳未満の妻の場合，支給期間が夫死亡後の5年間に限定される。年金額は老齢厚生年金と同じ計算式で算定された額の4分の3である。ただし，障害厚生年金の場合と同様に年金額の嵩上げがある。また，子がいない妻の場合，遺族基礎年金が支給されない代わりに，夫死亡時に40歳以上であるなどの一定の要件を満たせば，遺族厚生年金に中高齢寡婦加算が上乗せされる。

5-5 併給調整

　公的年金では，同一人に複数の年金の受給権が発生することがある。その際，老齢基礎年金に上乗せされる老齢厚生年金のように，同じ支給事由で支払われる年金は同時に受給できる。その一方で，例えば，障害基礎年金の受給者が65歳に達して老齢基礎年金の受給権も生じた場合のように，支給事由が異なる年金については，過剰給付を避けるという観点から，原則として，いずれか一つを選択しなければならない(**一人一年金の原則**)。

　ただし，この原則には，例外も少なくない。例えば，被用者世帯では，妻が専業主婦等であった場合，老後，夫に老齢基礎年金と老齢厚生年金が支給され，妻には老齢基礎年金のみが支給される。ここで，夫が先に死亡した場合(夫婦の年齢差や平均寿命の性別差を考えればその可能性が高い)，この原則を適用すれば，その後は，老齢基礎年金か遺族厚生年金のどちらか一つになり，世帯での年金額が大きく低下する。これを避けるために，老齢基礎年金と遺族厚生年金は同時に受給できるようになっている。また，妻が老齢厚生年金を受給している場合でも，賃金や就労期間の関係で年金額が低く，夫死亡時の遺族厚生年金が妻の老齢厚生年金を上回ることも多い。このような場合は，その差額を遺族厚生年金として併給できる。その他にも，障害基礎年金と老齢厚生年金なども同時に受給することができる。

6 公的年金の財政

6-1 財源調達方式と財政方式

　前節では公的年金の給付について見たが，これらの給付を行うためには財源が必要である。その財源調達の方法は二種類ある。ひとつは，広く国民から徴収する租税のみを財源として，一定期間の国内居住を条件に年金給付を行う**税方式**(あるいは**公費負担方式**)である。もう一つは，制度加入者の負担する保険料を主な財源として，過去の保険料納付を条件に年金給付を行う**社会保険方式**である。公的年金では，医療の場合以上に社会保険方式が一般的で

あり，日本を含めて，多くの国がこちらを採用している。

社会保険方式では，保険料負担の見返りとして給付を受け取るという関係が明確であるため，権利性が強いと認識されやすい。また，年金保険料は使途が年金に限定され，租税とは異なる財源として確保されるため，一般的に，負担に合意が得られやすく，国の財政事情の影響も受けにくいと言われる。その一方で，低所得者を中心に，保険料を納付しなかった（できなかった）者には給付がなされず，無年金者が生じやすい。日本の公的年金では，これを避けるために，国民年金保険料の免除や猶予の仕組みを取り入れている。また，税財源も補足的に投入することで保険料水準の抑制が図られている。

社会保険方式の公的年金では，徴収した保険料をどのような形で年金給付の財源とするのかも重要である。ひとつは，徴収した保険料を積み立てておき，その積立金と運用収入を将来の年金給付の財源とする財政方式であり，これを**積立方式**という。もう一つは，徴収した保険料をその時点で支給される年金給付の財源とする財政方式であり，これを**賦課方式**という。賦課方式では，現在の現役世代が高齢者になったときの年金給付は，将来の現役世代が負担する保険料によって賄われる。このように，現役世代が年金制度を通じて高齢世代を支える世代間扶養を繰り返していく仕組みである。

現在，日本でも，他国でも，公的年金は原則として賦課方式で運営されている。その理由はいくつか存在するが，ひとつは，賦課方式の方が年金の実質的な価値や年金で購入できる財・サービスの量の維持という点に強みがあったことである。特に過去の高度成長期のような賃金上昇やインフレが生じた場合，それに応じた年金額の引上げをしなければ，年金の実質的な価値や年金で購入できる財・サービスの量が大きく低下し，老後生活費の基本的部分を保障するという公的年金の役割が果たせなくなる。例えば，日本でも，1960～70年代にかけて，標準的な年金額を引き上げるとともに，賃金スライドや物価スライドを導入した。しかしながら，事前に積み立てられた積立金の範囲内で給付を行う積立方式では，これらの引上げの財源を確保することは困難であった。それに対して，現役世代から徴収する保険料をその時点での給付に充てる賦課方式では，保険料収入の増加によって，その財源を確保することができる。一般に保険料は賃金に保険料率を掛けたものが徴

収されるため,年金額の引上げが必要になるような経済状況であれば,現役世代の保険料収入を増やすことができる。

なお,日本の公的年金は,過去に徴収した保険料の一部を積み立てており,国民年金と厚生年金保険をあわせて約130兆円(2013年度末)の積立金を保有し,その運用収入や取り崩しも年金給付の財源に充てている。積立金は,**年金積立金管理運用独立行政法人(GPIF)**によって管理され,債券や株式を中心に資産運用が行われている。この積立金の活用によって,積立金をほとんど保有しない完全な賦課方式で運営する場合よりも,少子高齢化のピーク時の財政状況の悪化が緩和される。しかし,毎年度の年金給付に必要な財源のうち,積立金の活用によって賄われる部分は少なく,大部分がその時点の保険料収入で賄われている。また,今後の少子高齢化の進展にあわせて,将来的に積立金は1年分の給付費を残して取り崩すことになっている。それゆえ,日本の公的年金も実質的には賦課方式で運営されていると考えてよい。

6-2 公的年金の財政構造

賦課方式を単純化すれば,加入者から保険料を集めて,それを受給者に移転しているだけであるが,実際の財政構造は複雑である。以下では,日本の公的年金について,加入者が負担した保険料が受給者に年金として支給されるまでの流れを簡潔に示す(図3-2)。

まず,自営業者など(国民年金の第1号被保険者)は国民年金保険料を納付するが,その保険料は**年金特別会計**の**国民年金勘定**に集められる。一方,民間被用者(厚生年金保険の被保険者=国民年金の第2号被保険者)は事業主とともに厚生年金保険料を納付するが,その保険料は**厚生年金勘定**に集められる。公的年金全体(本章で説明を省略している共済年金の分も含む)では,被保険者が納付する保険料の総額は約30兆円(2012年度)である。なかでも,厚生年金の保険料収入が24兆円と多くを占める。その他にも,積立金の運用収入や取り崩しなども各勘定の収入の一部となっている。

老齢厚生年金などの厚生年金の給付は,厚生年金勘定に集められた保険料を主な財源として行われる。同時に,厚生年金勘定は,老齢基礎年金などの基礎年金の給付に必要な費用のうち厚生年金で負担すべき分を**基礎年金拠出**

金として**基礎年金勘定**に提供している。大まかに言えば、基礎年金の給付に必要な費用を（保険料全額免除者や未納者等を除く20〜59歳の）国民年金加入者全員で頭割りした1人当たりの負担に（厚生年金に加入する20〜59歳の）第2号被保険者と（その被扶養配偶者である）第3号被保険者の人数を掛けた分が厚生年金の負担になる。ただし、その負担の2分の1は**国庫負担**で賄われる。一方、国民年金勘定では、1人当たりの負担に（保険料全額免除者や未納者等を除く）第1号被保険者の人数を掛けた分が基礎年金拠出金となり、2分の1の国庫負担とともに基礎年金勘定に提供される。そして、この基礎年金勘定から基礎年金の給付が行われている。

つまり、全国民共通の基礎年金の給付費用は、半分は国庫負担によって、

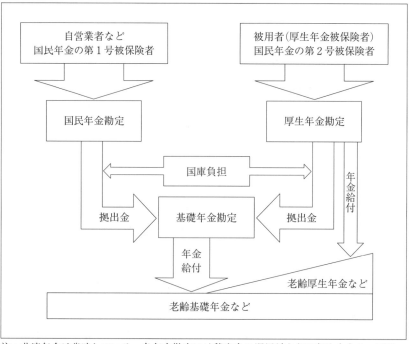

図3-2 公的年金の財政構造

注：共済年金は省略している。各年金勘定には積立金の運用益などの収入もある。図は、資金の大きな流れのみを示している。
資料：厚生労働省『年金制度のポイント 平成26年度』p.29の図を簡略化して作成

もう半分は各年金制度がその加入者の数に比例して分担する拠出金によって賄われている。国庫負担の原資は公費（税金等）であり，その額は公的年金全体で約11兆円である。一方，拠出金の原資は各年金制度で徴収した保険料である。それゆえ，すべての被保険者が基礎年金のための保険料を直接納めている訳ではないが，実際には，基礎年金部分の給付費用については国民全体で負担する形になっている。国民年金に加入しているはずの第2号被保険者が厚生年金保険料を納付すれば国民年金保険料も納付したとみなされたり，第3号被保険者本人に保険料負担がなかったりする理由はここにある。

以上のような流れで調達された財源をもとに公的年金全体では約50兆円の年金給付が行われている。

7 公的年金が直面する主な課題とそれに対応した改革

7-1 公的年金の財政問題

公的年金はどのような財政方式で運営されていても，少子高齢化の影響を受ける。生産物の産出量が一定のもとで高齢者の数が増えれば，積立方式では，物価の上昇や資産価値の下落による年金の実質的価値の低下というマイナスの影響に直面する（バー，2007）。一方，賦課方式では，保険料を負担する現役世代が減少し，年金を受給する高齢者世代が増加するため，他の条件が変わらなければ，公的年金の総収入が減少，総支出が増加する。その結果，公的年金の財政問題として，マイナスの影響がより明示的に現れる。

こうした財政問題に対しては，1990年代の年金改正で厚生年金の支給開始年齢の引上げや給付水準の削減などの対応も行われたが，基本的には，一人あたりの保険料水準の引上げという負担の増加によって対応がなされてきた。しかし，急速に進む少子高齢化のもとで，こうした対応では保険料が際限なく上がっていくのではないかという懸念が次第に生じるようになっていった。

そこで，2004年に年金改正を行い，将来の保険料の上限を法律で明記し

た(**保険料水準固定方式**)。例えば，厚生年金保険料の料率は段階的に引き上げられるが，2017年以降は18.3％に固定される。また，この改正では，基礎年金に対する国庫負担も，従来の3分の1から2分の1に引き上げた。当初，この引上げに必要な財源は臨時財源で賄われていたが，2012年の年金改正により，消費税増税分の活用という形で恒久的財源が確保された。

　そして，これらの負担の範囲内で年金財政の収支均衡を達成すべく，給付水準を徐々に引き下げていくことになった。その方法を**マクロ経済スライド**と呼び，賃金スライドや物価スライドに一定の調整を行うことで，給付水準を下げる。具体的には，年金額のスライドを行う際に，賃金や物価の伸び率をそのまま使うのではなく，一定の調整率を引いた率を用いる。この調整率は，(公的年金の財政を悪化させる要因となる)公的年金全体の被保険者数の減少率と平均余命の伸びを勘案した一定率で当面0.9％となっている。例えば，もし，賃金(物価)が1.5％上昇した場合，従来は，年金額を1.5％増加させたが，マクロ経済スライドによる調整が行われる場合は，1.5％から調整率を引いた0.6％しか年金額を増加させない。この結果，年金の名目的な金額は増加しても，実質的な水準は徐々に目減りする。こうした給付水準の引下げを続けていくことによって，将来的にも，固定した保険料水準の範囲内で給付が行えるようになる。

　その一方で，マクロ経済スライドの結果，給付水準が下がりすぎれば，公的年金の役割を果たせなくなる。そこで，受給開始時のモデル年金の所得代替率50％という下限も同時に設けられた。少なくとも5年ごとに，政府が長期にわたる年金財政の収支見通しを作成し，その健全性を検証し，給付水準がこの下限を下回ることが見込まれる場合は，もう一度給付と負担のあり方を見直すことになっている。

　直近の2014年**財政検証**では，一定の前提のもとに，固定された保険料率によって所得代替率50％以上の給付水準が確保できるという推計結果が示されている。その前提とは，出生率，労働力率，賃金上昇率，運用利回りなど将来の年金財政に影響を与える数値が良好なことである。この点については，前提としている賃金上昇率や運用利回りが高すぎるのではないかという批判もある。ただし，①賃金の伸びが前提より低ければ，想定よりも保険料

収入は減るが，年金給付費の伸びも小さくなること，②年金財政上，運用利回りは数値そのものよりも，物価や賃金の伸び率との差が重要になることなどの反論もなされている。いずれにせよ，2004年改正によって財政問題に対する年金制度内での解決策が取られたが，それが有効に機能するか否かは，今後の出生状況と経済状況にも左右される。少子化対策や雇用政策など年金制度外での取り組みが必要不可欠となっている。

また，マクロ経済スライドには，物価や賃金の上昇率が0.9%を下回るような場合は，その実施を制限するという例外規定が存在する。それ以外にもいくつかの要因が重なり，2014年時点では，マクロ経済スライドは一度も実施されていない。また，今後も，経済状況によっては，年金の給付水準の引き下げが進まない可能性もある。そうしたことが続けば，現在の年金受給者の給付水準は維持されるが，その分，将来の年金受給者の給付水準が相対的に低下する。これを避けるために，マクロ経済スライドをデフレの状況下でも完全に実施するという見直し案が更なる改革の選択肢として政府内で検討されている。

その他，固定した保険料で給付できる年金の水準を高める方策として，基礎年金にかかわる保険料拠出期間を40年間から45年間に延長し，それに応じて基礎年金を増額する仕組みにするという改革案なども提示されている。

7-2　年金保険料の未納問題

国民年金の第1号被保険者は，国民年金保険料を納付しなければならないが，実際には保険料を滞納している被保険者も少なくない。2013年度の国民年金保険料の**納付率**は60.9%となっている。納付率とは，納付月数／納付対象月数×100で求められる数値である。納付対象月数とはその年度において本来納付されるべき保険料の月数（全額免除者や猶予者等にかかわる月数は含まない）であり，納付月数とはその年度において実際に納付された保険料の月数である。保険料は2年前まで遡って納めることができるため，最終的な納付率はここから数ポイント上昇するが，それでも納付率は低い水準にとどまっている。

納付率を年齢別に見た場合，25～29歳では50%を下回っており，若年世

代での納付率が特に低くなっている。若年層では，非正規雇用の増加などによって，国民年金の第1号被保険者となる被用者が増えている。また，年齢別失業率も若年層の方が高い。非正規労働者や無職者は，自営業者等に比べて，経済的な理由もあり，滞納者が多くなる傾向にある。それに，公的年金に対する不信感や保険料免除猶予の知識不足が加わり，若年層を中心に保険料の滞納が生じていると考えられる。

　保険料の納付率が約60%ということは**未納率**は約40%になる。ただし，国民の4割が保険料を未納しているという訳ではない。まず，未納率は定義上，人数に関するデータではない。厚生労働省によれば，未納者の人数は，2013年度末現在，259万人である。その数は決して少なくないが，国民年金の第1号被保険者に占める割合は約14%である。さらに，注意しなければならないのは，未納率や未納者数は国民年金保険料に関するものであり，国民年金の第2号被保険者は，事業主を通じて厚生年金保険料をほぼ100%納付している。そして，その集められた保険料の一部が第3号被保険者分も含めて，基礎年金勘定に拠出されている。国民年金の被保険者全体で見れば，未納者の割合は5%以下になっている。

　とはいえ，相当数の未納者がいるという事実に変わりはない。また，ここでの未納者とは過去24ヶ月の保険料がすべて未納となっている者である。この定義では，2年間で1ヶ月でも保険料を納付していれば未納者とはならない。実質的には未納者に近い者も含めれば，未納者の数はさらに増える。このような未納者の存在は，保険料収入の低下をもたらす一方で，将来の年金給付も減らすため，年金財政に及ぼす影響は限定的である。しかし，この状況を放置すれば，公的年金に対する不信感や不公平感が高まること，今の未納者が将来の無年金者や低年金者になること，生活保護など別の制度の財政負担が重くなることなどが予想される。

　このような保険料未納や無年金問題に対応すべく，一部の団体や研究者から，国民年金を税方式に移行させるという提案がなされている。しかし，特に老齢基礎年金の財源をすべて税で調達する場合，①増税に対する国民の反対が根強いなかで，多額の給付費を税財源で確保できるのか，②長期の保険料拠出の見返りとして給付が行われることに由来する権利性が弱められるの

ではないか，③年金保険料の事業主負担が軽減されて個人の負担がその分増加するのではないかといった問題点も指摘されている。また，過去の保険料未納期間の取り扱いなど移行に伴う困難も存在する。

現行の社会保険方式を前提とした場合は，免除猶予の利用可能性の拡大，高所得の滞納者に対する強制徴収，非正規労働者に対する厚生年金の適用拡大などが未納者対策として考えられ，また実際にそうした方向での見直しも進められている。それと同時に，公的年金に対する不信感の中には公的年金に対する誤解に基づくものもあるため，年金教育や情報発信の効果的な実施も求められる。

7-3 低年金・無年金問題

現在，日本では，高齢者のほとんどが老齢年金を受け取っているが，実際にはすべての高齢者が年金を受け取っている訳ではない。厚生労働省の推計では，2007年4月時点で，(見込み者も含めて)無年金者は最大118万人である。また，2008年1月の閣議決定により設置された社会保障国民会議の最終報告では，将来にわたって継続的に高齢者の約2％の無年金者が発生すると予測されている。こうした**無年金**は，公的年金未加入や保険料未納により，25年という受給資格期間を満たせなかった場合に生じる。

一方，年金を受給できる場合であっても，その年金額自体が少ない**低年金**のケースもある。日本では，長期的に，自営業者等が減少し，被用者が増加するという傾向が続いており，現在の受給権者のおよそ7割は厚生年金部分(や共済年金部分)も含めた老齢年金の受給権を有している。しかし，厚生年金未適用の自営業者や非正規労働者あるいは専業主婦として現役時代を過ごした場合，支給されるのは老齢基礎年金だけである。その年金額は満額で月額約6.4万円であるが，実際には，老齢基礎年金のみの受給者の平均年金月額は5.2万円(2012年度末)となっている(厚生労働省「厚生年金保険・国民年金事業の概況」)。なかには，3万円未満の極めて低額の年金受給者も存在する。こうした低年金が生じる理由のひとつは，受給者の一部が繰上げ受給を選択していることであるが，最大の理由は，保険料の滞納期間や免除期間・猶予期間などが存在することである。さらに，今後は，マクロ経済スライドによって，

基礎年金の将来的な給付水準そのものが低下する。

　以上見てきたような無年金や低年金の高齢者は生活に困窮する可能性が高く，生活保護を受給せざるを得ない状況も増加する。こうした事態は，実質的な意味での国民皆年金を損なうものである。また，生活保護の財政負担を大きくし，生活保護の引き締め圧力を強める。さらに，無年金・低年金で生活保護を受給する者が増えれば，国民の不公平感が高まる恐れもある。その一方で，実際に生活保護を受給するためには，所得だけでなく資産や扶養義務者などに関する調査をクリアする必要がある。また，申請上の心理的障壁もあることから，無年金・低年金の高齢者すべてが生活保護を受給する訳ではない。その結果，高齢者の貧困問題が悪化する。それゆえ，無年金者・低年金者を事前にあるいは事後的に救済する対策が必要となっている。

　2012年の年金改正では，無年金者の減少を目的として，**受給資格期間の短縮**が行われた。受給資格期間は10年に短縮される予定である。現時点の無年金者のなかには，25年には届かないが，保険料を10年以上納付している者もおり，そうした場合は，この改正により老齢基礎年金を受給できるようになる。また，受給資格期間の短縮は，将来的な無年金者の発生も減らす。しかし，受給資格期間を満たした後の保険料納付が停滞した場合，受給者の平均的な年金額が低下し，低年金の問題が大きくなる。そうしたことを防ぐための取り組みも同時に求められる。

　また，同年の年金改正では，低所得の年金受給者の生活支援を図ることを目的として，低年金かつ低所得の高齢者に**年金生活者支援給付金**を支給することも決まっている。この給付金は，年金制度外で実施され，財源には税が用いられる。また，低所得の基準は，家族全員が住民税非課税で，前年の年金収入とその他所得の合計額が老齢基礎年金の満額以下と定められている。ただし，こうした給付金が保険料納付意欲に悪影響を与えるのではないかという懸念もあり，給付額は最大で月5千円と控えめに設定された。さらに，その金額も滞納期間に応じて減額される。その結果，低年金者対策としての効果はそれほど大きいものではない。

　なお，受給資格期間の短縮に伴う財源と年金生活者支援給付金の財源は，消費税率10％引上げによる税収増を活用するものとされている。それゆえ，

実施時期は，当初，2015年10月が予定されていたが，消費増税の延期に伴い，これらの改革の実施も先送りされることになろう。

その他にも，無年金・低年金対策として，2012年10月から3年間に限り，**保険料の後納制度**も実施されている。2年の時効を過ぎた保険料であっても，加算金を追加すれば，過去10年分まで遡って納めることができる。また，3年間の期間終了後は，過去5年分までの保険料を後納できる制度が開始される予定である。保険料を滞納していた者も，後納制度の利用により，年金受給や年金額増加が期待できる。その一方で，こうした特例を繰り返せば，保険料を今払わなくても後で払えば良いという意識を醸成し，本来の納期限内での納付意欲に悪影響を与える可能性も指摘されている。

以上見てきたように，無年金・低年金を事後的に救済するような施策には一定の限界がある。無年金・低年金の最大の原因が保険料未納にあることを考えれば，未納者対策を強化していくことで無年金・低年金を事前に防ぐことが重要である。

7-4 厚生年金保険非適用の非正規労働者

1990年代以降，非正規労働者が増加しているが，非正規労働者は労働時間や雇用期間の条件によって，厚生年金保険の適用を受けていないことも多い。厚生労働省「平成22年就業形態の多様化に関する総合実態調査」によれば，正社員では99.5％が厚生年金の適用を受けているのに対して，正社員以外の労働者では51.0％である。特に非適用となることが多いのは臨時的雇用者やパート労働者であるが，契約社員や派遣労働者でも，15～25％が厚生年金の適用を受けていない。

厚生年金非適用の非正規労働者は，国民年金の第3号被保険者に該当する場合を除いて，第1号被保険者になる。その結果として，第1号被保険者に占める常用雇用や臨時・パートの割合が増加し，現在では4割近くにまで達している(厚生労働省「平成23年国民年金被保険者実態調査」)。こうした第1号被保険者が老後を迎えた場合，被用者であったにもかかわらず，支給される年金は，定年のない自営業者等と同様に基礎年金だけになる。障害の状態に至った場合や死亡した場合の年金も，厚生年金適用の場合に比べて，給付額

が大きく低下する。負担面では，厚生年金の適用される第2号被保険者が保険料を給与天引きで事業主負担とあわせて納付するのに対して，非適用の第1号被保険者は保険料を自分ですべて納付しなければならない。第1号被保険者となる被用者では，未納者の割合が高くなっており，そのことが，国民年金保険料の未納増加の一因となっている。

また，パート労働者には，被用者の夫がいる妻も多く含まれている。厚生年金非適用の場合，年収を130万円未満に抑えれば第3号被保険者となり，保険料負担が無くなるため，女性の就労を抑制することにもなる。さらに，パート労働をしている第3号被保険者本人は保険料を負担せずに基礎年金を受給できるが，そのことに対する不公平感も指摘されている。その他にも，パート労働者を雇用する割合が高い事業主ほど事業主の保険料負担が軽減されるため，事業主間の公正な競争を妨げているという批判もある。

以上のような状況に対応する改革として，民主党が政権獲得時に提案していたような公的年金の完全一元化が挙げられる。これは，職業にかかわらず，すべての国民が所得比例方式(所得に応じて保険料を負担し，納付した保険料に応じて年金を給付する方式)の新しい年金に加入する案であり，非正規労働者の年金の拡充にもつながると考えられる。ただし，一元化については，自営業者と被用者の働き方や所得把握の違いなどの観点から批判も多く，実現するには相当の困難がある。

それゆえ，現在進められている改革は，**厚生年金保険の適用拡大**である。2012年の年金改正では，2016年10月から，厚生年金適用にかかわる労働時間の要件を「週20時間以上」に引き下げることが決まった。ただし，適用を受けるためには，それ以外にも，賃金月額8.8万円以上であること，勤務期間1年以上であること，学生ではないこと，従業員501人以上の企業の被用者であることという条件がつけられている。

こうした様々な条件の結果，この改正による適用拡大対象者数は25万人と見込まれている。週20時間以上30時間未満で働くパート労働者が370万人と推計されているため，その効果は限定的である。適用拡大が難しい理由としては，それに伴う厚生年金保険料の負担増に対して，一部の産業や中小企業が強く反対していることが挙げられる。また，現行の標準報酬月額の下

限を大幅に引き下げて適用拡大を行った場合,国民年金の第1号被保険者よりも少ない保険料負担で,基礎年金と厚生年金の両方の年金を受給できるという不均衡が生じる。さらに,週20時間未満の細切れ雇用の増加をもたらす可能性もある。それゆえ,週20時間以上働くすべてのパート労働者に厚生年金を適用拡大することは困難であるが,引き続き,更なる適用拡大に向けての検討が進められる予定である。

8 おわりに

　本章では,公的年金について,その意義,給付と負担の基本的な仕組み,現在の課題と改革を中心に説明をしてきた。説明にあたっては,分かりやすさを重視し,簡略化したところも少なくない。より詳しく知りたい場合は参考文献を読んでもらいたい。

　公的年金は,高齢期の生活費を確保する手段としては合理的であり,現在の高齢者にとっても将来の高齢者にとっても欠かせない制度である。同時に,給付水準の低下などにより,老後生活に占める公的年金の役割は変化していくが,引き続き重要な制度であり続ける。私たちは,現行制度に対する知識を身につけたうえで,年金改革の動向に注目していく必要がある。

参考文献

石崎浩,2012年『公的年金制度の再構築』信山社
太田啓之,2011年『いま,知らないと絶対損する年金50問50答』文春新書
小塩隆士,2005年『人口減少時代の社会保障改革』日本経済新聞社
権丈善一・権丈英子,2009年『年金改革と積極的社会保障政策―再分配政策の政治経済学Ⅱ〔第2版〕』慶應義塾大学出版会
厚生労働省,2014年『年金制度のポイント 平成26年度』
ニコラス・バー(菅沼隆監訳),2007年『福祉の経済学―21世紀の年金・医療・失業・介護』光生館
堀勝洋,2013年『年金保険法〔第3版〕基本理論と解釈・判例』法律文化社
吉原健二,2004年『わが国の公的年金制度―その生い立ちと歩み』中央法規

百瀬　優

第4章 雇用保険

1 雇用保険制度の目的

1-1 失業保険法の制定

　資本主義経済では，景気の変動や産業構造の変化などにより，失業が必然的に発生する。失業という事故によって所得を喪失すれば，労働者の生活の安定が損なわれるだけでなく，社会全体の消費需要が低下し不景気がさらに深刻になることもある。2度の世界大戦後や世界大恐慌などで大量失業を経験した先進各国は，完全雇用の達成を経済政策の目標の一つとするとともに，社会保障制度の一部として失業保険制度を整備した。

　日本でも戦後に制定された日本国憲法において，25条で国民の生存権と国の社会保障充実義務が，さらに27条で国民の勤労権が規定された。さらに大量の失業と貧困の発生，生活保護法（旧法）制定時の附帯決議などを背景に，1947年に失業保険法が制定された。当時の法律の目的は，「失業保険は，被保険者が失業した場合に，失業保険金を支給し，その生活の安定を図ることを目的とする」（1条）というシンプルなものであった。

1-2 失業保険から雇用保険へ

　1974年に失業保険法は雇用保険法に変更された。当時，高度経済成長から安定成長へ，高齢化社会の到来，急速な技術進歩などの環境変化のなか，単に失業者の所得保障だけでなく，労働者の職業安定のための積極的な雇用政策が必要となったためである。それに対応して新たに雇用改善事業，能力開発事業，雇用福祉事業の三事業が導入された。その後，様々な改正を経

図4-1　雇用保険制度

雇用保険制度の概要
1. 雇用保険は政府が管掌する強制保険制度である（労働者を雇用する事業は、原則として強制適用）。
   ［適用事業所：208万所、被保険者：3,949万人、受給者実人員：56万人（平成25年度平均）］
2. 雇用保険は、
   ①労働者が失業してその所得の源泉を喪失した場合、労働者について雇用の継続が困難となる事由が生じた場合及び労働者が自ら職業に関する教育訓練を受けた場合に、生活及び雇用の安定と就職の促進のために失業等給付を支給するとともに、
   ②失業の予防、雇用状態の是正及び雇用機会の増大、労働者の能力の開発及び向上その他労働者の福祉の増進を図るための二事業を行う、
   雇用に関する総合的機能を有する制度である。

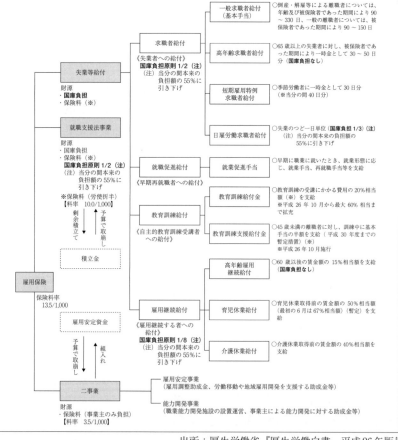

出所：厚生労働省『厚生労働白書　平成26年版』

て，「失業時の所得保障」「雇用保険二事業」だけでなく，「就職促進」「教育訓練」「雇用継続」のための給付など，雇用保険制度の目的は多様化している。

さらに近年の厳しい雇用情勢を受けて，「職業訓練の実施等による特定求職者の就職の支援に関する法律」(略称：就職支援法)が制定され，雇用保険を受給できない求職者を対象とした支援事業が創設された(図4-1「雇用保険制度の概要」を参照)。

② 雇用保険の保険者と被保険者

2-1 保険者と行政組織

雇用保険の保険者は国である。労働者の連帯の歴史が長い欧州諸国では，たとえばデンマークのようにゲント方式(労働組合が失業金庫を管理し，国庫補助を受ける)を採用している国もあるが，日本では戦後民主化の一環として労働者保護が重視され，労働基準法や労働者災害補償保険法(労災保険)などとともに急速に法制度を整備した経緯もあり，全国一本で国(厚生労働省)が保険者として管理運営している。実際の業務は，都道府県労働局が保険料徴収を，その下の公共職業安定所(略称「職安」，通称「ハローワーク」)が雇用保険の給付手続きと職業紹介を行っている。

2-2 被保険者

雇用保険と労災保険は，自営業者や会社取締役なども対象とする医療保険や年金とは違い，雇用労働者を対象とした制度である。その被保険者に労働者性が強いことから両者をあわせて「労働保険」と呼ばれることもあり，厚生労働省統合以前は旧労働省の管轄であった。保険料も，雇用保険料と労災保険料をあわせて労働保険料として徴収される。

雇用保険が適用される事業を「適用事業」といい，そこで雇用される労働者は，本人の意思に関わらず，強制的に雇用保険の被保険者となる。労働者

が雇用される事業は、その労働者が1人でも、原則としてすべての産業が適用事業となる。

働き方や年齢により、被保険者の種類を①一般被保険者②短期雇用被保険者③高年齢継続被保険者④日雇労働者被保険者の4つに分けるのが雇用保険の特徴だが、その中心は一般被保険者である。

いわゆる正社員や1週間の所定労働時間が40時間以上の契約社員は一般被保険者となる。一般被保険者の一種に「短時間労働被保険者」がある。これは、パートタイマーの増加と長期勤続化に対応するため、1989年改正で雇用保険の対象とされたもので、1週間の所定労働時間が20時間以上40時間未満で、かつ31日以上引き続き雇用されることが見込まれる場合、被保険者とした。現行の健康保険・厚生年金保険が適用されるのは正社員の4分の3(週30時間程度)なので、健康保険・厚生年金保険には加入しないで(夫の扶養家族扱い)、雇用保険には加入する主婦パートは多い。

夏は海の家、冬はスキーロッジで働くような季節労働者や農村からの冬季出稼ぎ労働者などが短期雇用特例被保険者にあたる。

高年齢継続被保険者とは、65歳に達した日以後に前の職場で引き続き雇用される者である。65歳以上はすでに老齢年金をもらえる年齢であり、再就職のための失業保険を出す意味が薄いので、一般被保険者と区別して給付日数を少なくしている。

3 失業の定義

雇用保険法は次のように失業を定義している(4条3項)。
① 被保険者が離職し、
② 労働の意思及び能力を有するにもかかわらず、
③ 職業に就くことができない状態にあること。

したがって、学校を卒業しても就職先がない状態は、被保険者となっていないので、雇用保険上では失業とはいわない。被保険者であったことの証明が、「雇用保険被保険者証」である。離職(雇用関係の終了)の証明が、会社が

労働基準法に基づき発行する「離職票」である。

　退職して専業主婦になる場合，労働の意思がないので，失業ではない。病気やけが，出産や育児などのためすぐには働けない場合も，労働の能力がないとされ失業とは認められないが，働くことができる状態になった後で失業給付を受けることができるので，受給期間の延長申請をすることができる。

　失業と認定されるには，職安(ハローワーク)に出頭しパソコンで検索するなど，積極的に求職活動を行っているにも関わらず，職業に就けないことが条件となる。職安が紹介した会社には，面接に行かなければならない。

　傷病，障害，高齢，死亡など他の社会保険制度が対象とするリスクは，人為的なものでなく不可避的に発生する。それに対して，失業というリスクは，倒産・解雇など労働者から見て非自発的なものもあれば，転職のため自発的に失業する場合もある。退職した後，本音ではあまり働きたくないと思っている労働者もいるかもしれない。そのような「モラルリスク」を含む失業については，職安がしっかりその認定を行い，職業訓練や職業斡旋と一体的に雇用保険の給付を行うことが重要となる。

4　保険給付

　図4-1のとおり，雇用保険の中心は，失業等給付であり，その中でも求職者給付のウェイトが大きい。

4-1　求職者給付

　一般的に「失業保険」と呼ばれているのは，失業者に対する求職者給付であり，一般被保険者が受給する「基本手当」を指している。

　基本手当を受給するには，受給資格を有する者が失業の認定を受けることが必要となる。受給資格は，被保険者が失業した場合，離職の日以前2年間で被保険者期間が通算して12か月以上あることが必要となる(自己都合・定年退職の場合)。倒産・解雇等による離職者，さらに雇止めとなった非正規労働者は，離職の日以前1年間に，被保険者期間が通算して6か月以上あればよい。

図4-2 基本手当の所定給付日数

1. 倒産・解雇・雇止め等による離職者に対する給付日数

区分 \ 被保険者であった期間	1年未満	1年以上5年未満	5年以上10年未満	10年以上20年未満	20年以上
30歳未満	90日	30日	120日	180日	—
30歳以上35歳未満	90日	90日	180日	210日	240日
35歳以上45歳未満	90日	90日	180日	240日	270日
45歳以上60歳未満	90日	180日	240日	270日	330日
60歳以上65歳未満	90日	150日	180日	210日	240日

2. 一般の離職者に対する給付日数

区分 \ 被保険者であった期間	1年未満	1年以上5年未満	5年以上10年未満	10年以上20年未満	20年以上
全年齢	—	90日	90日	120日	150日

3. 障害者等の就職困難者に対する給付日数

区分 \ 被保険者であった期間	1年未満	1年以上5年未満	5年以上10年未満	10年以上20年未満	20年以上
45歳未満	150日	300日	300日	300日	300日
45歳以上65歳未満	150日	360日	360日	360日	360日

出所:ハローワークインターネットサービスの資料を加工

　基本手当の額は,退職前6か月の賃金と年齢で決まる。退職前6カ月の賃金の総額(賞与を除く)を180で割り「賃金日額」を算定する。賃金日額には,年齢に応じて上限と下限が設定されている。この賃金日額に50%～80%の給付率をかけて,基本手当1日分を算出する。賃金日額の低い人には高い率が,高い人には低い率をかけて,所得の再分配を行っている。60歳以上65歳未満の賃金の高い人は,さらに45%まで給付率が下がる。

　基本手当の給付日数は,被保険者期間,年齢,離職理由などで異なっている(表4-2)。自己都合の退職者や定年退職者は,事前に再就職先を探すことができるので,給付日数は短く設定されている。それに対して,失業を予測

しにくい倒産や解雇などでやめた場合の給付日数は長く，特に再就職が難しい中高年の人は最高で330日と長期に設定されている。賃金を大幅に下げられ，退職勧奨を受けるなど離職を余儀なくされた者も，解雇と同様に扱う。障害者なども再就職が難しいので，長い給付日数となっている。

　基本手当は，職安に求職の申込みをした日以後，失業期間が7日を経過するまでは支給されない(待機期間)。失業給付の濫用の防止のためである。転職などのため自己都合で離職した者は，さらに1～3カ月経たないと給付されない。この給付制限は，雇用保険を当てにして安易に仕事をやめることを抑制するためのものである。

　基本手当は，原則として4週間に1回，失業の認定を受けた日数分が支給される。各受給資格者に4週間に1回，何曜日と失業の認定日が指定され，その日に直前4週間の期間内すべての日について失業の認定を行う。失業の認定には，失業認定申告書が用いられる(図4-3)。

　離職の日から1年以上経過すると，求職者給付は受けられない。これは，雇用保険が短期的な失業の保護を目的としたもので，長期的失業に対する対策は，雇用政策の推進に委ねるべきものとされている。

　実際には行っていない求職活動を「失業認定申告書」に実績として記したり，あるいは，再就職しても「失業認定申告書」に記さず，失業中と偽って基本手当をもらい続けたりすることは，不正受給の典型である。雇用保険制度は，当然に支給した失業等給付の返還を求めるとともに，その額の「二倍に相当する額以下の金額の納付」を命じることができるという「三倍返し」の厳しい罰則を用意して，不正受給を防止している。

4-2　就職促進給付

　基本手当は，再就職までの生活の保障であり，再就職が決まれば，当然に支給は打ち切られる。前の給料の5～8割とはいえ，もったいないと感じるのは人情だろう。雇用保険には，離職者の早期再就職を促進することを目的に就職促進給付が設定されている。就職促進給付の中心は**就業促進手当**であり，常用以外の仕事についた場合の就業手当，常用の安定した仕事についた場合の再就職手当などがある。

図4-3　失業認定申告書

様式第14号

失業認定申告書

（必ず第２面の注意書きをよく読んでから記入してください。）

※ 帳票種別　11203

1 失業の認定を受けようとする期間中に、就職、就労又は内職・手伝いをしましたか。

㋑ した（就職又は就労をした日は○印、内職又は手伝いをした日は×印を右のカレンダーに記入してください。）
ロ しない

7 月

1	2	3	4	5	6	7
8	9	10	11	12	13	14
15	16	17	18	19	20	21
22	23	24	25	26	27	28
29	30	31				

8 月

1	2	3	4	5	6	7
8	9	10	11	12	13	14
15	16	17	18	19	20	21
22	23	24	25	26	27	28
29	30	31				

（あてはまるものに○をつけ、必要なことがらを記入してください。）

2 内職又は手伝いをして収入を得た人は、収入のあった日、その額（何日分か）などを記入してください。

収入のあった日　8 月　7 日	収入額　2000 円	何日分の収入か　2 日分
収入のあった日　月　日	収入額　円	何日分の収入か　日分
収入のあった日　月　日	収入額　円	何日分の収入か　日分

3 失業の認定を受けようとする期間中に、求職活動をしましたか。

イ 求職活動をした

(1) 求職活動をどのような方法で行いましたか。

求職活動の方法	活動日	利用した機関の名称	求職活動の内容
㋑ 公共職業安定所又は地方運輸局による職業相談、職業紹介等	8/10	ハローワーク飯田橋	職業相談の結果、株式会社○○への紹介を受けて、8/20面接。採否結果待ち。（8/27 採否通知予定）
（ロ）民間職業紹介機関による職業相談、職業紹介等			
（ハ）労働者派遣機関による派遣就業相談等			
㊁ 公的機関等による職業相談等	8/17	雇用・能力開発機構 東京センター 03-△△△△-△△△△	○○業に職種転換するためのセミナーを受講

(2) (1)の求職活動以外で、事業所の求人に応募したことがある場合には、下欄に記載してください。

事業所名、部署	応募日	応募方法	職種	応募したきっかけ	応募の結果
株式会社△△産業　人事部（電話番号 03-××××-××××）	8/13	直接の訪問	営業	（イ）知人の紹介 （ロ）新聞広告 ㋩ 就職情報誌 （ニ）インターネット （ホ）その他	8/16 不採用通知あり
（電話番号　　）				（イ）知人の紹介 （ロ）新聞広告 （ハ）就職情報誌 （ニ）インターネット （ホ）その他	

ロ 求職活動をしなかった（その理由を具体的に記載してください。）

4 今、公共職業安定所又は地方運輸局から自分に適した仕事が紹介されれば、すぐに応じられますか。

㋑ 応じられる
ロ 応じられない ── ロに○印をした人は、すぐに応じられない理由を第２面の注意の8の中から選んで、その記号を○で囲んでください。
（イ）　（ロ）　（ハ）　（ニ）　（ホ）

5 就職もしくは自営した人又はその予定のある人が記入してください。

イ 就職	（1）公共職業安定所又は地方運輸局紹介 （2）職業紹介事業者紹介 （3）自己就職 / 月　日より就職（予定）	（就職先事業所）事業所名（　） 所在地（〒　）
ロ 自営	月　日より自営業開始（予定）	電話番号（　）

雇用保険法施行規則第２２条第１項の規定により上記のとおり申告します。
平成 22 年 8 月 24 日（この申告書を提出する日）
○○ 公共職業安定所長 / 地方運輸局長 殿
受給資格者氏名　雇用　太郎　（雇用）
支給番号（48010-10-000012-5）

※公共職業安定所又は地方運輸局記載欄

1. 支給番号　－　－	2. 未支給区分（空欄 未支給以外 / 1 未支給）	3. 待期満了年月日　年　月　日
4. 支給期間（初日）年　月　日 ～（末日）月　日	5. 内職又は手伝いによる収入（労働日数）日（収入額）円	6. 基本手当支給日数　日
7. 就業手当支給日数　日	8. 就業手当に相当する特別給付支給日数　日	9. 就職年月日－経路　年　月　日 －

次回認定日・時間　月　日　時から　時まで

認定対象期間　月　日～　月　日　※連絡事項

備考　　取扱者印　　操作者印

2011.1

出所：ハローワークインターネットサービス

再就職手当は，基本手当受給中の人が安定した仕事に就いた場合に，就職日の前日における基本手当の支給残日数によって支給される一時金である。支給額は，「支給残日数×50％（支給残日数が3分の2以上の場合は60％）×基本手当日額（上限あり）」で計算される。支給残日数が，所定給付日数の3分の1以上でかつ45日以上あること，1年を超えて勤務することが確実であること，離職前の事業主に再び雇用されたものでないことなどの要件がある。

4-3　教育訓練給付

　教育訓練給付は，労働者の自主的・主体的な教育訓練を支援するための給付である。教育訓練給付金は，被保険者期間が3年以上の一般被保険者（在職者）や被保険者であった者（離職者）が，自ら費用を負担して，情報処理や簿記，英会話など雇用の安定と就職の促進に役立つと厚生労働大臣が指定した教育訓練を受講し修了した場合，かかった経費の20％（但し，上限10万円）が支給される。2007年の雇用保険法の改正により，初回のみ被保険者期間1年で受給できるようになった。なお，雇用保険二事業の能力開発事業は，事業主による能力開発に対する助成金であり，全くの別制度である。

4-4　雇用継続給付

　雇用継続給付は，育児，介護など雇用の継続が困難となる事由が生じた場合に，職業生活の円滑な継続を援助促進するための給付である。その種類には，高年齢雇用継続給付，育児休業給付，介護休業給付の3つがあり，いずれも年金や子育て支援，介護支援など他の社会保障制度との関連が強い。求職者給付は離職を条件とするが，雇用継続給付は，雇用継続を前提とし，離職してはもらえない。

　高年齢雇用継続給付は，60歳から65歳までの一般被保険者の賃金が，60歳時点の賃金と比べて75％未満に下がったときに，60歳以後の賃金のうち最高15％が給付されるものである。

　この給付は，特別支給の老齢厚生年金の定額部分が60歳から65歳に引き上げられることが決まった1994年に創設された。日本では，定年は60歳が一般的だが，将来的には60歳から64歳まではそれまでよりは賃金は下がる

が働き続けて，賃金と年金の両方で生活することが想定されている制度といえよう。

育児休業給付金は，1歳未満の子(最長で1歳半)を養育するため育児休業を取得した一般被保険者に，育児休業前の賃金の50％に相当する額が支給されるものである。かつて，育児休業基本給付金(育児休業中に賃金の30％を支給)と育児休業者職場復帰給付金(職場復帰してから6か月を経過後に賃金の20％を支給)に分かれていたが，2010年4月以降に育児・介護休業法の育児休業を取得した者には，両給付金が統合された育児休業給付金が支給されることとなった。

介護休業給付金は，家族を介護するため介護休業を取得した一般被保険者に，93日間を限度として介護休業前の賃金の40％に相当する額が支給されるものである。

育児休業給付金は従前賃金の50％，介護休業給付金は40％を保障するのみで，健保の傷病手当金・出産手当金の3分の2と比較しても，その額が低いことが問題視されてきた。育児休業給付金については，消費税8％引上げにあわせ平成26年4月より，休業当初6か月の給付率を67％に引き上げた。母と父が交代で6か月の育児休業を取得すれば，1歳を超えるまで賃金の3分の2の保障を得られることとなった。

なお，育児休業，介護休業とも，会社から賃金が支給される場合には，その賃金と休業給付金の合計額が休業前の賃金の80％を超えると，超えた分の給付は減額される。逆を言えば，雇用保険からの雇用継続給付では生活保障が十分ではない部分は，福利厚生的な手当が補完することで，80％の水準を確保できる。

また，育児休業期間中は，無給の場合でも健康保険と厚生年金は加入し続けるため，従来は無給の中から保険料を負担していたが，少子化対策による近年の法改正により，本人負担分と事業主負担分の両者が免除されることとなった。介護休業は期間が短いため，健康保険や厚生年金の保険料免除の仕組みはない。

5 雇用保険二事業と雇用保険の財政

5-1 雇用保険二事業

1974年に失業保険法が雇用保険法に名称変更された際に、雇用保険三事業、すなわち、雇用安定事業、能力開発事業、雇用福祉事業が創設された。このうち、雇用福祉事業は、旧雇用促進事業団が中心となり勤労者の文化・体育・レクリエーションなどを目的に、「サンプラザ」などの施設を全国に約200あまり整備したが、保険財政が厳しくなるなかで「1兆5千億円のムダ遣い」との批判を浴びて、2007年法改正で廃止され、現在では雇用保険二事業となった。

雇用安定事業は、失業を予防し、雇用を維持、創出する事業主を支援して、雇用の安定を図る事業である。主な給付金には次のようなものがある。
1 雇用調整助成金…事業活動の縮小を余儀なくされた場合、解雇するのではなく、労働者を一次休業させたり、職業訓練を受けさせたりして、雇用を維持する事業主に対して助成する。
2 労働移動支援助成金…円滑な労働移動を促進するため、辞めてもらわざるを得ない社員に対して再就職の援助などを行う事業主に対して助成する。
3 継続雇用定着促進助成金…60歳定年を迎えた高年齢者の雇用を延長したり、再就職の援助などを行う事業主に助成する。

能力開発事業は、労働者の職業生活の全期間を通じて、その能力の開発、向上を促進するものである。主な給付金として、キャリア形成促進給付金、育児・介護休業者職場復帰プログラム実施奨励金などがある。全国の職業能力開発大学校などが中心に行っている公共職業訓練や、企業と学校が一緒になり即戦力ある職業人を育成する日本版デュアルシステムもこの事業に含まれる。

これら雇用保険二事業は、事業主負担のみを財源とし、主に事業主に対して助成金・給付金を支給する方式で行っている。

5-2 雇用保険の財源

　雇用保険の中心となる失業等給付の財源は，他の社会保険と同様に，事業主と被保険者が保険料を折半負担し，そこに応分の国庫負担が行われる。失業等給付の保険料率は1％で，月給やボーナスからは0.5％が天引きされる。雇用保険二事業の保険料は事業主のみの負担で，料率は0.35％(3.5/1000)である。

　国庫負担は，求職者給付については給付費の1/4(日雇労働求職者給付は1/3，高年齢求職者給付は0)，雇用継続給付については給付費の1/8(高年齢雇用継続給付は0)だが，国の財政状況が厳しいため，本来の負担額の55％に引き下げる措置が取られている。

　健康保険や厚生年金保険の保険料率は，高齢化の進展とともに持続的な引上げ傾向にあるが，雇用保険の保険料率は，景気変動と失業率の動向などにより頻繁にアップダウンする。好況時に積立金を積み増し，不況時にそれを取り崩すという調整も行うが，完全失業率が上昇し続けた2001年から2003年にかけて，失業等給付の保険料率は1.2％，1.4％，1.6％と毎年引き上げられた。リーマンショック後の失業者増から回復傾向にある近年では雇用保険財政は好転し，2012年度に1.2％から1％に引き下げられた。

6 平成26年雇用保険法改正

　安倍内閣は2013年6月，新たな成長戦略である「日本再興戦略」を閣議決定し，行き過ぎた雇用維持型から労働移動支援型への政策転換(失業なき労働移動の実現)を図ることが明記された。その中で，非正規雇用の若者等がキャリアアップ，キャリアチェンジできるよう，資格取得につながる自発的な教育訓練の受講を始め，社会人の学び直しを促進するための雇用保険制度の見直しを行う方向性が示された。

　さらに2013年8月，安倍首相に提出された「社会保障制度改革国民会議報告」では，仕事と子育ての両立支援として，男女とも育児休業を取得しやすくするため，育児休業期間中の経済的支援を強化することを検討すべきと

の提言が行われた。

以上を背景に，労働政策審議会での検討も踏まえて，政府は2014(平成26)年1月，「雇用保険法の一部を改正する法律案」を閣議決定し，国会に提出した。

以下が，平成26年雇用保険法改正の概要である。

(1) 育児休業給付の充実(2014年4月1日施行)

育児休業給付金の給付率を，最初の6か月間，従来の50%から67%に引き上げる。父母が共に育児休業を取得する場合には，それぞれ最初の6か月間に67%が支給される。育児休業給付は非課税であり，また，育児休業期間中は社会保険料が免除されるので，実質的な給付率は子が1歳を少し超えるまで8割程度になるとされる。財源は，当面，失業等給付の積立金の取り崩しで対応する。

(2) 教育訓練給付金の拡充および教育訓練支援給付金の創設(2014年10月1日施行)

教育訓練給付を拡充し，中長期的なキャリア形成を支援するため，大臣が指定した教育訓練の受講費用40%を給付する(年間上限32万円)。さらに，訓練修了後に資格取得などの上，就職に結びついた場合には，受講費用の2割を追加的に給付する(合計60%，年間上限48万円)。給付期間は原則2年間とし，資格取得につながる場合は最大3年とする。対象は2年以上の被保険者期間を有する者とし，2回目以降を受ける場合は，10年以上の被保険者期間を有する者とされている。

教育訓練支援給付金を創設し，45歳未満の離職者が上記の教育訓練を受講する場合，教育訓練期間中は，離職前賃金に基づいて算出した額(基本手当の半額)を給付する。ただし，基本手当が支給される期間，給付制限等により基本手当を支給しないとされる期間については，教育訓練支援給付金は支給しない。この教育訓練支援給付金は，2018年度末までの暫定措置とされている。

(3) **就業促進手当(再就職手当)の拡充(2014年4月1日施行)**

再就職時点での賃金低下が早期再就職を躊躇させる一因となっていることを踏まえ，早期再就職をさらに促すため，再就職手当を拡充する。早期再就職した基本手当受給者が，6か月間新しい職場に定着することを条件に，従来の再就職手当に加えて，離職時賃金と再就職後賃金の差額の6か月分を一時金として給付する。

(4) **平成25年度までの暫定措置の延長**

解雇，雇止めなどによる離職者の所定給付日数を60日間延長する個別延長給付について，要件を厳格化して延長する。雇止めなどの離職者について，解雇などによる離職者と同じ給付日数の基本手当を支給する暫定措置を延長する。

> **Column　求職者支援制度とは**
>
> 就職支援法に基づく求職者支援制度は，学校を卒業しても就職できない人，週20時間未満のパートやアルバイトの仕事にしか就けず雇用保険に加入できない人，基本手当の受給中に再就職ができなかった人，自営業を廃業して就職活動をしている人など，労働の意思と能力があるにも関わらず，雇用保険を受給できない求職者を支援することを目的としている。
>
> ハローワークに求職の申込みをして，職業訓練などの支援を行う必要があるとハローワークが認めた者は，厚生労働大臣の認定を受けた民間教育訓練機関の訓練や公共職業訓練が原則無料で受講できるほか，一定の要件を満たせば，訓練期間中，月10万円の職業訓練受講給付金の支給を受けられる。
>
> この制度は，元々は2008年秋のリーマン・ショック後の世界同時不況で，派遣切りや雇止め，内定取消などで失業者が急増し，年越し派遣村がニュースになった時期に行われた緊急対応がベースとなっている。ある意味では，雇用保険と生活保護のすき間を埋めるセーフティ・ネットであり，今後の展開が注目される。

参考文献

厚生労働省職業安定局雇用保険課編著，2003年『改正　雇用保険制度の理論』社団法人財形福祉協会

海老原嗣生・荻野進介,2011年『名著で読み解く　日本人はどのように仕事をしてきたか』中公新書ラクレ
清家篤,2013年『雇用再生―持続可能な働き方を考える』NHKブックス
労働新聞社編,2014年『雇用保険制度の実務解説(第7版)』労働新聞社
楢木大輔,2014年「育児休業給付,教育訓練給付及び就業促進手当の拡充並びに個別延長給付等の暫定措置の延長―雇用保険法の一部を改正する法律案－」『立法と調査』No.350

森　田　慎二郎

第5章　労働者災害補償保険制度

1　労災保険制度の目的

1-1　労災保険とは何か

　この章では，労働者災害補償保険(略称，**労災保険**)を扱う。この制度の名称の「補償」という言葉は，社会保障の「保障」とは異なる点に注目してほしい。補償とは「与えた損害などを償う」ことを意味する。

　労働災害(略称，労災)とは，仕事が原因で労働者が負傷し病気になったり，さらに障害や死亡に至ったりすることである。使用者が労働者に傷病などで損害を与えた場合，民法では，被害者(労働者)が，加害者(使用者)の過失を立証した上で，賠償責任を求めなければならない(不法行為の**過失責任主義**)。しかし，炭鉱の大規模な落盤事故で多数の死亡者が出た場合，残された遺族が事業主の注意義務違反を立証できるだろうか。労働者を雇用する事業主は，労災の発生に過失がないとしても，与えた損害は補償する責任を負うべきだという**無過失責任主義**が，19世紀後半から先進各国で受け入れられるようになった。労災保険は，この事業主の労災に対する補償責任を国の保険によって迅速・確実に実行させ，被災労働者とその遺族を保護する社会保険制度である。

　労災を発生させず，職場の安全と従業員の健康を確保するさまざまな義務や施策を事業主(使用者)に課した法律が「**労働安全衛生法**」である。それでも労災が発生した時に，事後的に被災労働者やその遺族に対して補償を行う制度が労働者災害補償制度であり，日本では第二次世界大戦が終わって間もない1947年に制定された「**労働基準法**」と「**労働者災害補償保険法**」に基

づいて運営されている。

1-2 労働基準法上の災害補償責任

労働基準法第8章(労災補償)は，**療養補償**，**休業補償**，**障害補償**，**遺族補償**，**葬祭料**など事業主の災害補償責任を規定している。代表的な条文を見てみよう。

療養補償(第75条1項)　労働者が業務上負傷し，又は疾病にかかった場合においては，使用者は，その費用で必要な療養を行い，又は必要な療養の費用を負担しなければならない。

休業補償(第76条1項)　労働者が前条の規定による療養のため，労働することができないために賃金を受けられない場合においては，使用者は，労働者の療養中平均賃金の百分の六十の休業補償を行わなければならない。

業務災害以外の事故に給付を行う健康保険制度との相違点に注目してほしい。補償はすべて使用者の責任であり，全額を使用者が負担するので，労働者には保険料負担や一部負担は発生しない。休業補償については，傷病手当金のように3日間の免責はなく，休業1日目から補償されるのである。

これら労働基準法による災害補償は，企業が労働者に直接補償する方式を採用している。しかし，工場や鉱山の大事故で多数の死傷者が発生した場合，労働基準法の災害補償を企業単独では行えないかも知れない。さらに企業が再建不能で倒産してしまったら，裁判に訴えても労働者側は十分な補償を受けられないだろう。そこで，国が保険者となり，全国の事業主から保険料を徴収して，労働者に確実・公平に給付を行う労災保険制度が，労働基準法と同時に制定された。労災保険から給付が行われた場合には，その限度で事業主は労働基準法に基づく補償の責任を免れる。

1-3 労働者災害補償保険法の制定と発展

労働者災害補償保険法は，事業主の一時的補償負担の緩和を図り，労働者に対する迅速かつ公平な保護を確保するため，労働基準法とともに1947年4月9日に公布され，同年9月1日より施行された。それまで健康保険，厚生年金保険により実施してきた業務上の保険給付もこの制度に吸収された。議会では，日本国内の全産業が相互扶助の精神によって，災害補償の確保と

労働者の福祉のために必要な施設を行い，あわせて使用者負担を軽減しようとするものであると提案説明された。

労災保険の発展は，労働基準法に定める事業主の災害補償責任の範囲を超えて，被災した労働者やその遺族の生活保障の要素を強めていった(労災保険法の一人歩き現象)。休業補償給付へのスライド制の実施(1953年)，打切補償(療養開始後3年を経過しても治癒しない場合，平均賃金の1200日の補償で打ち切る労働基準法第81条の規定)の対象となっていたけい肺などの長期傷病者への長期補償(60年)，給付の本格的年金化(65年以降)，通勤災害に対する保険給付(73年)，ボーナスを考慮した特別支給金制度(74年)など，社会保障制度の一部としての労災保険が，国際的な水準にまで成長した。

2 適用事業，保険者，保険料

2-1 適用事業

労働者を使用するすべての事業は原則として労災保険の適用事業とされる。被災労働者に確実に補償を行うという制度趣旨により，適用される労働者は雇用形態を問わないので，アルバイト，パートタイマー，日雇労働者など事業主との間に雇用関係があれば，労災保険が適用される。ただし，公務員には，国家公務員災害補償法，地方公務員災害補償法が定められているので，労災保険は適用されない。農林水産業のうち，労働者5人未満の零細な事業は，暫定任意適用事業所とされ，申請により適用される。

労災保険は，適用事業に使用される労働者に包括的に適用される。経営者は労働者ではないので，労災保険の対象とはならないのは雇用保険と同様である。労災保険には「被保険者」という規定はなく，個々の労働者に被保険者証を発行しているわけではない。

適用事業の労働者ではなくとも，労働者と同様に保護すべき一定の人々は，申請によって特別加入できる。例えば，中小企業事業主は，労働者ではないが，工場や現場で社員といっしょに仕事をすれば，労災のリスクはあ

る。また，一人親方として働く大工や個人タクシー運転手なども，雇用された労働者ではないが，労災の補償は必要だろう。また，海外で建設工事などを行う海外派遣者も，発展途上国の労災制度は保護が弱いことが多いので，国内の労災制度に加入し続けた方が安心であろう。以上のような人々を保護するのが**特別加入制度**である。

2-2 保険者

労災保険は，国が保険者となって運営している(政府管掌)。これは，①強制適用，強制徴収を全国一律に実施するための必要性，②給付を迅速かつ公平に行うため業務災害，通勤災害などの認定について労使の立場を超えた第三者が直接行う労災保険の性格，③重大災害に備えたリスク分散などを理由とする。

労災保険事業は，労働基準法との一体的運営の必要から，厚生労働省労働基準局の所管とされている。実際の仕事は，都道府県労働局と**労働基準監督署**が行っている。

労働基準監督署の「署」が，警察「署」と同じ漢字を使っていることは，労働基準法に違反した事業主を取締り，場合によれば逮捕するという，警察と同様の強い権限をもっていることを示している。

保険給付を受けるためには，被災労働者かその遺族が，所定の請求書に必要事項を記載して事業主の証明を受けて，所属事業場の所在地を管轄する労働基準監督署長(二次健康診断等給付は所轄労働局長)に提出しなければならない。最も一般的な療養補償給付の手続きは，事業主の証明を受けた療養の給付請求書(5号様式)を病院に提出すれば現物給付としての医療をその場で受けられる。請求書は，病院から所轄の労働基準監督署に提出される。請求書の作成，提出は，企業の手慣れた人事部スタッフが代りに行うこともある。

2-3 保険料

労災保険は，事業主の災害補償責任を保険化したものなので，他の社会保険とは保険料の仕組みが大きく異なる。

第一に，保険料は全額事業主負担である。つまり，労働者の保険料負担は

ないので，勤労者の給与から労災保険料が天引きされることはありえない。財源には一部国庫補助が行われている。

　第二に，保険料率が，労災の発生する危険度に応じて，事業の種類により大きく異なっている。2012年4月に改定された保険料率は，55の事業の種類ごとに労災リスクに応じて30段階に区分されている。もっとも料率が高い水力発電施設，トンネル等新設事業は8.9％で，最も低い放送業，新聞業，金融業，保険業などは0.25％である。水力発電施設等の料率は10％を超えていた時期もあったが，現場における安全管理の徹底などで建設事業関連の労災事故は低減傾向にはある。通勤災害や2次健康診断などは事業の危険度と関係がないので，すべての事業主公平に0.06％の保険料率がそれぞれの料率に含まれている。

　第三に，保険料率の算定に**メリット制**を導入している。これは，災害発生率の高い事業主には保険料を高く，災害発生率の低い事業主には保険料を低くする仕組みで，事業主の自主的な災害防止努力の促進を図るとともに，同じ業種でも労働災害の多い事業(会社)と少ない事業の保険料負担の公平を図るものである。具体的には，過去3年間の収支率(保険料と保険給付との比率)に応じて，翌年からの労災保険料率を40％の範囲内で増減させる。

　労災保険料は，雇用保険料とあわせて労働保険料として一体的に徴収される。保険料額は，事業主が労働者に支払う賃金総額に保険料率をかけて算定される。

3　業務災害，通勤災害の認定

　労災保険制度は，保護の対象とする災害を「**業務災害**」と「**通勤災害**」に分類する。業務災害とは，労働者が業務を原因として被った負傷，疾病または死亡(以下「傷病等」)であり，業務と傷病等との間に一定の因果関係があることを「業務上」と呼ぶ。

　また，通勤災害とは，通勤によって労働者が被った傷病等である。この業務災害，通勤災害の認定は，一定の判断基準に基づいて労働基準監督署長が

行うが，その判断が微妙なケースも多く，被災労働者あるいはその遺族と国との間で裁判に至るケースもある。また，時代の変化とともに判断基準が変更される場合もある。以下で，原則的な考え方を見ていこう。

3-1 業務災害の認定

　業務上の認定は，行政解釈上は「**業務遂行性**」と「**業務起因性**」が必要とされる。業務遂行性とは，労働者が労働契約に従って，事業主の支配・管理下にある状態をいう。したがって，勤務時間中に施設内で業務に従事している場合は，故意に災害を発生させた，ケンカで同僚になぐられたなど特段の事情がない限り，業務災害と認められる。昼休みのように事業主の支配・管理下にあるが業務に従事していない時間に私的な行為によって発生した災害（バレーボールでネンザしたなど）は，業務災害とは認められない。ただし，事業場の設備が原因で発生した災害は，業務災害となる。出張のように，事業主の支配下にあるが，管理下を離れて業務に従事している場合は，一般的には業務災害と認められる。

　業務起因性とは，労働者が労働契約に基づき事業主の支配下にあることに伴う危険が現実化したものと経験則上認められることで，言い換えれば，その傷病等が業務と一定の因果関係にあるかどうかである。一般に業務遂行性が認められれば業務起因性が推定され，業務遂行性がなければ業務起因性も認められない。東日本大震災では地震や津波について，災害を被りやすい業務上の危険があったとして，仕事上での災害については多くの場合に業務上の認定を受けた。

　ラーメン屋でアルバイトをしている大学生が，仕事中に不注意で熱湯の入ったナベを引っくり返して，足に火傷を負ってしまった場合，業務災害の対象になるだろうか。労働者の不注意で店長(使用者)に過失はないにしても労災の無過失責任主義により，業務遂行性・業務起因性も満たしており，アルバイトでも労災が適用される。

　業務との間に相当因果関係が認められる疾病は，業務上疾病として，労災保険の対象となる。炭鉱など粉じんが飛散する場所での業務によるじん肺など職業病への対策である。業務上疾病は，労働基準法施行規則別表で，有害

因子ごとに医学知識に照らして分類，列挙されている。有害因子には，身体に過度の負担のかかる作業も含まれるので，介護や看護の仕事による腰痛も業務上疾病に該当する可能性はある。

業務上疾病の認定で重要なのは，事業主の支配下にある状態で疾病が発生したかではなく，事業主の支配下にある状態で有害因子にさらされたことを原因として発症したかどうかである。たとえば，労働者が就業時間中に脳出血で倒れても，その発症原因となった業務上の理由が認められない限り，業務と疾病の間に因果関係は成立しない。一方，就業時間外における発症でも，業務による有害因子にさらされたことによって発症したものと認められれば，業務上疾病と認定される。

近年，過労死や過労による精神疾患，自殺についての労災認定が大きな問題となっている(コラムを参照)。

3-2　通勤災害の認定

通勤災害は，通勤という行為が業務と密接不可分であり，不可避的に生じる社会的危険が存在するという意味により，1973年から労災保険の仕組みのなかで業務災害に準じた保護がなされるようになった。具体的には，駅のホームの階段で転落，あるいは通勤途上で自動車にはねられるなどにより負傷するケースである。

通勤とは，就業に関して，住居と就業の場所の間を，合理的な経路および方法によって往復することをいう。事業主の提供する専用交通機関(例.通勤バス)を利用して出退勤する場合などの移動による災害は，業務の性質を有するものなので，通勤災害ではなく，業務災害扱いとなる。

住居とは，労働者が居住する場所である。ただし，通常は家族のいる所から通勤しているが，天災や交通ストライキなどにより会社近くのホテルに泊まる場合には，そのホテルが住居となる。単身赴任者の赴任先住居と帰省先住居との間の移動も2006年4月から対象とされるようになった。

合理的な経路については，通勤のために通常利用する経路が複数ある場合，いずれも合理的な経路となる。当日の交通事情により迂回した経路，マイカー通勤者が駐車場を経由して通る経路など，通勤のためにやむをえず通

る経路も合理的な経路となる。鉄道，バス，自動車，徒歩など通常用いられる交通方法は，平常用いられているかどうかに関わらず，合理的な方法と判断される。

　通勤の経路を逸脱，中断した場合には，逸脱，中断の間およびその後の移動は，通勤とはならない。**逸脱**とは通勤途上で就業や通勤と関係ない目的で合理的な経路を逸れること，**中断**とは通勤の経路上で通勤と関係ない行為を行うことをいう。しかし，通勤途中で経路近くの公衆トイレを使用する，経路上の店でジュースを買うなどのささいな行為を行う場合は，逸脱，中断とはならない。

　大学生がアルバイトの帰りに居酒屋に立ち寄り仲間とお酒を飲んで，アパートに帰る途中に事故にあった場合は，逸脱，中断に該当し，通勤の経路に戻ったとしても通勤労災の対象にはならない。逸脱，中断が，日用品の購入，職業訓練，選挙権行使，通院，家族介護など日常生活上必要な行為であって，厚生労働省令で定めるやむを得ない事由により行うための最小限度のものである場合は，逸脱，中断の間を除き，合理的な経路に戻った後は，通勤とみなされる。

　ちなみに，2012（平成24）年度の労災保険給付の新規受給者数は60万6886人で，内訳は，業務災害が53万5796人，通勤災害が7万1090人である（平成26年版厚生労働白書）。

4　保険給付

　業務災害，通勤災害の認定を受けると，「労災保険給付等一覧」（表5-1）にあるとおりの保険給付を受けることができる。給付名に療養（補償）給付のようにカッコがあるのは，業務災害は療養補償給付，通勤災害は療養給付と名称が区別されているものを表記しているためである。両者の給付の内容はほぼ同じだが，通勤労災は，労働基準法上の災害補償責任に基づくものではないため，「補償」という言葉が除かれている。両者の相違点や業務外の給付との比較に焦点をあてながら，ポイントを解説しよう。

療養(補償)給付は，原則として労災病院や労災保険指定医療機関で現物給付として療養の給付を受けるものである。労災指定病院以外で治療を受けた場合は，労働者が医療費を立替払いして，後日それを療養の費用をして支給される現金給付の形態もある。健康保険の療養の給付には一部負担があるが，療養補償給付では受診時の患者負担は無料で，すべて労災保険から給付される。通勤の療養給付は，200円というわずかな一部負担がある。

休業(補償)給付は，労災の療養中で働くことができず賃金を受けられない場合に，その4日目から支給される。この待機期間3日は健康保険と同じだが，業務災害の場合，はじめの3日間は労働基準法に基づき会社から休業補償が支給される。支給期間に制限はないが，1年6か月を超えても治らない場合は，休業(補償)給付に代わり，**傷病(補償)年金**が支給される。これは，じん肺，けい肺のように長期療養が必要な労災に対応するものであり，1年半を限度とする健保の傷病手当金よりも長期補償を約束している。この期間内に治って障害が残った場合には，その障害の程度に応じて**障害(補償)年金**が支給される。

給付額は，休業1日につき給付基礎日額の6割に相当する額である。給付基礎日額とは，労働基準法の平均賃金に相当する額で，原則として労災事故が発生した日の直前3か月間にその労働者に支払われた賃金の総額(ボーナスや臨時に支払われる賃金を除く)を，その期間の暦日数で割った1日当たりの賃金額である。さらに，後述の社会復帰等促進事業の一環として，給付基礎日額の2割相当額が**休業特別支給金**として支給されるので，私傷病の場合の傷病手当金よりも休業中の所得保障は手厚くなっている。

障害(補償)給付の場合は，障害等級に応じた障害特別支給金による上乗せ給付を行うほか，ボーナス分を反映した障害特別年金および障害特別一時金も支給される。**遺族(補償)給付**にも，同様の趣旨の上乗せ給付がある。

葬祭料(通勤災害は葬祭給付)についても，埋葬の費用にとどまらず，霊前供養物，僧侶への謝礼など葬祭に要する費用全体をカバーする趣旨で設定されており，健康保険の埋葬料(5万円)よりもかなり高額である。労働基準法の葬祭料規定「平均賃金の60日分」を最低保障としている。

2001年からは脳卒中，心筋梗塞など脳血管疾患・心臓疾患の発生の予防

図5-1 労災保険給付等一覧

保険給付の種類		こういうときは	保険給付の内容	特別支給金の内容
療養(補償)給付		業務災害または通勤災害による傷病により療養するとき(労災病院や労災指定医療機関等で療養を受けるとき)	必要な療養の給付	
		業務災害または通勤災害による傷病により療養するとき(労災病院や労災指定医療機関等以外で療養を受けるとき)	必要な療養費の全額	
休業(補償)給付		業務災害または通勤災害による傷病の療養のため労働することができず、賃金を受けられないとき	休業4日目から、休業1日につき給付基礎日額の60%相当額	(休業特別支援金) 休業4日目から、休業1日につき給付基礎日額の20%相当額
障害(補償)給付	障害(補償)年金	業務災害または通勤災害による傷病が治った後に障害等級第1級から第7級までに該当する障害が残ったとき	障害の程度に応じ、給付基礎日額の313日分から131日分の年金 第1級 313日分　第2級 277日分 第3級 245日分　第4級 213日分 第5級 184日分　第6級 156日分 第7級 131日分	(障害特別支給金) 障害の程度に応じ、342万円から159万円までの一時金 (障害特別年金) 障害の程度に応じ、算定基礎日額の313日分から131日分の一時金
	障害(補償)一時金	業務災害または通勤災害による傷病が治った後に障害等級第8級から第14級までに該当する障害が残ったとき	障害の程度に応じ、給付基礎日額の503日分から56日分の一時金 第8級 503日分　第9級 391日分 第10級 302日分　第11級 223日分 第12級 156日分　第13級 101日分 第14級 56日分	(障害特別支給金) 障害の程度に応じ、65万円から8万円までの一時金 (障害特別一時金) 障害の程度に応じ、算定基礎日額の503日分から56日分の一時金
遺族(補償)給付	遺族(補償)年金	業務災害または通勤災害により死亡したとき	遺族の数等に応じ、給付基礎日額の245日分から153日分の年金 1人　　　153日分 2人　　　201日分 3人　　　223日分 4人以上　245日分	(遺族特別支給金) 遺族の数にかかわらず、一律300万円 (遺族特別年金) 遺族の数等に応じ、算定基礎日額の245日分から153日分の年金
	遺族(補償)一時金	(1)遺族(補償)年金を受け得る遺族がないとき (2)遺族補償年金を受けている方が失権し、かつ、他に遺族(補償)年金を受け得る者がない場合であって、すでに支給された年金の合計額が給付基礎日額の1000日分に満たないとき	給付基礎日額の1000日分の一時金((2)の場合は、すでに支給した年金の合計額を差し引いた額)	(遺族特別支給金) 遺族の数にかかわらず、一律300万円 (遺族特別一時金) 算定基礎日額の1000日分の一時金(ただし、(2)の場合は、すでに支給した特別年金の合計額を差し引いた額)
葬祭料 葬祭給付		業務災害または通勤災害により死亡した方の葬祭を行うとき	315,000円に給付基礎日額の30日分を加えた額(その額が給付基礎日額の60日分に満たない場合は、給付基礎日額の60日分)	

保険給付の種類	こういうときは	保険給付の内容	特別支給金の内容
傷病(補償)年金	業務災害または通勤災害による傷病が療養開始後1年6ヶ月を経過した日または同日後において次の各号のいずれにも該当するとき (1)傷病が治っていないこと (2)傷病による障害の程度が傷病等級に該当すること	障害の程度に応じ，給付基礎日額の313日分から245日分の年金	(傷病特別支給金) 障害の程度により114万円から100万円までの一時金 (傷病特別年金) 障害の程度により算定基礎日額の313日分から245日分の年金
介護(補償)給付	障害(補償)年金または傷病(補償)年金受給者のうち第1級の者または第2級の者(精神神経の障害及び胸腹部臓器の障害の者)であって，現に介護を受けているとき	常時介護の場合は，介護の費用として支出した額(ただし，104,290円を上限とする)。親族等により介護を受けており介護費用を支出していないか，支出した額が56,600円を下回る場合は56,600円。 随時介護の場合は，介護の費用として支出した額(ただし，52,150円を上限とする)。親族等により介護を受けており介護費用を支出していないか，支出した額が28,300円を下回る場合は28,300円。	
二次健康診断等給付 ※船員については対象外	事業主が行った直近の定期健康診断等(一時健康診断)において，次の(1)(2)のいずれにも該当するとき (1)血圧検査，血中脂質検査，血糖検査，腹囲またはBMI(肥満度)の測定のすべての検査において異常の所見があると診断されていること (2)脳血管疾患または心臓疾患の症状を有していないと認められること	二次健康診断および特定保健指導の給付 (1)二次健康診断 　脳血管および心臓の状態を把握するために必要な，以下の検査 　①空腹時血中脂質検査 　②空腹時血糖検査 　③ヘモグロビンA_{1c}検査 　④負荷心電図検査または心エコー検査 　⑤頸部エコー検査 　⑥微妙アルブミン尿検査(一次健康診断において尿蛋白の所見が疑陽性(±)または弱陽性(+)である者に限り行う) (2)特定保健指導 　脳・心臓疾患の発生の予防を図るため，医師等により行われる栄養指導，運動指導，生活指導	

出所：厚生労働省ホームページ「労災保険給付の概要」より

を目的として，定期健診の結果，業務上の事由による脳・心疾患のおそれが高いと診断されたとき，医師による二次健康診断と保健指導が**二次健康診断等給付**として支給されるようになった。

労働基準法の災害補償規定が原則として一時金払い方式であったのに対して，労災保険では，障害，遺族，傷病(長期療養)については年金払い方式も採用して，より手厚い労働者保護を実現している。

保険給付を受ける権利は請求しないでいると，時効によって消滅する。労災保険では，療養(補償)給付，休業(補償)給付，介護(補償)給付，葬祭料(葬祭給付)，二次健康診断等給付を受ける権利は2年で，障害(補償)給付，遺族(補償)給付は，年金に準じて5年で消滅時効となる。傷病(補償)年金は，政府が職権で給付決定するもので請求行為はないので時効はない。

断熱性，保温性に優れた石綿(アスベスト)は天井材などによく利用されてきたが，深刻な健康被害を及ぼすことが明らかになった。石綿を取り扱う作業に従事したことで中皮腫や肺がんなどを発症した労働者やその遺族は労災保険給付を受けることができる。しかし発症まで長期間かかることから消滅時効となってしまうことが多く，大きな社会問題となった。そこで2006年「**石綿による健康被害の救済に関する法律**」が成立し，時効によって遺族補償年金を受ける権利が消滅した者に対して，特別遺族一時金(年金)を支給する措置がとられるようになった。

5 社会復帰促進等事業

労災保険では，保険給付以外にも，労働者とその遺族のために**社会復帰促進等事業**を行っている。具体的には，①労災病院，医療リハビリテーションセンターの設置・運営，義肢その他の補装具の支給などの社会復帰促進事業，②被災労働者の療養生活の援護，死亡労働者の子弟の就学援護などの被災労働者等援護事業，③労働災害防止対策の実施，都道府県産業保健推進センターの設置・運営などの安全衛生確保等事業である。前述の特別支給金等は，②に基づく事業である。

倒産等により事業主に支払能力がない場合，労働者に対して未払賃金の一定範囲を国が事業主に代わって立替払いする「未払賃金の立替払事業」も，「賃金の支払の確保等に関する法律」に基づいて，労災保険の社会復帰促進事業の一環として行われている。立替払いにより支払われた賃金は，課税上退職所得とされ，事実上非課税扱いとなっている。

　社会復帰促進等事業の多くは，独立行政法人労働者健康福祉機構が実施している。

> **Column　過労死等の労災認定**
>
> 　生活習慣病ともいわれる脳・心臓疾患(脳出血，脳梗塞，心筋梗塞など)は，高血圧や動脈硬化などの基礎疾患に加齢や日常のさまざまな要因が関わって，仕事とは関係なくとも発生する病気である。従来の行政の認定基準では，脳・心臓疾患の業務上認定にかなり厳しい要件を課してきたが，業務上と認定されなかった遺族からの訴訟が相次ぎ，裁判の結果，業務上と認められるケースが増えた。社会的にも厳しい認定に対して批判が強まった。
>
> 　このような動きのなかで，1995年，さらに2001年に認定基準の見直しが行われ，発症6か月間の勤務状況を判断根拠とし，業務が過重かどうかの判断を労働者の年齢や経験も考慮に入れる，残業時間の目安も盛り込まれるなど，認定基準の緩和が図られた。とはいえ，認定されるのは請求の半分以下である。
>
> 　さらに仕事のストレスやノルマなどが重なり，うつ病などの精神疾患を発症し，その結果自殺するという事例も増加し，過労自殺として社会問題となった。これも仕事とは関係なくとも発症する病気であるが，1999年に精神障害を対象とした新たな認定基準がつくられ，厳しい基準が緩和された。表5-2のとおり，近年，精神障害等の労災請求は増加の一途だが，認定されるのは3割にも満たないのが現実だ。
>
> 　業務上外の認定の難しさは，今に始まった話ではない。戦前期の最大の国民病は結核であり，特に紡績工場で働く若い女工たちは寄宿舎で集団的に結核にかかり，郷里に帰って死亡した。このあり様を，青年医師石原修は「工業，5千人を殺す」と表現した。昭和の初め，新設された健康保険法は業務上外を問わず，結核に対しても保険給付を行うようになった。改正工場法で深夜業が廃止され，女工たちの健康状態も著しく改善した(詳細は，森田2014を参照。)。
>
> 　過労死，過労自殺については，労災の保険対象とするかどうかを争うより，

そのような事故を発生させない対策こそが重要だろう。2014年6月,過労死等防止対策推進法が成立した。国が自治体や事業主と連携して,どのような有効な対策を実行できるかに期待したい。

表5-2 「過労死」等および精神障害の労災補償状況(1999～2012)

		1999	2000	2002	2004	2006	2008	2010	2012
「過労死」等	請求件数	493	617	819	816	938	889	802	842
	認定件数	81	85	317	294	355	377	285	338
精神障害等	請求件数	155	212	341	524	819	927	1181	1257
	認定件数	14	36	100	130	205	269	308	475

(出所:厚生労働省『厚生労働白書』各年版)

参考文献

山口浩一郎,2008年『労災補償の諸問題』信山社
熊沢誠,2010年『働きすぎに斃れて 過労死・過労自殺の語る労働史』岩波書店
厚生労働省労働基準局労災補償部労災管理課編,2008年『七訂新版 労働者災害補償保険法』労務行政
全国社会保険労務士連合会編,各年度版『労働保険の実務相談』中央経済社
森田慎二郎,2014年『日本産業社会の形成 福利厚生と社会法の先駆者たち』労務研究所

森 田 慎二郎

第6章　生活保護

① 生活保護とは何か：原理と原則

はじめに

　生活保護は，2000年代に入り，社会的関心を集めるようになったが，その理念と実態がよく知られているとは言い難い。生活保護法に規定されている原理と原則等を踏まえたうえで，これがどのように，いかにして実現されるのか理解することが肝要である。本章では，生活保護の理念と実態を説明し，最近の制度見直しの議論，その進捗状況にも言及する。

　生活保護は，社会保障制度の基底に位置して他の社会保障制度を補足する機能をもち，生活困窮者にとって「最後の砦」と称される。その目的は，法第1条に明記されている。

　第1条　この法律は，日本国憲法第25条に規定する理念に基き，国が生活に困窮するすべての国民に対し，その困窮の程度に応じ，必要な保護を行い，その最低限度の生活を保障するとともに，その自立を助長することを目的とする。

　生活保護は，憲法25条に定める**生存権**を具体的に実現する制度である。生活保護は，生活に困窮する国民の保護を，国の責任において実施し，①生活困窮者の最低限度の生活の保障だけでなく，②その者の自立を助長することも目的としている。この第1条から第4条までに規定されていることが，生活保護法の基本原理であり，第7条から第10条には，制度を具体的に実

施する場合の原則が定められている。

1-1　四つの基本原理

(1)　国家責任による最低生活保障の原理
　法第1条にある最も根本的な原理であり，生活に困窮するすべての国民の保護を，国家の責任において実施することを規定している。そして保護の目的には，最低限度の生活を保障するとともに自立の助長ということが含められている。

(2)　無差別平等の原理
　法第2条は「すべて国民は，この法律の定める要件を満たす限り，この法律による保護を，無差別平等に受けることができる」と規定している。国民には保護を請求する権利があり，保護請求権は国民すべてに対し無差別平等に与えられている。無差別平等とは，性別，社会的身分などはもとより，保護を要する状態に立ち至った原因は一切問わず，生活に困窮しているかどうかという経済的状態のみに着目して保護を行うという意味である。

(3)　健康で文化的な最低生活保障の原理
　法第3条には「この法律により保障される最低限度の生活は，健康で文化的な生活水準を維持することができるものでなければならない」と規定されている。生活保護法で保障される最低生活の特徴を「健康で文化的な生活水準を維持することができるもの」とし，最低生活とは単に辛うじて生存を続けることが可能な程度ではないことを示している。

(4)　補足性の原理
　法第4条は第1項で「保護は，生活に困窮する者が，その利用し得る資産，能力その他あらゆるものを，その最低限度の生活の維持のために活用することを要件として行われる」と定め，第2項で「民法(明治二十九年法律第八十九号)に定める扶養義務者の扶養及び他の法律に定める扶助は，すべてこの

法律による保護に優先して行われるものとする」と定めている。

この補足性の原理は，保護を受ける要件を明らかにしたものであり，そのための調査を**資力調査**(ミーンズ・テスト)という。具体的には，まず，土地・家屋などの資産の活用，労働能力の活用，「その他あらゆるもの」を活用することである。もちろんこれらは「最低限度の生活の維持のために活用する」ものであるから，生活の維持に役立つものまで処分すべきことを規定したものではない。さらに，民法に定められている扶養義務者の扶養義務の履行，他の法律による扶助は，保護に優先して求められる。ただし，法第4条第3項に「前二項の規定は，急迫した事由がある場合に，必要な保護を行うことを妨げるものではない」とあるように，急迫している場合は上記に関わらず必要な保護を受けることができる。

1-2　実施上の四つの原則

(1)　申請保護の原則

法第7条は「保護は，要保護者，その扶養義務者又はその他の同居の親族の申請に基いて開始するものとする」と定めており，保護は，生活に困窮する当事者，その扶養義務者，その他の同居の親族による申請に基づいて開始される。ただし，法第7条には「要保護者が急迫した状況にあるときは，保護の申請がなくても，必要な保護を行うことができる」という但し書きがされている。要保護者が急迫した状況にあるときは，保護の申請がなくても必要な保護をおこなうこと(**職権保護**)を認めている。

(2)　基準及び程度の原則

法第8条第1項は「保護は，厚生労働大臣の定める基準により測定した要保護者の需要を基とし，そのうち，その者の金銭又は物品で満たすことのできない不足分を補う程度において行うものとする」，第2項は「前項の基準は，要保護者の年齢別，性別，世帯構成別，所在地域別その他保護の種類に応じて必要な事情を考慮した最低限度の生活の需要を満たすに十分なものであつて，且つ，これをこえないものでなければならない」と定められてい

る。この原則にもとづき厚生労働大臣は，生活保護が保障する基準，すなわち保護基準を定める。保護基準は，最低生活の需要を満たすのに十分であって，かつこれを超えないものでなければならない。

(3) 必要即応の原則

法第9条には「保護は，要保護者の年齢別，性別，健康状態等その個人又は世帯の実際の必要の相違を考慮して，有効且つ適切に行うものとする」と定められている。この必要即応の原則は，生活保護制度運用上において起こりがちな機械的運用にならないよう，要保護者の実際の必要に応じ有効かつ適切に保護が実施されるべきだという趣旨により設けられたものである。

(4) 世帯単位の原則

法第10条には「保護は，世帯を単位としてその要否及び程度を定めるものとする」，「但し，これによりがたいときは，個人を単位として定めることができる」と定められている。この世帯単位の原則は，保護の要否と程度については世帯を単位として決定する取扱いを定めたものである。

同一の住居に居住し，生計を一にしている者は，原則として同一世帯員として認定し，居住を一にしていない場合であっても，たとえば出稼ぎしている場合や子が義務教育のため他の土地に寄宿している場合などは同一世帯として認定する。つまり，同居していない場合でも，生計の一体性が認められる場合には一つの世帯として認定されるのである。ただし，以上の原則によりがたい事情がある場合には，例外として個人を単位として保護の要否と程度が決定される。この措置を「**世帯分離**」と称する。

これらの原理・原則は，制度の要である。ところが，実のところ，生活保護の内実は，これらの原理原則をみるだけではよく分からない。原理原則の運用解釈については，別に『生活保護手帳』等に示される極めて詳細な実施要領がある。現行の生活保護法は1950年に制定され60年以上の歴史をもち，さまざまな状況に応じて変化を遂げてきた。運用解釈の蓄積があって現行の制度は大変複雑であり，後に述べるような実施上の課題など様々な問題

が明らかにされ，制度改正に着手されつつある．

2 保護の内容

2-1 保護の種類

保護の種類には，生活扶助，教育扶助，住宅扶助，医療扶助，介護扶助，出産扶助，生業扶助，葬祭扶助の8種類がある．生活保護法による保護は，生活のあらゆる面を包括するものであるが，便宜上このような8種類の扶助に分けて行うことになっている．

(1) 生活扶助

生活扶助は，飲食物，被服，家具什器や身の回りに関するもの，日常生活の需要を満たすために必要なものと，移送のために要する交通費や宿泊料等を範囲とする．生活扶助は，原則として被保護者が日常生活を営んでいる居宅において行うことになっている．ただし，居宅を保有していない場合，日常生活を営むに適当でない居宅であった場合，あるいは被保護者が希望したときには，被保護者を救護施設，更生施設，もしくはその他の適当な施設に入所させ保護を行なうことができる．また，生活扶助は原則的には**金銭給付**によって行い，生活扶助のための保護金品は1月分以内を限度として前渡しすることになっている．

(2) 教育扶助

教育扶助は，義務教育に伴って必要な教科書その他の学用品，義務教育に伴って必要な通学用品，学校給食その他義務教育に伴って必要なもの，を範囲とする．教育扶助は原則的には**金銭給付**によって行い，教育扶助のための保護金品は，被保護者，その親権者もしくは未成年後見人または被保護者の通学する学校の長に対して交付する．

(3) **住宅扶助**

　住宅扶助は，住居，補修その他住宅の維持のために必要なもの，を範囲とする。住宅扶助は原則的には**金銭給付**によって行う。補完的に行われる住居の現物給付として，保護施設である宿所提供施設を利用させる方法がある。

(4) **医療扶助**

　医療扶助は，①診察，②薬剤又は治療材料，③医学的処置，手術及びその他の治療並びに施術，④居宅における療養上の管理及びその療養に伴う世話その他の看護，⑤病院又は診療所への入院及びその療養に伴う世話その他の看護，⑥移送，を範囲とする。医療扶助は原則的に**現物給付**であり，医療保護施設や指定をうけた医療機関に委託して行う。

(5) **介護扶助**

　介護扶助は，要介護者及び要支援者(介護保険法(平成九年法律第百二十三号)第七条第三項・第四項)に対して行われる。すなわち，要介護状態や要支援状態にある六十五歳以上の者や，四十歳以上六十五歳未満の者であって加齢に伴って生ずる心身の変化に起因する疾病(特定疾病)によって生じた要介護状態や要支援状態にある者である。介護扶助の範囲は，①居宅介護(居宅介護支援計画に基づき行うものに限る)，②福祉用具，③住宅改修，④施設介護，⑤介護予防(介護予防支援計画に基づき行うものに限る)，⑥介護予防福祉用具，⑦介護予防住宅改修，である。介護扶助は原則的に**現物給付**である。

　なお**介護保険**では，被保護者をその適用対象とし，生活扶助費において保険料を扶助する。そのため介護保険による保険給付が行われる場合は，保険給付が優先し自己負担分が保護費の支給対象となる。

(6) **出産扶助**

　出産扶助は，①分娩の介助，②分娩前及び分娩後の処置，③脱脂綿，ガーゼその他の衛生材料，を範囲とする。出産扶助は原則的に**金銭給付**である。病院や助産所等施設において分娩する場合は，入院に要する必要最小限の額が支給される。

(7) 生業扶助

生業扶助は，他の扶助と異なり，困窮のため最低限度の生活を維持することのできない者に加え，そのおそれのある者も対象とする。生業扶助は，①生業に必要な資金，器具又は資料(生業費)，②生業に必要な技能の修得(技能習得費)，③就労のために必要なもの(就職支度費)，を範囲とする。高等学校等に修学し卒業することが世帯の自立助長に効果的であると認められる場合は，教材費，授業料，入学料，通学のための交通費の支給が，技能習得費の一部である**高等学校等就学費**として認められている。生業扶助は原則的に**金銭給付**である。

(8) 葬祭扶助

葬祭扶助は，①検案，②死体の運搬，③火葬又は埋葬，④納骨その他葬祭のために必要なもの，を範囲とする。葬祭扶助は，死亡者に対してその遺族又は扶養義務者が困窮のため葬祭を行うことができない場合や，被保護者であったものが死亡して葬祭を行う扶養義務者がいないとき，または遺留金品の所持の乏しい死者に対してその葬祭を行う扶養義務者がいないときにおいて，それらの者の葬祭を行う第三者がある場合にその第三者に対して支給されるものである。

2-2 保護基準・最低生活費

保護基準は，1-2の(2)に述べた原則に基づき，要保護者の年齢別，世帯構成別，所在地域別などに分けて，2-1に述べた扶助ごとに厚生労働大臣が定める。その体系は，図6-1の通りである。この保護基準により最低生活費を計算する。ただし，保護基準には役割が二つある。保護基準は，理論的には区別すべきであるが，保護の要否を決める基準としても，保護の程度を決める基準としても用いられている。

保護の要否を決める基準は，各扶助の基準の合計額(**最低生活費**)と収入とを比較して保護受給が必要か否かを決定する基準であり，保護の程度を決める基準は，保護が必要とされた者に対して支給する保護費を決定するための基準である。図6-2は要否判定の方法を図示したものだが，程度の決定にあ

図6-1 最低生活費の体系

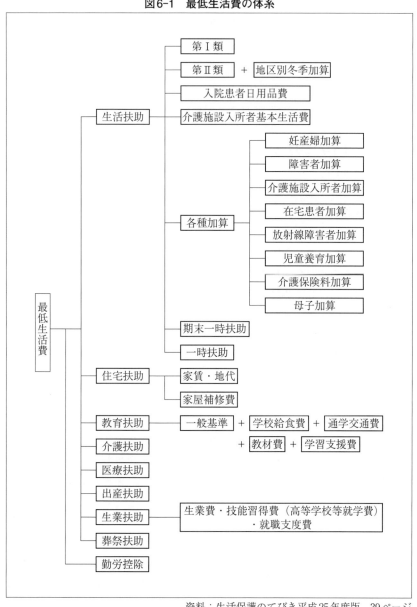

資料：生活保護のてびき平成25年度版　39ページ

図6-2 要否判定の方法

最低生活費				
生活扶助	住宅扶助	教育扶助	介護扶助	医療扶助
基準生活費，加算，入院患者日用品費，介護施設入所者基本生活費	家賃，間代，地代	基準額，教材費，給食費，交通費	介護費（住宅改修を除く）	医療費

総収入	
収入充当額	控除額
判定を行う日の属する日までの3箇月間の平均	局長通知別表2に定める額 必要経費の実費，出稼ぎ等の実費，託児費，公租公課

保 護 必 要

資料：『生活保護手帳（2014年度版）』2014年8月20日発行，中央法規出版

たって用いられる保護基準の範囲，程度はさらに広いものとなっている。

　保護基準を用いた最低生活費の計算は，まず，要保護者がどこに住んでいるか（級地と呼び地域別に6区分ある）を確認し，世帯構成を決める（世帯分離が認められる場合もある）。級地と世帯が決まれば，世帯員の年齢に応じた基準額，世帯人員別の基準額，さらに世帯状況に応じて，加算額，住宅扶助基準，教育扶助基準，介護扶助基準，医療扶助基準，などの各金額を足し上げ，当該世帯の最低生活費認定額を決める。他方で，世帯員全員の収入について，控除を計算して収入認定額を決める。この最低生活費認定額と収入認定額とを対比して，収入認定額が最低生活費認定額に満たない場合，保護を要すると判断され，保護受給可能となる。

③ 生活保護の実施

3-1 実施過程

　生活保護の決定，実施に関する事務は，**法定受託事務**とされ，都道府県知事，市長，福祉事務所を設置する町村の長が行う。**福祉事務所**とは，社会福祉法第14条に規定されている「福祉に関する事務所」であり，福祉六法(生活保護法，児童福祉法，母子及び寡婦福祉法，老人福祉法，身体障害者福祉法及び知的障害者福祉法)に定める援護，育成又は更生の措置に関する事務を司る第一線の

図6-3　生活保護の相談・申請から保護の決定まで

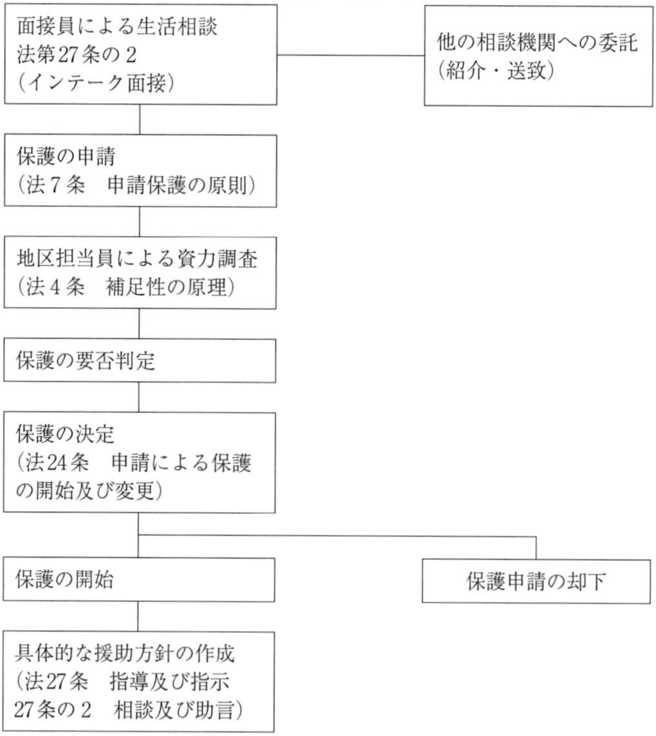

```
面接員による生活相談          他の相談機関への委託
法第27条の2           ──→   (紹介・送致)
(インテーク面接)
     ↓
保護の申請
(法7条　申請保護の原則)
     ↓
地区担当員による資力調査
(法4条　補足性の原理)
     ↓
保護の要否判定
     ↓
保護の決定
(法24条　申請による保護
 の開始及び変更)
     ↓
保護の開始                    保護申請の却下
     ↓
具体的な援助方針の作成
(法27条　指導及び指示
 27条の2　相談及び助言)
```

資料：岡部2003

社会福祉行政機関である。

　生活保護の実施機関である福祉事務所は，法の目的の実現に向けて，相談援助活動を行う。この相談援助活動は，生活保護の実施過程ともいわれ，図6-3のプロセスをたどる。福祉事務所には，①所長，②指導監督を行う所員，③現業を行う所員，④事務を行う所員がおかれ，②と③は社会福祉主事でなければならない。②を査察指導員あるいはスーパーバイザー，③を現業員あるいは**ケースワーカー**などと呼び，実質的な生活保護の相談援助活動を担う。相談援助活動の根拠は，法27条「指導及び指示」と27条の2「相談及び助言」であり，後者は自治事務と位置づけられている。

3-2　生活保護の費用，財政

　生活保護の実施に関わる費用については，国庫負担と地方交付税を通じた財政支援が行われている。表6-1の負担率に従い，①保護費(保護の実施に要する費用)，②保護施設事務費(被保護者の入所や利用に伴う保護施設の事務費)，③委託事務費(被保護者の施設入所や私人家庭での保護委託に伴う事務費)，④保護施設整備費について国が一部の経費を負担する。国庫負担金では，生活保護行政に

表6-1　生活保護の経費負担

	経費負担主体	負担率
保護費・施設事務費・委託事務費	国	3/4
	都道府県または市町村	1/4
保護施設設備費(都道府県・政令指定都市・中核市設置)	国	1/2
	都道府県・政令指定都市・中核市	1/2
保護施設設備費(政令指定都市・中核市以外の市および町村設置)	国	1/2
	都道府県	1/4
	市町村	1/4
保護施設設備費(社会福祉法人および日本赤十字社設置)	国	1/2
	都道府県・政令指定都市・中核市	1/4
	事業者	1/4

資料：林(2008)表8-1

かかる全ての経費をカバーしないため，地方の負担部分は，地方の一般財源から拠出することになるため，この部分は地方交付税により補填される（林2008）。

このように国は生活保護費に対して75%（4分の3）負担している。国の予算と生活保護費の年次推移をみると，社会保障関係予算，厚生労働省予算に占める割合は減少する傾向にあるが，近年，一般会計予算，一般歳出予算に占める割合は増加している。2012年の生活保護費負担金の実績額を扶助別にみると，医療扶助の割合が46.5%と最も多く，次いで，生活扶助34.6%，住宅扶助15.7%，介護扶助2.1%の順である。

表6-2　国の予算と生活保護費（当初予算）の年次推移

年度	1965	1975	1985	1995	2005
一般会計予算（A）	36,581	212,888	524,996	709,871	821,829
一般歳出予算（B）	29,199	158,408	325,854	421,417	472,829
社会保障関係費（C）	5,184	39,282	95,740	139,244	203,808
厚生労働省予算（D）	4,787	39,067	95,740	140,115	208,178
生活保護費（E）	1,059	5,347	10,815	10,532	19,230
対一般会計予算比（E/A）	2.9%	2.5%	2.1%	1.5%	2.3%
対一般歳出予算比（E/B）	3.6%	3.4%	3.3%	2.5%	4.1%
対社会保障関係予算比（E/C）	20.4%	13.6%	11.3%	7.6%	9.4%
対厚生労働省予算比（E/D）	22.1%	13.7%	11.4%	7.5%	9.2%

年度	2009	2010	2011	2012	2013
一般会計予算（A）	885,480	922,992	9,241,116	903,339	926,115
一般歳出予算（B）	517,310	534,542	540,780	517,957	539,774
社会保障関係費（C）	246,552	272,686	287,079	263,901	291,224
厚生労働省予算（D）	251,568	275,561	289,638	266,873	294,321
生活保護費（E）	20,969	22,388	26,065	28,319	28,614
対一般会計予算比（E/A）	2.4%	2.4%	2.8%	3.1%	3.1%
対一般歳出予算比（E/B）	4.1%	4.2%	4.8%	5.5%	5.3%
対社会保障関係予算比（E/C）	8.5%	8.2%	9.1%	10.7%	9.8%
対厚生労働省予算比（E/D）	8.3%	8.1%	9.0%	10.6%	9.7%

資料：保護のてびき平成25年度版　45頁

4 生活保護の動向・実態

4-1 地域差，地域性

　生活保護は，国の責任において，生活困窮者に対し必要な保護を行うと明示しているが，保護の実施機関は福祉事務所であり，これを設置する地方自治体である。それゆえ，実際にはさまざまな点で地域差がみられる。ここでは，保護率と保護の申請・取り下げ・却下の地域別の傾向をみてみよう。

　保護率は，生活保護の動向を示す重要な指標であり，日本の人口に対する被保護者の割合である。2011年度は全国では16.2‰(1000分の1を1とする単位)であるが，地域別数値をみると，最も高いのが「北海道」で30.3‰，次いで「近畿Ⅰ(京都・大阪・兵庫)」が27.0‰，「沖縄」22.0‰であり，他方で最も低いのは「北陸(新潟・富山・石川・福井)」が6.1‰，次いで「関東Ⅱ(茨城・栃木・群馬・山梨・長野)」7.2‰，「東海(岐阜・静岡・愛知・三重)」8.8‰である(国立社会保障・人口問題研究所2014)。なお，全国の保護率は2013年11月の速報値で17‰であり，受給者数が増える傾向にある。

　次に，都道府県別で，保護の申請・取り下げ・却下の傾向を確認する。「平成24年度被保護者調査(月次調査)」によると，全国で，保護の申請件数は275,225件，このうち申請取り下げ件数は14,277(5.2%)，却下件数は13,510(4.9%)である。このことについても，都道府県ごとの違いは大きい。申請取り下げの割合が最も高いのは「福岡県」15.7%，次いで「鹿児島県」13.4%であり，最も低い「東京都」は2.1%である。却下件数の割合が最も高いのは「高知県」で18.2%，次いで「秋田県」16.5%であり，最も低い「東京都」は1.9%である。

　実のところ，これらの数字の評価は難しい。保護の申請は保護受給の出発点であるが，その出発地点の手前で保護申請に至らない生活困窮者の存在が問題化しており，特に申請を抑制しようという行政運用は「水際作戦」とよばれ批判されている。申請がなければ，保護の実施機関は保護の要否について審査を行う義務は生じない。審査の結果，保護受給要件を満たさない場合

は却下となる。却下の場合，その理由は明記され，申請者は却下処分に不服があれば，審査請求，不服申立を行うことができる。このような権利救済の経路が担保されることによって，生活保護はたんなる恩恵や行政の活動による反射的利益ではなく，市民の権利であると言い得る。

4-2 生活保護世帯の特徴

　生活保護世帯の構成割合は，2013年11月（速報値）で，「高齢者世帯」45.4%，「母子世帯」7.1%，「傷病者・障害者世帯」29.4%，「その他の世帯」18.1%である。「高齢者世帯」が半数近くを占めている。年齢階層別被保護人員の年次推移をみても，「70歳以上」，「60～69歳」の増加が確認できる。他方で，近年，「その他の世帯」の増加傾向が問題とされている。「その他の世帯」は，稼働能力のある人が含まれるとされるためである。ただし，参考として2011年の「その他の世帯」の内訳をみると，「20～29歳」は5.3%，「50歳以上」が53.5%であり，半数以上が中高年である。

　生活保護世帯のうち，稼働世帯の割合は15.5%，非稼働世帯の割合は84.5%である。特に注目すべきは，医療の必要な人数であり，被保護人員のうち医療扶助を受けている人の割合（医療扶助率）は80.2%（2011年度）である。そこで，保護の開始理由をみると（2011年度），最も多いのは「傷病」27.6%，次いで「貯金等の減少・喪失」25.4%，「定年・失業」が9.9%である。保護の廃止理由（2011年度）で，最も多いのは「死亡」29.8%，次いで「その他」28.9%，「働きによる収入の増加・取得」16.0%である（国立社会保障・人口問題研究所2014）。

　生活保護世帯には，高齢者世帯，傷病者・障害者世帯で7割以上，医療扶助率が8割という特徴があり，保護の開始理由も「傷病」や高齢世帯に多くあてはまるであろう「貯金等の減少・喪失」が多く，保護廃止理由の最多は「死亡」となっている。最近明らかにされるようになった「生活保護受給者の自殺者数」によると，2012年の全国の自殺者数は27,858人，自殺率（人口10万対）21.8，生活保護受給者の自殺者数は1,227人，自殺率（生活保護受給者10万対）58.5であり，数の多寡のみに注目すべき問題ではないが，それにしても生活保護受給者の生活状態の厳しさがうかがえる。

5 生活保護の見直し・今後

2000年代に入り生活保護の見直しが順次行われてきた。直近の重要改正が二点あり，一つ目は，生活保護基準の見直しである。特に，生活扶助基準について，2013年8月から2015年度まで厚生労働省は年齢・世帯人員・地域差といった歪みを調整するとともに，物価の動向を勘案するという考え方に基づき，必要な適正化を3年程度かけて段階的に実施している。この生活扶助基準見直しにより，95％以上の世帯について減額，3年間で約670億円の財政効果，すなわち費用の削減を見込んでいる。

もう一つは，「**生活保護法の一部を改正する法律**」の2013年12月成立，2014年7月1日からの全面施行である。改正法提案者である厚生労働省によると，この法律の主な改正点は次の4点とされている。①就労による自立の促進(保護から脱却を促すための就労自立給付金創設)，②健康・生活面等に着目した支援(生活保護受給者の責務として，自ら，健康の保持及び増進に努め，収入，支出その他の生計の状況を適切に把握すること)，③不正・不適正受給対策の強化等(福祉事務所の調査権限を拡大，返還金について本人の事前申出を前提に保護費と相殺，必要な限度での扶養義務者への報告要請)，④医療扶助の適正化(指定医療機関制度の更新制，後発医薬品の使用促進等)である。

この二つの重要改正の背景には，生活保護制度，生活保護受給者に対する，世のまなざしの厳しさがある。さまざまな問題が指摘されているが，例えば基礎年金額より生活保護による最低生活費が高いという批判がある。従来，「生活保護と公的年金の役割が異なることから，生活保護の基準と公的年金の給付額は単純に比較できるものではないことに留意」すべきと説明されてきたが，最近では基礎年金額を，単身の生活扶助基準と比べると，級地によっては生活扶助基準が高いが，夫婦の生活扶助基準と比べると同等程度の額であると言われる。厚生労働省は，生活保護の不正受給問題は，制度への国民の信頼を確保するためにも，厳正な対処が必要であると説明し，マスコミ報道でもしばしば取り上げられる話題である。

他方で，これらの見直しを批判する立場からの声もあがっている。すなわ

ち，生活扶助基準の減額は他の低所得者施策への波及効果が大きいこと，改正法はいわゆる「水際作戦」を法制化するようなものであること，生活保護の捕捉率の低さを顧みない措置であるというなどの問題が指摘されている。生活扶助基準は，個人住民税の非課税限度額，就学援助，保育料の免除，児童施設等の運営費など他制度の参照基準とされていて，2014年現在，基準の見直しによる影響が現実に発生している。

先に触れた「水際作戦」とは，生活保護の窓口となる福祉事務所が，保護の要件を満たしているかどうかを保護の申請以前に示唆し，申請を受け付けないとか阻止しようとかすることを意味する。改正法では，申請の形式が厳密化され，そもそも申請まで辿り着けない人がいる事態＝「水際作戦」を法制化するものと批判されている。

生活保護の**捕捉率**とは，生活保護基準以下の世帯で実際に生活保護を受給している世帯がどれくらいであるかを表す数値である。2010年に厚生労働省が示した推計によると，使用する資料及び最低生活費の設定によって，推計値はさまざまであるが，「所得のみ」を考慮した場合で15〜30％程度，「資産を考慮」すると32〜87％程度である（厚生労働省2014）。研究者の推計では，最も低い場合は10％を下回り，20％を超える推計はない（橘木・浦川2006）。この捕捉率に表われるような，生活保護を受給していないが生活困窮状態にある人びとの存在に注目が高まりつつあり，その存在を察知した取組みが全国各地で始まっている。

たとえば大阪府では，2004年度より，大阪府社会福祉協議会および同老人福祉部会によって，「今日・明日の食べる物にも事欠いている人や医療受診を手控えている人などに対して，社会福祉法人が資金を毎年出し合って基金をつくり，緊急性が高いと判断した場合には経済的援助（現物，概ね10万円を限度）を迅速かつ柔軟に」行う取り組みを始めた。大阪府社会福祉協議会（2013）には，さまざまな生活困窮者支援の現場，「日本の貧困最前線」が記されている。

生活困窮者の存在を可視化し支援する自律的な取組みに鑑みて，生活保護は，その理念を再確認しつつ，生活困窮者支援の要の制度として機能することが求められる現状にある。

Column　東日本大震災・原発事故，被災者支援，生活保護

　東日本大震災と名づけられた2011年3月11日とそれ以後に発生した震災・原発事故により，多くの人々の生活は危機に陥った。この危機に際し，生活困窮に至った理由を問わず，保護の要件を満たす限り，無差別平等に適用される生活保護は，その本領を発揮しているのであろうか。

　当然のことながら，生活保護は被災状況に即座に対応する制度ではない。震災・原発事故による被害に対しては種々の支援策が設けられてもいる。ここで考えたいのは，被害に対する特別支援策は，被災以前の状況・条件に規定されることである。いってみれば，震災前から生活困窮状態にあった人にとって，震災前の生活回復を目指すことは，必ずしも生活の回復に繋がるものではない。被災者支援制度は，震災前から生活困窮状態にあった人に対して十分に機能しない可能性が大きい。

　他方で，震災前からの平常時の生活支援制度は，それが掲げる目的の通りに機能しているのだろうか。生活保護について考えてみれば，これの震災以前からの運用慣行が根本的に変更されておらず，基本的に生活保護による震災後の生活困窮者への対応は震災以前と変わらないと考えてよい。一つの事例を新聞記事により紹介しよう。

　十代の娘が三人いる女性(43)は震災後に生活保護を申請した。窓口で相談すると「車を所有していると難しい」と言われ，あきらめたという。公共交通機関が復旧しない被災地で，車の所有は必ずしも受給できない理由とはされていないのに，窓口で断られる人は後を絶たない。離婚後に両親と同居して農業を手伝っていたが，津波で実家や畑，ハウスが流された。今の月収は8万円程度。「専門学校に通う長女への仕送りが月8万円。貯金を崩しているけど，いつまで持つか」と焦燥をにじませた。
（2014年5月18日『東京新聞朝刊』「崖っぷち被災地シングルマザー」）

　この女性に対する窓口の対応は，現在適用されている資産保有基準，原則的に車保有を認めないという運用方針に基づく。他方で，新聞記事によれば「公共交通機関が復旧しない被災地で」車の必要が認められ，被災した人の立場に立った運用が求められる。今，震災・原発事故によって引き起こされた新たな事態が，これまでの制度慣習を当然としていてよいのか問う機会を提供しており，これに応えなければならないと考える。

参考文献

大阪府社会福祉協議会,2013年『社会福祉法人だからできた誰も制度の谷間に落とさない福祉——経済的援助と総合生活相談で行う社会貢献事業』ミネルヴァ書房
六波羅詩朗,2003年「ソーシャルワークと公的扶助」岩田正美・岡部卓・清水浩一編著『貧困問題とソーシャルワーク』pp.223-248,有斐閣
篭山京,1978年『公的扶助論』光生館
国立社会保障・人口問題研究所,2014年「『生活保護』に関する公的統計データ一覧 2014年3月6日(更新)」
厚生労働省,2014年「ナショナルミニマム研究会(2010年4月9日開催)生活保護基準未満の低所得世帯数の推計」
小山進次郎,1951年,1975年『改訂増補 生活保護法の解釈と運用(復刻版)』全国社会福祉協議会
橘木俊詔・浦川邦夫,2006年『日本の貧困研究』東京大学出版会
林正義,2008年「地方財政と生活保護」阿部彩・國枝繁樹・鈴木亘・林正義著『生活保護の経済分析』pp.239-268,東京大学出版会
『生活保護手帳 2014年度版』2014年8月20日発行,中央法規出版

岩永 理恵

第7章　障害者福祉

1　障害者福祉制度の目的と背景

　2013年4月から，障害者福祉制度は，「障害者の日常生活及び社会生活を総合的に支援するための法律(以下，**障害者総合支援法**」という。)(2012年6月20日成立・同27日公布)を根拠として実施されている。障害者総合支援法に則った障害者福祉制度は，障害者・児が尊厳をもって日常生活，社会生活をおくることができるように適切な支援を行うことにより，障害の有無にかかわらずすべての人が互いに尊重しあい，安心して暮らすことができる地域社会を実現することにある。

1-1　障害者福祉をめぐる理念

　障害者福祉の根底には，**ノーマライゼーションやインクルージョン**の思想がある。
　1951年から1952年にかけて，デンマーク精神遅滞者親の会が発足した。親の会は，当時の入所施設の対応について疑問や問題を感じ，1953年に福祉サービスに関する要望を社会大臣宛に出した。その後，福祉サービスの見直しが検討され，1959年に「精神遅滞者福祉法」が制定された。この法律の前文に「精神遅滞の人のために，できるだけノーマルな生活状態に近い生活をつくりだすこと」という文言が盛り込まれた(河東田　2009：44)。ノーマライゼーションは，この運動を支えたバンク - ミケルセン(Bank-Mikkelsen, N. E.)や，ニィリエ(Nirje, B.)，ヴォルフェンスベルガー(Wolfensberger, W.)らによって体系づけられていった。
　ノーマライゼーションは，障害者に他の障害を持たない市民と同じ生活条

件を提供していくこと，そしてそれが実現できるように社会を変革していくことを目指す理念である。ノーマライゼーションの考え方により，入所施設の改善，さらには「施設を出て町へ」という**脱施設化・地域移行**が進められた。

ノーマライゼーションの考え方を基礎におきながら，それを発展させた理念がインクルージョンである。インクルージョンは1994年ユネスコ「特別な教育ニーズに関する世界大会」で採択された「サラマンカ声明」以降，障害児教育の分野を中心に認知されるようになった。インクルージョンとは，社会にはさまざまな人が存在していることを前提に，すべての人を包み込んだ(インクルーシブ)社会を目指そうということである。

障害者総合支援法が掲げる「共生社会」にはインクルージョンの考え方が導入されている。

1-2 障害者権利条約

インクルージョンの思想は，**障害者権利条約**でも謳われている。

2006年12月，第61回国連総会において「障害者の権利に関する条約」(障害者権利条約)が採択された。国連には，**障害者権利宣言**(1975年)，**国際障害者年**(1981年)とその理念の具体化のための計画としての**障害者に関する世界行動計画**(1982年)，**障害者の機会均等化に関する標準規則**(1993年)など，障害者の権利に関する理念，行動計画，規則は存在していたが，いずれも拘束力を持っていなかったため，障害者の人権保障の法的な枠組みとしては不十分であった。

ノーマライゼーションの理念が普及するに従い，障害者の人権意識が高まる一方で，障害者に対する人権侵害の状況は一向に改善しなかった。そこで，1980年代後半から，イタリアやスウェーデンなど，いくつかの国から障害者の人権保障に関する条約の提案がされるようになった。そして，メキシコからの提案をもとに，2002年から国連で条約の検討のための特別委員会が立ち上げられ，2006年12月に採択，20カ国の批准を経て，2007年5月に発効した。なお，条約に関する検討・討議には各国ならびに世界各地の障害者のNGOが加わっていた。

障害者権利条約は前文と50か条の本文から構成されている。第1条で，「障害のあるすべての人によるすべての人権及び基本的自由の完全かつ平等な享有を促進し，保護し及び確保すること，並びに障害のある人の固有の尊厳の尊重を促進すること」を目的とすることが明記されている。また，長期の身体的，精神的，知的又は感覚的な機能障害(心理的，生理的または解剖学的な構造，機能のなんらか障害)が，種々の障壁(バリア)と相互に作用することにより，機能障害のある人が他の者との平等を基礎として社会に完全かつ効果的に参加することを妨げることがある，とされている。

　さらに条約では，**合理的配慮**という考え方が重視されている。合理的配慮とは，障害のある人が他の者との平等を基礎として，権利を行使し，自由を享有しようとしても，障害があるためにそれが実現できないときには，社会がこれを実現するための必要かつ適切な変更や調整をする義務を負うというものである。ただし，その変更・調整は過度の負担を課さないという条件がついている。そして，条約では，合理的配慮を実施しない場合，それは差別にあたるとも規定されている。

　日本は，国内各法の整備を行い，2014年1月に同条約を批准した。

1-3　障害者基本法

　障害者総合支援法を理解するときに，**障害者基本法**について知ることも重要である。

　障害者総合支援法に限らず，障害者施策のベースにあるのは障害者基本法である。障害者に係る諸法は，障害者基本法に規定されている理念に沿った内容になっている。

　1970年に障害者対策の総合的推進を図ることを目的に**心身障害者対策基本法**が制定された。しかし，1981年の国際障害者年，1990年の**障害のあるアメリカ人法**(障害者に対する差別禁止法制)などに見られるように，障害者や障害に対する考え方が大きく変わり，心身障害者対策基本法もその内容の見直しが必要となった。同法は1993年に改正され障害者基本法として生まれ変わった。同法は，国際障害者年のテーマ「**完全参加と平等**」を取り入れ，障害者は個人として尊重され，社会を構成する一員として，あらゆる分野の活

動に参加する機会が与えられるという基本理念を定めた。また、国に対しては**障害者基本計画**の策定義務を、都道府県、市町村には策定の努力義務を規定した。その後2004年と2011年に一部が改正された。

　2004年の改正では、障害を理由とした差別や権利侵害をしてはならないことが盛り込まれ、都道府県、市町村に障害者計画の策定が義務づけられた。

　2011年、障害者権利条約の批准を念頭においた改正がなされた。具体的には、基本理念に共生社会の実現が明記された。また、法の対象者である障害者は「身体障害、知的障害、精神障害(発達障害を含む。)その他の心身の機能の障害がある者であって、障害及び社会的障壁により継続的に日常生活又は社会生活に相当な制限を受ける状態にあるものをいう」と定義された。障害者の日常生活・社会生活を制限するものとして、改正前までは「機能障害」だけを定義していたが、2011年の改正では新たに社会的障壁を追加し、障害者を取り巻く環境によって生活を制限される度合いが異なるということを明確にした。また、「**差別の禁止**」における「差別」に合理的配慮がなされなければ差別である、という障害者権利条約の考え方を取り入れた。さらに、改正前に規定されていた中央障害者施策推進協議会が廃止され、新たに**障害者政策委員会**が内閣府に設置された。同委員会は障害者基本計画の作成に関して意見を述べるとともに、その実施状況を監視し、必要がある場合は内閣総理大臣を通して関係各大臣に勧告することになった。

2 障害者総合支援法の特徴

2-1　支援費制度から障害者自立支援法へ

　1947年の**児童福祉法**から始まった日本の公的障害児・者福祉制度は、1999年代後半からの**社会福祉基礎構造改革**の中で大きく変化した。

　社会福祉基礎構造改革は、個人が尊厳をもって、家庭や地域の中で、その人らしい自立した生活が送れるように支援する、という社会福祉の理念に基

づき，個人の権利や選択を尊重した制度の確立，質の高い福祉サービスの拡充，地域での総合的な支援が行われる体制の構築を目指し進められた。その中で，利用者が事業者と対等な関係に基づきサービスを選択する利用制度として，2003年，障害者福祉制度に**支援費制度**が導入された。

1990年頃から進められていた在宅福祉の重視，地域移行の推進はこの支援費制度の導入によって大きく進み，在宅サービスの利用者は増加し，特にホームヘルプサービスの利用が急増した。しかし，そのことが在宅サービス予算の増加を招き，財源不足が問題となった。また，サービス利用における地域による格差と障害種別による格差が大きな問題となった。支援費制度は福祉サービスの利用方法を定めた制度であり，福祉サービスそのものは，身体障害者福祉法，知的障害者福祉法で規定されていた。そのため，障害種別ごとのサービス格差は残ったままだった。さらに，支援費制度の対象に精神障害者は含まれていなかった。また，地域による格差は，全国共通のサービス利用のルールがない，地域によるサービス供給体制が異なる，サービス提供の主体である自治体間の財政力に格差がある，等により生じていた。

このような状況のなかで，厚生労働省は，2004年に介護保険制度改革本部を置き，障害者保健福祉サービスの財政的基盤を確立するために介護保険制度と障害保健福祉施策の統合の方針を示したが，介護保険制度との統合を検討する前に障害保健福祉施策に関する全体的な展望を示すことが求められた。そのため厚生労働省は2004年10月に「**今後の障害保健福祉施策について(改革のグランドデザイン案)**」を発表した。「今後の障害保健福祉施策について」では，障害保健福祉施策の改革の基本的な視点として，次の3点が挙げられている。①障害保健福祉の総合化，②自立支援システムへの転換，③制度の持続可能性の確保。

2-2 障害者自立支援法のポイント

前述の改革のグランドデザイン案を受けて，2005年，**障害者自立支援法**が制定された。その内容は①障害者施策の3障害一元化，②利用者本位のサービス体系に再編，③就労支援の抜本的強化，④支給決定の透明化，明確化，⑤安定的な財源の確保，である。

(1) 障害者施策を3障害一元化

　障害者施策と一言でいっても，その内容は，身体障害，知的障害，精神障害の3障害で異なっていた。そもそもそれぞれの福祉制度の根拠法も，いわゆる福祉3法体制の柱の1つである**身体障害者福祉法**(1949年)，1960年に制定された精神薄弱者福祉法(1999年に現行の**知的障害者福祉法**に改称)，そして1995年の**精神保健及び精神障害者福祉に関する法律**(精神保健福祉法)と別々であり，身体障害者福祉法と精神保健福祉法との間にはほぼ半世紀の開きがある。身体障害者と知的障害者が互いの施設を利用できる相互利用制度はあったが，保健医療分野で対応されてきた精神障害者を対象とした福祉サービスは少なく，3つの障害に共通のサービス提供システムを構築することが大きな課題であった。

　そこで，障害者自立支援法は，3障害を対象とした福祉サービスの提供体制を構築した。さらに，サービスの実施主体も都道府県と市町村に二分されていたものを，原則，市町村に一元化し，都道府県は市町村をバックアップする役割を担うことになった。

(2) 利用者本位のサービス体系に再編

　在宅サービスも施設サービスも障害種別ごとに設置されていたため，障害者福祉サービスは数多く存在した。特に施設体系は33種類に分かれており分かりづらかった。支援費制度から導入された利用制度では障害者自身が自己決定し，サービス提供事業者と契約しなければならないが，それには事業・施設の機能が分かりやすいものである必要がある。また，従来の入所施設は「自己完結型」，つまり，施設がその障害者に生活全般にわたるサービスを提供していたが，これでは障害者の多様な生き方には対応しづらかった。そこで障害者自立支援法では，施設体系を6つの事業体系に再編し，「生活の場」と「日中活動の場」の組み合わせをベースに，個人がそれぞれの状況と希望に合った生活を送ることを可能にした。

(3) 就労支援の抜本的強化

　障害者の自立した生活を実現するためには就労支援も重要である。通常の

労働環境の中で働く**一般雇用**を促進していくことも大事だが，障害の特性によってはそれが難しい場合も少なくない。そこで障害者に配慮された環境の中で働くことを実現する**福祉的就労**の充実も必要となってくる。

従来の制度では，**福祉工場**と**授産施設**が福祉的就労の場を提供していたが，絶対数が不足しており，この状況を養護学校などを卒業しても地域に居場所がない障害者を対象とした無認可の小規模作業所が補っていた。ただ，小規模作業所は法律に規定のない施設であるがゆえに，公的な福祉サービスとしても，就労支援のサービスとしても認められず，都道府県や市町村の補助金に頼らざるをえなかった。そのため，その運営は不安定な状態に置かれていた。

そこで障害者自立支援法では，福祉的就労や養護学校から一般雇用への移行を促進するために新たに就労移行支援事業を創設した。また，一般雇用への移行が難しい障害者を対象にした就労継続支援事業も設定された。そして，働く意思と能力のある障害者が一般雇用の場で働くことができるように，福祉施策と雇用施策の連携をより強化していくこととなった。

(4) **支給決定の透明化，明確化**

支援費制度では，支給決定に際して統一的な評価項目や基準が定められておらず，おおまかな区分を設定するだけで，具体的な支援量は市町村の判断に任されていた。障害者自立支援法では，介護給付の必要度を明らかにするために，客観的な尺度により障害者の心身の状態を総合的に示す**障害程度区分**(障害者総合支援法により2014年に「**障害者支援区分**」に変更)が導入された。

また，有識者で構成される市町村審査会を通じて，支給決定の透明化を図ることとした。

(5) **安定的な財源の確保**

支援費制度の導入によって在宅サービス予算は大きく増加し，財源不足の問題が生じた。そこで，障害者自立支援法では，安定的な財源を確保し，持続可能な障害者福祉制度の構築を図った。具体的には，それまで所得に応じて利用者の負担額を決める**応能負担**から，サービスの利用量に応じて負担す

る**応益負担**の仕組みに変更した。また，食費，光熱水費などの日常生活費については，施設利用の場合と在宅生活の場合の費用負担の公平性を企図して，実費負担とした。

それまでの制度では，居宅サービスに関する費用について国の負担義務はなかった。そこで，利用者負担の見直しに合わせて国の費用負担を強化し，国は費用の2分の1，都道府県と市町村には4分の1の負担を義務付け，制度の継続性の強化を図ることとした。

このように，国の負担を明確化し，ニーズに応じてサービスを組み合わせて利用できるようにしたことなど，障害者福祉制度の仕組みを大きく変えた障害者自立支援法には評価すべき点も多いが，一方で利用者負担の問題を始めとして，課題も多く，「障害者自立阻害法」といわれることもあった。各地で違憲訴訟も起こり，廃止が要望された。しかし，実際には2012年，障害者自立支援法は廃止されることなく，一部改正という形で，障害者総合支援法が成立した。

2-3 障害者自立支援法から障害者総合支援法へ

障害者総合支援法は障害者自立支援法の改正法であるので仕組みは同じであるが，いくつかの変更点がある。

まず，障害者自立支援法の目的にあった障害者自らの能力及び適性に応じた自立生活を支援するという内容が削除され，基本的人権を享有する個人としての尊厳にふさわしい生活を支援するという内容が加えられた。障害者自立支援法の目的は，支援を個人の状況に合わせ，それぞれにふさわしい自立生活を実現することであるが，これでは個人に状況によって制限があるような印象を与えかねない。そこで障害者総合支援法では，実現すべき生活が，障害の有無に関わらず，その尊厳にふさわしい生活であることが確認された。

また，法に基づく日常生活および社会生活の支援が，**共生社会**を実現するため，社会参加の機会を確保し，地域社会における共生と**社会的障壁**の除去に資するよう，総合的かつ計画的に行われるということを内容とした基本理念が新たに設けられた。ここには，2011年に改正された**障害者基本法**の内

容が色濃く反映されている。

その他，いくつかのサービスの内容について見直し等が行われた。

3 制度の対象者

障害者自立支援法は，その対象を「身体障害者，知的障害者，精神障害者」としていたが，2009年の「障害者自立支援法等の一部を改正する法律」で発達障害者も含まれることになった。障害者総合支援法は，さらに難病と関節リウマチの患者に対しても定義の範囲を拡大した。

しかし，すべての難病が対象になっているわけではなく，また，難病の範囲には含まれないが，心身の状況により，障害者や難病患者とされる人たちと同じように日常生活や社会生活に問題を抱えていても法の対象とはならず，サービスを受けられない者もいる。

対象者の範囲が拡大されてきたのは，「制度の谷間を埋める」ためであるが，いくら拡大しても，制度の谷間は存在し続ける。日本の障害者の定義は，支援を必要としているかどうかという観点ではなく，基本的に機能障害（身体的または精神的な障害）があるかどうかに基づいているため，支援を必要としている人々でも法の対象にならないためにサービスを受けられない，という問題は常にある。障害者の定義をどのようにするかということは今後の検討課題の1つである。

4 給付内容

障害者総合支援法の給付の全体像は図7-1のとおりである。

給付は大きく分けて**自立支援給付**と**地域生活支援事業**の2つである。

自立支援給付には，**介護給付**と**訓練等給付**を中心に，**自立支援医療，補装具，特定障害者特別給付，地域相談支援給付，計画相談支援給付，療養介護医療，高額障害者福祉サービス等給付，特例給付，基準該当医療**がある。そ

のうち，介護給付と訓練等給付は**障害福祉サービス**といわれている。介護給付と訓練等給付の具体的な内容は表7-1のとおりである。

　地域相談支援は，障害者支援施設や精神科病院に入所・入院している障害者が住居の確保その他の地域における生活に移行するための活動に関する相談(地域移行支援)と，居宅において生活する障害者に対して，常時の連絡体制の確保による緊急時の支援や相談(地域定着支援)をいう。

　計画相談支援とは，申請時のサービス等利用計画の作成及びそれに係る相談(サービス利用支援)と，継続して障害福祉サービスを適切に利用することができるようにサービス等利用計画の検証，見直しを行うこと(継続サービス利用支援)をいう。

　自立支援医療は，障害を除去・軽減するための医療について，医療費の自己負担額を軽減する公費負担医療制度である。

　補装具は，障害者の身体機能を補完・代替する用具のことであり，障害者総合支援制度では，この補装具の購入または修理に要した額から利用者負担額を差し引いたものを支給する。

　障害児に対する給付は，施設系サービスは児童福祉法，児童デイサービスは障害者自立支援法に基づき実施されてきたが，障害児に対する支援はできるだけ一般の児童福祉施策との連携により対応していくという考え方から，2012年4月からそれらを一本化して児童福祉法を根拠とする体系に改められた。ただし，居宅介護，同行援護などの，障害児も対象とするサービスについては，障害者総合支援法に根拠を置く。

　地域生活支援事業は，障害者が地域で生活できるように地域の特性や利用者の状況に応じて柔軟に実施できる事業である。地域生活支援事業には，必ず実施しなければならない必須事業の他に，市町村や都道府県の判断により実施できる任意事業がある。

5　実施主体

　障害者総合支援法の給付の実施主体は市町村であるが，一部は都道府県が

図7-1 主な自立支援給付と地域生活支援事業

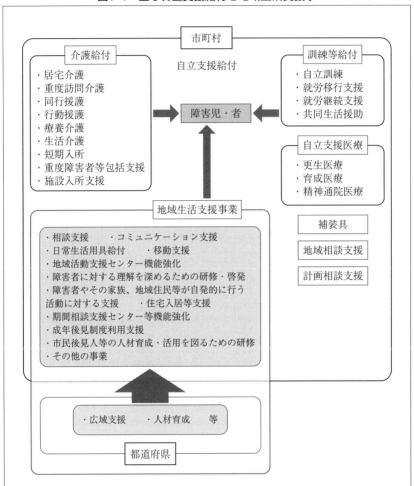

出典：厚生労働省「地域社会における共生の実現に向けて新たな障害保健福祉施策を講ずるための関係法律の整備に関する法律について」

表7-1 障害者総合支援法における障害福祉サービス

	サービス名	サービスの内容
介護給付	居宅介護(ホームヘルプ)	居宅において,入浴,排せつ及び食事等の介護,調理,洗濯及び掃除等の家事並びに生活等に関する相談及び助言,その他の生活全般にわたる援助を行う。
	重度訪問介護	重度の障害者に,居宅において,入浴,排せつ及び食事等の介護,調理,洗濯及び掃除等の家事並びに生活等に関する相談及び助言その他の生活全般にわたる援助並びに外出時における移動中の介護を総合的に行う。
	同行援護	視覚障害により,移動に著しい困難を有する障害者等につき,外出時において,当該障害者等に同行し,移動に必要な情報を提供するとともに,移動の援護,排せつ及び食事等の介護その他の当該障害者等が外出する際に必要な援助を適切かつ効果的に行う。
	行動援護	障害者等が行動する際に生じ得る危険を回避するために必要な援護,外出時における移動中の介護,排せつ及び食事等の介護,その他行動する際に必要な援助を行う。
	重度障害者等包括支援	重度の障害者等に対し,居宅介護,同行援護,重度訪問介護,行動援護,生活介護,短期入所,共同生活介護,自立訓練,就労移行支援及び就労継続支援を包括的に提供する。
	短期入所(ショートステイ)	居宅においてその介護を行う者の疾病その他の理由により,障害者支援施設,児童福祉施設その他の施設等への短期間の入所を必要とする障害者等につき,当該施設に短期間の入所をさせ,入浴,排せつ及び食事その他の必要な保護を行う。
	療養介護	病院において機能訓練,療養上の管理,看護,医学的管理の下における介護,日常生活上の世話その他必要な医療を要する障害者であって常時介護を要する者につき,主として昼間において,病院において行われる機能訓練,療養上の管理,看護,医学的管理の下における介護及び日常生活上の世話を行う。また,療養介護のうち医療に係るものを療養介護医療として提供する。
	生活介護	障害者支援施設その他の以下に掲げる便宜を適切に供与することができる施設において,入浴,排せつ及び食事等の介護,創作的活動又は生産活動の機会の提供その他必要な援助を要する障害者であって,常時介護を要するものにつき,主として昼間において,入浴,排せつ及び食事等の介護,調理,洗濯及び掃除等の家事並びに生活等に関する相談及び助言その他の必要な日常生活上の支援,創作的活動又は生産活動の機会の提供その他の身体機能又は生活能力の向上のために必要な援助を行う。
	施設入所支援	施設に入所する障害者につき,主として夜間において,入浴,排せつ及び食事等の介護,生活等に関する相談及び助言,その他の必要な日常生活上の支援を行う。

訓練等給付	自立訓練	機能訓練	身体障害を有する障害者につき，障害者支援施設若しくはサービス事業所に通わせ，当該障害者支援施設若しくはサービス事業所において，又は当該障害者の居宅を訪問することによって，理学療法，作業療法その他必要なリハビリテーション，生活等に関する相談及び助言その他の必要な支援を行う。
		生活訓練	知的障害又は精神障害を有する障害者につき，障害者支援施設若しくはサービス事業所に通わせ，当該障害者支援施設若しくはサービス事業所において，又は当該障害者の居宅を訪問することによって，入浴，排せつ及び食事等に関する自立した日常生活を営むために必要な訓練，生活等に関する相談及び助言，その他の必要な支援を行う。
	就労移行支援		就労を希望する65歳未満の障害者であって，通常の事業所に雇用されることが可能と見込まれる者につき，生産活動，職場体験その他の活動の機会の提供その他の就労に必要な知識及び能力の向上のために必要な訓練，求職活動に関する支援，その適性に応じた職場の開拓，就職後における職場への定着のために必要な相談，その他の必要な支援を行う。
	就労継続支援	A型(雇用型)	企業等に就労することが困難な者につき，雇用契約に基づき，継続的に就労することが可能な65歳未満の者に対し，生産活動その他の活動の機会の提供，その他の就労に必要な知識及び能力の向上のために必要な訓練，その他の必要な支援を行う。
		B型(非雇用型)	通常の事業所に雇用されることが困難な障害者のうち，通常の事業所に雇用されていた障害者であって，その年齢，心身の状態その他の事情により，引き続き当該事業所に雇用されることが困難となった者，就労移行支援によっても通常の事業所に雇用されるに至らなかった者，その他の通常の事業所に雇用されることが困難な者につき，生産活動その他の活動の機会の提供，その他の就労に必要な知識及び能力の向上のために必要な訓練，その他の必要な支援を行う。
	共同生活援助		共同生活住居において，相談，入浴，排せつ又は食事の介護その他の日常生活上の援助を行う。

資料：厚生労働省「障害福祉サービス等　サービスの体系」

担っている。障害福祉サービス(介護給付，訓練等給付)を利用するためには，市町村にサービス利用を申請して，市町村の支給決定を受けなければならない。

　障害支援区分の認定のために，障害者の心身の状態を把握する**認定調査**が実施される。認定調査は，市町村が直接，または指定一般相談支援事業者等に委託して行う。認定調査は，障害者・児本人の心身の状況やおかれている

環境について調査を行うものである。認定調査は，**概況調査**，**障害支援区分認定調査**，**特記事項**の3つから成る。

　障害支援区分認定調査は，障害者・児本人，障害児の保護者と面接をし，3障害共通の調査項目等について行われる。日常生活の動作等について，「基本的に支援が不要」，「一部必要」，「全面的に必要」等の選択肢で回答する。その結果に医師の意見書の一部項目を加えて，コンピュータ判定(**一次判定**)を行う。

　介護給付を希望する場合，**市町村審査会**で**二次判定**が行われる。これは前述の一次判定の結果，特記事項，医師の意見書(疾病の状況・身体の障害内容・精神の状況・介護に関する所見など，医学的見地からの意見書で，一次判定で使用した項目以外)を資料として，障害支援区分に関する審査判定を行い，市町村の支給要否決定にあたり意見を述べる。市町村審査会は，障害保健福祉の学識経験者等から構成される。

　このように，障害支援区分は介護サービスの必要度を明らかにするための客観的な尺度の役割を果たしている。区分は6段階で評価され，区分6が最も支援が必要な状態にある。

　障害者総合支援法の前身である障害者自立支援法では，障害者の心身の状態を総合的に示す障害程度区分が導入された。障害程度区分は，介護保険制度の要介護認定を参考に調査項目が設定されたのだが，身体的介護に関する項目が中心であったため，知的障害者や精神障害者の特性には合わず，判定で区分が低くなるという批判があった。障害者総合支援法では，支援の度合いを示す，ということを分かりやすく表現するために，名称を障害支援区分に変更し，調査項目や判定式も知的障害者，精神障害者の特性に応じて適切に行われるよう見直しがされた。さらに，2016年4月を目途として，障害支援区分の認定を含めた支給決定の在り方等について検討を加え，必要に応じて対策を講じることとなった。

6 サービスの供給体制

6-1 サービス提供事業所

　サービスを提供できるのは，厚生労働省令で定める基準を基に都道府県が定めた条例に基づき，サービスの種類，事業所ごとに都道府県知事（及び政令指定都市，中核市の長）が**指定**した事業者である。事業者の指定は6年ごとの更新が必要である。

　障害者支援施設，障害児入所施設を運営し，サービス提供できるのは，国，地方公共団体または社会福祉法人に限定されている。それ以外については，NPO法人や株式会社など法人格があれば指定のための申請をすることができる。

6-2 障害福祉計画

　障害者総合支援法では，**障害福祉計画**を策定し，地域のサービス供給体制を計画的に整備することとされている。障害福祉計画は都道府県，市町村に策定が義務付けられている。

　国は，障害福祉計画のための基本指針を定める。その指針を受けて，都道府県，市町村は障害福祉計画を策定する。基本指針，障害福祉計画は障害者自立支援法で初めて導入されたものであり，それによってサービス等は増加したものの，地域によってその取り組みやサービス整備に格差が生じていた。

　そこで障害者総合支援法では，障害福祉サービス等の提供体制の確保に係る目標を新たに定めることになった。市町村，都道府県についても，障害福祉計画に「**サービス提供体制の確保に係る目標**」等を必ず定める事項に追加し，基本指針や障害福祉計画について定期的な検証と見直しを法定化した。さらに市町村には障害福祉計画を作成するに当たって障害者等の心身の状況，その置かれている環境等を正確に把握・勘案して計画を定めることが努力義務とされた。また，地方公共団体が設置する関係機関や団体，障害者等

の福祉，医療，教育，雇用の従事者等により構成される**協議会**の構成員には障害者等およびその家族が含まれる旨が明記された。

7 財政

障害者総合支援法を根拠にもつ障害者福祉サービスの財源は税金と利用者負担による。

7-1　国庫負担

障害者総合支援法の前身である障害者自立支援法が制定された時点で，介護給付と訓練等給付について，国は市町村が支弁した費用の2分の1を負担することが明確化された。なお，市町村が支弁した経費の4分の1については都道府県が義務的経費として負担する。ただし，例えば，市町村が，障害支援区分から算定された給付額よりも多く支給した場合には，その費用は全て自治体の負担となる。

地域生活支援事業については，国が予算範囲内において，市町村及び都道府県が事業の実施に必要な費用の2分の1以内を補助することができ，都道府県は市町村に対して4分の1以内を補助することができる。

7-2　利用者負担

従来，障害者福祉制度の利用者負担は応能負担であった。応能負担とは，所得に応じて負担額を決める形式である。それに対して，障害者自立支援法では応益負担方式を採用することとなった。利用したサービスの経費の1割を負担するというものである。利用者がサービス料を負担することにより，利用者の消費者意識が向上し，サービス提供者側は選ばれるためにサービスの質の向上を図ることを期待しての導入であった。しかし，これは上手くいかなかった。1つには地域差もあるが，サービスが選択できる程増えなかったからである。選択肢がなければ利用者はあるものを利用するしかない，また，サービスを利用すればするほど費用も多くかかる。サービス量は障害が

重いほど多くなるが，所得は少ない。従って障害が重いほど負担感は大きく，サービス利用が制限される状況となっていた。所得が低い場合の利用料の**軽減措置**もとられていたが，それでも障害者の負担感は大きかった。

障害者自立支援法はこの利用者負担の軽減については，数度の改定を行った。2007年4月からは特別措置，さらに2008年の7月からは緊急措置により利用者負担のさらなる軽減措置がとられた。2010年からは事実上応能負担を再び導入し，2012年の障害者自立支援法改正の時には法律上でも応能負担が明確に示された。

障害者総合支援法でも介護給付と訓練等給付を利用した場合は，「家計の負担能力その他の事情を斟酌して政令で定める額」が**負担上限額**として決められている（表7-2）。利用者は負担上限額を上回るときは，負担上限額に基づいて負担し，上限額よりもサービス経費の1割に相当する額が低い場合は，1割を負担する。応益負担であっても仕組みは同じであったが，法律で応能負担とされたことは大きい。実際，障害者自立支援法の最初と比べると，障害者の負担額は減っている。なお，各入所施設における食費，光熱水費等の実費，通所サービスの食費は**実費負担**として，負担能力に応じた負担

表7-2　障害福祉サービス並びに補装具の利用者負担の上限額

		生活保護世帯	市町村民税非課税世帯	市町村民税課税世帯			
				所得割16万円未満	所得割28万円未満	所得割46万円未満	所得割46万円以上
居宅・通所サービス	18歳以上の障害者	0円	0円	9,300円	37,200円		
	18歳未満の障害児	0円	0円	4,600円	37,200円		
入所施設等	20歳以上の障害者	0円	0円	37,200円			
	20歳未満の障害児・者	0円	0円	9,300円	37,200円		
補装具		0円	0円	37,200円			全額自己負担

資料：厚生労働省「障害者福祉　障害児の利用者負担」
　　　厚生労働省「障害者福祉　障害者の利用者負担」
　　　厚生労働省「障害者福祉　福祉用具　補装具の利用者負担」

とは別にかかる。

　補装具についても障害福祉サービスと同様であるが，市町村民税所得割が46万円以上の世帯については，全額自己負担となるところは異なっている。

　自立支援医療費についても，障害福祉サービスと同様に，負担能力に応じた利用者負担が原則となっている(表7-3)。

　また，計画相談支援，障害児相談支援，地域移行支援及び地域定着支援については利用者負担はない。

　なお，ここでの世帯の範囲は，18歳以上の障害者の場合は，障害者本人とその配偶者である(ただし，施設に入所する18, 19歳を除く)。また，18歳未満の障害児および18, 19歳の施設に入所する障害者についてはその保護者の属する住民基本台帳での世帯を指す。

表7-3　自立支援医療費の負担上限額

		更生医療 精神通院医療	育成医療	重度かつ継続
生活保護世帯		0円		
市町村民税 非課税世帯	本人収入80万円以下	2,500円		
	本人収入80万円超	5,000円		
市町村民税 課税世帯	市町村民税33,000円未満	医療保険の 高額療養費	5,000円	5,000円
	市町村民税33,000円以上 235,000円未満		10,000円	10,000円
	市町村民税235,000円以上		対象外	20,000円

資料：厚生労働省「自立支援医療における利用者負担の基本的な枠組み」

8　障害者福祉制度の課題について

　障害者総合支援法は附則で，施行後3年を目途として，以下の項目について検討し，その結果に基づいて，所要の措置を講ずることを規定している。
① 常時介護を要する障害者等に対する支援，障害者等の移動の支援，障害者の就労の支援その他の障害者福祉サービスの在り方
② 障害支援区分の認定を含めた支給決定の在り方

③　障害者の意思決定支援の在り方
④　障害福祉サービスの利用の観点から成年後見制度の利用促進の在り方
⑤　手話通訳等を行う者の派遣その他の聴覚，言語機能，音声機能その他の障害のため意思疎通を図ることに支障がある障害者等に対する支援の在り方
⑥　精神障害者及び高齢の障害者に対する支援の在り方

　1981年の国際障害者年のテーマである「完全参加と平等」は未だ十分に実現されているとはいえない。2013年には障害者権利条約の批准に向けた国内法制の整備の一環として，「障害を理由とする差別の解消の推進に関する法律」が制定された。2014年1月に日本が批准した障害者権利条約では，合理的配慮を行わないことも差別であると明記されている。今後より一層，障害者の人権に配慮し，社会参加を促進していくことが法的にも求められている。そこで重要になってくるのは，障害者やその家族，つまり当事者の声である。前述の検討項目についても，その検討に当たっては障害者当事者やその家族，関係者の意見を反映させるための方策を講ずることが規定されている。

　障害者福祉制度を充実させ，利用しやすくするためには，個々の障害者に合わせたサービスの設計が必要になる。そのような制度を作っていくためにも当事者である障害者やその家族の意見を取り入れ，そのニーズに応えることが必要である。

> **Column　障がい者制度改革推進会議の情報発信**
> 　2009年12月，内閣府に内閣総理大臣を本部長として，すべての国務大臣で構成される障がい者制度改革推進本部が設置された。同本部が障害者施策の推進に関する事項について意見を求めるために，障がい者制度改革推進会議も設置された。同推進会議は障害者を中心として，障害者の福祉に関する事業に従事する者，学識経験者等によって構成されている。同推進会議では障害者基本法の改正案，差別禁止法制，障害者自立支援法に代わる新たな福祉法について活発な議論がされた。
> 　これまでわが国では，障害者に関係する法制度について議論されても，その内容について，障害当事者に十分配慮された形での情報発信がなされてきたと

はいえない。しかし，この推進会議では，パソコン筆記，点字通訳者，手話通訳者などの準備，推進会議の議論の様子を映した動画（字幕，手話付き）など，様々な形で情報の提供が行われた。すべてではないが，るび付きの会議資料も用意された。さらに，同会議でまとめられた「障害者制度改革の推進のための基本的な方向（第一次意見）」「障害者制度改革のための第二次意見」には知的障害者をはじめ障害当事者の協力の下で作成された「わかりやすい版」も作成された。

また，同会議が取りまとめた障害者基本法改正案についての第一次意見と「障害者制度改革の推進のための基本的方向について」の内容に対して，障害者やその関係者に広く理解を求め，意見を聴取し，その後の検討に生かすために全国約20ヶ所で「地域フォーラム」が開催された。

法制度が障害当事者やその関係者の意見を反映したものにするには，このような情報のバリアフリー化が重要である。

Column　骨格提言

障害者自立支援法は，その制定過程から障害当事者ならびに関係者から反対が多かった。障害者らは，障害者自立支援法は生存権を保障している日本国憲法に違反していると，2008年～2009年，全国14地裁で障害者自立支援法違憲訴訟を起こした。違憲訴訟の原告らは，国からの話し合いによる解決の呼びかけに応じて協議を重ね，2010年1月7日，障害者自立支援法違憲訴訟原告団・弁護団と国（厚生労働省）との基本合意がなされた。

基本合意の主な内容は，速やかな応益負担の廃止と，障害者自立支援法の廃止と新たな総合的な福祉法制の実施（遅くとも2013年8月まで）である。新法制定に当たっての論点として①利用者負担のあり方，②支給決定のあり方，③報酬支払い方式，④制度の谷間のない「障害」の範囲，⑤権利条約批准の実現のための国内法整備と同権利条約批准，⑥障害関係予算の国際水準に見合う額への増額，が挙げられた。

障がい者制度改革推進会議福祉部会では，これらの論点に沿って，また，障害者権利条約を基本指針として，「障害者総合福祉法の骨格に関する総合福祉部会の提言」（以下「骨格提言」とする。）がなされた。それを受けて，国は障害者総合支援法を成立させた。しかし，障害者総合支援法は障害者自立支援法の改正であること，骨格提言の精神が生かされず，内容も一部しか反映されていないことに，違憲訴訟の原告団は大きな失望を覚えた。今後，障害者総合支

援法は3年後の見直しが予定されているが，それがこの基本合意・骨格提言にどの程度近付くのか，はたまた，それとは異なる方向に進んでいくのか，しっかりとした見極めが必要である。

参考文献

河東田博，2009年『ノーマライゼーション原理とは何か』現代書館
坂本洋一，2013年『図説　よくわかる障害者総合支援法』中央法規出版株式会社
社会福祉士養成校講座編集委員会(編)，2013年『障害者に対する支援と障害者自立支援制度　第4版』(新・社会福祉士養成講座　14)中央法規出版株式会社
東俊裕(監修)，DPI日本会議(編集)，2007年『障害者の権利条約でこう変わるQ&A』解放出版社
松井彰彦・川島聡・長瀬修(編著)，2011年『障害を問い直す』東洋経済新報社

澤邉　みさ子

第 8 章　家族政策

1　少子化対策に着目して

家族政策とは一般的に，家族生活にかかわる政策，実践，運動の総称と定義される。この定義からすると，同政策の範囲は非常に広くなる。たとえば，結婚や離婚とかかわる政策もあれば，家族内の身分関係や財産関係とかかわる政策もある。また子どもや高齢者のケアとかかわる政策もあり，人口抑制または人口増加とかかわる政策もそこに含まれる。実際，家族政策という概念を用いる研究や調査などをみると，そこで取り上げられている具体的な政策や制度はじつにさまざまである。

本章でその広い範囲に及ぶ家族政策全般を扱うことはできない。ここでは，こんにち日本社会で大きく注目を集めている少子化問題に着目し，その解決・緩和のために展開されている家族政策，つまり**少子化対策**を中心に議論を展開したい。

まず第2節では少子化の現状を確認し，次に第3節ではその少子化の背景と要因を検討する。それをふまえ最後に第4節では，これまでの少子化対策の経緯とその主な内容や特徴を整理し今後の課題についてふれる。

2　少子化の現状

2-1　人口動態

戦後の日本の総人口は増加しつづけてきた。将来人口推計によると，1950

年の総人口は7,810万1千人であったが、その後、1960年には9,341万9千人、1970年には1億372万人、1980年には1億1,706万人と増えつづけ、2010年には1億2,805万7千人にまで増加した。しかしこの2010年が**人口増加**のピークとなり、その後は**人口減少**に転じた。今後も人口は減少しつづけていくと予測されている。

　人口の増減は、出生、死亡、ならびに人口移動（移入、移出）の多いか少ないかによって決定される。人口移動がないとすると、長期的な人口の増減は、出生と死亡の水準で決まることになる。公衆衛生の整備や医療技術の進歩などの影響を受け、死亡の水準はある程度安定していることから、出生が大きく人口増減に影響を与えているといえる。つまり、現在の人口が減少していくという状況は、出生数の減少が影響を与えていると考えられ、それは現在の日本の人口の特徴のひとつである。

　出生数の減少の一方、急速に進展した**高齢化**も日本の人口構造の特徴のひとつである。2013年の日本の平均寿命は男性で80.21歳、女性で86.61歳と

図8-1　年齢別にみた人口構造の変化

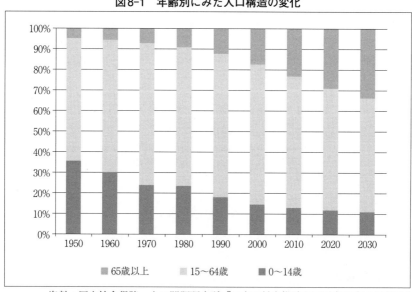

資料：国立社会保障・人口問題研究所『日本の将来推計人口平成24年1月推計』

なっており，世界でもトップクラスの長寿国であることはよく知られている。図8-1は年齢別にみた人口構造について示したものであるが，これをみると65歳以上の老年人口(65歳以上)の割合は増加し，生産年齢人口(15～64歳)と年少人口(0～14歳)の占める割合は減少してきていることを確認することができる。

2-2 少子化の動向

　少子化はよく聞く言葉となって久しい。前項で，人口の増減は出生数の増減が大きく影響することを述べたが，じつはこの出生数が減少していく状況のみを指して少子化というのではない。**少子化**とは，合計特殊出生率が人口置換水準を長期間下回り低迷する状態のことをいう。**合計特殊出生率**とは，ある年の15～49歳の女性の年齢別出生率(何人の女性から何人の子どもが産まれたかという割合)を足し合わせたもので，簡単にいうと1人の女性が生涯の間に何人出産するかということを指す。そして**人口置換水準**とは，ある死亡の水準の下で，人口が長期的に増えも減りもせずに一定となる出生の水準(日本では2.07)を指す。人口置換水準を合計特殊出生率が下回る状況，つまり少子化が継続すれば，人口は減少していくということになる。

　この少子化の状況が日本でみられるようになったのはここ数年ということではない。図8-2から日本の合計特殊出生率(以下，出生率)の推移をみてみよう。戦後直後の第1次ベビーブームの後，1950年ごろから出生率は長い間下がりつづけ，1970年代半ばからは人口置換水準を下回るようになり，その後もさらに徐々に低下してきた。日本で少子化が問題として認識されたのは，**ひのえうまの年**であった1966年に記録した1.58の最低値を初めて下回った1989年であり，これを「**1.57ショック**」と呼んでいる。この時に少子化について認識し始め対策を展開してきたにも関わらず，さらに出生率は低下しつづけ2005年に1.26の最低値を記録した。最近は微増傾向にあり2012年に1.41，2013年には1.43となった。ただし，人口置換水準にはほど遠い状況であり，人口の減少の傾向にあるのには変わりない。日本は少子化傾向を見せ始めてすでに30年以上経過しているのである。

　少子化は日本に限ったことではなく，世界的にも取り組むべき問題として

図8-2 出生数・合計特殊出生率の推移

資料：国立社会保障・人口問題研究所『日本の将来推計人口平成24年1月推計』

浮上している。それを示しているのが，図8-3と図8-4である。まず，図8-3から欧米の主要国についてみてみよう。ここに示した国はすべて1970年代に出生率が2.0を下回り，少子化を経験するようになった。その後，1990年代以降になると，2.0前後に戻った国もあれば，横ばい状態の国もある。次に，図8-4からアジアの主要国・地域についてみてみると，欧米の国々に比べて若干遅れて，1980年代半ばから1990年代にかけて出生率2.0を下回ってきており急速に少子化が進行している。最近では出生率の多少の上昇はみられるものの，まだ少子化傾向を脱する水準までには至っていない。少子化は世界各国が共通に抱えている問題といえよう。

2-3 少子化は問題か

少子化は問題ではない，さらには人口が減ることは良いことでむしろ歓迎すべきととらえる人もいるだろう。しかし，政府はそれを深刻な問題としてとらえ国を挙げて対策に乗り出している。なぜなら以下のようなことが懸念されているからである。

2 少子化の現状

図8-3 欧米の主な国の合計特殊出生率の推移

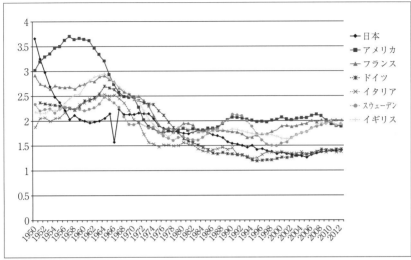

資料：厚生労働省『少子化社会対策白書〈平成25年版〉』，『少子化社会対策白書〈平成26年版〉』

図8-4 アジアの主な国・地域の合計特殊出生率の推移

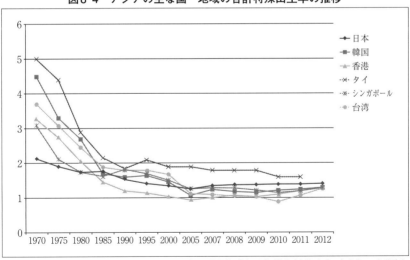

資料：厚生労働省『少子化社会対策白書〈平成25年版〉』，『少子化社会対策白書〈平成26年版〉』

第1に，少子化による社会保障制度(とくに，年金・医療・介護)への影響である。年金や介護いずれも主に高齢者が使う制度であり，その財源の多くは生産年齢人口が支払う保険料や税によって賄われている。医療費についても高齢者の占める割合が高く，その財源にも生産年齢人口の保険料や税が投入されている。少子化によって生産年齢人口が減っていくにつれ，社会保障制度の財源の確保が難しくなり，制度運営自体が厳しくなってしまうのである。

　第2に，経済への影響である。少子化は労働力の減少をもたらし，国全体の経済活動が鈍化することが予測される。また労働力となる現役世代が減少するということは，消費活動が減退することを意味しており，その消費の減退が経済を停滞させるという悪循環をもたらすと考えられている。

3 少子化の要因

3-1 少子化をもたらす2つの要因

　これまで少子化の要因を明らかにするための数多くの研究が行われてきた。それらの研究からまとめられる少子化の要因には次の2つがある。

　日本では結婚と出産が密接に関係しており，婚外子は非常に少ない。それを前提とすると，日本における出生率を低下させる第1の要因として，**未婚化と晩婚化の進行**があげられる。結婚しない人や結婚できない人といった未婚の割合が増えると出生率が低下することになり，また結婚年齢が遅くなれば，出産期間が短くなったり出産への負担が大きくなったりするなど，出生率に影響を与えることになる。そして第2の要因として，**既婚夫婦の出生児数の低下**があげられる。結婚したとしても夫婦の間に子どもがいない，あるいは子どもが1人といった世帯が増加すると，それが出生率に影響を与えることになる。

　それでは，このように少子化をもたらす未婚化・晩婚化の進行と既婚夫婦の出生児数の低下はなぜ起こっているのであろうか。以下では，いくつかのデータからその背景にあるものを探ってみよう。

3-2 未婚化・晩婚化の進行

まず**未婚化**の状況についてみてみよう。この数十年間，婚姻件数は継続的に減少しており，婚姻率(人口1,000人当りの婚姻件数)も同様に低下傾向にある。1970年に10.0だった婚姻率は，1980年には6.7，1990年には5.9，そして2010年には5.5となっている。当然ながら，この婚姻率の低下と連動して未婚率は上昇している。2010年の国勢調査によると，男性は25～29歳で71.8%(1980年で55.1%)，30～34歳では47.3%(同21.5%)，35～39歳層でも35.6%(同8.5%)が未婚である。女性については男性よりは未婚率が低いものの，25～29歳では60.3%(同24.0)，30～34歳では34.5%(同9.1%)，35～39歳では23.1%が(同5.5%)未婚であり，5人に1人は40歳までに結婚していないことが明らかとなっている。そして生涯未婚率(50歳になった時点で一度も結婚をしたことがないものの割合)についても，男性は1990年代以降，女性については2000年以降に急速に上昇し，男性は2010年で20.14%(同2.60%)，女性で10.61%(同4.45%)となっている。

次に**晩婚化**についてみると，平均初婚年齢が1970年には，男性では26.9歳，女性は24.2歳であったが，その後，初婚年齢は上昇しつづけ2000年には男性28.8歳，女性27.0歳となった。2013年には男性30.9歳，女性29.3歳となっている。男女ともに年々，結婚する年齢が遅くなっているのである。

以上のように未婚化や晩婚化が急速に進行しているが，その背景には何があるのだろうか。

国立社会保障・人口問題研究所が2010年に実施した「第14回出生動向基本調査(独身者調査)」によると，じつは未婚の男性では86.3%，女性では89.4%が，いずれは結婚したいと考えている。結婚を考えてはいるものの，現実にはそうなっていないわけであるが，同調査からその概略的な理由が確認できる。

表8-1は，未婚者に対してなぜ独身であるのかについての設問の回答をまとめたものである。若い年齢層(18～24歳)では「(結婚するには)まだ若すぎる」「必要性を感じない」「仕事(学業)にうちこみたい」など，結婚するための積極的な動機がないこと(「結婚しない理由」)が多くあげられている。一方，25～34歳の年齢層になると，「適当な相手にめぐり会わない」がもっとも多く，

表8-1　独身にとどまる理由

【男性】　　　　　　　　　　　　　　　　　　　　　　　　　　　　　　　　（単位：％）

年齢	結婚しない理由					結婚できない理由				
	まだ若すぎる	まだ必要性を感じない	仕事(学業)にうちこみたい	趣味や娯楽を楽しみたい	自由さや気楽さを失いたくない	適当な相手にめぐり会わない	異性とうまく付き合えない	結婚資金が足りない	住居のめどがたたない	親や周囲が同意しない
18～24歳	47.3	35.8	37.5	23.1	19.6	29.9	8.8	24.1	4.8	5.6
25～34歳	6.5	31.2	17.8	21.2	25.5	46.2	13.5	30.3	7.6	3.7
35～39歳	0.8	21.0	11.5	15.8	25.0	52.2	16.6	23.7	6.7	2.3

【女性】　　　　　　　　　　　　　　　　　　　　　　　　　　　　　　　　（単位：％）

年齢	結婚しない理由					結婚できない理由				
	まだ若すぎる	まだ必要性を感じない	仕事(学業)にうちこみたい	趣味や娯楽を楽しみたい	自由さや気楽さを失いたくない	適当な相手にめぐり会わない	異性とうまく付き合えない	結婚資金が足りない	住居のめどがたたない	親や周囲が同意しない
18～24歳	41.6	40.7	39.4	18.1	21.9	35.1	7.0	20.8	5.2	10.4
25～34歳	2.7	30.4	16.9	20.7	31.1	51.3	11.6	16.5	4.5	5.5
35～39歳	0.5	23.2	8.7	10.8	28.1	56.4	13.6	7.0	1.9	3.0

資料：国立社会保障・人口問題研究所『第14回出生動向基本調査(独身者調査)』

表8-2　結婚の障害の内容

（単位：％）

	結婚資金	結婚のための住居	職業や仕事上の問題	学校や学業上の問題	親の承諾	親との同居や扶養	年齢上のこと	健康上のこと
男性	41.0	18.4	14.5	9.5	9.1	6.6	3.9	2.3
女性	38.8	14.3	17.0	11.2	15.8	8.2	4.4	2.9

資料：国立社会保障・人口問題研究所『第14回出生動向基本調査(独身者調査)』

また「結婚資金が足りない」が上昇傾向にあり，結婚の条件が整わないこと（「結婚できない理由」）へ中心が移っていることがわかる。ただし，この年齢層においても，「必要性を感じない」「自由さや気楽さを失いたくない」と考える未婚者は多く，また「異性とうまくつきあえない」の増加がみられるのも気になる点である。

　また，1年以内に結婚することとなった場合，障害があるか否かについては，男女とも約7割が「障害がある」と答えている。その具体的な内容を表8-2を通じてみると，「結婚資金（挙式や新生活の準備のための費用）」がもっとも多い。結婚への障害として近年，「結婚資金」「住居」「職業」等の経済的事情が増加しており，「親の承諾」等の家族関係の事情が減少傾向にある。

　以上のような状況をもたらす要因としてしばしば指摘されているのが，若年層(15～34歳)を中心とした**雇用の不安定化**である。

　総務省統計局の「労働力調査」によると，若年層の完全失業率はバブル崩壊以降，とくにアジア通貨危機以後の1998～1999年に急激に上昇し，なかでも15～24歳の男性について高くなっている。また，2000年代に入ってから25～34歳の完全失業率が高くなり，晩婚化が進むなかで結婚年齢層の生活が不安にさらされやすい状況となっているということができる。

　失業だけでなく，非正規雇用の増加も注目に値する。近年，**雇用の非正規化**も進行しており，2012年には全体労働者の36.6％が非正規雇用者となった。とくに若年層の非正規化の上昇幅が大きくなってきている。非正規雇用は，正規雇用に比べ雇用が不安定であるうえ，また年収水準は正規雇用労働者の5割前後と低く，さらに能力開発の機会が乏しいために所得格差は拡大し，非正規雇用にある人々の生活不安が増大していく。『厚生労働白書〈平成25年版〉』では，非正規雇用である場合，正規雇用に比べて結婚願望自体が低くなり，無職の場合はさらに低くなることも示されている。

　以上のことから，結婚する年齢層が経済的な不安とくに雇用の不安定な環境におかれており，そのため結婚の際の経済的不安が大きくなり未婚化・晩婚化が進行しているといえる。もちろん，そのような経済的要因のみならず，「適当な相手にめぐりあわない」，「異性とうまくつきあえない」という点も未婚化・晩婚化の背景として広がっている点も見逃してはいけない。こ

の点に関しては，現代の若者のおかれている社会のあり方や人間関係の変化といった側面に目を向けて考察する必要があると思われる。

3-3　既婚夫婦の出生児数の低下

　国立社会保障・人口問題研究所で2010年に実施した「第14回出生動向基本調査(夫婦調査)」によると，夫婦の完結出生児数(夫結婚から15～19年の夫婦の平均出生子ども数)は低下傾向にある。1972年に行った第6回調査から2002年の第12回調査までは2.20人程度の水準で安定していたが，2005年に2.09人へ，そして2010年に行った第14回調査では1.96人へと低下している。

　一方，同調査で夫婦にたずねた理想的な子どもの数(平均理想子ども数)については2.42人で，2以上を選択する夫婦は9割以上となっている。つまり，理想とする子ども数は2人以上が多いにもかかわらず，実際に産む子ども数はそれよりも少なくなっているのである。

　同調査では，理想とする子どもの数をもたない理由を示しているのが表8-3であるが，同表をみると，もっとも大きい理由として「子育てや教育にお金がかかりすぎるから」があげられ，全体の6割以上を占めている。子どもを産み育てていくうえでの経済的負担が，既婚夫婦の出生児数の低下に決定的な影響を与えている状況が読み取れる。

　このような**子育てや教育費の負担**の背景として子育て世代の就業形態や収入状況の悪化が考えられる。

　子育て世代の就労形態についてみると，25歳～34歳，35歳～44歳の非正規雇用率はそれぞれ2012年で26.5％，27.6％となっており，近年その割合が増加傾向にあることが明らかになっている。非正規雇用労働者は正規労働者に比べて収入が低いことはすでに指摘したとおりだ。また，正規雇用労働者であっても近年，収入の減少がみられる。たとえば，年齢階級別で正規雇用労働者の収入状況をみると，1997年に，30～34歳の年収は492.5万円，35～40歳では555.4万円であったのに対し，2012年ではそれぞれ425.8万円，481.9万円となっている。

　子どもが産まれたあと，長期にわたって子育て・教育といった費用が必要となってくるなかで，これらの費用が減少していくことがない限り，子育て

3　少子化の要因　175

表8-3　理想の子ども数を持たない理由（複数回答）

（単位：％）

妻の年齢	経済的理由			年齢・身体的理由			育児負担	夫に関する理由			その他	
	子育てや教育にお金がかかりすぎるから	自分の仕事（勤めや家業）に差し支えるから	家が狭いから	高年齢で生むのはいやだから	欲しいけれどもできないから	健康上の理由から	これ以上、育児の心理的・肉体的負担に耐えられないから	夫の家事・育児への協力が得られないから	一番末の子が夫の定年退職までに成人してほしいから	夫が望まないから	子どもがのびのび育つ社会環境ではないから	自分や夫婦の生活を大切にしたいから
30歳未満	83.3	21.1	18.9	3.3	3.3	5.6	10.0	12.2	5.6	4.4	7.8	11.1
30～34歳	76.0	17.2	18.9	13.3	12.9	15.5	21.0	13.3	4.3	9.9	9.9	7.3
35～39歳	69.0	19.5	16.0	27.2	16.4	15.0	21.0	11.6	6.9	8.9	8.1	7.5
40～49歳	50.3	14.3	9.9	47.3	23.8	22.5	15.4	9.9	10.2	6.2	6.1	3.7
合計	60.4	16.8	13.2	35.1	19.3	18.6	17.4	10.9	8.3	7.4	7.2	5.6

資料：国立社会保障・人口問題研究所『第14回出生動向基本調査（夫婦調査）』

や教育に関する経済的負担感は増す一方である。このような状況のなかで，理想の子ども数をもつことを実現することはけっして簡単ではないであろう。

　子育てや教育にかかわる経済的負担が，既婚夫婦の出生児数の低下にもっとも大きな影響を与えていることはたしかである。ただし，30歳以上の年齢層でみると，「高年齢で産むのはいやだから」や「欲しいけれどもできないから」といった年齢・身体的要因の割合が増加している。医学的にも30歳半ば頃から年齢が上がるにつれ様々なリスクが相対的に高くなるとともに，出産に至る確率が低くなっていくことが指摘されている。『厚生労働白書〈平成25年版〉』では，実際に子どもをもっている夫婦は，もっと早いうちに欲しかったと思う夫婦が多いとしている。晩婚化は結婚後の夫婦の子ど

も数に大きな影響を及ぼしている。

4 少子化対策の展開

　以上では，日本の少子化の現状と要因についてみてきた。それをふまえここでは，少子化対策の展開とその内容および特徴について考察を行いたい。

4-1　展開の経緯と主な内容
　1990年の「**1.57ショック**」を契機に，政府は出生率の低下や子どもの数の減少を社会的な問題と認識し，その解決に向けての対策の検討に取り組みはじめた。それ以降，各種の少子化対策が展開されることになる。図8-5は今日に至るまでの**少子化対策**の大雑把な流れを示したものである。以下ではそれに沿って，主な対策の経緯と内容を簡単に紹介してみたい。

(1)　1990年代の展開
エンゼルプラン　「1.57ショック」以降，数年間の検討をふまえ，1994年に初めての具体的な対策として，「今後の子育て支援のための施策の基本的方向に向けて」が打ち出された。「エンゼルプラン」と呼ばれたものである。同プランの作成にあたり，少子化の主な原因として，たしかに子育て費用の負担など経済的要因が注目された。具体的には，仕事と出産・子育てが二者択一となっている現状のなかで，女性が子どもを産み育てることによって失われる利益(いわゆる**機会費用**)が大きく，それが出産・育児のコストを高めていることが問題視された。そのため同プランでは，仕事をしながら出産・育児ができるように，**仕事と家庭の両立支援**が重点目標とされ，主に働く女性の子育て環境の整備が目指された。この仕事と家庭の両立支援がそれ以降の少子化対策の核心的な軸となっていく。当時，その実現に向けて重点的に行われたのは，保育サービスの量的拡大，低年齢児(0～2歳児)や延長保育といった多様な保育の充実などであった。両立支援の一環として，**育児休業制度**の普及が積極的に行われたのもこの時期以降である。

4 少子化対策の展開

図8-5 少子化対策の経緯

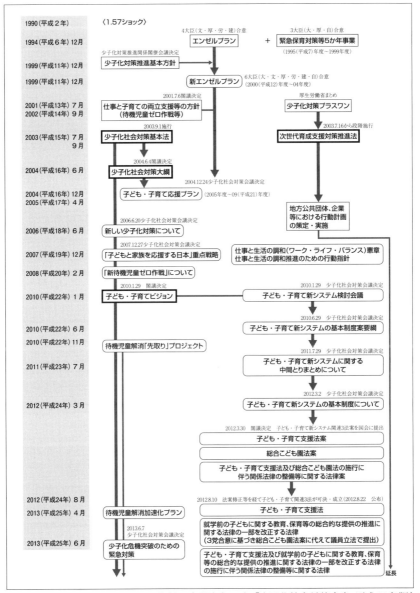

資料：内閣府(2014)『少子化社会対策白書 平成26年版』

新エンゼルプラン　1999年には「少子化対策推進基本方針」が策定され，この方針にもとづく重点政策の具体的な実施計画として，「新エンゼルプラン」と呼ばれた「重点的に推進すべき少子化対策の具体的実施計画について」が発表された。同プランは基本的に「エンゼルプラン」や「緊急保育対策5か年事業」の内容を見直しあるいは強化したものであるが，そこに新たな政策目標として登場したのが，**男性の育児参加**をスローガンとした仕事と家庭の両立支援である。同年成立した「男女共同参画基本法」と強い関連をもちながら，男性の育児参加を強調した家庭内での**固定的な性別役割分担**の改善が目指されるようになったのである。

(2)　2000年代の展開

少子化対策プラスワン　仕事と家庭の両立支援のための男性の育児参加，またそれによる固定的な性役割分担の改善という政策目標がさらに具体化されたのが，2002年の「少子化対策プラスワン」である。上記の機会費用の問題に加え，当時，子どもをもつことを妨げる重大な要因として，**長時間労働**や家庭より仕事を優先するような働き方が問題視され，男女両者の働き方の見直しが主な少子化対策の1つとして位置づけられたのである。その具体的な政策の1つとして，「男性の育児休業取得率10%」といった数値目標が出され，男性の育児休業制度の利用が奨励されるようになった。

次世代育成支援対策推進法　「エンゼルプラン」以降のさまざまな政策推進にもかかわらず，2000年代に入り出生率がますます低下していくなか，2003年には，次世代を担う子どもを育成する家庭を社会全体で支援する観点から「次世代育成支援対策推進法」が制定された。これは，地方公共団体および企業が，**仕事と家庭の両立支援**のために必要な措置を実施していくことを狙ったものである。具体的には，300人以上の従業員を雇う事業主に対して，国が策定する行動計画策定指針にもとづく，両立支援のための具体的な行動計画を策定することが義務づけられた(2010年には101人以上へと変更)。ここにきて，家庭内の環境だけでなく職場環境をも考慮に入れた幅広い視点からの少子化対策が積極的に取り組まれるようになったといえる。

子ども・子育て応援プラン　2004年には，2003年制定の「少子化社会対策

基本法」にもとづき「少子化社会対策大綱」が閣議決定され，その具体的な実施計画として「子ども・子育て応援プラン」が発表された。同プランには，従来の政策に加え，若年層の経済的な自立を目指した**就労支援政策**が含まれるようになったことが特徴的な点である。当時，ニートやフリーターのような若年無業者や若年失業者の増加など若年層をめぐる**雇用情勢の悪化**が社会問題化したことが背景となり，安定した雇用による若年層の自立を図ることが少子化問題の解決に向けての新しい政策目標としてクローズアップされたのである。雇用政策の分野で，2003年の「若者自立・挑戦プラン」の樹立に引きつづき，2004年には同プランの効果性を高めるための「若者自立・挑戦のためのアクションプラン」が策定されたのも同様の背景からである。具体的な政策としては，若年労働者の雇用定着や正規雇用へ移行の促進にむけて，各種就職サポートプログラムの実施，キャリア教育の推進，トライアル雇用制度の導入などといった就労支援政策が展開されるようになった。

新しい少子化対策について　2005年に出生率が1.26となり過去最低値を記録した。従来の政策では少子化は止まらないと批判する声も高まり，その現状に危機感をもった政府は，政策転換を図らざるをえなかった。2006年に発表された「新しい少子化対策について」がそれである。その新しい点といえば，主に働く女性あるいは働く夫婦を対象としていた従来の政策とは異なり，親が働いているかいないかにかかわらず，すべての子育て家庭を支援するという視点を取り入れたことである。このような政策転換の背景として，当時行われた各種の意識調査から，特に専業主婦の子育て不安の大きさ，子育て家庭の孤立や負担感の増加，またその背後にある家族・親族や地域社会の子育て機能の低下などが明らかになったことがあった。そのため，「新しい少子化対策について」では，**家族・地域の絆の再生・再強化**といったような社会意識の改革が強調されたり，子どもの成長段階に応じて家族や地域の子育てを総合的に支援するさまざまな政策が提案されたりした。

「子どもと家庭を応援する日本」重点戦略　2007年には「『子どもと家庭を応援する日本』重点戦略」が取りまとめられた。同戦略のなかで，「働き方の見直しによる仕事と生活の調和」（いわゆる**ワーク・ライフ・バランス**）が1

つの大きな柱として登場したことが何より重要である。従来からの仕事と家庭の両立支援の延長線上で，とくに仕事と出産・育児の二者択一といった従来の社会構造を変えることが主な政策目標として浮上したのである。その実現のために，「仕事と生活の調和（ワーク・ライフ・バランス）憲章」および「仕事と生活の調和推進のための行動指針」が策定された。これとかかわって，**労働基準法**の改正などによる**長時間労働**の規制など職場環境の改善策も積極的に行われるようになった。

子ども・子育てビジョン　2009年には民主党政権の登場にともない，新政権の少子化対策を構想するために「子ども・子育てビジョン（仮称）検討ワーキングチーム」が設置された。そこでの議論をふまえ，2010年に「子ども・子育てビジョン」が策定された。同ビジョンでは，これまでの少子化対策から**子ども・子育て支援**へという政策理念の転換が明記され，社会全体から子ども・子育てを支援することが重要な政策目標とされた。その一環として，**子ども手当**の新設や**高校授業料無償化**の推進といった新しい政策が打ち出され，それと同時に，従来からの対策にひきつづき，ワーク・ライフ・バランスに向けた保育サービスの拡充や働き方の見直し，また若年層の自立をめざしたキャリア教育，トライアル制度，フリーター等正規雇用化プランなどの**就労支援政策**が重点政策としてあげられた。ちなみに，若年層の自立を視野に入れて，若年層を排除していた従来の社会保障の欠陥を埋めようとした「**第２のセーフティネット**」の議論が本格化したのもこの時期である。

最近の動向　最近とくに強調されている対策目標としては，**待機児童の解消**があげられる。2010年には「国と自治体が一体的に取り組む待機児童解消『先取り』プロジェクト」が推進され，その後，2012年の「子ども・子育て支援法」の成立や2013年の「待機児童解消加速化プラン」の策定によって，待機児童の解消のための政策がさらに積極的に展開されているのが現状である。

4-2　対策の特徴とその意味

そもそも結婚をするかしないか，子どもを産むか産まないかという問題

は，多面的で複合的な社会経済的要因とそれに影響を受ける個々人の生活や仕事の環境また価値観などが複雑に絡み合っている。それゆえ，少子化に歯止めをかけようとするある対策が打たれたとして，それによってすぐに対策の効果が出るとは考えにくく，そのため，対策の効果や成果についての評価も簡単にはできない。1990年代前半以降に展開されてきたさまざまな対策について，それが有効か否かを判断することは非常に難しいのである。

ただし，この間の婚姻率や出生率などに関するマクロデータの分析また個々人の子育ての不安や負担などに関するアンケート調査の結果をみると，そこに目立つ改善がみられていないのは事実である。それを根拠に，これまでの少子化対策に大きな効果がなかったという意見が広く受け入れられているのも現状である。

以上のような点を念頭におき，本格的な政策評価は別稿にゆだね，ここでは少子化対策の仕組みをとらえるいくつかの視点を提示しつつ，それにもとづいてこれまでの対策の特徴とその意味について考えてみたい。

(1) 「仕事と家庭の両立支援政策」を中心とした政策展開

前節でみた少子化の主な要因(「未婚化・晩婚化の進行」と「既婚夫婦の出生児数の低下」)に着目すれば，それらの要因を解消するための少子化対策の全体的な仕組みは，次のように整理できる。

まず第1の要因，つまり「**未婚化と晩婚化の進行**」と関連していえば，その主な理由としてあげられる経済的不安とくに雇用の不安を軽減することが対策の目標となる。若年層の雇用の不安を減らし生活安定を図るためには，一方では，仕事を提供したり，そのための教育訓練を行ったり，また安定的な労働環境を確保するような「**就労支援政策**」が求められる。そして他方では，それがうまくいかなかった場合，いいかえれば失業や貧困に陥った場合，社会保険や公的扶助などの社会保障制度によって直接生活を支援する「**所得保障政策**」が求められる。

次に第2の要因，つまり「**既婚夫婦の出生児数の低下**」と関連していえば，その主な理由としてあげられる子育てや教育の負担を軽減することが対策の目標となる。子育てや教育にかかわる経済的負担のみならず時間的・精

神的負担をも合わせて考えると，その負担の軽減のためには，一方では，仕事をしながら子育てや教育ができるように，職場での長時間労働や家庭での固定的な性別役割分業の改善またそれにあわせた子育て環境の整備などといった「**仕事と家庭の両立支援政策**」が求められる。そして他方では，親の仕事の状況とは関係なく，子育てや教育費の負担を直接軽減できるように，公的子育て支援や公教育あるいは家族手当などの経済的支援の充実といった「**子育て・教育コストの軽減政策**」が求められる。

以上のような少子化対策の全体的な仕組みからすると，上でみてきたこれまでの日本の少子化対策はいかに特徴づけられるのだろうか。

第1に，「未婚化と晩婚化の進行」という要因を解消するための政策については，「所得保障政策」より「就労支援政策」の面に焦点がおかれてきた。

たとえば，「子ども・子育て応援プラン」(2004)や「子ども・子育てビジョン」(2010)にみられる若年層の自立をめざした就労支援政策，すなわち，各種就職サポートプログラムやキャリア教育，トライアル雇用制度およびフリーター等正規雇用化プランなどが，その「就労支援政策」にあたる。それに対して，雇用がうまくいかなかった場合，つまり失業や貧困に陥った場合に社会保障制度を通じて直接生活を支援する「所得保障政策」は積極的に行われてこなかった。

もちろん，前述のように，2009年に「**第2のセーフティネット**」という名のもとで，従来の社会保障から排除されていた若年層の失業や貧困問題に対応するために，生活資金を支援するいくつかの制度が導入された。ただし，それらの制度が主に，職業訓練を受けることを条件とした期限付きの給付制度や一定の期間内での返済を条件とした貸付制度から成り立っていることを考えれば，「所得保障政策」としての十分な機能を備えているとはいいにくい。

第2に，「既婚夫婦の出生児数の低下」という要因を解消するための政策については，「子育て・教育コストの軽減政策」より「仕事と家庭の両立支援政策」の方に政策の重点がおかれてきた。

何より，1990年代の「エンゼルプラン」や「新エンゼルプラン」など，初期の少子化対策にみられる諸政策，たとえば，保育サービスの拡大や多様

な保育サービスの充実また育児休暇制度の普及などが「仕事と家庭の両立支援政策」の典型であった。もちろん「子育て・教育コストの軽減政策」についての議論が行われていなかったわけではないが，女性が働きつづけられる環境が整備されれば，世帯収入の増加にともない子育て・教育コストの高さの問題も改善されるといった考え方が強く，そのため，子育て費や教育費を直接軽減させるための政策はほぼみられなかった。2000年代に入ってから「少子化対策プラスワン」(2002)で強調された男性の育児参加や固定的な性役割分担の改善，また「次世代育成支援政推進法」(2003)によって積極的に推進されるようになった職場環境の改善も典型的な「仕事と家庭の両立支援政策」であったといえる。さらに「新しい少子化対策」(2006)においても，働く女性だけでなくすべての子育て家庭を支援するという政策転換が行われたものの，政策目標が主に家族・親族や地域社会の子育て機能を再強化することにおかれていて，子育てや教育のコストを直接軽減しようとするような動きはほとんど行われなかった。働き方の見直しなどワーク・ライフ・バランスを重視した「『子どもと家庭を応援する日本』重点政策」(2007)や「子ども・子育てビジョン」(2010)，また近年の待機児童の解消のための積極的な政策展開をみても，もっぱら「仕事と家庭の両立支援政策」を中心として対策が展開されてきたといえる。

　そのようななか，2009年に新しい制度として**子ども手当**や**高校授業料無償化**が導入されたことは注目に値する。それらの制度はたしかに，これまでほとんど行われてこなかった「子育て・教育コストの軽減政策」にあたる。しかしながら，両制度とも，財源確保の問題などのため批判の声が高まり，導入後数年経たずに縮小・廃止されてしまっている。

　以上をまとめると，これまでの日本の少子化対策は，「**未婚化と晩婚化の進行**」という要因に対しては「**就労支援政策**」を，「**既婚夫婦の出生児数の低下**」という要因に対しては「**仕事と家庭の両立支援政策**」を中心に展開されてきたといえる。

(2)　「安上がりの政策」志向とその実状

　さて，以上のような少子化対策の特徴は何を意味するか。それを探るため

の1つの手がかりとして，少子化対策における「**給付**」と「**規制**」という2つの政策手段について取り上げてみたい。

そもそも少子化対策の手段としては，「給付」と「規制」の2つのタイプが考えられる。「**給付**」的手段による政策は，現金給付や現物給付など家族に対する経済的または物質的な支援のかたちで行わるものであり，「**規制**」的手段による政策は，家族内の関係あるいはそれとかかわる諸環境的要因に関する規制など，家族の安定や保護のためのルール作りのかたちで行われるものである。全体としての少子化対策は，基本的にこの「給付」的政策と「規制」的政策の組み合わせによって成り立っている。

ここで強調したいのは，対策全体のなかで「給付」と「規制」のいずれの手段を優先するかによってその狙いや方向性が変わってくることもあるが，もし両者が機能的に等価である場合は，一方の不足を他方で補うかたちで相互に代替可能な関係が成立しうることである。たとえば，働く親が子育てしやすい環境をつくるために，家族手当や保育料の支援のような「給付」政策を行うことがあるが，家族や職場に対して，ワーク・ライフ・バランスといった行動指針で「規制」政策を行うことによって同様の目的を達成することができる。その際に重要なのは，「給付」的政策より「規制」的政策の方が**小規模な財政支出**で実現可能で，「給付」的政策に比べて費用対効果が大きいということから，「規制」的政策が選好されることが多いということである。

このような議論をふまえると，上記の少子化対策の特徴について次のようなことがいえる。すなわち，「未婚化・晩婚化の進行」という要因を解消するための政策のうち，「就労支援政策」はその中身からして「規制」の側面が強く，「所得保障政策」は「給付」の側面が強いといえる。そして，「既婚夫婦の出生児数の低下」という要因を解消するための政策のうち，「仕事と家庭の両立支援政策」は「規制」の側面が強く，「子育て・教育コストの軽減政策」は「給付」の側面が強い。このようにみると，少子化対策の全体的な展開のなかで「**給付**」より「**規制**」的政策が優先されてきたことになるが，それぞれの要因の解消において両政策が機能的に等価であることを認識すれば，これまでの少子化対策は結局，「規制」的政策を中心として，財政

的負担の少ないかたちで，やや乱暴にいえば「**安上がりの政策**」志向で展開されてきたということができる。実際，これまでの政策形成過程において，予算の増加につながるような「給付」的政策は財源確保の問題のため避けられ，他方で，職場や家庭環境の改善のためのルール作りのような「規制」的政策は予算面でほとんど影響がないため歓迎されてきたことがよく指摘される。

このような「安上がりの政策」志向という特徴は，政府の財政支出の面ではっきりとあらわれている。国際比較の視点から，少子化対策と密接にかかわっているいくつかの政策分野の支出規模をみると，日本が目立って低いことが確認される。

第1に，若年層を含む現役世代のための社会保障支出の低さである。表8-4は，社会保障支出のうち，医療などの現物給付を除く現金給付のみを，**高齢者世代向け支出**(主に年金)と**現役世代向け支出**に分けて，その対GDP比をOECD主要国で比較したものである。日本の場合，2009年の対GDP比で高齢者向け支出：現役世代向け支出は11.8：2.9である。スウェーデンでは10.7：10.6で，OECDの平均でも8.3：7.3である。それに比べると，日本では社会保障支出のほとんどが高齢者向けとなっており，その代わり現役世代向け支出は非常に低いことがわかる。

第2に，社会保障支出のうち現役世代向け支出が少ないなか，とくに家族分野の支出の低さが目立つ。図8-6は，OECD主要国の**家族関係社会支出**(家族手当，出産・育児休業給付，保育・就学前教育，その他の現金・現物給付のために行った支出)の対GDP比を比較したものである。それをみると，2009年現在，日

表8-4　対象別現金給付の内訳(2009年)

(単位：％，対GDP比)

	イギリス	アメリカ	ドイツ	フランス	スウェーデン	日本	OECD平均
高齢者向け(年金)	6.8	6.9	11.3	14.1	10.7	11.8	8.3
現役世代向け	8.3	3.8	6.9	7.9	10.6	2.9	7.3

資料：OECD social expenditure database

図8-6 家族関係社会支出(2009年)

(単位:%, 対GDP比)

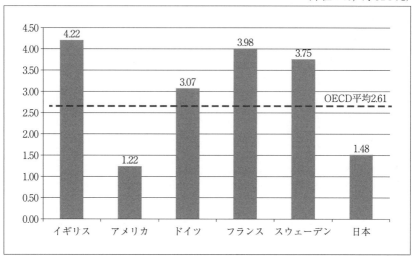

資料:OECD social expenditure database

図8-7 教育への公的支出(2009年)

(単位:%, 対GDP比)

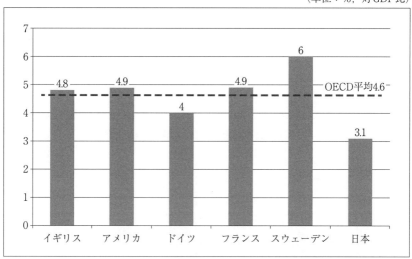

資料:OECD Education Database

本は1.48％で，OECDの平均からすると6割弱，支出の高いイギリスと比べると4割を大きく下回る低い水準である。

　第3に，国際比較でみて，日本における教育分野への政府支出も極端に低い。図8-7は，OECD主要国の**教育機関への政府支出**の対GDP比を示したものである。2009年現在，日本3.1％であるが，それはOECD加盟国のうち最下位の数値である。OECDの平均(4.6％)からすると7割を下回っており，支出の高いスウェーデン(6.0％)に比べると5割程度である。このように教育への政府支出が低い代わり，私的負担が多いとなっているのが日本の現状である。

　以上のように，少子化対策と関連する諸分野の財政支出が非常に低いのは，これまでの対策が，「規制」的政策を中心に「安上がりの政策」志向が強く反映されたかたちで展開されてきた結果であるといえよう。

4-3　若干の評価と今後の課題

　以上，日本における少子化対策の展開と主な内容そしてその特徴および意味についてみてきた。それをふまえ本稿の最後にここでは，これまでの少子化対策についての若干の評価を行いつつ，今後の課題を考えてみたい。

　1990年代前半以降，さまざまな政策が打ち出されてきたにもかかわらず，それらの政策に大きな成果を見いだせないのが現状である。本稿の文脈からいえば，財政的負担がかかる「**給付**」的政策ができるだけ避けられ，安上がりの「**規制**」的政策を中心として対策が展開されてきたことに，その要因の1つを見出すことができる。実質的に若年層が安心して結婚し子どもを産み育てていける環境を整備していくためには，ある程度の財政負担を随伴した対策の展開が求められるのではないだろうか。

　これと関連してしばしば指摘されるのが，西欧諸国との比較でみた場合，日本の社会保障のもつもっとも大きな特徴の1つが，いわゆる「**人生前半の社会保障**」が非常に弱いということである。上で示したいくつかのデータですでに明らかになっているように，若年層への所得保障や家族関係支出また教育など現役世代への支援が非常に少ないということである。それは，これまで現役世代の生活に対しては，いわゆる「**インフォーマルな社会保障**」あ

るいは「**疑似福祉システム**」ともいわれる会社や家族の役割が大きく，それらが社会保障の機能を代替してきたからだとされる。その結果，日本の社会保障は，その会社や家族に頼れない高齢期に集中して「**人生後半の社会保障**」となってしまったのである。

　しかし最近，会社や家族の流動化・多様化が進み，「人生前半の社会保障」が非常に弱い日本社会において，若年層の生活不安がいっそう募ってしまい，それが少子化をさらに加速化させる一要因となっているのではないか。少子化対策の展開にあたり，その不安を解消するために，いかに従来の「人生後半の社会保障」という特徴から抜け出し，「人生前半の社会保障」を新しい構築するかが重大な課題となるといえる。その際，本稿での議論をふまえるならば，従来のような職場や家庭環境の改善を図った「規制」政策のみならず，それとともに，これまで積極的に行われてこなかった，若年層への所得保障や子育て・教育費の支援などのような「給付」政策により力を入れていくことが求められるといえよう。

参考文献
　岡沢憲芙・小渕優子編，2010年『少子化政策の新しい挑戦——各国の取組みを通して』中央法規
　厚生労働省編，2013年『厚生労働白書＜平成25年版＞——若者の意識を探る』日経印刷
　内閣府編，2014年『少子化社会対策白書＜平成26年版＞』日経印刷
　増田雅暢，2008年『これでいいのか少子化対策——政策過程からみる今後の課題』ミネルヴァ書房
　松田茂樹，2013年『少子化論—なぜまだ結婚，出産しやすい国にならないのか』勁草書房

金　成垣　松江　暁子

第9章　社会保障財政

1　社会保障制度の財政規模

1-1　増え続ける日本の社会保障給付費

　社会保障の規模やその財源を全体的に把握するために，社会保障関係の諸費用を知る必要がある。社会保障費用は社会保障の制度体系や算定方法などによってその内容が異なるが，日本では，国立社会保障・人口問題研究所がILO（国際労働機関）の基準に基づいて推計した**社会保障給付費**，社会保障等に関する国民の負担を示す**国民負担率**，国の一般会計予算における**社会保障関係費**などがある。

　最初に，社会保障給付費から見ていこう。ここで社会保障給付費というのは，社会保障制度から支給される現金給付および現物給付に係わる費用を総計したものである。2011年度の社会保障給付費の総額は107兆4,950億円にのぼり，前年度に比べて2.7％の伸びで，国民所得に占める割合は31.0％である。図9-1は社会保障給付費総額（部門別給付費も含む）と国民所得に対する社会保障給付費の割合の推移を示したものである。それを見てわかるように，社会保障給付費は**福祉元年**と呼ばれた1973年を境にして急速に増えてきた。特に1990年代に入ってから，毎年約3兆円もの急増ぶりをみせている。

　社会保障給付費の対国民所得比の推移をみると，1970年代初頭まで5％台にとどまっていた数値は，1973年以降急速に上昇し，70年代末に12％まで上昇した。その後，80年代には13～14％あたりで横ばいに推移していたが，90年代に入るとバブル経済の崩壊により経済成長が停滞し国民所得の

伸びもとどまるなかで，社会保障給付費の上昇がとまらなかった。そのため，社会保障給付費の対国民所得比は2000年初頭まで一貫して上昇し続けた。2002年から07年までは景気回復にともない国民所得の増加が続く一方，社会保障の抑制策が出されたことによって，数値の上昇は緩やかになっていたが，08年の世界的な金融危機により，日本の国民所得も大きく落ち込んだため，社会保障給付費の対国民所得比は再び大きく上昇した。

社会保障給付費を**医療**，**年金**と**福祉その他**の3つの部門別でみると，1980年までは年金より医療の割合が高かったが，80年代に入ると医療と年金の割合が逆転した。2011年度の社会保障給付費では，年金が49.4％(53兆623億円)，医療が31.7％(34兆634億円)，介護を含む福祉その他が18.9％(20兆3,692億円)となっている。80年代以降，高齢者数の急増と年金制度の成熟にともない，年金に対する給付がますます増えており，今日では年金，医療，福祉その他の間の比率は5:3:2となっている。

2012年1月に国立社会保障・人口問題研究所が行った**将来人口推計**によ

図9-1 社会保障給付費(総額，部門別給付費，対国民所得比)の推移

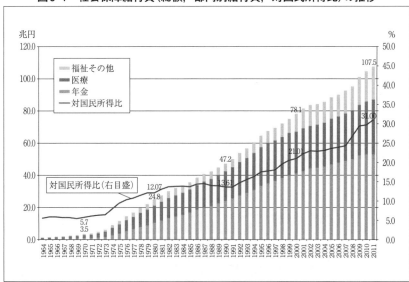

出所：国立社会保障・人口問題研究所「平成23年度社会保障給付費」より筆者作成

れば，2060年の日本は65歳以上の高齢者が総人口の約40％に達し，2.5人に1人が高齢者という驚異的な**超高齢社会**となる。高齢者，とりわけ75歳以上の後期高齢者の急増によって，医療と介護に対する需要が著しく高くなり，医療や介護の費用も急増していくものとみられている。2012年に出された「社会保障給付費の将来推計」によれば，社会保障給付費は2012年度の109.5兆円(対GDP比22.8％)から15年度には119.8兆円(同23.5％)に，25年には148.9兆円(同24.4％)へと増えていくことが予測されている。

1-2 社会保障規模の国際比較

日本では社会保障給付費が増え続けているが，世界各国の状況はどのようになっているだろうか。

1996年以降，ILO加盟国がILOへの情報提供を中止しているため，社会保障給付費という統計を用いた国際比較は不可能となっているものの，OECDの社会支出が1996年から公表し始まったので，その後の国際比較ではOECDの社会支出が使用されることが多い。ここで，**OECD**が発表している**社会支出の対GDP比**について，各国のデータを見てみよう。なお，OECDの社会支出には施設整備費など直接個人に移転されない費用が含まれているため，日本の社会保障給付費より範囲が広く，金額が大きい。

図9-2に示されているように，日本における社会支出の対GDP比は，OECD平均とほぼ同水準であり，アメリカやカナダよりは大きいが，スウェーデンをはじめとする北欧諸国やフランス，ドイツ，イタリア，イギリスなどの主要なヨーロッパ諸国の水準を下回っていることがわかる。

社会支出では，(1)高齢 (2)遺族 (3)障害，業務災害，傷病 (4)保健 (5)家族 (6)積極的労働市場政策 (7)失業 (8)住宅 (9)他の政策分野という9つの政策分野別のデータも公表されている。図9-3に示されているように，他の先進国と比べ，日本は高齢分野における支出の高さが突出している。先述したように，半世紀後の驚異的な超高齢社会の到来のことを考えると，高齢分野における社会保障給付の抑制策は重要な政策課題になる。

第9章 社会保障財政

図9-2 社会支出対GDP比の国際比較（OECD諸国）（2009年）

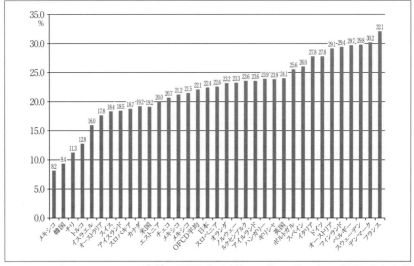

出所：OECD Social Expenditure Database 2013 ed. による

図9-3 政策分野別社会支出の構成割合の国際比較（2009年度）

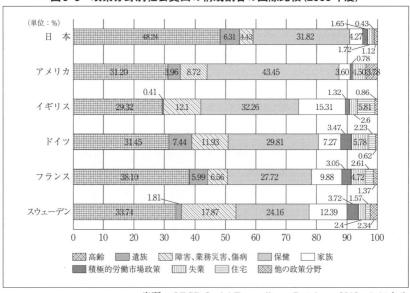

出所：OECD Social Expenditure Database 2013 ed. による

1-3　国民負担率の国際比較

国民に対して，社会保障をはじめ教育や国防などの公共サービス（財政活動）を行うためには，その費用を調達しなければならない。費用の調達方法として，政府は国民（家計や企業）に租税を課したり，社会保険料を徴収したりしている。租税や社会保険料は国民が負担することから，その度合いを示すものとして**国民負担率**という指標が用いられている。国民負担率は，租税負担額の国民所得に対する比率である租税負担率と社会保障負担額の国民所得に対する比率である社会保障負担率の合計として示される。

図9-4は日本の国民負担率の年次推移を示したものであるが，1970年度から2014年度までの40数年間に24.3％から41.6％へと大幅に上昇してきたことがわかる。その内訳をみると，**租税負担率**は，80年代半ばから90年代初

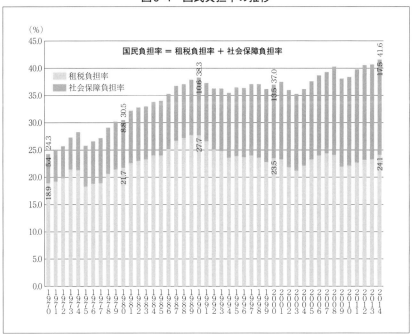

図9-4　国民負担率の推移

注：2013年度は実績見込み，2014年度は見通しである。

出所：財務省資料により作成

頭にかけての急上昇の時期を除き，全期間を通してみれば5ポイント程度の上昇にとどまっているのに対して，**社会保障負担率**は5.4％から17.5％まで大幅に上昇してきた。つまり，租税負担率より社会保障負担率の上昇が国民負担率の上昇を牽引してきた。

また，図9-5によって，先進6カ国の国民負担率を比較してみると，日本の国民負担率は41.6％(2014年度)で，アメリカの30.8％(2011年)より高いものの，フランスやスウェーデンと比べるとはるかに低いことがわかる。しかし，この国民負担率に将来世代への負担増となる国や地方の**財政赤字**を加味した**潜在的国民負担率**でみた場合は，日本の数値は一気に52％程度となり，ドイツと肩を並べるだけではなく，イギリス，スウェーデン，フランスとの

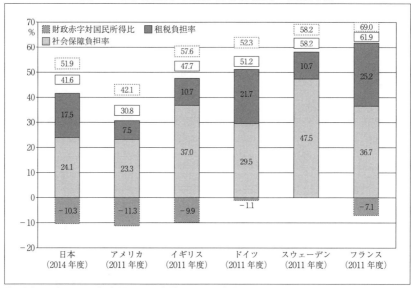

図9-5 国民負担率と潜在的国民負担率の国際比較

注：(1) 日本は2014年度見通し。諸外国は2011年実績である。
　　(2) 実線の □ は国民負担率である。点線の □ は潜在的国民負担率＝国民負担率＋財政赤字対国民所得比である。
　　(3) 財政赤字対国民所得比は，日本およびアメリカについては一般政府から社会保障基金を除いたベース，その他の国は一般政府ベースである。
　　　　　　出所：日本は財務省の発表資料，諸外国は"National Accounts"（OECD），
　　　　　　　　"Revenue Statistics"（OECD）等により作成

差も大幅に縮小する。政府はこの割合が将来においても50％以下となることを目標としていたが，2014年度現在ですでにこの基準を超えてしまった。経済学では，国民負担率の上昇によって**勤労意欲**が抑えられ，**貯蓄意欲**も低下するなど経済成長に対する悪い影響がもたらされるとの指摘もある。今後国民負担率や潜在的国民負担率の上昇に対する抑制の方法を真剣に議論しなければならないと思われる。

2 財政制度における社会保障

2-1 財政制度と社会保障との関係

日本の社会保障制度の運営主体は，**国**か**地方公共団体**またはこれらから委託を受けた公的団体である。たとえば，社会保険では，公的年金制度や雇用保険制度の運営主体(保険者)は国，介護保険，国民健康保険の運営主体(保険者)は地方公共団体(**市町村**)，健康保険は公的団体が運営主体となっている。また，生活保護，社会福祉および公衆衛生の運営主体はいずれも地方公共団体(都道府県，市町村)である。

また，**財源構成**の面でみれば，公的扶助(生活保護)制度と社会福祉制度は主として公費(税)を財源としている。社会保険制度は保険料を主な財源としているが，給付費の増大や被保険者構成の変化等により**公費**に依存する傾向が強くなっている。たとえば，基礎年金は給付費の2分の1が**国庫負担**となっており，国民健康保険や介護保険も財源の50％が公費負担(国と地方公共団体の負担)となっている。

図9-6に整理されているように，**一般政府**には，**中央政府**(国)と**地方政府**(地方公共団体)の他に，法律によって設立された社会保障の勘定組織である**社会保障基金**が設置されており，政府主導のもとで，所得保障や医療保障などの社会保障給付を行っている。社会保障にかかわる**公費負担**は，国の**一般会計**と**特別会計**および地方の**普通会計**と特別会計において経理されている。

事業の実施主体を政府としており，財源も公費が投入されている社会保障

図9-6 公的部門の構成

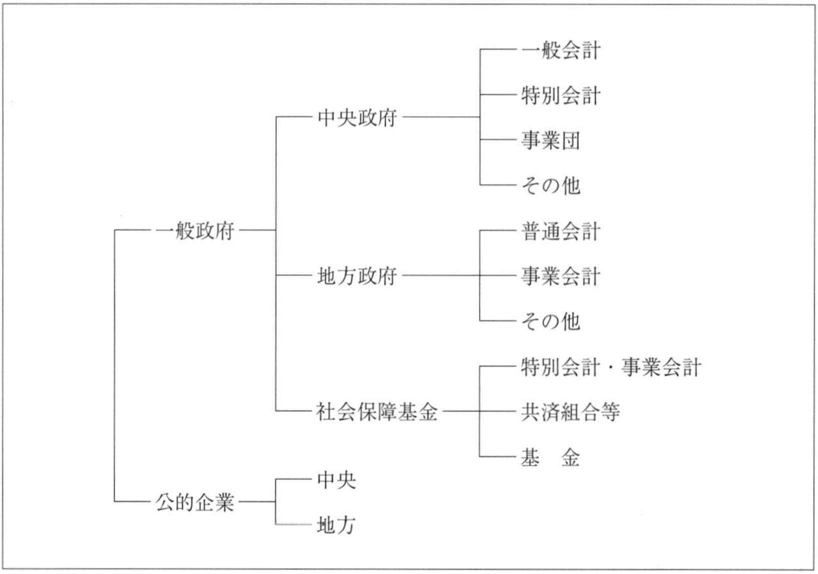

```
                            ┌─ 中央政府 ──┬─ 一般会計
                            │              ├─ 特別会計
                            │              ├─ 事業団
                            │              └─ その他
              ┌─ 一般政府 ──┤
              │             │              ┌─ 普通会計
              │             ├─ 地方政府 ──┼─ 事業会計
              │             │              └─ その他
              │             │
              │             │              ┌─ 特別会計・事業会計
              │             └─ 社会保障基金 ┼─ 共済組合等
              │                            └─ 基　金
              │
              └─ 公的企業 ──┬─ 中央
                            └─ 地方
```

出所：林(2012)P4の図1-2を参照して作成

制度はもはや財政制度の一部と思われるかもしれないが，社会保険制度の場合は，事業の実施主体が政府に限られているわけではなく，財源の大半は被保険者と事業主が拠出した保険料でまかなわれていることにも留意する必要がある。

2-2　一般会計歳出における社会保障関係費

(1)　社会保障関係費の構成

次に，社会保障関係費をとりあげよう。社会保障給付費と混同しやすい用語であるが，こちらは国の一般会計歳出のなかで社会保障に支出される費用のことである。社会保障関係費は大きく**生活保護費**，**社会福祉費**，**社会保険費**，**保健衛生対策費**および**失業対策費**という5つの費目から構成されている。それらについて簡単に紹介する。

① 生活保護費は，生活保護法に基づく各種扶助の保護費や保護施設事務費を中心とした経費である。その原資は，国から生活保護行政の実施主体である地方公共団体に交付される**負担金**や**補助金**で構成される。
② 社会福祉費には老人福祉法，身体障害者福祉法，児童福祉法，母子保健法等に基づく老人福祉費，身体障害者保護費，児童保護費，児童扶養手当等給付諸費，母子福祉費，婦人保護費および社会福祉施設整備費等が含まれる。それらの費用も一部の例外を除き，国から社会福祉行政の実施主体である地方公共団体に対して，負担金や補助金を交付する。
③ 社会保険費には，児童手当国庫負担金，介護保険推進費，老人医療・介護保険給付諸費，介護保険助成費，健康保険組合助成費，国民健康保険助成費，社会保険国庫負担金，国民年金国庫負担金などの給付費や事務費に関する経費がある。それらの費用は国の年金特別会計，地方公共団体の国民健康保険事業会計や介護保険事業会計に対して，国の負担金や補助金として繰入または交付される。
④ 保健衛生対策費は国民の健康保持と増進を目的とするもので，主に保健衛生諸費，原爆障害対策費，結核医療費，精神保健費，国立病院および療養所経営費と施設費，検疫所経費等で構成されている。
⑤ 失業対策費は失業者の就業促進をはかる職業転換対策事業費と雇用保険の財政を支援する雇用保険国庫負担金を中心としたものである。雇用保険国庫負担金は保険事業の実施，経理主体である労働保険特別会計雇用勘定に繰り入れられる。

(2) 社会保障関係費の規模

社会保障財源の一部である公費負担は国および地方公共団体における予算審議を経て，国の一般会計や地方公共団体の普通会計において支出・経理される。ここでは，まず国の一般会計から支出される社会保障関係費についてみてみよう。

図9-7は2014年度の国の一般会計における歳出の内訳を示したものである。それを見てわかるように，一般会計予算額は95兆8,823億円となっているが，社会保障関係費は30兆5,175億円であり，**一般会計歳出**の31.8％を占

198　第9章　社会保障財政

図9-7　2014年度一般会計予算における歳出

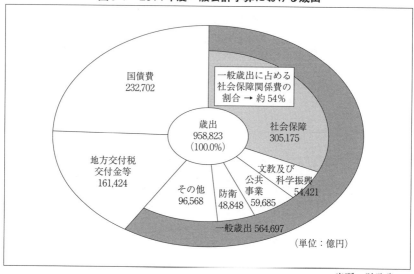

出所：財務省HP

図9-8　社会保障関係費の推移

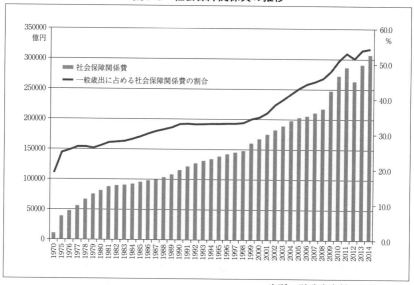

出所：財務省資料より筆者作成

め，一般会計歳出のなかで最大となっている。一般会計歳出から国債費と地方交付税交付金を除いた**一般歳出**（56兆4,697億円）における社会保障関係費の割合は54.4％を占めている。

社会保障関係費の推移をみると，1970年度に1兆1,413億円（対一般歳出比19.0％）だったのが，2000年度に16兆7,666億円（同34.9％）に達し，さらに，2010年度には27兆2,686億円に増加した。一般歳出に占める割合も半分を超えるに至っている（図9-8を参照）。

(3) 費目別社会保障関係費の変化

前述のように社会保障関係費には，生活保護費，社会福祉費，社会保険費，保健衛生対策費と失業対策費という5つの費目がある。2014年度の主要費目別ごとの状況は次のとおりである。社会保険費が最も大きく73.9％（22兆5,557億円）を占め，その内訳は，年金35.3％（10兆7,724億円），医療30.0％（9兆1,576億円），介護8.6％（2兆6,257億円）となっている。次いで，社会福祉費が14.5％（4兆4,480億円），生活保護費が9.6％（2兆9,222億円），保健衛生対策費が1.3％（4,093億円），失業対策費が0.6％（1,824億円）となっている。

歴史的にみれば，主要費目別の推移に関する最大な特徴は，社会保険への支出がますます大きくなっていることである。その一方で，1960年代まで比較的に高い割合を占めていた生活保護費や失業対策費が大幅に減少した。また，1980年代後半から90年代後半にかけて，高齢者保健福祉の充実をはかった**ゴールドプラン**や**新ゴールドプラン**などの実施によって，社会福祉費の伸びが目立っていた。しかし，2000年の介護保険制度の実施にともない，高齢者福祉経費（介護費用）を中心とした費目の振替によって，社会福祉費が大幅に減し社会保険費が大幅に増加するという現象が生じ，その後も同じ傾向が続いている。

2-3 普通会計における社会保障関係費

地方公共団体の普通会計における社会保障関係費について簡潔に見てみよう。

地方普通会計の社会保障関係費は費目別からみると，**民生費**，**衛生費**と労

働費から構成されている。そのうち，民生費は児童，高齢者，心身障害者等のための福祉施設の整備および運営，生活保護の実施等に支出される費用であるが，1990年代以降，高齢化対策の本格的実施にともない着実に増加している。現在では，地方公共団体の一般歳出のなかで長年の上位2費目とされてきた**土木費**や**教育費**を超え，民生費が最も大きな割合を占める費目となっている。

国民健康保険，**後期高齢者医療制度**および介護保険の保険者は，各市町村または複数の市町村による広域連合である。財政面では，上記三事業の運営と経理は各市町村の事業会計で行われており，それぞれ国民健康保険事業会計，後期高齢者医療制度事業会計と介護保険事業会計となっている。

3 財源構成と財源調達方式

3-1 社会保障の財源構成

社会保障の諸費用はどのように調達されているのであろうか。先にも触れたように，社会保障の財源は，主に**公費負担**(租税など)，**保険料負担**，**一部負担**(患者負担，利用者負担)，**運用収益**などからなっている。

公費負担のうち租税収入のなかには国税のみならず地方税も投入されている。また，公費負担の主財源は租税であるが，赤字財政の場合には**公債金**が部分的に含まれる場合があることにも留意しなければならない。

保険料負担に関しては，負担主体の視点からみると，厚生年金や健康保険など被用者を被保険者とする職域保険の場合は**被保険者負担**と**事業主負担**に区分されるが，国民年金や国民健康保険などの地域保険の場合は被保険者のみの負担となる。なお，日本の現行制度では，被用者保険の保険料は被保険者と事業主の**折半負担**が原則となっている。

また，保険料には定額で徴収する方式と定率で徴収する方式がある。定率で負担を求める場合は，負担額に上限が設けられている場合が多い。国民年金の第1号被保険者や介護保険の第1号被保険者については定額方式である

が，介護保険の場合は所得段階別の定額方式となっている。国民健康保険の場合は応能負担(所得や資産に応じて算定)と応益負担(1世帯当たり定額，1人当たり定額)の混合方式が採用されている。厚生年金や健康保険などの被用者保険は所得に一定の割合をかける所得比例方式がとられている。

　一部負担は，保険給付を受けたり公的施設やサービスを利用する際に，患者や利用者から費用の一部として徴収されるものである。医療保険の患者負担(窓口負担)や介護保険の利用者負担，保育所の保育料などがその具体例としてあげることができる。コスト意識を高めることによって給付の無駄や非効率を避けること，医療や介護等のサービスを受ける人と受けない人との公平の確保すること，財源を確保することなどが，その理由としてあげられているが，その高さと公平性をめぐる議論が行われている。

　運用収益は資産収入とも呼ばれるが，制度の積立金からの利子，配当金等の運用収入のことである。積立方式や修正積立方式の年金保険の場合はその役割が大きい。医療保険や雇用保険など他の社会保険においても，積立金が存在する場合には，それに見合う資産収入が生じる。景気の変動などに関連して年金積立金の資産運用をめぐってさまざまな議論が行われている。

　図9-9に示されているように，2011年度の社会保障財源に占める保険料負担，公費負担および運用収益を含むその他の収入の割合は，5:4:1となっている。

3-2　財源調達方式

　社会保障給付の目的と対象者の違いによって，その制度設計と**財源調達**の方式が異なってくるが，**財源調達方式**は**公費負担方式**と**社会保険方式**に大別されることが多い。公費負担方式はしばしば**税方式**とも呼ばれているが，前述したように，赤字財政の場合は公債金も公費負担として投入されるので，一律に公費負担＝租税負担，公費負担方式＝税方式とはいいがたい。しかし，今日では税方式が一般的に使われていることを考慮し，本章において税方式の表現を使用する。

　税方式には**普通税**と**目的税**をめぐる議論がある。前者では，使途を特定しないで徴収された一般諸税の税収の一部が社会保障の財源として使われる。

図9-9　社会保障の財源構成

社会保障財源　115.7兆円					
社会保険料 60.1兆円（52.0％）		公費負担 43.5兆円（37.6％）		他の収入 12.1兆円 （10.4％）	
うち被保険者拠出 60.1兆円（52.0％）	うち事業主拠出 29.0兆円（25.1％）	うち国 31.5兆円（52.0％）	うち地方 12.0兆円 （10.3％）	資産収入 3.7兆円 （3.2％）	その他 8.4兆円 （7.3％）

資料：国立社会保障・人口問題研究所「平成23年度社会保障給付費」より筆者作成

後者では，その使い道をあらかじめ特定したうえで徴収する税のことである。日本では**国民健康保険税**がそれに該当するが，国保税は実質的には保険料としての性格が強いので，保険料と認識されているのが一般的である。

社会保険方式が財源調達方式として採用されているのは，いうまでもなく各種の社会保険制度であるが，その特徴としては，保険料の事前拠出が保険給付の受給要件になることがあげられる。社会保険方式であるならば，拠出される保険料が給付費の唯一の財源だと理解されがちだが，財源確保のために公費負担を部分的に導入するケースもある。

日本の社会保障制度はドイツの社会保険制度を見本にして構築されてきたが，その財源調達方式もドイツやフランスと同様に「社会保険方式中心型」となっている。しかし，後述するように，日本の社会保険では，公費負担もかなり大きな割合で導入している。

3-3　主要制度の財源構成と財源調達方式

日本の社会保障の財源調達方式は，社会保険方式から始まったが，その後の制度構築過程において次第に税の投入が行われ，社会保険方式と税方式の**混合型**になりつつある。

生活保護，社会福祉および公衆衛生の諸制度の財源調達方式は，税方式であり，その費用負担には国の負担と地方公共団体の負担の区別がある。生活保護制度では，国が4分の3，地方公共団体が4分の1を負担している。社会福祉においては，国と地方公共団体の負担割合は，個々の制度によって異

なっている。

　一方，主要な社会保険制度をみると，被保険者が被用者であるか否かによって財源構成と財源調達方式は大きく異なっている。たとえば，公的年金保険制度の財源は，社会保険料，公費負担および運用収益から構成されているが，厚生年金の給付費のほとんどが保険料でまかなわれているのに対して，基礎年金の給付費の2分の1はが国庫負担となっている。また，公的医療保険の場合も個々の医療保険制度によって公費負担の割合は異なる。自営業，農業者等の非被用者を適用対象とする国民健康保険では，公費負担が給付費の約50％(国庫負担43％，都道府県負担7％)を占め，さらに市町村の一般財源(交付税交付金)が投入されている場合も多い。また，介護保険の財源にも50％の公費負担(国庫50％，都道府県25％，市町村25％)があり，雇用保険の求職者給付の13.75％(2007年度から当分の間，本来負担分である25％の55％に引き下げられた)も公費負担となっている。

3-4　両方式のメリットとデメリット

　人びとの働き方に多様性があり，また，それぞれの制度にも達成する目的の違いがあるため，個々の社会保障制度の財源調達方式として税方式と社会保険方式のどちらを採用するべきかという問題が議論になることがある。このような問題について検討する際に，まず両方式のメリットとデメリットを明らかにしておく必要がある。なお，ここで取り上げる税方式に関しては目的税を財源とするものではなく，普通税を財源とするものを想定している。税方式に比べて，よく言われる社会保険方式のメリットは以下の4つである。

　第1に，受益と負担の対応関係がはっきりしている。社会保険方式が保険給付を受け取るための対価としての個々人の負担を特定のレベルや金額に定めることができるのに対して，税方式ではさまざまな種類の租税によって徴収される税収の一部が社会保障の財源に投入されることから，個々人の社会保障の負担額を特定することはできない。そのため，ある特定の制度についてそれからの受益に負担を対応させるといったような調整方法は不可能である。

第2は，財源調達の安定性を考える場合は，社会保険方式の方がが比較的安定性の高い仕組みである。普通税の使途は，その時々の政治的要因に左右されるため，社会保障の目的から外れる可能性がある。それに対して，社会保険方式は保険料収入が社会保障以外の目的に使用されることはなく，景気変動による影響も比較的小さいと考えられる。また，被用者保険の場合は，保険料が所得に比例しているため，賃金の上昇に応じて財源が拡大でき，かつ徴収コストが低いというメリットもある。

　第3に，必要に応じて，財源の拡充に対する国民の合意が得られやすい。安倍政権での消費増税に対する反発は記憶に新しいが，新税の創設や増税に対しては国民から強い反発を招くことが多い。それに比べて，社会保険料は給付との対応が明確で，生活不安を招くリスクに対処する機能が強いので，国民に受け入れられやすい。

　第4に，社会保険方式では，個々人に対して社会保障の費用をそれぞれの制度別に負担させているため，被保険者の費用意識が比較的強い。一方，普通税の場合は社会保障制度に直結しないため，費用意識は弱い。費用意識があるため，給付の引き上げが負担の引き上げにフィードバックし，給付の安易な引上げに規律を加え，制度の効率性が高められる。

　それに対して，社会保険方式のデメリットとしては，次の4つがあげられる。

　第1に，賃金を賦課対象にする被用者保険の場合は，賦課ベースが狭いため，賦課上限が低い場合には，低所得者の方の負担が重くなるなど逆進的となることがあげられる。

　第2に，負担が現役世代に集中することがあげられる。これは最近の日本のように，急速に少子高齢化が進む場合には，現役世代の負担が過重になり，社会保険の基礎をなす世代間連帯を弛緩させる原因ともなりかねない。

　第3に，被用者ではない者にとっては，定額の社会保険料は逆進的であることがあげられる。たとえば，国民年金の場合は，非正規労働者のような低所得者にとって，一律の定額保険料は逆進的となると考えられる。

　第4には，被用者ではない者に対する保険料徴収が事実上自主納付であるため，未納者が多く発生することなどがあげられる。そのため年金受給者に

対しては，介護保険料や後期高齢者医療保険料などは年金から天引きする仕組みがとられているが，そのために生活が苦しくなるといった問題もあげられる。

こうしたなかで，2000年ごろまでに，社会保険方式に対してはデメリットよりメリットのほうが重視されていたように思われるが，超少子高齢化社会である今の社会経済状況を考える際に，財源の確保が社会保障制度における最重要課題のひとつと認識されている。

4 財源調達方式の選択基準

4-1 受益と負担の対応関係による選択基準

社会保障の制度設計において，財源調達方式の選択にあたり，税方式と社会保険方式のメリットとデメリットの検討は必要である。しかし，それは個々の制度における理念と目的，それに対象者の個別事情と合わせて検討しなければならない。

給付の目的，給付の内容，受益の性格などの違いによって，その給付の受給者に対しては，事前の負担を求めるかどうかという判断が異なってくる。

一般的に，受給に対して負担を対応させるかという観点から考えると，社会保障の諸制度は受益に対して負担を対応させないタイプと受益に対して負担を対応させるタイプの2つに分けることができる。前者には，給付の対象者を生活困窮者や低所得者に限定する選別主義的制度，たとえば生活保護，児童扶養手当などがこのタイプに属する。このタイプに属する制度は，生活困窮者の生存権を守り，所得が一定水準以下の母子家庭の児童の健全育成を図り，彼らの福祉の向上に資することを目的としている。また，この種の給付は事後的救済の性格が強い。さらに，給付対象者の事情を考えると，彼らに給付の対価である負担を求めることが不可能である。上記の理由から考えると，このタイプ(タイプ1)に属する社会保障制度に対して，受給の条件として負担を求める社会保険方式は適さず，保険料の拠出を受給の要件としな

い税方式のほうが適している。

　後者に関しては，受給の条件として負担(保険料の事前拠出)を求めるが，他方では給付において負担に見合う格差の有無を認めるか否かによって，さらに2種類(タイプ2，タイプ3)に分けることができる。受給に対して負担を対応させるが，給付は負担に対してある程度の比例関係を認めるタイプ(タイプ2)には被用者年金である厚生年金や共済年金が属している。つまり，これらの制度において，社会的公平を保つため，または政策の効率性を高めるために，負担と給付の両方に対して個別調整を可能にしたわけである。前述のように，この種の個別調整は税方式では実現できないが，社会保険方式では可能である。したがって，このタイプに属する社会保障制度の財源調達方式は社会保険方式が適している。

　さらに，受給に対して負担を対応させるが，負担面の差による給付面の格差を認めない，または最小限にとどめるタイプ(タイプ3)も存在する。このタイプに該当する社会保障制度としては，基礎年金，医療保険，介護保険があげられる。これらの制度の場合には，給付は普遍主義にもとづき，給付額(またはサービス内容)と受給者の負担額との相関関係は求めない。そのため，これらの制度において，実は受給の要件として負担を求めるかどうかは重要ではない。むしろ，給付と負担に対する個別調整が必要ではないことが重要なポイントになる。したがって，このタイプに属する社会保障制度の財源調達方式は，負担を求めることに重点が置かれた場合は社会保険方式を採用し，個別調整を求めないことに重点が置かれた場合は税方式を採用する。または，両方式を合わせて採用することも可能であろう。

4-2　財源政策の政策基準

　国民の日常生活に緊密な関係をもつ社会保障制度は，確かな財源がなくては存続できない。持続性可能な社会保障制度を目指すなら，上記のような受給と負担の対応関係による選択基準に対して，正しい理解をしなければならない。それとともに，財源調達にかかわる財源政策の政策基準もきちんと理解する必要がある。

　一般的に，社会保障制度の財源政策に対して，3つの政策基準が重要だと

いわれている。第1に，受給と負担の対応にかかわる**公平性**の基準である。繰り返しになるが，負担の個別的調整による社会的公平性の確保という点においては，税方式より社会保険方式のほうが優れている。第2は，社会保障制度の運営にかかわる**効率性**の基準である。社会保障給付の充実を重視するならば，負担の面においても現状より大幅な負担増が要求される。国民負担の上昇が社会経済に対して与える影響は大きい。社会保障制度の財源構成と財源調達方式の選択において，効率性の基準が重要である。第3は，制度の持続可能にかかわる収入の**安定性**の基準である。超高齢化社会において，ますます増える社会保障給付費をいかに調達できるかということは制度の存続にかかわる重要な課題である。

参考文献

椋野美智子・田中耕太郎，2014年『はじめての社会保障(第11版)』有斐閣
坂本忠次，2009年『現代社会福祉行財政論』大学教育出版
社会保障研究所編，1998年『社会保障の財源政策』東京大学出版社
林宜嗣，2012年『基礎コース 財政学(第3版)』新世社
堀勝洋編，2004年『社会保障読本 第3版』東洋経済新報社

于　　洋

第10章　社会保険と民間保険

1 保険の仕組みと保険の技術的原則

はじめに

　社会保険とは，国が法律に基づき，病気やけが，老齢，障害，失業，要介護，死亡など人びとの生活を脅かす一定のリスクに対して，保険の技術を用いて対応する制度である。具体的には，日本では医療保険，介護保険，年金保険，雇用保険，労災保険の5つの制度がこれに該当する。

　社会保険が世界で最初にできたのは1880年代のことであるが，その前から火災保険，生命保険，海上保険など多くの保険がつくられており，社会保険ができたあとも自動車保険や傷害疾病保険などさまざまな新種保険がつくられてきた。これらの保険は，社会保険と区分して一般に民間保険と呼ばれている。

　それでは，社会保険と民間保険はいったいどこが違うのだろうか，また逆に，社会保険と民間保険はどこが共通しているのだろうか。この章では，保険という仕組みをふまえて，社会保険と民間保険の相違点と類似点を比較し，社会保険の特徴とその機能について検討してみよう。

1-1　保険の基本的仕組み

　保険の定義については，古くからさまざまな議論があり，未だに学界でも確定した定義はないが，一般的には「保険とは，特定の偶然事故に備えて，多数の経済主体が保険料を拠出して共同の準備財産をつくり，損害を被った者にその財産から保険金を支払う制度である」とされている。

　ここで偶然事故とは，一定の確率で発生することが予測されているが，い

つ，誰に，どのように発生するかがわからない事故をいい，**危険(リスク)**と呼ばれることも多い。こうしたリスクに対しては，その発生を予防し，回避する対策が講じられているが，発生を完全に防止することは難しい。そこで，事故が現実に発生した場合に，それによる経済的損失をカバーする仕組みが必要となる。これを各人が個別的に行うのが「貯蓄」であり，多数の人が結合して行うのが「保険」である。つまり，保険とは，共通の危険にさらされている多数の人が集まって，各人が一定の決まりにしたがってお金を出し合い，その集団の中の誰かがその危険に出会った場合に，集まったお金から一定の給付を行い，その人の損失に対処する仕組みをいう。それ故にまた，保険は危険を多数の人びととの間に分散する仕組みであるといわれる。

保険の対象となる事故を**保険事故**という。保険を管理運営する主体を「保険者」といい，民間保険では株式会社や相互会社などが保険者となり，社会保険では国や地方自治体，公的団体が保険者になる。その保険の対象となる人を「被保険者」といい，民間保険では一般に保険者と保険契約を締結し保険料を支払う人をいうが，子ども保険のように親が保険締結者となり保険料を支払い，子どもが被保険者となる場合もある。社会保険では被保険者となる者が法律で決められている。

1-2 大数の法則(危険率の測定)

保険は多数の人びとが集まって成り立つが，その集合体(保険集団)のなかで危険が一定の確率でもって生じることがわかっていなければいけない。ある事故が，いつ，誰に，どのように起きるかまではわからないが，ある確率で必ず誰かにその事故が発生することは，過去の経験的数値から測定することができる。たとえば，ある年齢の人びとの死亡についていうと，不幸にして明日死に襲われる人もいれば，50年後も元気な人がいるかもしれない。しかし，日本全国の同一年齢の男性または女性について観察すると，1年以内に死亡する者の確率(死亡率)はきわめて高い精度で予測することができる。火災や病気などについても，その発生確率はかなりの精度で予測できる。

個々の場合にはまったく偶然にみえる事柄も，長期にわたって大量に観察

すると，その発生の確率は一定の値に近づいていく。例えば，サイコロを1回振って1から6のうちどの目が出るかはわからないが，何千回，何万回も振っていくと1から6の目が出る確率はそれぞれ6分の1に近づいていく。サイコロを振る回数が多ければ多いほどその確率は高まる。確率論や統計学では，このように個々の場合には偶然に見える事柄も，大量に観察するとそれが発生する確率が一定値に近づいていくという法則があり，これを**大数の法則**という。

　保険は，この大数の法則に基づいて成り立っている。通常の保険でいう危険(リスク)というのは，このようにその発生の確率が測定されるものを意味している。昔は保険もかなり投機的なものがみられたが，今日では危険を予測する確率論や統計学の発達，データの集積により，合理的な事業として運営されている。

1-3　共同準備財産の形成

　保険が成立するには，保険集団に属する人びとが一定の保険料を拠出して共同で危険に備える財産をつくらなければならない。事故が発生したとき，損害を被った人びとに，この財産からあらかじめ定めてある保険金またはサービス等の給付を行うのである。このように，保険では共同準備財産(**保険基金**)の形成がなされなければならない。

1-4　収支相等の原則

　このように共同準備財産がつくられ，事故が発生したときに保険給付を行う場合，集めたお金と支払ったお金の間に過不足が生じないようにしなければならない。その際，危険率の測定が正確であれば，その確率に基づいて各人の保険料を計算し，集めた共同準備財産から事故にあった人びとに定められた保険金を支払えば，過不足は生じない筈である。

　例をあげて説明しよう。厚生労働省の2013年簡易生命表によると，20歳の男子が1年間に死亡する確率(死亡率)は0.00048で，10万人に48人，約2,100人に1人とされている。この人たちが10万人集まって死亡したときに1,000万円を支払う保険をつくるとすると，1年間に必要な支払総額は1,000

万円×48人で合計4億8,000万円となる。この支払総額を10万人の保険料でまかなうとすると、1人あたり4,800円となる。これを書き直すと、10万人×4,800円=48人×1,000万円となり、左辺(保険料総額＝総収入)は右辺(保険給付総額＝総支出)に等しいということになる。

このように、保険料総額と保険給付総額が等しくなければならないという原則を「**収支相等の原則**」という。この原則が維持されないと保険は成り立たない。ここで保険料をP、保険金をZ、加入者数をn、事故数(保険金支払件数)をrとすると、収支相等の原則は、$nP = rZ$で示される。

なお、収支相等の原則は保険給付とそれに必要な純保険料について該当するものであり、保険の管理運営に必要な人件費などをまかなう付加保険料は含まれていない。

1-5 給付・反対給付均等の原則

次に、各人が支払う保険料についてみると、保険料は、事故が発生する確率と保険給付の額によって決まってくる。先の例でいうと、4,800円という保険料は、10万人のうち48人が死亡した場合にそれぞれ1,000万円を支払うということに対応するもので、4,800円=0.00048×1,000万円となる。つまり、保険料＝事故の確率×保険給付額、となる。保険が成立するには、この等式が成り立っていなければならない。この等式を「**給付・反対給付均等の原則**」という。この原則の意味は、各人の保険料は、事故が発生したときに受け取る保険金の数学的期待値に等しいということである。数学的期待値というのは、その確率による事故に加入者が遭遇した場合に保険者から支払われることが約束されている金額という意味である。

給付・反対給付均等の原則を上記の数式を使って表すと、$P = wZ$(wは事故の確率)となる。ここで、事故の確率とは加入者数に対する事故数の割合なので$w = \frac{r}{n}$となり、$P = wZ$は、$P = \frac{r}{n} \times Z$となる。これは$nP = rZ$という前述の収支相等の原則と同じ数式にほかならない。このように収支相等の原則と給付・反対給付均等の原則は、数学的には同じであるが、前者は保険全体の収支バランスを示すものであり、前者は個々人の収支バランスを示すものである。

この給付・反対給付均等の原則は，2つのことを意味している。1つは，事故の確率が一定の場合，保険料と保険金は比例するということである。上記の20歳男性についていうと，死亡時の保険金を2倍の2,000万円にしたい場合には保険料も2倍の9,600円となり，保険料を半分の2,400円にすると保険金も半分の500万円になる。これを先の数式によって示すと，$P' = wZ'$ということになる。

　もう1つは，保険料は事故の確率に比例するということである。先の簡易生命表で，50歳男性の死亡率をみると，0.00266と20歳男性の5.54倍高くなっている。その場合，死亡時に1,000万円の保険金を受け取ろうとすると，保険料は20歳男性の5.54倍高い26,600円となる。このようにリスクが高いほど保険料が高くなるということを先の式で示すと，$P' = w'Z$と記すことができる。

　リスクが高くなればなるほど保険料が高くなるということは，保険料の公平性を示すものとして「**保険料公平の原則**」あるいは「**保険技術的公平の原則**」ともいう。「保険料公平の原則」は「給付・反対給付均等の原則」と同じことを意味しているとして両者を区分しないことが多いが，社会保険と民間保険を比較する場合には区分して検討した方がわかりやすいので，本章ではそのように取り扱っている。

2 社会保険と民間保険の異同

2-1　社会保険の要件

　社会保険と民間保険を比較した場合，社会保険が制度化されるうえでの固有の要件として，次の3つをあげることができる。

(1) 国家管理

　社会保険では，原則として，その管理運営主体(保険者)は国家である。国民健康保険や介護保険のように地方自治体が保険者となったり，健康保険組

合のように公的団体が保険者になったりすることもあるが，その場合でも究極の責任は国家にある。ここで国家管理というのはそのことも含んでいる。経営主体が多元的であっても，国はそれを統括する法を定め，各保険者はそれに基づいて管理運営を行うことになるため，中央集権的な性格を帯びることが多い。

(2) 国庫負担

　社会保険が国家管理であることに関連して，その管理運営に要する事務費については，国庫負担によることが多い。地方自治体や公的団体が保険者になる場合は，それらの保険者が事務費を負担することがあるが，その場合でも何らかの国庫負担が行われている。また，保険給付についても各社会保険の定めに応じて国庫負担が行われている。さらに，国民健康保険のように，保険料納付を免除または軽減された低所得者の保険料の一部を国が負担するといった対応策もとられている。国の財政状態とも関連して，国が社会保険財政にどのように関わるかは重要な問題である。

(3) 強制加入

　社会保険の特徴として，加入条件が法律で定められ，それに該当する人びとを強制加入させるという点があげられる。民間保険の場合は任意加入が原則で，加入を強制されることは少ない。しかし，社会保険では強制加入が原則で，個人の判断で加入するか否かを自由に選択することはできない。

　強制加入とする理由については，社会保険がつくられた頃，その対象となった労働者は生活が苦しく，保険の知識も乏しかったので，強制しないと加入しないことが多かったからだといわれている。すべての労働者を強制加入させることで，彼らを保護することができると考えられたし，次第に労働者以外に社会保険を広げていく場合にも，強制加入とすることで体制の安定を図ることができると考えられた。また，保険の運営からいって，リスクの低い者も加入させて危険率を引き下げ，制度を安定させる必要があった。逆に，強制加入にすることによって，民間保険では排除されるようなリスクの高い者を包摂することができる点も指摘されている。社会保険における強制

加入は，そうした国の政策意図に基づいて行われるところに特徴がある。社会保険を定義づけるのに「社会保険は国の強制加入の保険である」という見解もみられる。

また，強制加入について，逆選択の防止のためといわれることがある。リスクの高い者だけが加入してくると(リスクの低い者がもっと低い保険料を求めて保険から脱退するため，リスクの高い者だけが残ると説明される場合もある)，危険率が大きくなり，保険料が高くなりすぎて保険が成立しなくなるので，それを防止するために強制加入としているという説明もある。しかし，歴史的にみると，社会保険の成立に際して逆選択の防止を目的に強制加入が導入されたという事実はないし，リスクの高い者だけが加入して(または残って)高い保険料を負担する事態になったという事実もない。逆選択の防止という観点から強制加入を説くのは，論理としてはあり得るが，社会保険を民間保険と同じレベルでとらえるものであり，国の制度としての社会保険の役割と歴史過程を看過したものといわなければならない。

(4) 雇用主負担

社会保険が被用者を対象とする場合には，一般に保険料の半分ないしそれ以上を雇用主が負担することが多い。雇用主負担の理由としては，人的資本の維持に関する雇用主の責任，雇用維持や労使関係の安定への寄与，制度運営における雇用主参加への対応といったことがあげられている。また，雇用主の負担については，それを雇用主の利潤からまかなっているのか，賃金等を通じて被用者負担に転嫁しているのか，製品価格を通じて消費者に転嫁しているのかが明確ではない。一般的には消費者に転嫁する傾向が強いとされているが，近年，国際的な企業間競争が激化するなかで，保険料の引き上げにともなうコスト増を価格に転嫁することが難しくなっており，各国とも企業の国際競争力を維持するために社会保険の雇用主負担のあり方が課題となっている。

2-2 保険の技術的原則からみた社会保険と民間保険の類似点と相違点

社会保険は，保険の技術を用いて国民生活に困難をもたらすリスクに対応

する制度である。社会保険は，保険に固有の技術的原則と国民の生活保障という原則を結びつけているところに特徴があり，そこでは民間保険と共通性を有しながらも異なる点が少なくない。

　まず，「大数の法則」については，民間保険も社会保険もそれによって保険事故の発生確率を把握し，それをもとに保険金と保険料を算定するという仕組みになっていることに変わりはない。

　「収支相等の原則」は，民間保険において厳しく守られているが，社会保険についてはそれが守られているとする見解と守られていないとする見解がある。というのは，社会保険のなかには給付をすべて保険料によってまかなうことが難しく，国庫負担その他の公費負担が投入されている場合が多い。そのため，保険料収入の総額と保険給付の総額だけを比較すると収支のバランスはとれていないが，収入に公費負担を加えれば収支バランスがとれている。それらの公費負担も税による国民負担であるとして保険料収入と同じようにみなすかどうかによって，収支相等の原則が維持されているか否かの見解が分かれることになる。最近では，国庫負担等の公費負担を含めて収支バランスを図るのが一般的になってきており，社会保険においても収支相等の原則が維持されていると見なす見解が多くなっている。

　「給付・反対給付均等の原則」については，民間保険では厳しく守られており，同時にまた保険料公平の原則も守られている。しかし，社会保険では給付・反対給付均等の原則が守られていない。

　たとえば社会保険としての医療保険の場合，医療給付（現物給付）はそれぞれの病気の治癒のために必要にして適切な医療が行われることを原則としている。保険料の低い人であっても，重い病気であれば，それに必要な治療が行われるし，高い保険料を払っていても軽い病気であればそれに対応した給付しか行われない。また，医療保険の保険料は，一般的に賃金ないしは所得に応じて設定されるので，リスクの高さには対応していない。たとえば，高齢になるほど罹病率は高くなるが，高齢であっても所得が低ければ保険料は低く設定される。このように医療保険では，保険給付と保険料がまったく異なる基準によってで定められており，「給付・反対給付均等の原則」は守られていないし，同時にまた「保険料公平の原則」も維持されていないのであ

図10-1 民間保険と社会保険の基本構造

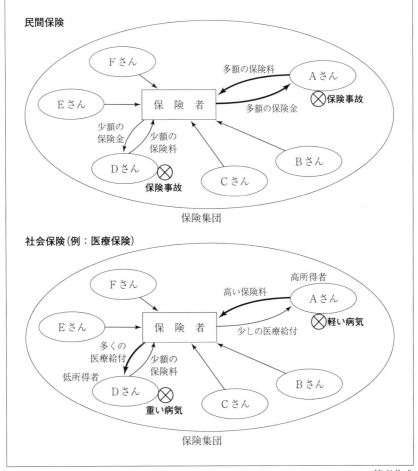

筆者作成

る。これらをふまえて、民間保険と社会保険の基本的な仕組みを示すと、**図10-1**のようになる。

　もっとも、社会保険でも年金保険や失業保険のような所得保障(現金給付)の場合は、一定の範囲内ではあるが、賃金・所得を基礎に保険料と給付額が設定されており、給付・反対給付均等の原則にしたがう形になっている。し

かし，平均余命が長く年金を長期にわたって受給する女性が男性と同じ保険料と年金額とされたり，中高年の失業者に対しては若齢失業者よりも長期の保険給付が行われるなど，給付・反対給付均等の原則が厳格に守られているわけではない。

　このように社会保険が保険の技術的原則から乖離し，とりわけ給付・反対給付均等の原則から大きく逸脱しているのはなぜだろうか。それは次節で述べるように，社会保険には所得の高い人から低い人へ，あるいはリスクの高い人から低い人へという**所得再分配機能**の仕組みが講じられており，それによって国民生活の安定を図るという役割が付与されているからである。こうしたことから，社会保険は保険の技術的原則を厳守する民間保険と共通する**保険原理**と，生活困窮者の救済や社会的公正の実現といった**扶助原理**の2つの原理を基礎とするものとしてとらえられている。

3 社会保険の機能

3-1 生活リスクと社会保険の対応

　社会保険は国民の生活を困難にするリスクに対応するものであるが，もとよりすべてのリスクに対応することは不可能である。それでは，社会保険が対象とするリスクとはどのようなものであろうか。

　現代社会では，人びとは一般に労働によって得た所得によって生活している。社会保険はそうした労働能力または生活能力が減退，中断，喪失したときに機能するものとして制度化されている。具体的には，身体的な理由から労働能力または生活能力を一時的に不能にするものとして傷病や出産があげられるし，半永久的には障害，老齢，要介護が該当することがあるし，永久的には死亡があげられる。また，身体的な理由以外で労働ができなくなる場合として失業があげられる。

　また，社会保険の対象となるリスクは，広く国民に共通するものでなければならない。そうしたものとして，従来から多くの国で医療保険，年金保

険，労災保険，失業保険が設けられてきた。それに対して，最近のリスク状況の変化に対応してつくられたのが介護保険である。すなわち，高齢化率が低く要介護者数も相対的に少なく，二世代ないしは三世代同居の家族が多かった時代には，高齢者介護の多くは家族に委ねられていた。しかし，高齢化の進展につれて要介護者が増大し，また核家族化が進み，家族介護が難しくなるなかで，要介護は国民に共通するリスクとして捉えられるようになり，社会保険の1つとして介護保険の創設につながった。

　国民に共通するリスクとして捉えられたとしても，それによる生活上の困難がどの程度生じるかは，個人によって異なるし，客観的に明確にすることが難しいこともある。そのため，社会保険の給付は，社会的に認められる平均的なものにならざるを得ないし，また，どの程度の水準が望ましいかということについては，財源問題とも関連して，社会保険をめぐる大きな課題となっている。

3-2　社会保障としての社会保険

　社会保険は当初，労働者を対象とする制度として始まったが，次第にその対象を広げ，現在では全国民を対象とする社会保障制度の中心的な位置を占めるようになっている。社会保障は，一般に，社会保険と公的扶助が統合して成立したものといわれ，公的扶助が貧困に陥った人びとを救済する**救貧機能**を有する制度であるのに対して，社会保険は生活事故に遭遇した人びとに所定の給付を行うことによって貧困に陥るのを防止する**防貧機能**を持つ制度として捉えられている。

　なお，社会保障を構成する制度について付言しておくと，かつては公的扶助で対応された（すなわち，貧困になってはじめて公的な救済の対象とされた）障害者，老齢者，母子などに対して，その所得の多寡には関係なく，日常生活を営むうえでの支援を行うさまざまな**社会福祉サービス**が拡大し，現在では社会保障の固有の分野を形成するものとなっている。また，社会保険のように受給者の拠出を前提とせず，また公的扶助のようにミーンズテストを伴わずに，一定のリスクに対して公費から給付される**社会手当**も社会保障の一制度とみなされている。こうしたことから今日では，社会保障は社会保険，公的

扶助，社会福祉サービスおよび社会手当の4つの制度から成るものとしてとらえられることが多い。ただし，欧米諸国では社会手当に区分される児童手当をはじめ，特別児童扶養手当，特別障害者手当，20歳前障害による障害基礎年金等は，日本では社会福祉制度や年金制度に含められており，社会手当としての制度は設けられていない。社会保障の構成については，それぞれの国における制度の形成過程や分類基準によってさまざまに異なっていることに留意する必要がある。

　また，社会保障はしばしば**税方式**と**社会保険方式**に大別される。税方式は社会保障の財源を税でまかなうものであり，公費負担方式ともいわれる。社会保険方式も，社会保険料という財源調達の側面をとらえた用語である。その場合，確かに社会保険の主たる財源は社会保険料に求められるが，それに加えて多かれ少なかれ国庫負担などの公費負担がなされていることは先に述べたところである。そのことから，社会保険方式のとらえ方には幾つかの議論があるが，公費負担の多寡にかかわらず，保険料拠出が給付の要件となっている場合は，社会保険方式として区分するのが適切であろう。

　さらに，社会保険の財政方式は**積立方式**と**賦課方式**に区分される。前者は保険料の積立金とその運用収益で給付費をまかなう方式であり，後者はその年度に徴収した保険料によってその年度の給付費をまかなう方式である。また，両者をミックスした方式を**修正積立(修正賦課)方式**という場合もある。かつては医療保険等の短期保険は賦課方式であり，年金保険のような長期保険は積立方式であったが，年金保険も次第に修正積立方式に移行し，さらに賦課方式に移行するという歴史的経過をたどってきている。

　社会保険が積立方式と賦課方式のいずれを採用するかについては，さまざまな主張が行われており，とくに年金保険では激しい議論が行われている。一般に，積立方式は物価上昇が著しい場合には積立金の目減りが生じ，また，金利の変動等によっては予定した運用収益が得られないという問題がある。他方，賦課方式は少子高齢化が進む場合には後代世代の負担が過重になるという問題がある。また一般に，自己責任を求める主張が強くなる場合には積立方式へ傾斜し，世代間連帯ないしは社会連帯を強調する場合には賦課方式への傾斜が強まる。いずれの方式をとるにせよ，人口構成の変化，経済

状況，給付と負担の水準，保険財政，社会的格差などを総合的に勘案し，国民の合意形成を図ることが重要である。

3-3 社会保険の所得再分配機能

社会保険は，経済的にみると，社会的な所得再分配のシステムである。社会保険は，国が法律に基づいて国民から社会保険料を徴収し，事故にあった人びとに給付を行うという所得移転の仕組みにほかならない。社会保険の所得再分配機能について検討してみよう。

まず，保険は，特定の事故の発生に備えて保険料を集め，事故が発生した場合にそこから保険金の支払いを通して所得の再分配を行っている。こうした保険の原理に基づいて行われる所得再分配を**保険的所得再分配**という。この機能は民間保険も社会保険も有しているものである。

社会保険は，それに加えて，国民の生活を保障し，社会の安定を図るための所得再分配機能(**社会政策的所得再分配機能**ともいわれる)を有している。その機能についてはさまざまな分析が行われているが，ここでは垂直的所得再分配，水平的所得再分配，時間的所得再分配，世代間所得再分配の4つに区分して検討してみよう。

垂直的所得再分配は，所得の高い者から低い者への再分配をいう。社会保障では公的扶助がもっとも大きくこの機能を担っているが，社会保険もこの機能を有している。たとえば，失業保険では，所得比例の保険料徴収が行われるが，その受給者(失業者)には雇用の不安定な低所得者が多いことから，垂直的な所得再分配が行われている。厚生年金保険でも，定率の保険料徴収に対して，定額の基礎年金と報酬比例年金が給付されることから，平均所得が低い者ほど年金の所得代替率が高くなる形になっている。また，公費負担も垂直的な所得再分配機能を果たしている。

水平的所得再分配は，厳密には当初所得水準を同じくする者の間の再分配をいうが，社会保険の場合は職業や職場を同じくする者の間の再分配や世代を同じくする者の間の再分配も含まれる。たとえば，健康保険組合における医療給付は，同じ職場内で病気になった者とそうでない者との間で行われる再分配であり，積立方式による年金保険は同じ世代で短命な者と長命な者の

間の所得再分配という機能を有している。

時間的所得再分配は，1人の人間がライフサイクルのなかで就労している時期に拠出をし，労働力が減退して就労できなくなった時期に受給することをいい，再分配によって異なる時期の所得を平均化するものである。積立方式による年金保険がその典型である。失業保険も，就業と失業の間で時間的な再分配をしているとみることができよう。

世代間所得再分配は，若齢世代が保険料を拠出し，そこから高齢世代が給付を受けるという再分配で，社会における世代間扶養を具体化するものとなっている。賦課方式による年金保険がその典型であるが，後期高齢者医療制度や介護保険もその機能を強くもっている。そうしたことから世代間所得再分配は世代間連帯によるシステムともなっている。しかし，近年，少子高齢化が進むなかで若い世代の負担が高まり，世代間の負担と給付のバランスのあり方が大きな問題となっている。社会保険は，拠出と給付に関する国民の信頼がなければ維持していくことが難しい。真剣な検討が必要である。

3-4 日本の所得再分配と社会保険

所得分配の程度を示す指標として**ジニ係数**がある。ジニ係数は0から1までの値をとり，0に近いほど平等な配分を示している(Column参照)。**表10-1**は，ジニ係数を使って日本の所得再分配による**所得格差**の是正の状況を示したものである。ここでは3つのことを指摘しておきたい。

1つは，近年，国民の当初所得の格差が拡大傾向にあることである。当初所得のジニ係数は1970年代から80年代前半まで0.3台であったが，80年代後半から上昇し始め，1987年には0.4台，2005年には0.5台になり，2011年には0.554と格差が急速に拡大していることを示している。

2つ目は，当初所得の格差拡大に対して，所得再分配による是正がなされていることである。すなわち，当初所得から税と社会保険料を控除し，社会保障給付(現物，現金)を加えた再分配所得のジニ係数をみると，1980年代から2000年代初頭にかけて徐々に上昇してきているが，それでも0.3台を維持しており，2011年も0.379と横這い状態を示している。

3つ目は，このような所得格差の是正が，最近は税による再分配機能が働

Column　ジニ係数とローレンツ曲線

　ジニ係数の求め方は，次のとおりである。まず，人員数(または世帯)の累積比率を横軸に，所得額の累積比率を縦軸にとってグラフを書く。この曲線をローレンツ曲線という。完全に所得が平等な社会では，ローレンツ曲線は傾斜45度の均等分布線と一致する。逆に，所得が不平等であればあるほどローレンツ曲線は均等分布線から遠ざかる。仮に，1人が所得を独占し，他の人びととの所得がゼロであれば，ローレンツ曲線はABC線になる。この曲線の膨らみによって分配の平等度がわかる。

　ジニ係数は，ローレンツ曲線と均等分布線の間の面積と，均等分布線より下の三角形の面積との対比で示される。したがって，ジニ係数は0から1までの値をとり，0に近いほど所得格差が小さいことを示している。

　日本は先進国のなかでも比較的平等な社会だといわれてきたが，最近のOECDのデータなどをみると，日本社会の格差が著しく大きくなっていることが示されている。

　ローレンツ曲線やジニ係数といった指標は，現在の所得再分配の状況を把握し，これからの社会のあり方を考えていくうえで有用な情報を提供してくれる。さらにレイノルズ・スモレンスキー係数(RS係数)，カクワニ係数などの指標も利用して，所得再分配のあり方を考えてみよう。

図　ローレンツ曲線

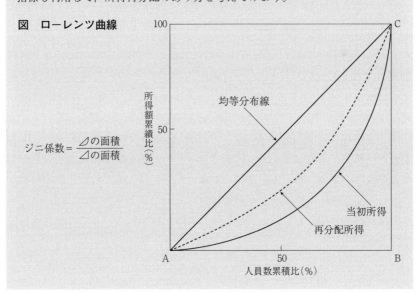

表10-1 所得再分配による所得格差の是正（ジニ係数）

	当初所得 （ジニ係数） A	再分配所得 （ジニ係数） B	再分配による改善度 $\left[\dfrac{B-A}{A}\right]$ （％）	税による 改善度 （％）	社会保障に よる改善度 （％）
1972年	0.354	0.314	11.4	4.4	5.7
1975年	0.357	0.346	7.8	2.9	4.5
1978年	0.365	0.338	7.4	3.7	1.2
1981年	0.349	0.314	10.0	5.4	5.0
1984年	0.398	0.343	13.8	3.8	9.8
1987年	0.405	0.338	16.5	4.2	12.0
1990年	0.433	0.364	15.9	2.9	12.5
1993年	0.439	0.365	17.0	3.2	13.2
1996年	0.441	0.361	18.3	3.6	15.2
1999年	0.472	0.381	19.2	2.9	16.8
2002年	0.498	0.381	23.5	3.4	20.8
2005年	0.526	0.387	26.4	3.2	24.0
2008年	0.532	0.376	29.3	3.7	26.6
2011年	0.554	0.379	31.5	4.5	28.3

資料：厚生労働省「所得再分配調査」各調整報告書報告書より筆者作成

かず，もっぱら社会保障（多くは社会保険）による再分配機能によってなされていることである。表10-1にみるように，1980年代初頭までは税による所得格差の改善も社会保障に劣らず行われていたが，1980年代後半からは税による改善がほとんど行われていない。2011年は社会保障による改善度が28.3％であるのに対して税による改善度はわずか4.5％にとどまっている。その要因としては，1987年から2007年の間に行われた税制改革によって高額所得者に対する所得税率が著しく引き下げられ，累進課税による所得再分配機能が大きく減退したことがあげられる。それに加えて，社会保険給付費が拡大して所得税のウエイトが相対的に低くなったことも指摘されている。日本では所得再分配がもっぱら社会保険によって行われていることを見逃してはならない。

次に，日本の所得再分配の特徴として，高齢者に著しく傾斜していることがあげられる。図10-2は，世帯主の年齢別所得再分配状況を示したもので

3 社会保険の機能

図10-2 世帯主の年齢階級別所得再分配状況

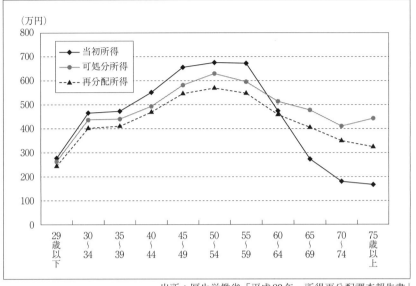

出所：厚生労働省「平成23年 所得再分配調査報告書」

ある。59歳までは再分配所得が当初所得をやや下回るかたちで両者が並行しているが，60歳以降は当初所得が大きく低下する一方，再分配所得はさして低下せず，34歳以下の再分配所得と同じ程度になっている。このように日本では高齢者に対する再分配機能が大きく働いているが，若齢者への対応がほとんどなされていないことがわかる。

さらに，世帯類型別に所得再分配状況をみると，**表10-2**のようになっている。高齢者世帯は，当初所得よりも再分配所得が2.75倍も高くなり，とくに年金をはじめとする社会保険給付が300万円近くになっている。それに対して母子世帯は，当初所得は高齢者世帯の2倍を上回るが，再分配所得は当初所得を30％余り上回る程度で高齢者世帯よりも100万円近く少ない。それは母子世帯に対する社会保障給付がきわめて少ないためであり，母子世帯の多くが貧困状態に陥っているという日本の社会保障がその役割を的確に果たし得ていないという一側面を示している。

表10-2 世帯類型別所得再分配状況

			総数	高齢者世帯	母子世帯	その他の世帯※
世帯数			5,021	1,355	97	3,555
世帯人員数		(人)	2.47	1.54	2.70	2.82
当初所得	(A)	(万円)	404.7	92.7	195.7	528.9
可処分所得		(万円)	424.5	263.0	229.9	491.4
再分配所得	(B)	(万円)	486.0	348.0	258.2	545.0
再分配係数 (B−A)／A (%)			20.1	275.4	31.9	3.0
拠出	拠出合計額		94.8	41.6	27.1	116.8
	税金		47.1	25.0	7.6	56.6
	社会保険料		47.7	16.7	19.5	60.3
受給	受給合計額		176.1	296.9	89.6	132.9
	年金・恩給		106.9	209.4	10.5	70.8
	医療		48.8	70.0	24.5	41.4
	介護		11.0	15.0	0.0	9.8
	その他		9.4	2.4	54.6	10.8
ジニ係数	当初所得		0.5536	0.8091	0.4070	0.4369
	再分配所得		0.3791	0.3728	0.2754	0.3590
	改善度(%)		31.5	53.9	32.3	17.8

※「一般世帯」を示す
出所：厚生労働省「平成23年　所得再分配調査報告書」

4 福祉国家における連帯と社会保険

　現在，日本を含めて先進諸国の多くは**福祉国家**と呼ばれている。福祉国家においては，一般に，労働による所得で生活が維持されるが，疾病，障害，老齢，失業，死亡等の生活事故によって労働による所得の確保が難しくなったときに社会保障がそれに対応し，生活が維持されていく仕組みとなっている。

　社会保険は本来，そうした福祉国家にきわめて適合的な制度であり，多くの福祉国家にとって，社会保険がその生成と発展の基礎となったといっても

過言ではない。福祉国家では所得再分配によって生活の安定と公平性を確保し，国民の連帯を強化する政策がとられるが，社会保険は保険料徴収と保険給付を通じていわば自動的にそれを達成することが可能であったからである。社会保険は，公的扶助のように選別的に関与するのではなく，また道義的な意識を介在させることもなく，強制加入のもとで**保険原理**と**扶助原理**のバランスに立った保険料拠出と保険給付を行うことによって，国民生活を安定させ**社会的公正**と**社会連帯**を醸成することができた。

　しかし，近年，そうした社会保険の機能が著しく弱化してきたように思われる。その原因の1つは，社会保険の対象となるリスクの変容である。社会保険は，疾病，障害，老齢，要介護，失業，死亡など国民が直面する生活上のリスクに対応するものであるが，そこではすべての人びとが同じリスクに直面する可能性があり，その発生は偶然性があり，保険の適用によって生活上の困難が解消されることを前提としている。その前提をもとに人びとは義務として保険料を拠出し，事故にあった人びとは当然の権利として給付を受けてきた。しかし，今日においては，疾病，高齢，要介護，失業等のリスクは長期化し慢性化して大量に堆積し，さらに医療保険や介護保険の予防給付のように事故発生以前の状態も保険のリスクとみなされるようになっている。しかも，それらのリスクは給付が行われても容易に生活上の困難は解消しない。このように社会保険のリスクが大きく変化し，それに対する社会保険の機能が弱化してきている。

　さらに，社会保険の加入者である国民の側でも大きな変化がみられる。少子高齢化の進展にともない，年金保険をはじめ医療保険でも介護保険でも，受給者と拠出者が二分化して長期化し，しかもそのバランスが次第に崩れ，拠出者の負担がますます重くなっている。また，経済のグローバル化にともない企業間競争が激化し，企業のコスト削減と雇用の規制緩和が行われる一方，社会保障は財政対策に追われて，非正規雇用等への対応が進まなかった。そのため，社会保険を支え社会の安定をもたらしてきた中間階層が解体して格差社会が現出し，所定の社会保険料を拠出し得ない人びとが増大するなど，社会保険の基盤そのものが揺らいでいる。

　このようにリスクの長期化・大量化と重なって，受給者の増加と拠出者の

減少が生じており，社会保険によっていわば自動的に生み出されていた社会的公正と社会連帯という福祉国家のパラダイムが急速に弱まってきている。こうした状況が続いた場合，福祉国家体制は変容ないしは解体を迫られることにならざるを得ない。社会保険にかわって税方式やその他の仕組みが検討されているが，社会保険のように社会的な公正と連帯を培い，福祉国家を支えていく仕組みは未だ構築されていない。困難な道ではあるが，社会保険制度を徹底して見直し，その再構築を図ることが求められているといえよう。

参考文献

大谷孝一編著，2013年『保険論・第3版』成文堂
厚生労働省編，2012年『平成24年版厚生労働白書－社会保障を考える－』
佐口卓著，1977年『日本社会保険制度史』勁草書房
田中耕太郎，2012年『社会保険の現代的役割』放送大学教育振興会
国立社会保障・人口問題研究所編，2011年『季刊社会保障研究：特集皆保険・皆年金の意義と課題』第47巻第3号
厚生統計協会編，各年版『厚生の指標増刊号 保険と年金の動向』厚生統計協会

（土田 武史）

第11章　雇用と社会保障

1　日本的雇用慣行の縮小

はじめに

　本章では，雇用政策について社会保障と関連付けて説明する。その際，職業訓練に注目する。現役世代の多くの者にとって雇用による労働報酬は基礎的・根源的な所得である。また，**ビスマルク型の社会保険**では雇用関係に基づいて加入資格を得，労働報酬からの保険料拠出で受給権を獲得する。雇用の重要性は明らかである。**ワイマル期**のドイツが**社会権**とともに**労働権**を確認し，また，**ベヴァリッジ**が社会保障の前提として完全雇用をうたったことに見られるように，完全雇用は社会保障にとって望ましい前提である。

　だが，景気の過熱期の短期間を除いて完全雇用に近い状態を達成することは，経験的にみて困難である。また，労働市場は，生きた人間の労働力を取り引きする特殊な市場である。特殊性として，例えば，生活を維持するに必要な最低価格が形成されなければならないこと，失業による所得の中断が長期化すると生活の再生産・生命の維持が困難になること，労働力の質を高めるには長期的な投資(教育・訓練・経験など)が必要であること，労働力の供給側と需要側のミスマッチが生じやすいこと，家族・住居などを持っている場合労働力移動が困難でコストがかかること，などを指摘できる。このため通常の経済政策・景気対策とは別に雇用を増大させたり，雇用の質を改善させたりする雇用政策が必要になってくる。

1-1　日本的雇用慣行

日本の大企業を中心に1960年代に形成されたいわゆる**日本的雇用慣行**は，新規学卒者として採用した男性正社員に雇用を保障し(長期雇用)，年齢別管理の中で配置転換を実施しながら訓練を提供し，査定付きの定期昇給を行なってきた(**年功制・年功賃金**)。これを支えたのが**企業別組合**と，家庭における性別役割分業(**男性片働きモデル**)および学校から就労への円滑な**移行システム**であった。企業別組合は，組合員の雇用保障と引き換えに無制限に近い配置転換を受け入れた。女性労働は学卒後，結婚・出産までの一時的就労と，子育て終了後のパートタイム労働など補完的就労が主流であった。学校は新規学卒者を企業に受け渡す機能を果たし，卒業時に就職先が決まらない若者は僅かであった。学校から会社への移行はスムーズで，移行期間は短かった。

1-2　日本的雇用慣行の縮小

1990年代半ば以降の日本企業は，男性労働者についても正規従業員採用枠を縮小し，また中高年齢労働者の解雇を拡充した。日本的雇用慣行が適用される正規従業員が伸び悩み，代わりに非正規労働者の採用枠が増大した。非正規労働者の増大は，雇用保障が不安定な労働者の増大を意味した。非正規労働者は，加入資格である労働時間が短いこと，見込まれる雇用継続期間が短いこと，年収要件を満たさないこと，などの理由で被用者保険に加入できない場合が多い。また，事業主が被用者保険の事業主負担分の保険料を免れるために非正規労働者を雇うという採用行動を取ることもあった。

表11-1は1990年と2010年の正規労働者・非正規労働者と完全失業者を比較したものであるが，男性は正規労働者が100万人減少，非正規労働者が280万人増大し，女性は正規労働者が伸び悩み，非正規労働者が550万人増大したことが分かる。失業率も男女計で2.1%から5.1%に増大している。

1-3　非正規労働者の増大と社会保険

非正規労働者と失業者の増大は，被用者保険に加入できない労働者の増大も意味した。被用者保険に加入できない者は，法律的には国民保険(国民健康

表11-1 非正規化の進展と失業率の高止まり(1990〜2010年)(万人)

	男性		女性		男女計	
	1990年	2010年	1990年	2010年	1990年	2010年
正規労働者 (割合)	2438 (91.2%)	2317 (81.7%)	1050 (61.9%)	1046 (46.7%)	3488 (79.8%)	3363 (66.3%)
非正規労働者 (割合)	235 (8.8%)	518 (18.3%)	646 (38.1%)	1192 (53.3%)	881 (20.2%)	1708 (33.7%)
完全失業者 (失業率)	77 (2.0%)	203 (5.3%)	57 (2.2%)	133 (4.8%)	134 (2.1%)	336 (5.1%)

出所：総務省統計局『労働力調査』長期時系列データ，総務省統計局HPより。
1990年は2月，2010年は1〜3月平均。完全失業者・率は2009年平均

保険，国民年金)に加入することになる。非正規労働者は正規労働者と比較して平均賃金が低い傾向にあるから，保険料の負担能力が低い。国民保険の保険料は自主納付が原則であるから，特に加入の必要性を感じない限り，保険料の納付を怠ることになり，未納問題が発生する。これが，1990年代後半からの国民保険の未納・未加入問題の主たる原因となってきた。また，保険財政からみると，賃金の低下は保険料収入の減少を意味するから，低賃金労働者，非正規労働者の増大は保険財政を悪化させる要因となってきた。2008年の**リーマンショック**はその傾向を一層悪化させた。このため雇用の改善は社会保険にとっても焦眉の課題となってきた。

2 積極的雇用政策

2-1 消極的雇用政策と積極的雇用政策

雇用政策とは，失業問題の改善と雇用の質を高めるために政府が労働市場に介入する政策である。ILOやOECDなどの国際機関では労働市場政策と呼ばれることが多い。通常は消極的雇用政策と積極的雇用政策に分けて議論される。**消極的雇用政策**は，失業者に対する所得代替(所得保障)政策を意味し，

失業時の所得保障(失業保険・雇用保険)，臨時的雇用(失業対策事業)，早期退職手当制度などを意味する。雇用保険は第4章で扱うので省略するが，失業が発生することは資本主義社会では不可避であるから，現在でも雇用政策の中心に位置する重要な制度である。

これに対して，**積極的雇用政策**とは，失業の防止と失業者の再就職を促す政策であり，職業紹介(求人と求職のマッチング)，職業相談，職業訓練(職業教育)，雇用奨励金などを意味する。

日本では雇用政策の法制度体系として，**職業安定法**を基軸とした職業安定行政と**職業能力開発促進法**(旧職業訓練法)を基軸とした職業能力開発行政に大別される。職業安定行政としては職業安定法，雇用保険法，**雇用対策法**，**労働者派遣法**などの他，**高年齢者雇用安定法**，**障害者雇用促進法**などがある。

2-2 職業訓練

(1) OJT と Off-JT

職業訓練は職業訓練施設で実施される職場外訓練 **Off-JT** と仕事の現場で上司・同僚が提供する実地訓練 **OJT** (On-the-Job-Training)に通常区別される。日本的雇用慣行のもとでは，大企業を中心に，新規学卒者を一括採用し，配置転換を行いながら，企業内でOJTとOff-JTを組み合わせながら職業能力を向上させてきた。このため1958年制定の**職業訓練法**では，企業内訓練を支援する**事業内訓練**と，求職者(失業者・新規学卒者など)に対する**公共職業訓練**に二分した。大企業の正規従業員には事業内訓練を提供し，それ以外の中小企業労働者や様々な不安定就労層，あるいは構造不況業種など日本的雇用慣行から離脱を迫られた層を対象として公共職業訓練が提供された。1969年に改正された職業訓練法では，新規学卒者に対する**養成訓練**，在職者に対する**向上訓練**，求職者に対する**能力再開発事業**の三種に整理された。その基軸になったものは事業所内で行われる養成訓練と向上訓練であった。これらの既製の訓練では対応できない新しい雇用問題が発生するごとに特別な対策を取ることで対処してきた。例えば，1970年代の高年齢者雇用対策法，構造失業対策，1980年代のパートタイム労働対策・労働者派遣法などである。

日本の雇用政策は日本的雇用慣行に参入できない者，排除された者への対策という性格が強かった。1985年に職業訓練法が改正され職業能力開発促進法となった。その際も在職者訓練が基軸となった。

だが，1990年代後半から正規従業員が減少し，日本的雇用慣行が適用される労働者が減少してきたため，近年はOff-JTの重要性が再認識されつつある。以下，これを職業訓練と見なしてその概要を説明する。

(2) 初期職業教育と卒後職業訓練

職業訓練は中等教育レベルの専門高校(工業高校，商業高校，農業高校など)および高等教育レベルの高等専門学校や専修学校などいわゆる学校教育の制度で提供される初期職業教育と，学校卒業後に提供される卒後職業訓練に大別される。日本では専門高校教育は産業教育とも呼ばれ，文部科学省が管轄する学校教育制度の枠組みで提供されている。これに対して卒後職業訓練は多様な機関が提供するが，公的な制度として基幹をなすものは，厚生労働省の職業安定政策および職業能力開発政策の枠組みで提供されるものである。

初期職業教育は，義務教育終了時あるいは中等教育(高校)終了時という比較的若い時期に，専門高校などに進学するかどうか進路を選択する。このため進路選択時の生徒の動機づけが決定的に重要である。

卒後職業訓練は，在職者訓練と離職者訓練に分けられる。卒後職業訓練は受講生の動機や目的が比較的明確である。受講生の大半は成人で，様々な社会的責任を担っていたり，就労したりしている者であるため，仕事との両立や生計の見通し，受講費用の確保などとの関係で職業訓練に従事できる環境があるのかどうかが重要となってくる。

(3) 職業訓練プログラムの体系

図11-1は厚生労働省管轄の職業訓練プログラムの一覧である。このうち基幹をなすものは失業者に対する再就職に向けた職業訓練である。雇用保険の被保険者であったものが失業した場合は，求職者給付(失業手当)を受給しつつ，公共職業訓練(離職者訓練)を受講することができる。**日本版デュアルシステム**とは，ドイツの職業訓練プログラムをモデルにしたもので，教育訓

図11-1 厚生労働省の職業訓練プログラム（職業訓練チャート）

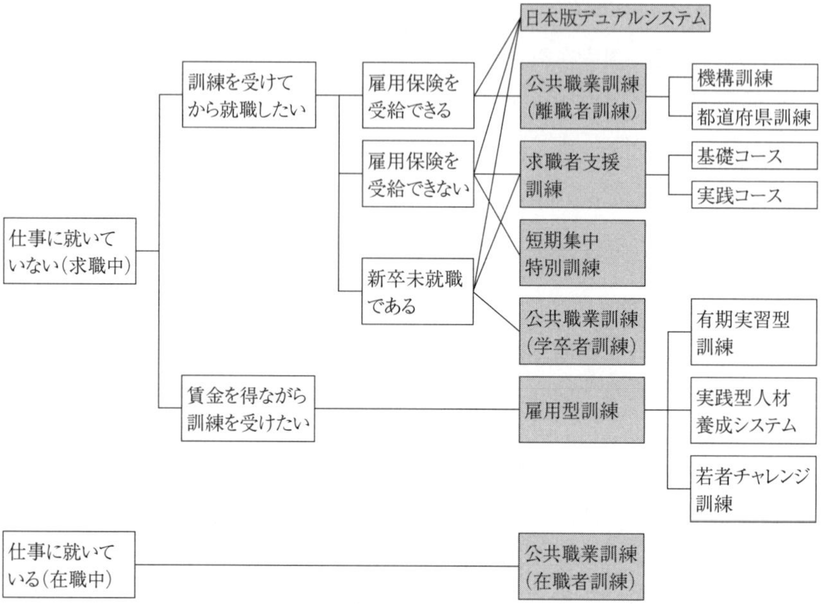

```
                                              日本版デュアルシステム
                        ┌─雇用保険を─┬─公共職業訓練──┬─機構訓練
                        │ 受給できる　│（離職者訓練）  └─都道府県訓練
          ┌─訓練を受けて─┤
          │ から就職したい│ 雇用保険を   求職者支援    ┌─基礎コース
          │              ├─受給できない─訓練         └─実践コース
仕事に就いて│              │
いない(求職中)│              │              短期集中
          │              └─新卒未就職──特別訓練
          │                である
          │                              公共職業訓練
          │                              (学卒者訓練)
          │                                           ┌─有期実習型訓練
          └─賃金を得ながら──────────雇用型訓練───┼─実践型人材養成システム
            訓練を受けたい                              └─若者チャレンジ訓練

仕事に就いて───────────────────────公共職業訓練
いる(在職中)                                         (在職者訓練)
```

出所：厚生労働省ホームページより(2014年11月現在)

練機関での座学と企業での実習を交互に行なうものであり，知識と実践能力の相乗効果をねらっている。また，経験や取得した資格を分かりやすく表示するために**技能検定制度**や**ジョブカード制度**なども設けている。

(4) 現行職業訓練制度の課題

このように日本の職業訓練制度は，さまざまなメニューを揃え，個々のプログラムには効果的なものが多数ある。だが，日本の職業訓練制度はいくつか問題を抱えている。第一に，OECD諸国と比較すると職業訓練制度に充てる公的な予算が極めて少なく，受講生も相対的に少ないことである(本章3参照)。企業内教育，自己啓発による自己負担に依存する割合が高い。2000年代に見られたように，企業が企業内教育に充てる費用を縮小させると，職業訓練全体の縮小を招くことになる。第二に，職業能力に対する社会的評価が共通化されておらず，企業ごとに異なることである。したがって，ある資

格を取得してもそれによりどの程度の報酬が得られるのか不明である。これは日本的雇用慣行のもとでは，内部昇進制が一般的であり，職務を限定しない配置転換が行われ，職務・職業能力に応じた賃金という発想が弱かったことに原因の一つがある。第三に，学校教育（文部科学省）と職業訓練（厚生労働省）が独立しており，職業訓練政策が二元的な管理に置かれていることである。産業政策を担う経済産業省も関与していない。このため訓練プログラムの開発は教育・訓練機関任せになっている傾向が強い。これはタテ割り行政の弊害というべきであろう。第四に，労使共同で雇用政策を立案するという体制が弱いことである。職業訓練政策を審議する政府の労働政策審議会では労使の代表が参加し，協議を行っているが，事実上の立案・執行は行政に委ねられており，労使で個々の訓練プログラムを開発したり，管理するということが弱い。

③ 雇用政策の国際比較

ここでは日本の雇用政策の水準を知るための一つの方法としてOECD諸国と比較してみよう。

3-1 積極的労働市場政策支出

表11-2はOECD各国の積極的労働市場政策の規模を示したものである。デンマークが突出して高く，北欧とベルギー・オランダが上位を占めている。日本の水準はOECD平均の半分程度であり，規模が小さいグループに分類される。規模が小さいグループにはアメリカ，オーストラリアなどアングロサクソン諸国と東欧の国が多い。

3-2 雇用政策費の内訳

表11-3はOECD基準でみた日本の雇用政策費の内訳である。各国間の制度の違いで，厳密な比較はできないが，総額では日本の費用はOECD平均の3分の1程度であり，各項目を見てもOECDの平均を下回っているもの

表11-2 OECD加盟国におけるGDPに占める積極的労働市場政策支出(%)順位別

順位	国名	2011	順位	国名	2011	順位	国名	2011
1	デンマーク	2.3	11	スイス	0.6	20	スロバキア	0.3
2	ベルギー	1.6	11	ルクセンブルク	0.6	20	オーストラリア	0.3
3	オランダ	1.1	11	ノルウェー※※	0.6	20	チェコ	0.3
3	スウェーデン	1.1		OECD平均	0.6	20	ニュージーランド	0.3
5	フィンランド	1.0	15	ポーランド	0.4	20	カナダ	0.3
5	アイルランド※	1.0	15	イタリア	0.4	27	エストニア	0.2
7	フランス	0.9	17	ハンガリー	0.4	27	イスラエル	0.2
7	スペイン	0.9	17	スロベニア	0.4	29	米国	0.1
9	ドイツ	0.8	17	英国	0.4	29	チリ	0.1
9	オーストリア	0.8	20	**日本**	**0.3**	31	メキシコ	0.0
11	ポルトガル	0.6	20	韓国	0.3			

※2010年,※※2007年,※※※2009年,ギリシア,アイスランド,トルコはデータなし。
出所:OECD iLibrary, DOI 10.1787/20752342-table9より作成

がほとんどである。表の総計欄にあるように,総計に占める消極的労働市場政策の割合が日本は60%を超えていて積極的労働市場政策の費用が相対的にも絶対的にも少ない。特に職業訓練費はOECD平均の3分の1以下となっている。

4 新しいセーフティネットの模索

社会保障をいわゆる社会的セーフティネット(安全網)という視点からみると,戦後は,雇用による一次所得,社会保険による再分配(二次所得),そして公的扶助(租税)による最低生活保障という三重の生活保障からなっていた。だが非正規労働者の増大でこのセーフティネットからこぼれ落ちる者が増大した。

4-1 非正規労働対策の拡充

旧来,雇用保険の被保険者の資格基準は「1年以上の雇用の見込み」であった。これがリーマンショック後の2009年4月から「6ヵ月以上」へと

表11-3 OECD基準でみた日本の労働市場政策費の内訳

(対GDP比％，2012年)

			日本	OECD平均
1	公共職業紹介と行政管理費用		0.05	0.14
1-1		職業紹介	0.01	0.06
1-2		失業手当給付事務	0.02	0.05
2	職業訓練		0.05	0.17
2-1		訓練学校教育（座学）	0.02	0.13
2-2		職場実習	0	0.01
2-3		座学・実習併用	0.03	0
2-4		徒弟制	0	0.02
3	就労促進		0.06	0.1
3-1		採用奨励	0.03	0.09
3-2		雇用維持奨励	0.04	0
3-3		職務転換・ワークシェアリング	0	0
4	保護雇用		0	0.1
4-1		障がい者保護	0	0.08
4-2		職業復帰訓練	0	0.02
4-3		直接雇用	0.04	0.05
4-4		創業支援	0	0.01
5	失業時所得保障		0.34	0.78
5-1		一般失業手当	0.33	0.72
5-2		（うち）失業保険失業手当	0.33	0.57
5-3		失業扶助	0	0.15
5-4		部分的失業手当	0	0.03
5-5		パートタイム失業手当	0	0.01
5-6		一次帰休手当	0	0
5-7		倒産時賃金保障	0	0.02
5-8		早期退職	0	0.06
総計			0.55	1.42
	総計に占める消極的労働市場政策（失業時所得保障）の割合		61.8%	54.9%

出所：OECD StatExtracts. 表11-2と定義が異なる。各項目の定義は http://www.oecd.org/els/emp/Coverage-and-classification-of-OECD-data-2014.pdf を参照。0は0.005％以下を意味する。

短縮され，さらに2010年4月から「1ヶ月以上」へと短縮され適用範囲が広がった。また，「雇用の見込み」期間の定義も緩和され，短時間就労者や派遣労働者など非正規労働者への適用が拡大された。同年4月から，失業して国民健康保険に加入した者に対する国保保険料について，保険料の減額を可能とする措置(保険料算定の基礎である前年度所得を70%減じて算定)が実施された。

　また，2012年に**労働契約法**が改正された。その内容は，有期雇用契約労働者などを想定して，第1に，有期雇用契約が5年を超えて反復更新された場合に，労働者の申込みにより無期雇用契約に転換できること，第2に，いわゆる「雇い止め法理(合理的な理由無く雇用契約の更新終了はできないこと)」を法定化したこと，第3に，雇用期間の定めがあることによる不合理な労働条件を禁止すること，であった。さらに，2014年政府は**労働者派遣法の改正**を試みた。これは同年11月の衆議院解散により廃案となったが，内容は注目に値する。第1に，すべての派遣事業を許可制とし，届出制を廃止したこと，第2に，一人の労働者の同一事業所への派遣を3年までとし，長期の派遣労働を禁止したこと，第3に，派遣労働者の均等待遇の確保とキャリアアップの奨励を盛り込んだこと，である。これらの改正・改正案が真に非正規労働者の待遇改善に効果的であるのかどうかは，議論が分かれている。だが，非正規労働者について焦点を当てた雇用政策を充実させることは社会的な合意が得られていると考えられる。

4-2　雇用保険非適用者に対する職業訓練の開始

　2008年9月のリーマンショック後の雇用情勢の急激な悪化による危機感を背景に，同年12月**緊急人材育成支援事業**として無料の職業訓練と訓練中の生活費支給をセットで提供する政策が実施された。それは対象者や提供内容が限定的であったため，民主党政権のもとで2011年5月**求職者支援法**が制定され，同年10月から実施された。

　求職者支援制度の詳細は，第4章に委ねるが，雇用保険の未適用者および受給期間が終了した失業者に対して，職業訓練受講を義務付けることにより，生活費として「職業訓練受講手当」を月額10万円支給するという制度

である。つまり，雇用保険の未適用者でも，受講を条件として，現金給付が受けられることになった。これは生活保護制度とは別の制度として，労働能力を有する社会保険の未適用者に対して，現金給付を行った点で画期的であった。これは既存の社会保険と生活保護の間に新しいセーフティネットを張ったことを意味した。

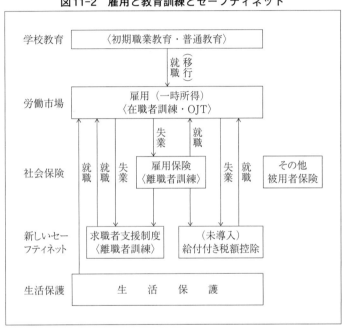

図11-2　雇用と教育訓練とセーフティネット

4-3　給付付き税額控除の可能性

　もう一つの可能性は，低所得者に対する**給付付き税額控除**の導入である。イギリス，カナダなどで一部実施されているものである。「負の所得税」とも呼ばれ，低所得者に税を給付する仕組みである。生活保護はミーンズテストを行い，また生活保護基準と収入の差額を生活保護費として給付する。スティグマが強いだけでなく，就労して所得を得ると，収入と見なされ，生活保護費が減額される。このため生活保護受給中に就労するインセンティブが

図11-3 給付付き税額控除のモデル

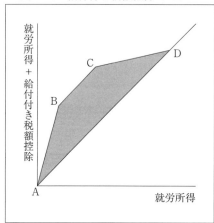

減退する。生活保護でも勤労控除として就労所得の一定額を収入認定しない仕組みがあるが，十分に効果的ではない。

通常の税額控除は発生した課税額から一定の税額を免除するもので，課税最低限以上の所得がある者が対象となる。これに対して給付付き税額控除の対象者は低所得者であり，課税最低限以下の所得で納税が免除されている者が対象者となる。

制度の設計の方法は様々であるが，ここでは就労所得税額控除（勤労税額控除とも）の簡単なモデルを紹介する。図3の45度の直線は就労所得である。灰色の部分が給付付き税額控除で低所得者に給付される現金（税額控除分）である。就労所得がゼロの時（A点）は税額控除（現金給付）もゼロであるが，就労所得が増大するにつれて税額控除額も増やす。そしてある水準の就労所得（B点）に達すると税額控除額は一定額とする。さらにある水準の就労所得（C点）に達すると税額控除額を減額していく。そして就労所得が一定水準（D点）を超えると税額控除を停止する。A－Bを「フェーズイン」，B－Cを「プラトー」，C－Dを「フェーズアウト」などと呼ぶ。この仕組みでは，より多くの就労所得を得るほど税額控除額を加えた総所得が多くなる。このため就労インセンティブを減退させる効果が非常に少ない。また，ミーンズテストではなくインカムテスト（所得調査）のみであるので，スティグマも小さい。さらに，例えば「15歳未満の子どもを有する片親家族」などと，対象者を限定して給付することができる。このため労働能力を有する低所得者救済として生活保護よりも優れている部分がある。ただし，生活保護はケースワークとして被保護者の生活を支援する機能があるのに対し，給付付き税額控除は所得の面のみを捉えるので，ケースワーク機能がない。したがって，生活保護にとって代わる制度ではないことに留意する必要がある。また，課税所

得を漏れなく捕捉する必要があるため納税者番号制度の導入が必要である。日本では2015年10月から**社会保障・税番号(マイナンバー)制度**が導入される予定であり，給付付き税額控除導入の条件が整いつつある。

　マイナンバー制度は，納税者番号制度の一種であり，すべての国民1人ひとりに唯一無二の番号を付し，社会保険の加入情報や所得などの税務情報を漏れなく管理する個人識別制度である。正確な所得の捕捉が可能となり，公平な課税も可能となる。セーフティネットから漏れる人を減少させることが期待される。

まとめ―生活保障体系のなかの社会保障

　1990年代末から「**セーフティネット**」という言葉が使用されるようになり，2000年代半ばから「**生活保障**」という言葉が広く使用されるようになった。生活保障という言葉は1950年の『**社会保障制度に関する勧告**』で使用されたもので，以後も使用されてきた言葉であった。近年，使用が増えていることには理由がある。1990年代後半のセーフティネット論は日本の社会保障制度の「網」から漏れる者が増大したことに対する警鐘であったが，生活保障論は社会保障制度と他の社会システム―雇用制度，経済政策，家族，企業，非営利団体など―を包括した社会全体のシステムとして，人々の生活が安定的に再生産されているかどうかを把握する概念として普及してきている。その代表的論客である大沢真理は「人並みの生活」が持続的に保障され，「社会参加の機会」が確保されるために「政府の社会政策と，家族，企業およびコミュニティや非営利協同組織などの制度・慣行とが，システムとして好適に接合する必要がある」と述べて，そのシステム全体を「生活保障システム」と呼んでいる。今後の社会保障は人々の生活全体の安定的な再生産と世代的継承を可能とする生活保障システムの一環として位置付けることが求められている。

参考文献

　埋橋孝文・連合総合生活開発研究所編，2010年『参加と連帯のセーフティネット』ミネルヴァ書房

大沢真理，2007年『現代日本の生活保障システム』，岩波書店
平沼高，2012年「戦後公共職業訓練の史的展開とその現状」，社会政策学会編，2012年『社会政策－特集 変化する教育訓練とキャリア形成』第3巻第3号，ミネルヴァ書房
連合総合生活開発研究所編（主査今野浩一郎），2011年『日本の職業訓練及び職業教育事業のあり方に関する調査研究報告書』連合総合生活開発研究所
宮本太郎，2009年『生活保障』，岩波書店

菅沼　隆

第12章　社会保障と企業福祉

1　企業福祉とは何か

1-1　「企業福祉」とは

　企業福祉は，企業が雇用している従業員を対象に，経済生活の安定と向上，健康の維持・増進などを図るために行う福祉施策を指す。それは賃金や労働時間などの基本的労働条件の改善だけでは解決が難しい従業員の多面的な生活上の諸課題に対して，福祉の向上を図り，ひいては企業における**生産性の向上**，**労使関係の安定**などに寄与することを期待して行われる労務管理の一施策である。近年，**ワークライフバランス**の観点から企業福祉の在り方が問われているが，それは働きやすい職場づくりとともに福祉における**企業の社会的役割**が注目されていることを意味している。

　ところで，ここで「企業福祉」という言葉について述べておきたい。一般には古くから「**福利厚生**」という言葉が使われてきた。現在でもそれは広く使われているが，その内容については明確な概念が構成されているわけではない。むしろ極めて漠然としており，人々はその言葉に施設や制度，またメリットを思い浮かべつつ，経験的な解釈から各々に言葉が意味するところを捉えている。

　しかし，1970年頃から福祉に関連する諸施策が広がるにつれて，多くの人々が福祉に関心を寄せ始め，企業が行う福祉施策についてもその概念を明確にしておくことが必要となってきた。たとえば，福利厚生は費用面からみていけば**法定福利費**と**法定外福利費**の2つからなっているが，法定と法定外とはその本質や機能が異なり，ここに明確な区分が必要になる。しかし，実

際には社会保障費用として負担されている施策が企業の福祉施策として区分されているなど曖昧となっていることが少なくなかった。本来，法定福利費に含まれるものは企業の福祉から除外して捉えることが必要である。一方で，従来の福利厚生には企業年金や住宅手当は含まれておらず，育児や介護などの法定外の休暇や就業時間への対応なども含まれていないという点もあげられる。

　このようなことから，企業が任意で行う企業福祉，職場や職域を通じて強制される社会保障，労働者が労働組合などを通じて自主的に行う労働者福祉を明確に区分し，その相違点を明らかにしていくなかで，企業が労務管理の一手段として行う福祉施策を「企業福祉」と呼び，その後，この言葉が用いられるようになってきた。80年代に入り，多くの企業や労働組合で**生涯総合福祉プラン**が策定され，企業の役割が重視されるなか，社会保障を補完するものとして企業福祉という言葉が一般化していった。

1-2　企業福祉の基本的な仕組み

　企業福祉の基本的な仕組みは，以下のようになっている。

① 　実施主体―企業が主体となって行う。その際，職場・職域における従業員のニーズを的確に捉え対応するために，労使共同の共済会や外部の専門機関などに管理運営を委ねる場合もある。

② 　対象者―基本的には企業内の正規従業員を対象とし，必要に応じてその家族を含む場合がある。また，現職の従業員のみならず定年退職者とその配偶者を加える場合もある。近年では，同じ職場に働く者への配慮として企業福祉施策の一部において非正規労働者を対象者に含める例も増えている。

③ 　目的―従業員の生活の安定と向上および健康の維持・増進を図ることなどにより，基本的には企業における生産性の向上，労使関係の安定，企業への定着性の向上に資することを目的としている。このうち，どこに重点がおかれるかは時代によって異なる。高度経済成長の時代は，若年労働者を確保し定着させることが大きな目的とされ，労働組合運動が活発であった時代には労使関係の安定が重視された。今日では職場の仕事と家庭生活

との両立が求められている時代にあって、ワークライフバランスの確保、**ジェンダー平等**の実現といった社会的な要請を視野に入れつつ、企業福祉の充実を通して企業の社会的責任を果たすことも大きな目的とされている。

④ 根拠―社会保障が法律に基づいて実施されるものであるのに対し、企業福祉の多くは労働協約、就業規則、企業の任意の判断に基づいて行われる。ただし、企業年金や財産形成制度など、法の規定に基づいて運営されるものも少なくない。

⑤ 財源―基本的には企業の負担によって行われる。なお、福利厚生費を構成する法定福利費は社会保険料の事業主負担分、児童手当の事業主負担分、障害者雇用納付金などであり、これは企業の社会保障費負担にほかならず、企業福祉の財源とは全く異なる。法定外福利費は企業福祉の財源となるが、それ以外に企業年金への拠出金、住宅手当や家族手当などの企業負担も含まれる。それらの企業負担が雇用主の利潤から、もしくは賃金の後払い、または製品価格を通じて消費者に転嫁されているのかは明確ではない。ただ、近年は市場競争が激化するなかで企業福祉のコスト増を価格に転嫁することが難しいとされており、その抑制が図られている。また従業員には一定の使用料や利用料の負担を求めており、会費などを徴収する場合がある。

1-3 企業福祉の変遷

(1) 企業福祉の生成

日本の企業福祉は、戦前の個別企業レベルで生まれてきた企業内共済制度をコアに歩みを始める。その活動は明治中期に産業革命を経て欧米諸国の企業を模した近代的な企業経営が展開されていくなかで、従業員の病気時の治療、貯蓄の奨励、宿舎などの導入から広がりを見せることになる。なかでも1905年に鐘淵紡績株式会社の社長であった武藤山治がドイツのクルップ社に倣って「**鐘紡共済組合**」を設立したことが、その後に多くの企業が共済組合による企業福祉を導入していく契機となり、先駆的な役割を果たしたと言

われている。

　共済組合の活動は，従業員の病気・負傷・死亡に際して治療や手当を支給して救済し，一定期間の勤続者に対して年金を支給するというものだった。それは社会保険や公的扶助が導入される前にあって大きな役割を果たした。また，企業での労使関係が次第に不安定化していく状況下にあって，企業が企業福祉を通じて従業員の生活不安を緩和しようとした際に，労使の拠出という相互扶助の仕組みを取り入れた共済組合は有効に機能したのである。すなわち，自立した労働者意識の高まりに対応しつつ，企業の多額の拠出と運営を通じて恩恵的な配慮を意識させ，企業への帰属意識を涵養するという役割を果たすものだった。こうした共済組合の活動は，その給付レベルは低かったが社会保険の代替的機能としての役割を担うものであったと言えよう。

　1922年に日本で最初の社会保険として健康保険法が制定されるが，その際に企業は公法人としての健康保険組合にかわって共済組合の代行を求めた。しかし，それは国によって拒否され，社会保険と企業福祉の区分が図られた。

(2) 企業福祉の拡大と合理化

　第二次世界大戦後，日本では生活保護制度の創設，児童福祉や身体障害者福祉などの社会福祉制度の整備が行われ，1961年には国民皆保険・皆年金制度が実現することで社会保障制度が確立した。また，労働組合は独自に共済制度や生活協同組合などの導入を通して労働者福祉を展開し，企業福祉と対立する様相を示した。そうしたなかで企業は，1950年代半ば以降の高度経済成長のもとで地方出身の労働者を対象とした住宅対策をはじめ，様々な企業福祉施策を拡大させていった。

　その後，企業福祉にかかる費用が膨張していく状況に対して1965年に日本経営者団体連盟（日経連）は「福利厚生合理化の基本方向」を発表し，68年には通商産業省が「企業福利厚生」を著して，企業福祉の合理化を求めた。そこでは無原則，無秩序に拡大され，その運営においては慈恵的な性格の強かった企業福祉に対して，近代的労務管理手段として経済合理性に即した施

策を展開すべきだという主張が行われた。そうした主張の背景には，貿易の自由化による国際競争の激化に対応して企業福祉の効率化が必要であるとされたこと，また，社会保障の発展に対応して企業福祉と社会保障との間に調整が求められたことなどがあげられる。

　企業福祉は，以上のようななかで慈恵的な性格を払拭していき，労務管理の一手段としての位置づけを浸透させていった。その意味では，合理化の要請は一定の効果をあげたといえよう。しかし，その後の企業福祉の展開においても，若年労働者確保を目的とした独身寮・社宅をはじめ，文化・体育・レクリエーション，社会保険の付加給付などの充実によって費用が著しく増大した。しかも従来のような大企業だけではなく，中小企業にも制度が拡大し，規模別格差が縮小していったことも注目される。

(3) 生涯総合福祉プランの展開

　しかし，1970年代半ば以降，石油危機による不況と高齢化社会の到来という状況を背景に企業福祉には新たな合理化が求められた。かつて社会保障の代替的機能を果たしてきた企業福祉は，高度成長下の社会保障の発展にともない，次第に補完的機能を担うものへと転嫁されていった。そうした動きに対応し，従業員の生活事故に際して最低生活水準は社会保障に委ね，そのうえに必要に応じた上積みを企業福祉が行い，さらに従業員の自助努力を喚起する形がとられるようになってきた。

　一方，企業福祉の効率化を図るために諸施策の重要度や効果を勘案して対策を選別し，投下費用のウエイトを変化させることに加えて施設・制度の**スクラップ・アンド・ビルド**が進められた。たとえば，企業福祉のなかで最も大きな比重を占めてきた独身寮・社宅などの給与住宅について，70年代後半以降はその増大を抑えるとともに，持家援助のウエイトを高めていったことなどがあげられる。同様に，文体レク活動では社内旅行や運動会にかわって，日常スポーツ活動や趣味・技能のための講習会への補助が多くなるなどの傾向がみられた。また大企業のなかには企業内組織の縦割り的な活動を横断的に連携させ，福祉に関わる資源を集中させていく取り組みもみられた。大企業には，これらを取りまとめる組織として**総合福祉共済センター**の発足

があった。

　さらに，労働組合の対応にも大きな変化がみられた。1970年代後半から80年代にかけて企業の減量経営と雇用不安を背景に，労働組合の要求が賃金から福祉拡大へとシフトしていった。こうした動きの要因としては賃金引上げが低く抑えられるなかで企業福祉の充実が個別企業の支払い能力を反映する賃金ドリフト的な役割を果たすようになったことがあげられる。また，高齢化が進み，老後生活への関心が高まるとともに，退職金・企業年金や健康・体力増進，中高年の能力開発や職場開発など，企業レベルでの福祉充実への要望が高まってきたこともあげられる。

　こうした動きを背景に，労働組合は組合員の生涯を通じた生活の安定をめざす生涯総合福祉プランの策定と推進に取り組むようになった。在職中から退職後までを視野に入れたライフサイクルに適応する制度として再整理を行い，様々な生活部面について対応を図る取り組みがなされ，住宅対策，医療対策，老後の所得保障対策，育児・教育対策など多様な内容が盛り込まれるようになった。そこでの大きな特徴は，企業内労働市場を前提に長期雇用・年功賃金・企業内労働組合という，いわゆる日本的雇用慣行のもとでの生活保障プランであったということである。

(4) 転機に立つ企業福祉

　1990年代初頭のバブル経済崩壊後の長期不況と90年代半ばからの経済のグローバル化の進展にともない，企業では大規模なリストラが行われ，長期雇用と年功賃金が大きく揺らぐなか，生涯総合福祉プランを基軸とした企業福祉の展開は終焉を遂げた。

　企業福祉は，新たな環境変化のなかで変革を迫られることになった。徹底した経営のスリム化と人事労務管理制度の改革を推し進めていた企業は，企業福祉についても合理化，効率化を図ることを目的に福利厚生施設・制度の休止・縮小・廃止，また**外部委託化(アウトソーシング)**による「所有から利用へ」への動きを活発化させた。

　たとえば，大企業を中心に法定外福利費の半分を占めてきた住宅(固定施設)関連費用の削減によって「脱住宅」を図る一方で，そこで捻出した費用

を外部の民間業者が運営する「**カフェテリアプラン(選択型企業福祉制度)**」の利用に充てる動きが出てきた。また，企業年金改革のなかで確定拠出年金(日本版401k)の導入などが急速に広がり始めたことを含め，「自立・自助」「自由選択と自己責任」というキーワードによって企業福祉のシステムが運用されることで，企業のリスク回避と雇用の流動化に対応した改革が進んできた。

一方，企業では少子高齢化の進展や企業間競争の激化で，従業員の心身の健康問題に大きな課題があるとの認識が広がってきた。とくに大規模なリストラの時期を経て職場環境が急速に変化してきたなかでのメンタルヘルスの問題は，優秀な人材の休職や退職，またブラック企業との評価を受けることによるリスクが高まってきている。

他方，育児・介護の問題で，女性もしくは経験豊富な従業員が退職していく状況を重くみるなかで，子育て支援や介護支援などの時間やソフト面での工夫を軸にワークライフバランスが重視される傾向が一段と強くなってきた。企業福祉は「ハードからソフト」への流れのなかにあるが，職場のなかで増え続けている非正規従業員に対応する発想をもった企業福祉が求められてきていることも課題と捉えられており，企業福祉は新たな転機を迎えているのである。

② 企業福祉の内容と実施体制

2-1 企業福祉の内容

(1) 施策構成

企業福祉施策は，労務管理の一環として，従業員の在職中および退職後の生活全般にわたるニーズの充足，不時の際の備え，賃金や社会保障などの効果を高めるために制度化されてきた。それらは従業員の生活全般に及ぶがゆえに多岐にわたっている。企業福祉を構成する領域の基本的な施策をあげる

と，以下のとおりである。
① 住宅
　独身寮(独身用の自社所有・借り上げ・個室借り上げを含む)，社宅(家族用の自社所有・借り上げ)，社内融資制度(社内預金または金融機関との提携ローン)，新幹線通勤補助制度
② 財産形成
　財形貯蓄制度(一般・住宅・年金)，財形融資制度，従業員持ち株制度，住宅貸付金制度・利子補給制度などの持ち家支援制度，社内預金
③ 共済・慶弔災害給付
　共済会制度，慶弔・災害見舞金，労災上積み補償制度，団体定期保険(全員加入または従業員任意加入への補助)，遺児育英年金，ホームヘルプ制度，差額ベッド料補助，法定外労働災害補償・通勤災害給付，長期欠勤者所得保障
④ 健康・医療
　健康診断(法定への上積み)，生活習慣病検診(成人病検診)，個人負担の人間ドックへの補助，健康づくり運動支援，メンタルヘルス，企業内医療施設の運営
⑤ 文化・体育・レクリエーション
　文化・体育・レクリエーション活動支援，グラウンド・テニスコート・プールなどの体育施設(自社所有・契約施設)，保養所(自社所有・契約施設)，運動会，社員旅行
⑥ 生活援護
　職場給食，ユニホーム，購買施設，理髪施設，駐車場，教育ローン
⑦ 育児・介護支援
　育児休暇，育児補助・ベビーシッター補助(託児所手当てを含む)，企業内保育施設，介護休暇，介護相談，介護ヘルパーの派遣(費用補助を含む)
⑧ 自己啓発・能力開発
　公的資格取得支援，通信教育支援，生活設計講座，国内外の大学留学制度，マネープランニング講座，退職準備教育，リフレッシュ休暇
⑨ 手当
　住宅手当，家族手当，通勤手当，地域手当，食事手当，寒冷地手当，単身

赴任手当
⑩　その他
　転勤者・単身赴任者・海外勤務者対策，OB会活動支援，退職後医療保障制度(民間保険利用)

(2) 制度の仕組み

　これら企業福祉を構成する制度は，様々な仕組みによって成立している。たとえば結婚，出産，育児，教育，持家などのライフイベントに備える制度には各々の目的に対応した貯蓄制度が設けられている。持家などの財産形成支援の仕組みでは，**勤労者財産形成促進法**に基づく制度を利用した貯蓄制度があり，一方で銀行や証券会社などの社外金融機関の金融商品を活用した貯蓄制度もある。返済負担の軽減を目的とした仕組みとして企業独自の低利融資や利子補給なども制度化されている。万一の場合のリスクに対しては，生命保険会社や損害保険会社，各共済団体の金融商品を利用している例が見られる一方で，企業単独もしくは企業グループで共済会を設立し，従業員からの会費や企業補助，あるいは労働組合からの原資拠出によるものもある。

　従来からの制度は企業独自に目的や方法，手続きなどを定めた規程を作成し，その運用・実施を社内の厚生課などが担当して行っている例が多かった。したがって自前の設備，人員で運営してきた企業福祉施設・制度も多くあったが，今日では外部専門業者との契約に基づいた全面的，または一部の委託，連携，場の提供など企業福祉のアウトソーシングによって従業員の生活利便性を高める例が増えてきている。基本的に自己負担，自助努力を前提とし，外部サービスの活用によって施設・制度の効率化が図られるようになってきている。

2-2　給付・サービスと実施体制

　企業福祉は，現物・現金・サービスなどの多様な方法で従業員とその家族に生活上の便益を提供している。企業福祉で大きなウエイトを占めている**住宅支援**を例にあげれば，自社所有や借上げの独身寮・社宅を現物貸与し，使用料を徴収する方法がある。一方で従業員が住宅を各自で確保，契約し，家

賃補助するかたちで住宅手当(現金)を支給する方法もある。不便な職場立地や転勤が多い企業では、業務用社宅や転勤者用社宅が提供される例が多く、今日では一般に、企業が住宅賃貸業者と契約して借り上げるか紹介・斡旋をし、引っ越しなどの手配からその後の管理修繕まで当該業者に委託する例が増えている。給食や保養所管理などを請け負う専門業者は以前から多くあったが、住宅その他の分野でもシステムの高度化が進み、コストも低減化し、さらにきめ細かな特徴あるサービスを提案するところが増えてきている。

　企業福祉の実施体制としては企業単独が多いが、企業グループ、あるいは企業労使共同による大型共済会が実施主体となる例も増加している。慶弔見舞金の給付や各種イベントの開催ばかりでなく、幅広く企業福祉制度全体を調整し、給付やサービスを一元的に管理・運営する体制が整備されている例である。具体的には慶弔見舞金などの儀礼的な給付にとどまっていた従来の企業内共済会を発展的に解散させ、企業会計から切り離した税務上の人格のない社団方式で新たに大型共済会を設立する。そのうえで、従来企業が行っていた企業福祉の一部をそこに移管し、労働組合が行ってきた福祉事業も共済会の事業に統合させてスケールメリットを引き出しつつ、より積極的な事業展開を図っている例がその1つである。それは新たな労使共同拠出・企画・立案・運営による「労使共助」の実施体制であり、従業員のニーズを的確に把握し、利便性や効率性を高める効果を上げている。この他にも企業が独立して設立した福利厚生会社や協同組合、アウトソーシング会社なども職域内で福祉機能を発揮する組織として実施体制を支えている。また社会保障制度として職域で設立されている健康保険組合や厚生年金基金と連携した活動も行われている。

2-3　カフェテリアプランの導入

　最近、大企業を中心に「**カフェテリアプラン**」と称する選択型企業福祉制度の導入が広がっている。カフェテリアプラン(フレキシブル・ベネフィット)とは、元来はアメリカのIRS(内国歳入庁)が命名した制度で、内国歳入法上、税控除のまま現金、またはベネフィットの種類やレベルの選択が可能な制度のことである。日本では1990年代半ば頃から「企業が拠出する企業福祉費の

一部を従業員の裁量で管理できる制度」として導入された。ただし、税制上の扱いはアメリカとは異なり、その多くは非課税とされるが、個人の所得とみなされて課税されるものもある。

　日本のカフェテリアプランは、従業員1人当たりの年間予算を決めてポイントを付与し、複数の企業福祉メニューから自らのニーズに合うものを選択させる仕組みである。そこでは医療保険、生命保険、企業年金、育児関連給付、休暇なども含め幅広いメニューが提供され、従業員自らの必要や好みに応じて選択できる。企業としては一方で従業員のニーズの多様化に対応しながら、他方で限られた資金の効果的・効率的配分と支出抑制につながるコスト管理が可能となる。最近では、情報通信技術の向上によってアウトソーサー(外部専門受託会社)のオペレーション能力が高まってきたことから小規模な企業にも導入が広がっており、政府も福祉政策の一環として企業におけるカフェテリアプランの推進を奨励している。

　企業がカフェテリアプランに期待していることは、アメリカの事例のような多様な生活ニーズへの対応とコストの抑制効果であるが、国としてはカフェテリアプランの活用によって、社会保障と企業福祉の接点領域で社会保障給付をカバーする弾力的な在り方が広がることを期待していると思われる。アウトソーサーのシステム開発も進み、良質なサービスが広がるなかで今後さらに普及していくことが予想されている。

2-4　退職金・企業年金

(1)　退職金の性質と退職一時金の年金化

　日本では、企業の**退職金制度**が日本的雇用慣行のもとで長期勤続や早期引退という人事労務管理上のインセンティブをもつ制度として普及してきた。退職金は生活保障の面からは「老後の所得保障」として公的年金を補完するものとなっており、離職時に一括して支払われる**退職一時金**と**企業年金**として支給されるものとの2つがある。こうした退職金については、経営サイドからは「長期勤続に対する功労報償」と説明され、労働サイドからは「賃金の後払い」と捉えられて論争が行われてきた。いずれの主張にも根拠が認め

られるが，退職金の年金化などの制度化が進むなかで「賃金の後払い」とする見解が主となっている。

　退職金は，法的に支給が義務づけられているものではなく，各企業が就業規則などでその支給基準を定め，支給されることが多い。またそうした定めがなく支給される場合もある。退職金は就業規則その他で支給基準が定められ，使用者に支払い義務がある場合は，労働基準法上の賃金に該当するものとなっている。ただし，勤労者退職金共済機構と使用者が契約を結び，使用者が掛け金を支払い，共済機構が退職金を支給するような場合は，使用者が支払うものではないので賃金には該当しない。

　日本では長期雇用，年功賃金と相俟って退職金制度が普及したが，1952年に税制上の特例措置として「退職給与引当金制度」が設けられた。その後1959年に事業主の相互共済制度として退職金の普及を図るため「中小企業退職金共済法」が制定された。国の助成制度が大きく作用していた当初は退職一時金制度が主流であったが，次第に退職老後の対応などから退職年金制度の導入が図られるようになった。1962年に税制適格退職年金制度が，1966年には厚生年金基金制度が創設された。いずれの制度も既存の退職一時金制度からの移行によるものが多かった。これら両制度はともに大きく伸展し，適格年金はピーク時の1993年に契約数が92,467件，加入者数1,059万人，資産残高16.1兆円となり，厚生年金基金はピーク時の1996年に1,883基金，加入者数1,210万人，資産残高45.0兆円にのぼった。

　しかし，1990年代初頭のバブル経済崩壊後，長期にわたる低金利と株価下落による資産運用環境の悪化が年金財源の積立不足を招くこととなった。デフレの進行による資産の含み損も増えていくなかで経済のグローバル化を背景に導入された新しい企業会計基準によって，それが「隠れ債務」とみなされる恐れも出てきた。こうしたことから企業年金全般にわたって改革が迫られた。国は，企業年金制度の抜本的な改革に着手し，2001年に「確定給付企業年金法」および「確定拠出年金法」が制定された。それにともなって税制適格退職年金制度が2012年に廃止されることとなった。

(2) 企業年金制度の現状

企業年金には「**厚生年金基金**」,「**確定拠出年金**」,「**確定給付企業年金**」の3つの制度がある。

① 厚生年金基金制度

厚生年金基金制度は，厚生労働大臣の認可を受けて特別法人として設立した基金が国の**老齢厚生年金の一部を代行**して年金給付を行う制度である。報酬比例部分を国に代わって給付するとともに，外部に掛け金を拠出，運用することで企業独自の上乗せ年金を給付し，これらを合わせて手厚い給付を目指した制度である。厚生年金基金の種類には，単独型(企業が単独で基金を設立して運営する)，連合型(主力企業を中心にグループ企業が集まって設立，運営する)，総合型(同業種であることなど，一定のルールの下に同一業界の企業が集まり設立する)などがある。企業が負担する掛け金は予定利率が設定され，これに基づいて給付される年金額が決められる。法人税法上，全額を損金算入でき，一方で従業員が負担する掛け金は所得税法上の社会保険料控除の対象となる。給付には老齢給付金や脱退一時金のほか，任意給付としての障害給付金や遺族給付金などがある。

右肩上がりの経済成長期には制度も順調に機能したが，バブル経済崩壊後の資金の運用環境の悪化は，その機能を発揮させることを困難にし，むしろ積立不足のために企業には追加拠出が求められる事態も生じて経営リスクを高めることとなってきた。母体企業の合併や消滅などによってその数は減少してきたが，2002年の確定給付企業年金法の施行により厚生年金の代行部分を国に返す「**代行返上**」が認められることになり，基金数の減少が加速化した。

> **Column　代行返上**
>
> 　代行返上は，国に代わって掛け金の拠出・運用・給付を行っていた厚生年金基金が老齢厚生年金の一部(物価スライドによる年金額の改定・再評価を除く報酬比例部分)における支給義務を国に返上し，その代行以外の上乗せ給付部分の支給義務を確定給付型企業年金に移行するものである。同時に，代行部分における過去期間分の積立金(最低準備金相当額)も国に返上することになる。
> 　2012年に発覚したAIJ投資顧問の詐欺事件をきっかけに厚生年金基金の財政

状況が広く知られるなか,財政難に陥っている基金が多数にのぼっていたことが明らかになったことから国が法改正に乗り出した。2013年の厚生年金保険法の改正に伴い,2014年4月からは厚生年金基金における代行部分の年金積立金が代行割れしている場合,5年以内に基金を解散させるか,代行返上して他の企業年金制度に移行するか,また現行よりも厳しい規制のもとで存続するかを選択することとした。ただし,国は今後10年間で厚生年金基金を全廃させる方針を示している。2014年8月末時点では508基金のうち315基金が厚生労働省から解散や代行返上の内諾を受けており,これら基金はその手続き作業に入っている。

② 確定拠出年金制度

確定拠出年金制度は,2001年に施行された**確定拠出年金法**に基づき,公的年金に上乗せして年金を給付する制度として導入された。個人が毎月拠出する掛け金の額を予め決めておき,自己責任による積立金運用の実績で給付額が決まる年金制度である。

アメリカで導入された確定拠出型の企業年金制度(401k)をモデルに制度化され,「**日本版401k**」として注目された。同制度では「**企業型確定拠出年金**」と「**個人型確定拠出年金**」の2種類が設定され,企業型は,労使合意の上で規約を作成し,企業が従業員の掛け金を拠出する仕組みである。これに対して個人型は,国民年金基金連合会の制度に,自営業者(国民年金第1号被保険者)や企業年金制度(確定拠出年金,厚生年金基金など)がない企業に勤める従業員(厚生年金被保険者)が個人で加入し,自ら掛け金を拠出する仕組みとなっている。

同制度は,個人が行う積立型投資信託の一種であると言えるだろう。それは加入者である個人が限度額内での掛け金(拠出額)を確定し,個人の口座に積み立てられていくその掛け金の運用を自ら選択した運用管理機関(保険会社などの金融機関や自社)に指示するのである。給付は,年金給付が原則となる老齢給付金と障害給付金の他に死亡一時金や脱退一時金が給付されるが,給付額(受給額)は個人の掛け金と運用益との合計額で決まってくる。

すなわち,確定拠出年金は掛け金が確定している一方で,将来の年金給付額は運用実績次第で変動するため未確定なのである。運用実績次第ということは,個人は節税メリットを享受しつつ将来受け取る年金を増やすことがで

きる可能性もあれば，一方で減らしてしまう可能性もある。少なくとも，企業にとっては確定給付型の企業年金とは異なり財源不足の問題は発生してこない。コストも縮減できるメリットがある。そのような面から考えていけば，これは自己責任原則に基づく個人投資であり，企業の運用責任を個人に移転した制度だとも言えよう。

③ 確定給付企業年金制度

確定給付企業年金制度は，2002年に施行された**確定給付企業年金法**に基づき，公的年金に上乗せして年金を給付する制度である。ただしそれは，企業が独自に拠出・管理・運用・給付の責任を負い，基本的には直接資産の利回りによらず，従業員の給与水準や勤続年数に応じて給付額が決まる年金制度である。制度は「**規約型企業年金**」と「**基金型企業年金**」の2つからなる。規約型は，労使によって柔軟に制度設計を行い，合意の上に作成した年金規約に基づいて外部運営管理機関（信託会社や生命保険会社などの金融機関）に掛け金を預け，運用して年金給付を行う。ここでは適格年金に近いところがある。一方，基金型は，母体企業とは別法人の基金を設立して管理・運営を行うが，厚生年金の代行は行わない。積立金の自家運用，また福利厚生事業が実施できる点は厚生年金基金に近いところがある。

同制度の給付には4項目あり，老齢給付金，脱退一時金，障害給付金，遺族給付金がそれである。企業からの拠出は全額損金算入され，加入者の掛け金は生命保険控除の対象となる。掛け金の運用では年金資産に特別法人税が課され，給付時は，年金給付の場合に公的年金などの控除，一時金給付の場合には退職所得課税が適用される。確定給付企業年金の場合，給付額（受給額）が事前に確定されているために，従業員個人にとっては老後の生活設計が立てやすいメリットがある。厚生年金基金では代行給付があるために終身年金を原則とするなど一定の制約があるが，この制度では代行給付を行わないのでその制約を受けない。

日本の退職金・企業年金制度については，急速な少子高齢化の進展，長引く景気の低迷などによって財源問題が課題となってきた。さらに経済のグローバル化，企業における人事労務管理制度の変容や勤労者意識の変化によって雇用の流動化が顕著で，運用に様々な課題も生じてきた。この間，各

制度間における加入者の年金原資の資産移動を可能にする法律改正などがあり，今後さらに選択肢を広げるなどの多様な制度の改革が予想される。

この他に中小企業における退職一時金を支給する制度として「**中小企業退職金共済制度**」がある。単独では退職金制度を設けることができない中小企業などの相互扶助を国が支援する仕組みである。

3 企業福祉の費用とその動向

3-1 福利厚生費の構造

企業は，企業福祉を運用するための費用や社会保障への拠出金など，従業員の福祉に係わる費用を負担している。それらは一般に「**福利厚生費**」と呼ばれており，日本経団連の「福利厚生費調査」，厚生労働省の「就業条件総合調査」，財務省の「法人企業統計」などによってその動向を把握することができる。福利厚生費は，社会保険料などの「法定福利費」，企業が任意で行う企業福祉の費用である「法定外福利費」，「退職金(企業年金)」の3つから構成されている。ここでは日本経団連の調査から費用の内容と動向をみていく。

「法定福利費」は，健康保険・介護保険・厚生年金保険・雇用保険(日雇を除く)・労働者災害補償保険の社会保険料の企業負担分，児童手当拠出金その他の費用のことである。「法定外福利費」は，企業福祉における物的施設の維持や修理営繕，また運営のための一切の費用(建設費を除く)のほか，慶弔金などの現金給付，私的保険などへの拠出金，現物給付などの企業負担分を指す。

「法定外福利費」は，施策別に8つに分けられている。すなわち，①**住宅関連費用**(住宅，持家援助)，②**医療・健康費用**(医療・保健衛生施設運営，ヘルスケアサポート)，③**ライフサポート費用**(給食，購買・ショッピング，被服，保険，介護，育児関連，ファミリーサポート，財産形成，通勤バス・駐車場，その他ライフサポート費用)，④**慶弔関係費用**(慶弔金，法定超付加給付)，⑤**文化・体育・レクリエー

ション費用(施設・運営，活動への補助)，⑥**共済会費用**，⑦**福利厚生管理・運営費用**(福利厚生代行サービス費，カフェテリアプラン消化ポイント費用総額)，⑧その他である。

3-2　福利厚生費の動向

日本経団連の「第57回福利厚生費調査報告(2012年度)」でのデータから福利厚生費の推移をみていこう。

図12-1は，1970年度から2012年度までの「福利厚生費の推移」を示したものである。1970年度に11,159円だった福利厚生費は，2012年度には9.3倍の104,243円まで増加した。その内訳をみると，5,604円だった法定福利費が14.1倍の78,948円になり，5,555円だった法定外福利費が4.6倍の25,296円になった。

福利厚生費の合計を100とした場合の法定と法定外の割合を見ると，最初

図12-1　福利厚生費の推移(日本経団連調査)

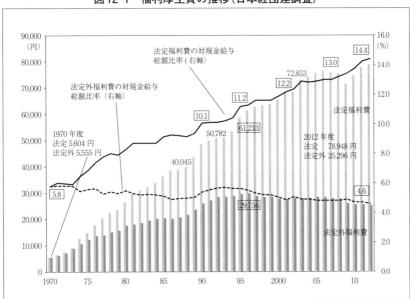

資料出所：日本経済団体連合会「第57回福利厚生費調査結果報告(2012年度)」2014年1月

の結果が発表された1955年度の調査では，法定が41.7％，法定外は58.3％だった。1970年度には法定が50.2％，法定外は49.8％となり，初めて法定福利費の割合が法定外福利費の割合を上回った。その後，1990年代半ばから法定福利費の割合は加速度的に高まっていき，2012年度には法定が75.7％，法定外は24.3％となった。

　法定福利費が伸びている要因には，日本の経済成長や社会保障制度の充実，社会経済の成熟化や少子高齢化の進展などの影響が考えられる。他方で長引く景気の低迷や経済のグローバル化による産業構造の変化，雇用労働者の非正規化などが収入減少要因となって財源不足をもたらし，ここでの財源確保のための社会保険料率の引き上げが法定福利費の伸びに大きな影響を与えているものと思われる。

　一方，法定外福利費が抑制されている要因には，法定福利費の上昇がある。1980年代の後半からはバブル経済下での人手不足を背景に激しい人材獲得競争が行われ，人材確保を目的とした企業福祉の充実による費用の著しい伸びが見られた。しかし，法定福利費が上昇し続け，割合としてはその後も法定外福利費の低下傾向は続いている。バブル経済崩壊後，人事労務管理制度改革や全般的なコスト削減から，企業福祉にも施設・制度の徹底した見直しが求められてきた。リストラが進むなかで人員削減や従業員の非正規化が進み，企業福祉施設の廃止・縮小が進められた。

　ここで退職金の動向についても述べておきたい。退職金は，退職一時金と退職年金（一時金の年金払いを含む）の支払い総額を指す。2012年度の調査結果では，従業員1人1ヵ月当たり退職一時金の額は27,138円，退職年金が36,197円となっている。合計は63,335円で，現金給与総額に対する退職金の比率は11.5％だった。バブル経済崩壊後，リストラが本格化する1990年代後半から給付比率が上昇し，2003年に92,037円となって16.3％でピークを迎えた。その後，2009年，2010年に団塊世代の退職もあって若干比率が上昇したものの，その後は低下している。

　企業年金の改革動向についてはすでに述べてきたが，厚生年金基金の全廃への道筋がつけられたことも含めて，今後さらに費用は低下していくものと思われる。

3-3 福利厚生費の合理化とその特徴

　法定福利費の上昇は，企業における人件費上昇の1つの大きな要因である。それが企業経営の課題の1つにもなっている。2008年のリーマンショック後，法定福利費上昇への対策として法定外福利費の圧縮を求める動きが一段と強まった。企業福祉施策には効率化や休止・廃止を含めた合理化がさらに求められ，その動きが加速化した。

　一方，社会保障制度改革の流れのなかで健康保険組合や厚生年金基金での保険料率引き上げによる負担の増加，保健福祉事業での給付・サービスの縮小，運用利回りの低下による年金給付財源の不足などの問題から，これらの組織の廃止をめぐる議論が幾度となくおこなわれるようになってきた。メリットの低下は企業労使にとってこれら組織を維持することに意味があるのかといった疑問となって問題提起されるようになってきたのである。

　福利厚生費の合理化への取り組みは古くからあるが，近年では以下のような新たな特徴を見出すことができる。健康保険組合や厚生年金基金の解散は，企業や従業員の負担の軽減化を図り，経営リスクの回避に踏み切ったものだと言える。日本版401kや一部の企業が導入した退職金前払い制度は，雇用の弾力化，流動化を前提に従業員の自己責任によって受け取りや資産運用の選択がおこなえる制度となっている。企業はそれまでのような運用責任を負わず，その成果は従業員の自助努力次第とされた。

　カフェテリアプランは，コスト管理を図りつつ，従業員の自己責任に基づく自由な選択によって満足を最大化させ，自助努力を促す制度だと言える。また企業福祉の外注化(アウトソーシングへの切り替え)は，業務の効率化，人件費など運営コストの削減，運営管理におけるリスクと責任の外部化を図ることなどがあげられる。

　以上のように，近年における福利厚生費の合理化過程で見られる動きは，それまでの企業福祉施策のなかにあった「企業の丸抱え的な在り方」から脱し，「**自由選択**」と「**自己責任**」のもとで「**自立**」と「**自助努力**」を促すものとなってきた。そこにみえてくる新たな特徴は，企業が引き受けてきた制度運用のリスクを従業員側に移行させていることだと言えるだろう。

4 企業福祉の今後の方向

4-1 これまでの多面的な関係

　社会保障が国の社会政策の一環として行われているのに対し，企業福祉は企業経営における労務管理の一手段として行われている。そこに本質的な違いはあるにしても，対象者である国民，住民，従業員が，その人生において健康で働き，安定した生活を営めるように支援していくという目標では一致している。

　しかし，歴史的に様々な関係のなかにあって，施策の生成，発展，成熟，また役割を終えていくなかでの機能は，両者の本来の達成目的との間に本質的な違いがあるがゆえに異なった評価をされることになる。社会保障と企業福祉が，どのような関係を持ちながら現在に至り，また今後どのような方向性を持って進化していくのか。

　企業福祉は，社会保障に先行して従業員の福祉に取り組み，社会保障の形成過程において先駆的な役割を果たした。また社会保障の充実過程とその見直しの過程では，社会保障を基礎にした企業福祉制度の再設計や新制度の導入例が数多くあり，社会保障の存在とその内容の変化は，企業福祉施策に様々な創意工夫を促すきっかけをつくってきた。その意味では社会保障は企業福祉に改革を促しつつ，相互補完的な関係を成立させてきたと言える。

　たとえば，企業福祉は医療や介護，育児における支援サービスをはじめ，老後生活や死亡した場合の所得保障の仕組みを早くから制度化させてきた。従業員の生活保障に配慮しながら厚みを持たせ，日常生活での課題解決に取り組んできた。そこには企業における人材確保のための差別化戦略としての経営的判断があったであろうし，労働組合からの要求に応える形での制度化があっただろう。企業経営や労使関係の安定を目的にしつつも，これら制度には当初は社会保障を代替することの機能があり，関係があった。その後には補塡する機能を持ち，関係を定着させてきたと言えるだろう。

　国，企業は各々の目的達成のために社会保障や企業福祉を展開している。

この時に制度が競合，重複する関係も生まれてくる。各々の主体者の意図するところの違いによって運営管理の方針や在り方が180度異なることもあり，課題も生じてくる。社会保障は格差是正を目的に展開されるが，企業福祉は機会優位性や水準優位性をもって人材確保における競争力を維持し，従業員の信頼感を高めて帰属意識の醸成を図ろうとする。支払い能力が高く，スケールメリットが働きやすい大企業には，優秀な人材を確保する意図から，必要なレベルを超える上積み的な取り組みが行われてきた。しかし今，限界がみえはじめている。そこにコストの問題があることは間違いない。

　費用面から見ると，企業は厳しい競争環境の制約のなかで**総額人件費管理**(賃金・賞与・福利厚生費などの一体的管理)の観点から単位人件費を一定水準に抑制しようとしている。すでに述べたように法定福利費(社会保障費)の増大に対して法定外福利費(企業福祉費)の抑制，または削減を意図する取り組みを企業は続けており，ここでは社会保障と企業福祉の間にトレードオフ(同時には成立しない二律背反)の関係があると言える。

4-2 企業福祉の今後の方向

　これまで述べてきた各々の関係には，このトレードオフの関係による影響が広く及ぶことになる。すなわち，現状からみる日本の社会保障は，国民に費用の負担増を求める一方で給付を後退させている。この状況からして企業福祉には，社会保障の後退や不足する面をカバーする役割が期待され，企業独自の目的達成を踏まえた改革が進められていくことが予想される。具体的にはさらなるコストの抑制を強いられるなかで費用捻出と効果向上のために「ハードからソフトへ」という方向に向かう可能性が高くなる。すなわち，企業福祉施設・制度における「所有から利用へ」の加速化とともに，従業員に対してコインの裏表の関係にある「自由選択と自己責任」のシステムを「自立と自助努力」の考え方で利用させる傾向をさらに強めていくのではないだろうか。したがってそこには，システムを有効に活用できるようにするためのコミュニケーション・ツールが必要となり，カフェテリアプランはその入り口になる。

　今，社会保障は「自助，共助，公助」の組み合わせによる役割分担論を展

開させるなかで，企業福祉にも弾力的な運用を求めてきている。企業福祉がよりフレキシブルな在り方をもって機能するためには，「公助，共助，自助」という並びでの組み立てであることを前提に，企業福祉周辺の人事労務管理施策と企業福祉システムが連動し，そこでのソフトの改善が鍵になるように思われる。それは時間を提供し，機会を提供し，教育を提供するばかりでなく，より便利を提供するソフトが必要になる。

ところで，経済のグローバル化やサービス化，またIT化の進展や高学歴化による女性の社会進出が進む日本では，同時に人口減少と少子高齢化，核家族化や独居化も急速に進み，社会全般において男女それぞれに職場と家庭の両立，仕事と育児や介護の両立という課題を抱えることとなってきた。それは今日，職場で現実に深刻化している課題であり，今後はさらに大きな問題になってくることが予想される。

今，企業ではより高いパフォーマンスを発揮する女性労働力の確保・戦力化が経営戦略での重要な鍵になるとされ，男女に関係なく，ワークライフバランスを図る体制づくりが進められようとしている。女性の就労支援，生活支援，能力開発支援の様々なサポートがこれまで以上に提供できるのか。それにより企業の生産性が左右され，創造力，競争力に差が出てくる可能性があると指摘されている。

改めて言えば，企業福祉は企業経営における労務管理の一手段として行われている。今日，そして今後の職場や職域での課題に対しては，企業はその解決策を経営合理的に考えていく。経費節約を名目に企業福祉からの撤退という判断もあるかもしれない。しかし，職場で人間が働く限り様々な配慮が必要となる。女性ばかりでなく従業員全体がさらに働きやすくなるための企業福祉は，これからの企業福祉の方向として無視することはできない。今，社会保障に先駆的な役割を果たす企業福祉は，現場で新たな仕組みづくりに動いているように思われる。今後の動向を注視していきたい。

Column　ワークライフバランス

　今日，様々な雇用形態の人材が働く職場では**ダイバーシティ**(多様性)の考え方に基づく組識づくりが進められている。企業の**社会的責任**(CSR)が単に不祥

事などに対してのコーポレートガバナンスの面からだけでなく，労働問題から生じる生活問題への対応としても論じられるようになってきたからである。それは次世代育成支援の観点からも企業に対応が求められており，今やワークライフバランス(WLB)を無視することができない時代が来ている。

　企業の評価が事業の収益性や社会貢献性だけでなく，そこに働く従業員の働き方，働かせ方，さらに従業員が早く自宅に帰ることができるかなどの配慮や子育て支援にも置かれつつある。そのなかで，企業福祉は限られた法定外福利費を従業員の各々の生活事情や価値観，家族構成などによって選べる「カフェテリアプラン」や高いクオリティのサービスが確保できる「アウトソーシング」へと配分し始めている。従業員が抱える課題は育児や介護だけでなく，ニーズは幅広い。そこには金銭やサービスのサポートに加えて時間的・空間的ゆとりや距離的・手続き的短縮などを考慮した仕組みづくりが必要になっている。一方で，職場や家庭での理解が不可欠であることは言うまでもない。管理職研修に，男女を問わず子育てや介護などのワークライフバランス当事者実習を組み込んで多様性を受け入れる教育を実施している企業も増えつつある。従業員家族の職場見学をいくつも視点を変えて実施するなど，これらを企業福祉システムのソフトに設定する在り方が求められる。

　これは今後，女性の社会進出が進むなかでの企業経営にとってさらに重要な課題となってくる。ワークライフバランスが従業員の定着，貢献，勤勉といった態度を促進する機能を持つことはいくつかの研究からも明らかになっている。また企業福祉にも部分的ではあるにしてもワークライフバランスを促進し，改善する機能がある。その機能の発揮を目指した企業福祉の新たな仕組みづくりが模索されている。

参考文献

佐口卓編，1972年『企業福祉』至誠堂
武川正吾・佐藤博樹編，2000年『企業保障と社会保障』東京大学出版会
宮島洋・西村周三・京極高宣編，2009年『社会保障と経済1－企業と労働─』東京大学出版会
藤田至孝・塩野谷祐一編，1997年『企業内福祉と社会保障』東京大学出版会
森田慎二郎，2013年『日本産業社会の形成─福利厚生と会社法の先駆者たち─』労務研究所

園田　洋一

第13章　社会保障の歴史

1　救貧制度の成立と展開

はじめに

　社会保障は，一般に，両大戦間の不況の時期から第 2 次世界大戦後にかけて公的扶助と社会保険が統合したことによって成立したとされているが，社会保障を構成する公的扶助や社会保険といった制度はそれ以前から成立しており，それらの源流はもっと早くからみられる。それでは，公的扶助と社会保険がどのようにして形成され，どのような展開の過程を経て統合し，社会保障が形成されてきたのであろうか。それらを知ることは，社会保障の理念や仕組みを理解するうえで重要であり，また社会保障が国家や社会とどのように関係しているのかを考えていくうえでも有用なことである。

　社会保障は一国内の制度であり，その歴史過程は各国の経済社会の状況，政治の理念や制度，家族制度や社会慣行などによって異なっている。したがって，社会保障の歴史を一様に論じることはできないが，大きな流れでいえば，社会保障の歴史は資本主義の生成と展開の過程と密接に関連している。そうした点から本章では主としてイギリスにおける救貧法から公的扶助への流れと，ドイツにおける共済制度から社会保険への流れをたどり，それらが統合され社会保障として形成されていく過程を取り上げる。というのは，公的扶助と社会保険の形成過程が，イギリスとドイツにおいてもっとも典型的に資本主義の歴史と関連しており，それらの流れをたどることによって，社会保障の形成過程がよく把握できると思われるからである。

　第 2 次世界大戦後，社会保障は多くの国々で形成され，発展を遂げてきた

が，1970年代の経済危機を契機に動揺の時期を迎え，各国は多様なかたちで社会保障の再編へと向かっていくことになる。それらについては各国における差異が大きいので，本章では大きな流れだけを述べることにする。

1-1 救貧法の成立

(1) 商業革命と救貧法の成立

1492年にコロンブスがアメリカ航路を発見したのを契機に世界は大きく変容していった。当時のヨーロッパの遠隔地貿易を端的に示すと，ヨーロッパ人の食生活に不可欠であった胡椒をアジアから輸入し，その見返りにアジアに銀を輸出するというかたちで行われていたが，アメリカ航路の発見によって新大陸から大量に銀がもたらされたことにより，従来の構図が大きく変わった。当初は略奪によっていた新大陸の銀は，アメリカへの移民が増大するとともに商品経済のもとで輸入されるようになり，それに対してヨーロッパから輸出された商品が毛織物であった。こうしてアジアからヨーロッパに胡椒，ヨーロッパからアメリカに毛織物，アメリカからヨーロッパを経由してアジアに銀という**三角貿易**ができあがった。こうした世界貿易の変化による新たな世界商業体系の創出は**商業革命**と呼ばれている。

商業革命はヨーロッパ列強の間で16世紀から18世紀にわたる激しい争いを惹起した。この争いは毛織物の生産と輸出で優位を占めたイギリスの勝利として帰着したが，その過程でイギリスは大きな変化を遂げた。国王は東インド会社等の商人資本に海外貿易の独占権を与え，その見返りに得た財力で強大な海軍力を築いた。また，ローマ教会から離脱して教会・修道院を解体し莫大な財産を得るとともに，イギリス国教会をつくって宗教界を支配下に治め，さらに封建領主の力を弱めて，国王に直属する強力な官僚機構をつくりあげた。こうして**絶対王政**と呼ばれる中央集権的な巨大な支配体制を確立したのであるが，この変革の過程で新たな貧困者対策が講じられるようになった。その状況をみていこう。

さて，毛織物の需要が高まるなかで，その生産国であったイギリスでは羊毛の需要が増大した。それに応えて大規模経営をめざす牧羊業者が現れてき

たが，彼らにとって，耕地を夏畑・冬畑・休閑地と3区分する三圃制度や小区画ごとに多くの農民の耕作地が入り交じる耕地混在制といった従来の農業は大きな障害であった。そのため彼らは農地を所有する地主と結託して農民の土地を取り上げ，農民を追い出して開放耕地を柵で囲い，広大な羊牧場に変えていった。これが第一次の**囲い込み運動**(enclosure movement)である。トマス・モアが「羊が人を食う」と記したこの社会変動は，16世紀から17世紀にわたって主としてイギリス中部諸州で行われた。

　土地も家も失った農民たちは，生きていくためには都市に流れ出るしかなく，浮浪者や乞食の群れとなって都市を徘徊した。この事態に対して国王は幾度も「囲い込み禁止令」を出すが，ほとんど効果をあげることはできなかった。こうして都市に群がってきた貧民に対して発せられたのが**救貧法**(poor law)である。救貧法はフランスなど大陸諸国で既に設けられていたが，16世紀以降のイギリスで独自の発展をとげ，大きな歴史的役割を果たすことになった。

　イギリスで最初の本格的救貧法は，1531年に出された「乞食および浮浪者の処罰に関する法」といわれる。この法は乞食や浮浪者を労働不能な者と可能な者に分け，前者には乞食の許可証を与え，それを持っていない者を処罰した。また後者には本籍地の農村に帰ることを命じ，それに従わない者を処罰した。しかし，もともと農村から追い出された者たちには効果がなく，1536年には新たな法が制定された。そこでは乞食を禁止し，老人や労働不能な者に対しては慈善的施与を行い，労働可能な者には労働を強制し，乞食や働こうとしない者は耳を削ぎ死刑に処すなど厳しく罰した。その後も頻繁に救貧法が発令され，1598年法で救貧法の体系が整えられたといわれる。こうして展開されてきた救貧政策は，1601年に「貧民の救済に関する法」（いわゆる**エリザベス救貧法**）として集大成された。

(2) **救貧法の内容と意義**

　17世紀初頭の救貧法の概要は，以下のようになっていた。まず，貧民の救済と就労については，①浮浪者・乞食を厳禁し違反者を重刑に処す，②貧民は**救貧院**(poor house)や**ワークハウス**(workhouse, 労役所)に収容し，労働能

力のある者には羊毛，亜麻，鉄その他の原材料を与えて就労させ賃金を支払う，③労働意欲のない貧民は矯治所(house of correction，ワークハウスと明確な区分はされていない)に収容し強制労働を課す，④老人や労働不能者は救貧院に収容して扶助する，⑤両親が扶養し得ない児童を**教区徒弟**(parish apprentice)に出すなどの措置が講じられた。そのための財源は，教区ごとに土地や家屋の所有者，生産業者や親方などから調達した救貧税で賄われた。これらの施策を行うため州の治安判事によって各教区の有力者が貧民監督官に任命され，救貧税の徴収，貧民の就労と救済等の措置を講じた。

　救貧法による救済は，都市の治安を維持するための上からの恩恵であり，貧民に対する蔑視が強くみられた。さらに重要なことは，救貧法が「血の立法」ともいわれるように過酷な刑罰によって労働を強制する制度であり，その過程をとおして貧民たちを賃金労働者に転化させていく役割を果たしたということである。

　また，ここで留意しておかなければならないのは，彼らはもはや農奴のように土地に縛りつけられ領主に身分的に隷属するものではなく，土地からも身分的隷属関係からも切り離された自由な人格になっているということである。しかし同時に，彼らは土地やその他の生産手段を持っていないことから，人に雇われて働き，賃金を得て生活しなければならないという存在であった。当時はマニュファクチュアが主であったが，やがて産業革命期を迎えて産業資本家が労働者を雇用し利潤を生み出していく過程で，大量の賃金労働者の存在が不可欠な要件となった。囲い込み運動による貧民の出現とそれに対処した救貧法は，農民層を分解し賃金労働者を強制的に創出していく役割を果たしたという点で大きな歴史的意義があった。

1-2　救貧法の展開

(1)　自由放任主義と救貧法の改正

　イギリスの絶対王政はヘンリー8世からエリザベス1世の時代に確立し展開したが，この時代の経済政策を前期重商主義という。重商主義とは資本主義成立期の国家が特定商人に商業活動の独占権を与えて利潤を保障し，その

見返りに莫大な貢納を受けるという，政治権力と経済勢力が結合することによって富を独占し蓄積していく政策である。その後，イギリスは17世紀半ばの2度の市民革命を経て国家の主権が事実上国王から議会に移るが，その後の政策を後期重商主義という。その特徴は，国家の保護の対象が特定商人から商業活動一般に移行したことである。

そうした過程を経て，イギリスでは1770年頃から1830年頃にかけて**産業革命**が起こった。18世紀にはインドからの綿織物が毛織物と並ぶ需要を得るようになっていたが，やがてアメリカ南部で黒人奴隷による大綿花農場が開かれ，大量の綿花がイギリスに入ってきた。そうしたなかで綿工業では画期的な技術革新が行われ，さらに蒸気機関が発明され，動力と作業機の機械化が進み，マニュファクチュアにかわって近代的な工場制度が成立した。産業革命の進展にともなって多くの手工業者や職人層は機械に追われ，従来の熟練を必要としない工場で働く賃金労働者が大量に雇用された。それにともない労働者の賃金は低下し，仕事に従事しながらも生活に困窮する人びとが増加していった。

こうした状況に対応して救貧法の見直しが行われた。1782年に**ギルバート法**が制定され，貧民をワークハウス等に収容せずに救済する院外救済が認められた。この法は下院議員ギルバートの人道主義的提案によるものであったが，その背景として，貧民をワークハウスに収容し労働力として育成するという施策が貧民の増大のために対応し得なくなったことや，救貧税に対する納税者の不満が高くなったことがあげられる。続いて1795年に**スピーナムランド制**が導入された。これはバークシャーの治安判事がスピーナムランドで会合し，パンの価格と家族数によって世帯の最低生活費を算定し，実際の所得がこの額に達しない場合は，救貧法によってその差額分を補助するというものである。これにより労働者の院外救済を広範に認める結果となった。

しかし，こうした賃金補助制度は，低賃金を合理化し貧民を増大させることにつながり，さらに救貧税の増大に対する納税者の不満が大きくなり，救貧法の抜本的改革が求められた。

(2) **新救貧法の成立**

　産業革命を経たイギリスでは，綿工業などの産業資本家たちは経済過程への国家の介入を排して自由な活動を求めた。アダム・スミスのいう「神の手」(市場原理)による社会調和を主張する**自由放任主義**(レッセ・フェール)が時代の潮流となり，経済政策も重商主義政策から自由主義政策へと移行していった。新たな時代を迎えるなかで，貧困に対する見方も大きく変わった。自助が強調され，貧しい労働者に賃金補助を行う救貧制度は，怠け者や素行不良者を保護し，自尊心と自助心を破壊するものであるという主張が強くなった。そうした主張を受けて，1834年に救貧法が改正された。

　新救貧法の特徴は，第1に救貧行政の全国的な統一化が図られ，中央政府の権限という行政機構が強化されたことである。数教区による教区連合ごとに民選による保護委員会が設けられ，それを統括する中央行政機構として救貧法委員会が設けられた。

　第2に貧困は個人の責任であるという理念のもとに過酷な貧民処遇の原則が設けられたことである。その1つは，貧民救済申請者に対しては，自立して働く最下層の労働者の生活状態よりも劣等なレベルで処遇するという**劣等処遇の原則**(the principle of less eligibility)である。2つめの原則は，就労可能な者が救済を求めるときはワークハウスに収容するという**院外救済の禁止**である。また，収容された貧困者には選挙権が与えられなかった。

　新救貧法は，賃金補助制度のような恩恵的な旧救貧法を廃止して，過酷な処遇を設けることによって労働者を労働市場に押し出し，賃金による自立した生活を強制するものであったが，それは自助を優先する資本主義の基本的理念を具体化したものといえる。しかし実際には，増大する貧困者をワークハウスに収容することは難しく，さらに全ての貧困者を劣等者として扱うことへの批判も強くなり，新救貧法はまもなく当初の規定のようには実施されなくなり，救貧制度における厳しい処遇原則はその機能を後退させていった。

2 救貧法の解体と公的扶助の成立

2-1 貧困調査

　労働者の貧困が広がるなかで，多くの慈善団体による救済事業が広範に行われた。一方，労働者側でも友愛組合による相互扶助活動が行われ，また諸系譜の社会主義と結びついた労働運動が盛んになるなど，貧困問題が大きな社会的関心を集めるようになった。そうしたなかで，**C. ブース**がロンドンで行った貧困調査(『ロンドン市民の生活と労働』 *Life and Labour of the People in London*, 17vols., 1902-03)や，その影響を受けて**S. ラウントリー**がヨークで行った貧困調査は，貧困の実態を明らかにし，救貧制度の改革に大きな影響を与えた。ここでは，ラウントリーの調査を取り上げ，その概要と意義についてみていこう。

　ラウントリーは1899年にヨークで貧困調査を行い，1901年に『貧困：都市生活者の研究』(*Poverty : Study of Town Life*, 1901)を刊行して大きな影響を与えた。ラウントリーはその後，1936年，1950年にもヨークでほぼ同じかたちで貧困調査を行い，時代の変化を如実に示す貴重な研究として高く評価されている。

　ラウントリーの調査の意義として，第1に**貧困線**(poverty line)として貧困を定義したことがあげられる。すなわち，彼は貧困を2つに区分して，「総収入をもってしても，家族の単なる肉体的能力を維持するに必要な最小限の必需品を得ることのできない生活」を第1次貧困，「総収入が，有用であろうと浪費であろうと，他の支出に費やされない限り，家族の肉体的能力を維持できる生活」を第2次貧困とした。その区分によるヨークの状況は**表13-1**のようになっていた。第1回目の調査当時，労働者の4割余りが貧困状態にあったことがわかる。ラウントリーの貧困線については，基準が恣意的で厳格すぎるとか，貧困に対する相対的な見方が欠けているといった批判もあるが，当時の労働者の生活状態をふまえながら，貧困という概念を客観的基準によって示したことの意義は大きい。

表13-1 ヨーク市の貧困率の変化

		第1回調査	第2回調査	第3回調査
労働者	第1次貧困	15.50%	6.80%	0.80%
	第1次貧困＋第2次貧困	43.40%	31.10%	2.40%
全人口	第1次貧困	9.90%	4.20%	0.20%
	第1次貧困＋第2次貧困	27.80%	17.80%	1.10%

出所：隅谷三喜男『労働経済論』筑摩書房，1976年，205頁の表から引用

　第2に貧困の原因の究明を行ったことがあげられる。ラウントリーは第1次貧困について表13-2に示す7つの要因をあげて分析を行い，貧困をもたらす最大の原因が「低賃金」にあり，次いで「多数の家族(多子)」にあることを明らかにした。こうした事実の発見は，貧困を個人の責任とし，貧困の原因を怠惰や素行不良に求めた当時の支配的見解を真っ向から否定するものであり，救貧制度の改革に大きな影響を与えた。

　なお，第2回調査は世界恐慌の影響が大きかった時期で，表13-2にみられるように貧困率は下がっているものの依然として高い状態にあり，また「失業」が貧困の大きな要因になっている。第3回調査はイギリスで社会保

表13-2 第1次貧困の原因とその変化

	1899年	1936年	1950年
主な賃金稼得者の死亡	15.60%	7.8(9.0)%	6.4%
主な賃金稼得者の病気	5.10%	4.1(5.6)%	21.3%
主な賃金稼得者の老齢		14.7(17.9)%	68.1%
主な賃金稼得者の失業	2.3%	28.6(50.4)%	0%
就業の不規則	2.8%	―(5.9)%	―
多数の家族(多子)	22.2%	―(8.0)%	3.2%
定職につきながらも低賃金	51.9%	42.3(9.2)%	1.1%

注：1936年の( )内は1899年調査の基準によった場合の数値。
出所：横山和彦『社会保障論』有斐閣，1978年，58頁の表から部分的に引用

障制度が整備された後に行われ，貧困率が大きく低下しており，また貧困の主な原因が「老齢」と「病気」になっている状況を示している。

2-2 王立救貧法委員会と少数派報告

救貧法をめぐる議論が激しくなるなかで，1905年にその見直しを行うための王立救貧法委員会が発足した。委員会は多数派と少数派に分かれ，激しい議論が行われた。

多数派は，C.ロック等の慈善組織協会の代表など14名で，1834年法の原則を維持しつつ，貧民を救済に「値する貧民」(the deserving poor)と「値しない貧民」(the undeserving poor)に区分し，前者には慈善団体からよりよい私的慈善を与え，後者には公的扶助(public assistance. 多数派が提案した救貧法の改称で，今日の公的扶助とは異なる)を適用するというものであった。

これに対して少数派は，労働党や労働組合の代表など4名で，その中心がブースの調査にも従事した**ベアトリス・ウェッブ**であった。彼らは救貧法を全面的に廃止し，それに代わって労働能力を持たない貧困者には地方自治体が病人や老人や児童など各種に区分した対応を行い，労働能力を有する貧困者には国が職業紹介や職業訓練等の公的対策を講じることを主張した。

両派とも救貧法が改革を要する点では一致していたが，基本的な理念と具体策で意見が異なり，1909年にそれぞれ多数派報告と少数派報告を提出した。そうした過程で，少数派のベアトリス・ウェッブは夫の**シドニー・ウェッブ**とともにフェビアン協会を通じて少数派報告の活発な宣伝活動を展開した。また，ウェッブ夫妻は国家が国民に対して保障する最低限度の水準としての**ナショナル・ミニマム**(national minimum)をあらゆる生活分野において確保することを提唱し，大きな影響を与えた。

2-3 リベラル・リフォームにおける改革

1906年にイギリスで自由党政府が誕生した。政府は**ロイド・ジョージ**の主導のもとで救貧制度の改革に取り組み，1906年から1908年にかけて学校給食法(初等教育で学校給食を行い貧困児童には無料で提供)，学校保健法(初等教育の児童の健康状態を改善するための対策)，児童法(児童虐待防止のための対策)，職業紹

介所法(全国に職業紹介所を設置)，労働者災害補償法(事業主の無過失責任による補償を規定，多くの雇用主は民間保険で対応)などの多くの法律を定め，救貧法によらないで貧困者に対応する範囲を拡大していった。

さらに1908年に無拠出制の**老齢年金法**が制定された。老齢による貧困に対してはブースの年金構想をはじめさまざまな提案が行われてきたが，ロイド・ジョージの提案により無拠出制年金が導入された。その内容は，20年以上在住する70歳以上の者に対して資力調査(ミーンズテスト)と道徳調査を条件として，週5シリングの無拠出年金を支給するというものである。その年金だけで生活するには十分でなかったが，救貧法による処遇の恐怖を取り除くには十分だったといわれる。

その後，1911年には国民保険法が制定され，イギリスにも社会保険制度が導入された。こうした自由党政府のもとで行われた一連の社会改良的諸立法による政策を**リベラル・リフォーム**(liberal reform)と呼んでいる。その後，第1次大戦後の貧困・失業問題への対応のなかで救貧法は急速にその機能を弱化させていった。1918年の選挙法改正で，救貧法の適用を受けている者から選挙権を剥奪することが廃止された。続いて1929年の地方自治法により，教区連合に代わって地方自治体が救貧行政を担うこととなり，院内救済の禁止の規定が撤廃され，救貧法はその効力を失っていった。さらに1934年の失業法(後述)により失業した貧困者の救済を受ける権利が認められ，受給要件も緩和され，次第に今日の公的扶助の形をとるようになっていった。こうして1948年の**国民扶助法**(National Assistance Act)によって，長い救貧法の歴史は終わりを告げた。

3 社会保険の成立と展開

3-1 ドイツにおける社会保険の成立

社会保障を構成するもう1つの主柱である社会保険は，1883年にドイツでつくられた医療保険が世界最初の社会保険である。続いて1884年に労災

保険，1889年に障害・老齢保険(年金保険)がつくられた。当時ヨーロッパの後進国であったドイツでなぜ世界最初の社会保険がつくられたのであろうか。その契機となったのは，ドイツ帝国の宰相**O.ビスマルク**の政策であった。ビスマルクは1871年に幾つもの領邦に分裂していたドイツを統一した後，強大な国民国家を創ろうと心血を注いでいたが，失業や貧困などの社会問題を背景に社会主義勢力が労働者の関心を引きつけていることに危機感を募らせ，「アメとムチ」といわれる政策を講じた。すなわち，一方では1878年に社会主義者鎮圧法(ムチ)を制定して彼らを弾圧し，他方では労働者を社会保険(アメ)で保護して社会主義から引き離しドイツ帝国の支持者にしようとしたのである。

ビスマルクは1881年に帝国議会に災害保険法案を提出したが，帝国保険庁を保険者とし国庫負担を導入するなど国の権限を強く打ち出した法案は自由主義・社会主義両陣営の激しい批判を受けて否決された。そこでビスマルクは同年に皇帝を説得して詔勅を出させ，社会主義を抑えるだけではなく，労働者の福祉を増す方策をも講ずべきだとして，労災保険・医療保険・障害老齢保険を設けることを約した。「**ドイツ社会政策のマグナ・カルタ**」と称されるこの詔勅をもとに，社会保険立法が制定されていくことになった。

また，社会保険を促した背景として，社会問題に対処するために**社会政策**(Sozialpolitik)の主張が強くなったことがあげられる。ドイツではイギリスなどから大きく遅れて1850年代に産業革命を経過した後，鉄道建設に向けて鉄鋼業が国家の保護の下で急速な発展を遂げていたが，1870年代以降の慢性不況下で社会問題が拡大し，その対策が求められた。そうしたなかで学者たちは自由放任主義でも社会主義でもない国家による社会改良として，社会保険や住宅対策などの社会政策を主張し，その実施を国家に求めた。こうした主張はビスマルクおよびその後のドイツ帝国の政策に大きな影響を与え，社会保険の成立と展開を促す基盤となった。

3-2 ドイツの社会保険の内容とその意義

ドイツでは皇帝の詔勅の後，1882年に労災保険法案と医療保険法案が帝国議会に提出された。労災保険法案は先の法案とほとんど同様であったため

再び否決されたが、医療保険法案は1883年に圧倒的多数で成立し、翌年に施行された。医療保険法案の成立については、労災保険のように利害の対立が少ないという制度の特性もあるが、すでに共済金庫という医療保険の原型となる共済制度が存在していたことが大きな要因としてあげられる。

　共済金庫というのは、中世都市の手工業者の同業組合であるツンフトに設けられたツンフト金庫や、親方から独立した職人たちによる職人金庫、鉱夫たちの鉱夫金庫など、相互扶助のための基金ないしはその組織のことである。これらの共済金庫の活動は当初、キリスト教の影響が強く、ツンフト親方や職人たちの共同体的な生活規範としての強制が強くみられたが、三十年戦争を経て領邦国家体制が展開されていくなかで、共済金庫は次第に宗教色を薄くしていくとともに、病気や老齢や死亡等のために生活が困窮する者を救済し、あるいは生活が困窮化していくのを防止するための相互扶助組織として、領邦国家の行政のなかに組み込まれていった。共済金庫はその後もさまざまな曲折を経ながら活動範囲を広げ、19世紀後半にはツンフト廃止や営業の自由、職業選択の自由などの改革にともなって法規制が加えられ、かなりの程度まで社会保険に近い制度になっていった。なかでも病気を対象として企業や同業組合などでつくられた共済金庫ではとくにそうした性格が強かった。それらの共済金庫の多くは加入者自身の運営に委ねられていた。

　ビスマルクの**医療保険法**は、これらの共済金庫の仕組みを公的制度としたものである。すなわち、既存の共済金庫の多くをそのまま企業疾病金庫、同業組合疾病金庫、鉱夫疾病金庫などの名称のもとに医療保険の保険者として公法人化し、それらの既存の金庫に加入していなかった労働者のために新たに一般地区疾病金庫を設けた。そして、1週間以上同じ雇主の下で働く労働者（ブルーカラー）と一定所得以下の職員（ホワイトカラー）を強制加入とし、一定所得以上の職員、自営業者や家族従事者は一定要件の下で任意加入とした。給付は、法定給付として13週間の医療の現物給付および傷病手当金、出産手当金、死亡手当金などが定められた。これらの費用は保険料のみから賄われ、その3分の2を被保険者、3分の1を使用者の負担としたが、これらは共済金庫の方式を踏襲したものである。また、それに応じて疾病金庫の運営機関の構成は労働者代表と使用者代表が2対1とされた。

1884年に修正を加えた労災保険法案がようやく成立し，翌年に施行された。**労災保険**では使用者の同業組合が運営主体となり，鉱業や工場など危険度の高い職場の労働者が被保険者とされた。費用は使用者が従業員数と危険度に応じて支払う保険料のみで賄われた。給付については，業務上の事由による傷病に対しては最初の13週間は医療保険から給付が行われ，それ以後は労災保険から給付が行われた。また療養の給付と並行して稼得不能年金が支給され，死亡に対しては遺族への年金が支給された。

労災保険は，ビスマルクが最も強く望んだものであり，当初の法案では国家が財源を含めてそれを担うことにより労働者のドイツ帝国への忠誠心を涵養しようとしたのであるが，実際に成立したものは国家の関与を抑え，ビスマルクの意図とは大きく異なるものであった。それ故に労災保険は「取り替えられた赤ん坊」と称された。

障害・老齢保険法は，1888年に法案が提出され，大幅な修正を経て1889年に成立し，1891年に施行された。保険者は公法人である各州の障害・老齢年金保険庁とされ，ほとんど全ての労働者が被保険者となった。給付は受給資格期間(障害年金は5年，老齢年金は30年)を満たした者に対して，業務外の病気や事故によって稼得不能となった場合に障害年金が支給され，70歳以上の者には老齢年金が支給された。当時は70歳になる前に稼得能力を喪失する場合が多いことから障害年金の方が主であり，老齢年金の受給者は受給者の2割に満たなかった。年金額も障害年金の方が高く設定され，老齢年金は障害年金の最低額と同額とされた。

以上のように，ドイツの社会保険はビスマルクの政治的意図とは大きく異なるものとして成立した。社会主義勢力はその後も拡大し，社会保険によって労働者をドイツ帝国の支持者にするという企図も実現しなかった。しかし，それとは別に，社会保険が当時のドイツ資本主義の要請に応えるものであったことを看過してはならない。ドイツは鉄鋼産業を基軸に急速な経済発展を遂げていったが，そこでは自由放任主義から離れて国家による強力な保護政策が講じられた。また同時に，遅れて資本主義化したドイツは，多くの中小企業や職人層を抱えたまま発展を遂げたため，旧来からの共同体的な仕組みや慣行が広く残存し，共済金庫内における労働者の連帯意識もきわめて

強かった。ドイツにおける社会保険立法は，そうした国家の経済過程への関与，企業内の共同体的仕組み，労働者の連帯意識などを肯定的に活用したもので，自由主義政策と異なる新たな経済政策（ドイツ帝国に因んで帝国主義政策とも称された）の展開と軌を一にしたものということができる。

　社会保険はその後多くの国々に広がり，人びとの生活を安定させるうえで大きな役割を果たした。それによって，社会主義によらなくても社会問題の解決が可能であるといった期待を人びとに抱かせることにもなった。しかし，それはビスマルクの政治的意図とは関係はなく，社会保険が所得再分配機能を通じて人びとの生活を安定させ，そのときどきの体制を維持する機能を有していることによるものである。

3-3　イギリスにおける社会保険の導入

　イギリスでは労働者の傷病等に対しては主として労働組合が友愛組合による共済活動を展開することで対応してきたが，19世紀末の大不況のなかで増大する失業者や病人に対して新たな対策が求められた。ロイド・ジョージは大蔵大臣となって間もなくドイツの社会保険の視察を行い，イギリスにも社会保険を導入する必要があるとして国民保険法案を策定した。これに対して労働組合，友愛組合，医師会等が反対したが，ロイド・ジョージの長い交渉を経て，1911年に**国民保険法**（National Insurance Act）が成立した。

　国民保険法は医療保険と失業保険の2つの部分から成っていた。**医療保険**は労働者と一定所得以下の職員を対象とし，給付は一般医による医療給付と，傷病手当金，障害手当金，出産手当金などの現金給付が設けられた。医療給付は病院の給付，眼科と歯科の給付は対象外とされ，家族給付も含まれなかった。現金給付の支給は，友愛組合などが認可組合として代行することが認められ，組合に余裕があれば家族給付や入院給付を行うことも認められた。保険料は週に被用者4ペンス，使用者3ペンスの均一拠出とされ，さらに国が週当たり2ペンスの拠出をした。被用者は自ら選んだ認可組合に保険料を納めて被保険者として登録されたが，友愛組合に加入していない下層の労働者には郵便局を窓口として保険料納付と登録が行われた。

　失業保険は，失業に対する世界で最初の社会保険であることから，当初は

慎重にその対象を7つの業種の225万人に限定して実施された。失業率を4％と想定して、保険料は被用者と使用者が週2.5ペンスずつ負担し、さらに国が両者の合計額の3分の1相当額を拠出した。給付は週7シリングで、1年に15週を限度とした。失業保険の開始から間もなく第1次世界大戦が始まり、失業者も少なく順調に推移していった。

4 社会保障の形成

4-1 失業保険の破綻と失業扶助との統合

　イギリスの失業保険は順調に拡大を続け、基金の余剰金も増大し、1920年にはほとんどの労働者が対象となった。しかし、1920年の戦後恐慌を機に大量の失業者が発生し、1921年には失業率が17％に上昇した。その後、失業率は1920年代、30年代を通じて10％を下回ることはなかった。

　こうした状況は失業保険に深刻な影響を与えた。1920年11月に2,200万ポンドあった余剰金は1921年6月には100万ポンドに減少し、その後の財政赤字に対して国庫の投入が行われるようになった。さらに、給付期間を過ぎてもなお失業状態にある者をどう救済するかということが大きな課題となった。失業給付の受給資格を失った者は救貧法に頼るしかなかったが、第1次大戦を戦った英雄ともいうべき人たちを救貧法の対象にすることは容認しがたいことであり、救貧法としても大量の失業者の流入は避けたかった。そこで応急措置として、受給要件を失った失業者に対して無契約給付として追加給付を行うこととした。しかし、失業の長期化にともない、追加給付は臨時的なものに終わらず、拡大給付、過渡給付といった名称で10年以上も続けられた。これらは拠出に基づかない給付であり、拠出と給付という保険の仕組みから逸脱するものであった。

　さらに、1929年にアメリカで発生した世界恐慌がイギリスにも及び、失業率が20％を越すといった状況を呈じた。そうしたなかで失業保険を維持していくことはもはやできなかった。そこで1934年に新たに制定されたの

が，**失業法**(Unemployment Act)である。そこでは，26週までの失業には失業保険からの給付を行い，27週以降の失業に対しては資力調査を行って貧困者に失業扶助を行うこととした。これによって失業保険の財政を立て直すとともに，長期の失業者については救貧法とは異なる失業扶助によって救済しようとしたものである。社会保険と公的扶助は，それぞれ発生の起源，果たすべき目的と機能を異にするもので，別々に発展を遂げてきたが，この失業法によって社会保険としての失業保険と公的扶助としての失業扶助が統合されたことになる。社会保障は社会保険と公的扶助が統合したものとして定義されているが，失業法によってそうした**社会保障の原型**が形成されたことになる。

4-2　アメリカの社会保障法の成立

　第1次世界大戦を契機にアメリカは世界経済の中枢的地位につき，相対的安定期のなかで繁栄を続けたが，1929年の世界恐慌により大量の失業・貧困に見舞われ，深刻な状況に陥った。当初は，経済の自動回復力を信じ，また貧困者の救済は怠惰をもたらすという観念が強く，積極的な対策を講じようとはしなかった。しかし，1933年に大統領に就任したF.ローズベルトは**ニューディール政策**により，公共事業の拡大による雇用の創出，管理通貨制度の採用など，国家が直接的に経済過程に介入する景気振興策を展開した。そうした政策の一環として，1935年に**社会保障法**(Social Security Act)が制定され，困窮する人びとを救済する制度が設けられた。この法律は「社会保障」という語を世界最初に用いた法律として有名であり，その後多くの国々でこの言葉が用いられるようになった。しかし，その内容は今日の社会保障とはかなり異なっていることに留意する必要がある。

　アメリカの社会保障法は，①連邦政府が管理する労使拠出の老齢年金保険を創設する，②州政府の運営による使用者負担の失業保険を設立し，連邦政府はその普及のため州政府が失業保険を設立した場合には使用者に課している連邦税の90%を控除する，③州政府が老齢扶助，盲人扶助，要扶養児童扶助を実施し，その費用の一定割合を連邦政府が補助する，④地方政府や民間団体の運営する母子保健サービス，児童福祉サービス，肢体不自由児サー

ビスなどに対して連邦補助金を交付する，というものであった．

　この社会保障法の特徴としては，①アメリカで初めて社会保険が創設されたこと，②連邦に運営責任があるのは老齢年金保険だけで，残りは州・地方に委ねられており，地方分権の思想が継承されていること，③公的扶助は3つの扶助に限定され，就労可能者への扶助は制限されるなど個人主義の伝統が強く残っていること，④失業保険の拡大を図るために租税相殺方式が採用されていること，⑤従来から活発であった民間の社会福祉サービスが奨励されていること，⑥社会保険と公的扶助を統合し，社会保障法という統一立法による制度が発足したが，医師会や民間保険の反対で医療保険が実現せず，医療が個人責任に委ねられるなど，現在の社会保障とは異なっていることがあげられる．

4-3　ニュージーランドにおける社会保障法

　アメリカに続いて1938年にニュージーランドで**社会保障法**が成立した．ニュージーランドの社会保障は，医療保障と所得保障で構成されていた．医療保障は，医療の現物給付を全ての住民に提供するものであり，所得保障は，老齢，障害，遺族，失業，傷病，児童などに対する現金給付の受給資格を全ての住民に与えるもので，受給に際しては緩やかな資力調査があるが，厳しいものではなかった．財源は全て税で賄われた．

　社会保険のように保険料拠出を条件とせず，公的扶助のように厳しい資力調査も条件とはせずに一定の現金給付を行うこのような制度を，一般に**社会手当**(Social Allowance)と呼んでいる．早くから労働者の生活保障問題に取り組んでいた国際労働機関(ILO)はこの制度に注目し，社会保険と公的扶助が統合して社会保障へと発展した実例として高く評価した．戦後，社会保障の制度化に取り組んでいた各国から注目され，社会保障の1つの理想型ともみなされたが，実際には広く拡大しなかった．それは，モデルとなったニュージーランドがその後，財政難から制度の維持が難しくなったということと，各国がそれぞれ長期にわたる救貧法や社会保険等の伝統を有しているために，それらを統合して一元的な制度をつくりあげることは容易ではなかったからである．

4-4　ベヴァリッジ報告

　1942年12月，第2次世界大戦中のイギリスで**『ベヴァリッジ報告』**(『社会保険および関連サービス』*Social Insurance and Allied Services, 1942*)が刊行された。この報告書は，ナチスドイツに押されて孤立していたイギリス政府が，戦争に勝った暁に実現すべき国民生活の再建計画の策定を政府の設置した委員会に諮問したのを受けて，委員会の長であったベヴァリッジ(William Beveridge)が個人の責任でまとめたものである。戦意向上を企図した諮問であったが，その報告書はまさに戦後社会の再建計画にふさわしいものであった。この報告書の概要を紹介しておこう。

　ベヴァリッジは，国民生活の再建の目標を，窮乏，疾病，無知，不潔，無為という5つの巨悪(Five Giants)を克服することであるとし，そのうちの窮乏を除去し，全国民に最低生活を保障するものが社会保障であるとした。その基軸をなすものが，全国民が拠出する社会保険による**所得保障**であり，その水準は必要最低限(ナショナル・ミニマム)とし，かつ，それを超えてはならないものとして設計された。しかし，何らかの理由で社会保険の給付が十分に受けられない人びとに対しては，資力調査を条件として税負担による公的扶助で救済するものとし，他方，必要最低限を超えるニーズに対しては，民間保険や預貯金で任意に対応すべきであり，そこまで国家が干渉するのは有害無益であるとした。ベヴァリッジ報告はこのように，社会保険によって必要最低限の生活を全国民に保障するという**普遍主義**の原則に立っている点に大きな特徴がある。

　こうした社会保険の実施について，ベヴァリッジは6つの原則を提示した。すなわち，①均一額の必要最低限の給付，②均一額の拠出，③統一した行政，④適正な給付，⑤適用範囲およびリスクの包括，⑥被保険者の分類である。これらの原則の中核をなすのが，フラット制と呼ばれる「**均一給付・均一拠出の原則**」である。そこでは，最低生活水準は全ての人びとにとって一律であり，給付が同額であるならば，拠出も同額であるべきだという**平等主義**の原則が貫かれている。単一の社会保険制度でフラット制により全国民に最低生活を保障するというこのプランは，戦後のイギリスで実現され，諸外国にとっても具体的な社会保障モデルとなった。しかし，1950年代以降

経済成長とともに国民生活が急速に上昇していくなかにあって，給付水準は低位のまま柔軟な対応ができず，次第にその魅力を失っていった。

また，ベヴァリッジは社会保障がうまく機能するためには前提条件が必要であるとして，完全雇用，包括的な保健・医療サービス，児童手当の3つを**社会保障の前提条件**としてあげている。完全雇用は，先の大量失業の経験から社会保障による対応には限界があり，雇用の維持が必要であるとした。なお，1936年に**J.M.ケインズ**が『雇用・利子および貨幣の一般理論』を著し，新たな雇用政策を説いていた。

包括的な保健医療サービスは，最低生活費を保障する社会保険とは別に，病気やその予防，リビリテーションなどそれぞれの状況に応じて政府が全国民に無償で提供すべきものとして計画された。また，児童手当は，賃金が子どもの数などに応じて支払われるものではないので，世帯規模に応じて政府が子どもの養育費を負担すべきものとして位置づけられた。これらはベヴァリッジ計画の特徴をなすものであるが，社会保障がその機能を発揮するには前提条件が必要であるという指摘は，各国の社会保障計画にも大きな示唆を与えた。

ベヴァリッジの報告書が刊行されたとき，イギリスの新聞は社会保障を「ゆりかごから墓場まで」と表現し，国民もこぞって報告書を買い求め，戦争の勝利に向かって気持ちを奮い立たせたといわれる。イギリスでは戦後，ベヴァリッジの計画に基づいて社会保障制度が実現されていったが，それだけではなく，この報告書は日本を含めて多くの国々において社会保障の構築に大きな影響を与えた。

ベヴァリッジ報告が出された1942年に，ILO事務局が『社会保障への途』(*Approaches to Social Security*, 1942)と題する冊子を刊行し，社会保障の理念と制度を世界の国々に普及させるうえで大きな役割を果たした。また，これより先の1941年に大西洋憲章のなかで社会保障の確保が取り上げられたことや，1944年のILO総会で「フィラデルフィア宣言」および所得保障や医療保障に関する一連の勧告が採択されたことなどにより，各国において戦後社会の再建の主柱の1つとして社会保障がとりあげられるようになった。

5 社会保障の展開

5-1 社会保障の普及

　第2次世界大戦後の大きな特徴として，先進諸国で相次いで**福祉国家体制**が成立したことをあげることができる。福祉国家とは，完全雇用政策と社会保障政策を講じることによって全ての国民に最低生活を保障する民主主義的国家をいう。通常は労働による所得で生活が維持されるが，疾病，老齢，障害，失業，死亡等の事故により生活が困窮し，またはその恐れがあるときには，社会保障給付で生活が維持される体制を意味している。第2次世界大戦後，その内容は一様ではないが，先進諸国は福祉国家の建設に向かい，社会保障が福祉国家を支える主柱の1つとなった。

　第2次世界大戦後，イギリスでは労働党政府の下でベヴァリッジの計画に沿った社会保障制度が構築されていった。1945年に児童手当法，労災保険法，1946年には国民保険法，**国民保健サービス法**(National Health Service, NHS. 1948年実施)，1947年に国民扶助法，1948年に児童法と，相次いで法律が制定され，戦後のイギリスを特徴づける社会保障制度が確立した。それらの内容は必ずしもベヴァリッジの計画通りではなかったが，制度的な枠組みやその理念などベヴァリッジ計画が土台になっていることは確かである。また，社会保障の構築とあいまって，ケインズ政策の導入により完全雇用が達成され，イギリスでは福祉国家体制が確立した。第2次大戦後，先進諸国で相次いで完全雇用と社会保障を基盤とする福祉国家体制が成立したことは大きな特徴である。

　ドイツは，1911年に医療保険，労災保険，老齢・障害保険が帝国保険法という名称で一本化されるとともに，社会保険の当事者自治に法的基礎が与えられた。また同年，職員保険法が制定され，ホワイトカラーも社会保険の適用を受けることとなった。第1次世界大戦後に成立したワイマール共和国のもとで，1924年に貧困者に対する扶助義務令が制定されたが，扶助の請求権はなかった。また，1927年には失業保険がつくられた。その後，1933

年にナチス体制へと移行し，社会保障は体制強化の一手段として利用される一方，社会保険における自治権は否定された。

　第 2 次世界大戦後，ドイツは 4 か国の占領下におかれた後，冷戦の激化とともに東西に分断された。東ドイツではソ連の支配下で統一社会保険が導入されたのに対して，西ドイツでは伝統的なワイマール期の社会保険の再建が選択された。さらに西ドイツの憲法ともいうべき「ボン基本法」で福祉国家をめざすことを国の基本としたことを受けて，1957 年に**年金保険改革**が行われ，積立方式から賦課方式への変更，所得比例年金と動態年金(賃金の変化に連動して年金も変化させること)の導入といった世代間連帯を基礎とする年金保険が構築された。また，医療保険は疾病金庫における当事者自治の遵守を掲げて加入者の連帯を強化し，その対象範囲を拡大し，年金保険と並んでドイツ福祉国家体制を支える基盤となった。

　アメリカでは，第二次大戦後，医療保険創設の試みが幾度か失敗した後，1965 年に連邦政府による**メディケア**(Medicare)と**メディケイド**(Medicaid)が創設された。メディケアは 65 歳以上の高齢者と障害者を対象に連邦政府が管理する医療保険で，強制の入院医療保険と任意の補足的医療保険から成っている。また，メディケイドは低所得者を対象とする医療扶助で，1960 年に老齢貧困者を対象に設けられた州営医療扶助に対する連邦補助金制度を拡大したものである。これにより高齢者，障害者および貧困者への医療保障が行われるようになったが，それ以外の人びとへの医療は民間医療保険に委ねられた。しかし，医療費の高いアメリカでは保険料も高く，そこに加入できない無保険者が多く，その対応が問題として残された。続いて 1972 年に医療保険においてスライド制が導入された。

　老齢年金保険は，1939 年に退職労働者の扶養家族・遺族のための給付が追加され，1956 年には障害給付が追加されて老齢・遺族・障害保険となった。さらに，1974 年に企業年金改革法(被用者退職所得保障法)が成立し，被用者の年金受給権保護のための措置が講じられた。

　失業保険は，使用者への連邦税賦課の軽減により各州に普及し，適用者の拡大が進んだ。また，公的扶助では，1972 年の改革により，州によって行われていた 3 つの扶助が連邦政府により行われることになり，給付要件や給

付の統一が図られた。

　フランスの社会保障は，イギリスやドイツと異なる特異な展開を示した。第二次世界大戦前の状況を瞥見しておくと，19世紀末から20世紀初頭にかけて事業主の補償責任による労災補償法がつくられ，第1次大戦後に社会保険が導入された。さらに1932年に家族手当法が成立し，第2次大戦後に成立した社会保障の母胎となったことがあげられる。

　第二次大戦後，フランスの社会保障立法の基礎となったのがP.ラロックの社会保障計画（ラロックプラン）であった。ラロックは社会保障の原則として，全国民を対象とする「一般化」，単一の制度とする「統一化」，当事者の自主的管理とする「自律化」の3つを提唱し，社会保障の導入を主導した。実際には，一般化の実現は財政上の制約から断念され，統一化も商工業の被用者を対象にした一般制度の成立を果たしたものの，職種別の多様な制度が残存したものとなり，自律化のみが実現される形となったが，それらの原則はその後もフランス社会保障のあり方に大きな影響を与えた。また，ラロックは社会保障を所得の保障としたうえで，全ての国民がその所得でもって全被扶養者を支えうるのでなければ真の保障とはいえないとして，家族手当を重視した政策を行い，フランス社会保障の特徴となった。

　スウェーデンは第2次世界大戦後，社会保障のめざましい発展がみられ，他の北欧諸国とともに北欧型福祉国家といわれるようになった。最初に戦前の状況を振り返っておくと，19世紀の中頃に絶対主義的な規制が緩和され，政治的にも経済的にも自由主義化が進むなかで救貧法が改められた。また，1870年頃から工業化にともなう諸問題に対応するために医療，労災，年金等の社会保険立法が検討されたが，いずれも実現しなかった。その一方，貧困問題を背景に国外への移民問題が重大な社会問題となり，とくに1870代末からの経済状況の悪化にともなって移民が激増し，1910年代初頭までに人口の4分の1に近い90万人余りがアメリカに流出した。そうした過程を経て，1913年に全国民を対象とした国民年金保険法が成立し，続いて1918年の新救貧法により全国的な救済基準が設定された

　第1次世界大戦後の不況に続き，世界恐慌の影響で失業問題が重大化したが，その対応をめぐる1931年の総選挙で政権についた社会民主党が，一時

的中断はあるものの1976年までの長期にわたって政権を維持し，社会保障の導入と福祉国家の建設を進めた。また，第2次世界大戦で中立を堅持し，戦火を免れたこともそれらの政策を進めるうえで大きな影響を与えた。

第2次大戦後，社会保障の充実化が図られた。社会保険では，1946年に新たな国民年金法が成立し年金水準が大幅に引き上げられた。同じ年に医療保険法が制定されたが，その実施を前に改定され，病院医療は公費負担の国民保健サービス，医療費償還払い方式の外来医療と傷病手当金は医療保険で行うこととした。その後，1955年に外来医療は患者一部負担をともなう現物給付に改められた。

また，社会福祉では，1930年半ばから**ミュルダール夫妻**の著書等を通じて人口減少が問題となり，低所得多子家族に対する住宅対策や所得調査をともなう児童手当が行われていたが，1947年に児童手当法，1948年に新たな住宅対策が実施された。また，老人福祉の諸制度もさまざまな工夫のもとで整備され，高齢者用住宅が一般住宅のなかに設けられたり，一人暮らし老人の増加に対応したホームヘルパーの充実，低所得高齢者への所得保障や福祉サービスなどが講じられた。

5-2　1980年代以降の社会保障の変容

1950年代から70年代初頭にかけて，多くの先進諸国では経済成長が続いた。それを背景に各国では完全雇用の実現と社会保障の充実が図られ，福祉国家体制が強化されていった。しかし，1973年の第1次オイルショックを契機に，世界経済は低経済成長の時代へと移行するとともに，先進諸国では**福祉国家の危機**が論じられ，社会保障は抜本的な見直しを迫られた。

先進諸国の多くが膨大な赤字財政と失業者の増大に見舞われるなかで，1980年代に入る頃からイギリスのサッチャー首相とアメリカのレーガン大統領に代表される**新保守主義**による政権が誕生し，それまで西欧諸国の支配的パラダイムであった福祉国家政策が厳しく批判された。さらに，1980年代末から90年代にかけてソ連・東欧の社会主義国が崩壊したこともあって，多くの国々では資本主義の基本理念ともいうべき市場原理が謳歌され，新保守主義が時代の潮流となった。

それらの政権は「大きくなりすぎた政府」のスリム化を求めて，財政再建を最優先課題に掲げ，市場経済の活性化と国民の自助努力を強調した。その具体的政策として，国営事業の民営化，各種の国庫補助金の削減，各種規制の緩和，所得税の軽減等が掲げられ，社会保障も改革の主要な対象となり，費用の削減と民営化の推進が図られた。

新保守主義の下で社会保障の見直しがすすめられたが，各国ともすでに社会保障が人びとの生活の隅々にまで浸透しており，その縮小はほとんど進まなかった。その一方で，いずれの先進国も高齢化が進展し，医療が高度化し，失業が増大し，それらの問題に対処するために社会保障の充実を求める声も大きく，社会保障の縮小は容易なことではなかった。総じていえば，社会保障費の増加のスピードを緩和するくらいが精一杯であった。

新保守主義の時代は1990年代に終わった。しかし，多くの国々では貧困や格差が拡大し，社会保障の機能強化が求められる一方，社会保障の財政問題は以前にもまして困難な課題となっている。経済のグローバル化や情報技術の進展により，国境のカベは低くなっているが，社会保障は依然として国内制度としてそれぞれの国のあり方を反映している。各国ともさまざまな社会保障政策を講じてきているが，その前途は明確ではない。

参考文献

足立正樹・樫原朗編, 1983年『各国の社会保障－歴史・現状・将来－』法律文化社
ウィリアム・ベヴァリッジ／一圓光彌監訳, 2014年『ベヴァリッジ報告－社会保険および関連サービス』法律文化社
近藤文二, 1969年『新版社会保障の歴史』厚生出版社
東京大学社会科学研究所編, 1984年『福祉国家1・福祉国家の形成』東京大学出版会
田多英範編著, 2014年『世界はなぜ社会保障制度を創ったのか』ミネルヴァ書房
右田紀久恵・高澤武司・古川孝順編, 2001年『社会福祉の歴史－政策と運動の展開－〔新版〕』有斐閣選書
『先進諸国の社会保障』1999年～2000年（全7巻）東京大学出版会

（土田　武史）

第14章　日本の社会保障の歴史

1　戦前期－社会保障前史

はじめに

(1)　**社会保障の源流としての救貧と共済**

　現代の社会保障制度を構成する主な要素はヨーロッパの近代化の過程で形成されたものである。社会保障の源流を近代以前に辿ると，生活困窮者に対して地域的な政治的共同体(国家を含む)がおこなう**救貧**と，労働・職業共同体の連帯意識に基づく相互扶助としての**共済**の二つに大別できる。現代において，救貧は国家の救済義務や個人の被救済権が認められ公的扶助あるいは社会扶助と呼ばれるようになり，共済は法律的強制加入が強められ社会保険と呼ばれるようになった。この二つの他，前近代には宗教的な慈善活動と王朝国家のもと臣下への恩賞としての恩給があった。慈善は地域共同体の救貧と未分離のまま，重要な役割を担ったが，近代半ばからは，一部は社会福祉などとして制度化され，一部は制度化されない活動として救貧から分離していった。恩給は近代以後も官僚の引退給付として存続した。日本とヨーロッパでは前近代の歴史が異なるが，日本は明治維新後ヨーロッパの制度を模範に近代化を進めたので，救貧と共済を基軸に歴史を描くことが可能である。

(2)　**日本における社会保障という言葉の誕生と普及**

　社会保障という言葉は，英語のsocial securityの訳語として作られた。1935年アメリカで**社会保障法**Social Security Actが制定されると間もなく，

それを日本に紹介する訳語として「社会保障」が使用された。1942年12月の英国『**ベヴァリッジ報告書**』は，第二次大戦後，日本の研究者・官僚の間で広く読まれた。『ベヴァリッジ報告書』の表題は「社会保険および関連サービス」であったが，社会保障という言葉も使用されており，同報告書は戦後の社会保障立案のモデルとみなされた。ILOが1942年に刊行した『**社会保障への途**』では公的扶助と社会保険を併せたものを社会保障と呼び，日本の研究者の社会保障概念の形成に影響を与えた。また，占領軍が提示した憲法草案に「社会保障」という言葉が使用され，それが1946年公布の日本国憲法の第25条第二項の原案となった（第一項の生存権規定は日本人の立案）。こうして社会保障は日本において生存権を保障する政策手段として位置づけられた。1950年の社会保障制度審議会の『**社会保障制度に関する勧告**』で，社会保障という言葉は社会保険，国家扶助（公的扶助），社会福祉，公衆衛生を包括する用語と定義された。このように社会保障という言葉は第二次大戦後日本で包括的な政策概念として，広く使用されるようになった。

うえにみたように，社会保障という言葉で政策が立案されるようになったのは第二次大戦後であるといえる。明治期から第二次大戦期までは社会保障前史とみなすことができる。

1-1 救貧の系列

(1) 恤救規則の時代

1868（慶応4）年の「**五榜の掲示**」第一札第二で民衆が守るべき道徳として「鰥寡孤独廃疾ノモノヲ憫レムヘキ事（身寄りのない人，体の不自由な人を憐れみ救済すること）」と掲げた。これは国家が民衆に慈善精神を発揮するように求めたことを意味する。1871（明治4）年の廃藩置県により旧藩で行われていた救貧事業が停止された。滋賀県が旧彦根藩で実施されてきた窮民救助対策を継続できるように中央政府に要望した。これに対する政府の対応として1874（明治7）年に**恤救規則**という法律が制定された。これが明治維新後最初の救貧立法である。

表14-1 戦前期の救貧政策

1868(慶応4)年	「五榜の掲示」
1874(明治7)年	恤救規則
1888(明治21)年	窮民救助法案
1897(明治30)年	恤救法案，救貧税法案
1904(明治37)年	下士兵卒家族救助令
1917(大正6)年	軍事救護法
1918(大正7)年	東京府に救済委員，大阪府に方面委員制度設置
1929(昭和9)年	救護法制定
1936(昭和11)年	軍事扶助法，医療保護法

恤救規則は前文と五条からなる簡単な法律である。その前文で，救済の理念として，第一に，生活困窮者を救済する義務(責任)が政府にないこと，第二に，「人民相互の情誼(人々同士の情け)」に基づき助け合いの仕組みをつくるべきこと，だが，第三に，公費による救済は「目下差し置き難い(目の前にいる放置しておけない)無告の民(頼れる人がいない者)」に限定して行うこと，第四に，50日分については県の判断で行いうること，を掲げた。国家に救済の責任はないが，全国的な取り扱い基準を定める必要に迫られて制定した法律であった。給付水準は，徳川時代の藩の救済を踏襲し，食糧代を現金給付した程度であったから，生命を維持するだけのものであった。受給資格を厳しく限定しており，**制限救助主義**に基づいていた。

　恤救規則に代わる新たな救貧立法を制定する試みは何度かなされた。1888(明治21)年，市制町村制の制定に対応して，**窮民救助法案**が内務省から提出された。それは公的救助義務主義をうたったものであったが，その点が議会で批判を浴び廃案となった。1897(明治30)年には**後藤新平**の提唱により**恤救法案**，**救貧税法案**が提出されたが，審議されずに廃案となった。こうして恤救規則は大正期を経て昭和初期まで存続した。他方，**大逆事件**の衝撃を受けて，1911(明治44)年，**皇室御下賜金**により恩賜財団**済生会**が設立されるなど，皇室資金と寄付金による民間社会事業が奨励されたことに見られるように，民間非営利の救済活動が奨励された。

　明治期は，国家に対する個人の義務(奉公)が求められる一方，国家の公的

救助義務が回避された。そして，住民の自治意識による任意の地域的救済，民間非営利の救済が奨励された。国家と生活困窮者との関係は直接的なものではなく，地域や民間非営利を媒介とした間接的なものであった。すなわち，**間接的救済体制**下での民間救済奨励という時代であった。

(2) **軍人特別立法**

他方，徴兵された兵役者の家族や軍人遺族の生活困窮者については，恤救規則とは別に特別の対策が採用された。日露戦争開戦直後の1904(明治37)年，**下士兵卒家族救助令**が制定され，日露戦争に出征した軍人の留守家族が「生活スル能ハサル（生活ができない）」状態に陥った場合に救済がなされることになった。これも「**惰民養成**」が危惧され，「**隣保相扶**」が優先されたため，ミーンズテストが課された制限主義的な救貧制度であったが，恤救規則とは別の制度で救済したことが注目に値する。つまり，兵役は臣民の義務であり，見返り(報酬)を求める行為ではないものの，兵役という国家に貢献する者の家族の生活困窮は特別に救済すべきであることが明らかにされた。

第一次大戦時に日本軍の中国大陸青島出兵を契機として，1917(大正6)年**軍事救護法**が制定された。同法は応召軍人の家族，傷病兵とその遺家族で生活困窮している者に対して国家が救済を行うもので，下士兵卒家族救助令と比較して，給付内容が改善された。

軍事救護法の実施に伴い，**内務省**に救護課が設置され，1919(大正8)年に社会課と改称され，1920年に内務省社会局となった。

(3) **方面委員制度の普及と救護法の制定**

1917年の岡山県の濟世顧問制度をさきがけとして，1918年に東京府が救済委員，大阪府が**方面委員制度**を設置した。その後類似の制度が全国の自治体に広がっていき，次第に「方面委員制度」と総称されるようになった。方面委員制度は，地方公共団体から任命された無給の名誉職が，生活困窮者の救済に従事する制度である。これは民生委員制度として現在も存続している。方面委員は救護法制定運動を担い，1929年の救護法成立の原動力となった。その救護法の実施が延期されると，**救護法実施促進運動**を展開し，1932

年に実施を実現させた。方面委員は救護法の産みの親として確固たる地位を築いた。

1929年**救護法**が制定された。救護法は，対象者を「六十五歳以上の老衰者」「十三歳以下の幼者」「妊産婦」，障害などにより「労務を行ふに故障ある者」と限定し，稼働能力を有する者は対象外とされた。救済手段は「生活扶助」「医療扶助」「助産扶助」「生業扶助」の四種に拡充・整備された。この法律の特徴は，第一に，費用負担区分を明確にし，国が二分の一，県と市が各四分の一を負担することとし，第二に，恤救規則と比較すると対象者の範囲が拡充され，救済手段が明確になり，第三に，**公的救助義務主義**が法律上明記され，そして第四に，市町村を実施機関としてそれを補助する機関として方面委員(救護委員)を設けたことである。救護法は公的救助義務主義を明記した点が新しかったが，生活困窮者に権利はなく，行政処分の**反射的利益**を受けるのみとされた。実際の救済の可否の判断や水準は方面委員と市町村の裁量に委ねられた。

日中戦争が本格化する直前の1936年，救護法と区別するために，軍事救護法が**軍事扶助法**と改められ，給付内容が充実された。同年には，救護法の医療扶助や済生会の医療保護などを統合し，**医療保護法**が制定され，1937年「児童の健全なる発育」を目的とした**母子保護法**が制定された。

第二次大戦までは，国民は「臣民」として天皇制国家に奉公する義務的主体であり，生活困窮者は奉公しえない者として救済の権利はなかった。政府は人間が抱く情緒的な憐憫にもとづく慈善活動を住民・地域の道徳的義務とみなし，民間団体の活動を奨励した。

1-2　共済の系列

(1)　恩給の先行と共済組合の後追い

明治維新後の1875(明治8)年，**海軍退隠令**，翌年に**陸軍恩給令**が制定された。これは戊辰戦争など幕末・維新の戦争で勲功のあった官軍兵士への恩給であった。一般官公吏を対象とした恩給法は1884(明治17)年に制定され，以後，整えられていった。政府による生活保障制度は，軍人・官公吏の恩給制

表14-2 恩給，共済組合の系譜

1875(明治8)年	海軍退隠令
1876(明治9)年	陸軍恩給令
1884(明治17)年	恩給法
1897(明治30)年	鉄工組合，後藤新平「労働者疾病保険法案」
1898(明治31)年	富士紡績に職工病傷保険規則
1900(明治33)年	治安警察法
1905(明治38)年	官営八幡製鉄所職工共済組合，鐘淵紡績会社共済組合
1907(明治40)年	帝国鉄道庁共済組合

度として発足した。

　ヨーロッパのギルドやクラフトに相当する同職組合が徳川時代には発達しなかった。また，明治期の産業化・資本主義化は主として西洋技術の移入に基づくものであったから，鉱山労働などを例外として，在来産業の職人集団と新興産業の労働者集団との組織的な連続性はなく，全体としてギルドやクラフトのような職人的伝統が近代の新しい産業に継承されることはなかった。近代的工業の分野では，1897(明治30)年に砲兵工廠など金属機械工場労働者の企業横断的労働組合である**鉄工組合**が結成された。鉄工組合は「救済金」制度と呼ばれる傷病手当金や葬祭手当を給付する共済活動を重視したので，日本でも企業横断的な共済事業が成長する可能性を秘めていた。しかしながら，経営者側の組合抑圧や1900(明治33)年制定の**治安警察法**で組合活動を厳しく制限したために鉄工組合の活動は停滞し，消滅していった。

　1905(明治38)年に**官営八幡製鉄所**で任意加入の職工共済組合が設立された。1907年にはドイツの労働保険を参照して**帝国鉄道庁共済組合**が設立された。これは官業共済組合の先駆けとなり，その後専売局や印刷局など現業種ごとに多く設立された。これらは監督省庁が労使関係に「善良なる精神」「上下意志の疎通」「明朗なる気風」を醸成することを目的として導入したものであった。

　民間企業では，1898(明治31)年**富士紡績**に職工病傷保険規則が制定されたが，これは後藤新平の勧奨により，経営者が導入したものとされる。本格的な民間共済組合の先駆けとしては，1905年の**鐘淵紡績会社**の共済組合であっ

た。社長の**武藤山治**の意向でドイツのクルップ社の共済組合を参照して設立された。これら有力な民間共済組合は，経営者が主導して導入されたもので，労働者が求めて作られたものではなかった。近代工業において職人的な団結が未形成の時期に経営者主導で共済組合が設置されたことは，ヨーロッパにおける職人的団結を基盤とした共済組合とは似て非なる組織であった。

(2) 健康保険法の制定

1897(明治30)年に，後藤新平がドイツの疾病金庫に刺激を受けて「**労働者疾病保険法案**(全27条)」を総理大臣に建議した。それは強制加入のビスマルク型の社会保険とは異なり，企業単位で共済組合を設置し，それを国家が監督するものであった。

第一次大戦の好景気により第二次産業の就業人口は激増し，また，大正デモクラシーの気運の中，ロシア革命の影響や米騒動もあり，労働運動が盛んになった。労働組合の組織のあり方をめぐって，**友愛会**は初期に企業横断的な職業別組合を追求したが，やがて産業別労働組合と社会改良路線に転換した。他方，同一事業所の労働者は職種に関係なく組合に加入する「縦断組合(企業内組合)」などが生まれ，組織のあり方をめぐって模索がなされた。

1920(大正9)年に当時野党にあった**憲政会**(後の民政党)が「**疾病保険法案**(全54条)」を議会に提出した。それは被用者を対象とした政府管掌の健康保険であったが，給付水準が高い共済組合は独立性が保障された。憲政会は同時に**失業保険法案**も提出していることに見られるように，労働運動の「過激化」を憂慮していた。二つの法案は審議未了で成立しなかった。だが，憲政会の法案に刺激をうけた農商務省は健康保険法の作

表14-3 戦前期社会保険関係年表

1897(明治30)年	後藤新平，労働者疾病保険法案
1920(大正9)年	憲政会，疾病保険法案，失業保険法案
1922(大正11)年	健康保険法制定
1927(昭和2)年	健康保険法実施
1936(昭和11)年	退職積立金及び退職手当法
1937(昭和12)年	船員保険法
1938(昭和13)年	厚生省新設，国民健康保険法
1941(昭和16)年	労働者年金保険法
1944(昭和19)年	労働者年金，厚生年金法に改称

成準備に取りかかった。農商務省が作成した草案は**労働保険調査会**で審査され，成案を得て議会に提出された。こうして1922(大正11)年，日本で最初の社会保険法である健康保険法が制定された。

　成立した**健康保険法**(全91条)の概要は次の通りである。第一に，適用対象は工場法(労働基準法の前身)・鉱業法が適用される事業所(常時10人以上雇用)の従業員とし，第二に，保険者は，従業員300人以上の事業所は**健康保険組合**の設立が認められ，組合に加入しない者は政府が保険者として管掌することになった。第三に，保険事故は業務上の傷病と業務外の傷病を含み，第四に，保険料の負担は労使折半とし，組合健保は事業主の負担を増やすことを可能にし，また給付費の一割を国庫が負担することとした。第五に，診療報酬は，政管健保で人頭割請負方式が採用され，組合健保は組合毎に医師会と個別に契約を結んだ。

　健康保険法で，事業所単位の組合健保の設立を認めた理由は，労使共同で自治的に運営することがドイツをはじめ欧米先進国に共通していたことの他，次のような具体的な理由が挙げられた。①虚病(仮病)の防止，②労働災害予防に効果があること，③迅速な保険給付が可能であること，④準備金を組合の目的に使用できること，⑤従業員が組合の管理に参加できること，⑥経費を節約できること，⑦事務の簡素化，⑧保険料が低額で済むこと，⑨労使共同管理により関係が円滑になること，である。また，既存の民間共済組合のうち健保組合と同等以上の給付が可能な組合は，存続が認められた。

　健康保険法は，労働運動の過激化を防ぐ手段として導入された。それは職域保険，定率負担，労使共同拠出を特徴とする**ビスマルク型**の社会保険であった。日本の社会保険制度の発展を方向付けるうえで決定的な意味を有することになった。

　健康保険法は，成立翌年に発生した関東大震災の影響や，業務上災害部分の保険料の一部を労働者が負担することに対する労働組合の反対，経営者団体の反対，医師会の抵抗などがあり，実施は1927(昭和2)年となった。所管は内務省社会局健康保険部に移された。

　失業保険については，憲政会が法案を策定し，内務省でも検討がなされたが，経営者団体の根強い反対により戦前は制定されなかった。代わりに

1936(昭和11)年，**退職積立金及び退職手当法**が制定された。

(3) 労働者年金保険法

これらの他，被用者保険では，1937年に海運労働者を対象とした**船員保険法**が制定された。これは医療保険と年金保険を含むもので，日本ではじめての被用者年金保険制度であった。次いで，1941年には**労働者年金保険法**が制定された。また，年金積立金を管理運用するために1943年12月に**厚生団**が設置された。労働者年金保険法は1944年に改正され**厚生年金保険法**と改称された。

創設時の労働者年金保険法の概要をみておく。保険者は政府として，保険事故は，老齢の他，廃疾(障害)，死亡(遺族)，脱退の四種とし，10人以上事業所の男子労働者とした。養老年金(老齢年金)は，20年間の拠出で所得代替率25％とし，拠出期間が1年につき100分の1を加算することとされた。財政方式は平準保険料方式に基づく積立方式が採用された。44年改正の厚生年金保険は，適用範囲を職員と女子に拡大し，結婚退職を保険事故とし，一時金を支給することにした。

労働者年金保険法は**男性片働き**の夫婦モデルに基づいて，夫の老齢年金で夫婦の老後を支え，夫の死後，妻は遺族年金で生計を維持することを想定していた。このため保険料率は比較的高く設定された。44年改正で女子に適用拡大されたが，それは結婚退職による脱退一時金制度の導入と併せたものであった。

労働者年金保険法は，社会的要請がないなかで制定されたため，制定の理由をめぐって論争がある。一つは年金保険料を徴収してそれを戦費調達に充てるためという戦費調達説，二つ目には，市場から資金を回収することによるインフレ防止説，三つ目に，戦時下の労働者(産業戦士)の士気高揚説，四つ目に労働移動防止説などである。だが，いずれも決定的な根拠に欠けている。むしろ，戦時体制の特殊な政治情勢の中で制定されたと考えた方がよいように思われる。すなわち，政党政治が停止され，議会制が形骸化したことにより，官僚主導の非常時かつ非政治的な国家運営が可能となった時代の産物ではないかと思われる。誕生まもない厚生省の保険官僚が主導して制定さ

れたものであり，積立金の運用が見込める長期保険の領域を拡大することを意図したものと思われる。当面は国家の負担増はなく，戦争遂行を妨げる理由がなかったため，大蔵省や陸軍省など有力省庁も反対しなかった。したがって，最も優先されたものは厚生省の所管領域拡大という官僚的利害であったと思われる。

(4) 国民健康保険法の制定

　1938(昭和13)年，**国民健康保険法**が制定された。明治期以来，農村部の医師不足は慢性的なものであった。農村では**産業組合**(農協の前身)が**医療利用組合**を設立するなど，地域の自主的な医療確保運動も展開されたが，十分なものとはいえなかった。1930年代初頭，健康保険制度の運営体制が軌道に乗ると，内務省社会局は次の社会保険制度として農民向けの健康保険について検討を開始した。その頃，**昭和恐慌**により農村の窮乏は深刻であった。戦時体制が強まる中，徴兵検査で農村出身者の体力低下がみられ，陸軍は健康な兵隊の供給に危機感をいだいた。農村部の医療保障に対する強い要望を社会的基盤としながら，社会局の農村社会保険導入の動きと軍隊の健兵対策が結びつき，国民健康保険法が制定された。農村部を対象とした地域型の社会保険制度の事例は海外でも事例が少なく(デンマークのみ知られていた)，実現可能性が危惧されたため，事前にパイロット事業(モデル事業)を実施し，実現可能性を確認している。制定に際して，最大の争点となったのは既存の医療利用組合に国民健康保険を行わせるかどうかであった。結論として，法が求める水準を超える利用組合は国民健康保険事業を代行できることにした。

　国民健康保険は，「自治」・「相扶共済」が強調され，任意設立・任意加入を原則とした。保険者は，地域で設立する普通国民健康保険組合と，同一業種または同一業務に従事する自営業者が設立する特別健康保険組合の二種類とした。被保険者は加入する被保険者本人とその世帯員とした。給付内容，保険料の額や徴収方法など各組合が自主的に決定するべきものとした。また，国と都道府県が補助できること，組合が直営の医療施設を運営できることとされた。

　農村医療保障については，様々な選択肢がありうるが，日本では社会保険

方式が採用された。ここにおいて日本は社会保険中心に医療保障を実施していく方向性がほぼ固まった。また，国民健康保険は，**非ビスマルク型**・地域型の社会保険である点が注目に値する。ビスマルク型・職域型の健康保険と非ビスマルク型の国民健康保険という二つの社会保険方式が併存することになった。いわば日本の医療保障の特徴である「**社会保険中心・二方式併存体制**(混合方式)」が形成された。

国民健康保険制定後，戦後の動きと対比させて「**第一次国民皆保険運動**」とも呼ばれる普及促進運動が展開され，農村部の大半に普通国保組合が設置された。また，1938年，**医薬制度調査会**が設置され，医療提供体制の組織化を提案し，1942年に**国民医療法**が制定され，これに基づいて**日本医療団**が設立された。日本医療団は，結核の予防・撲滅，無医地区の解消を主な目的とし，診療所から高度病院まで整然とした提供体制の構築を目指した。

以上のように社会保障前史としての戦前は，救貧の領域と共済の領域は相互に独立していた。救貧は公的救助義務を回避することが特徴で，救護法も公的救助義務主義は認めたものの方面委員を媒介として地域の裁量を認めることで，受給権の発生を抑止した。「間接的救済体制」のもと民間の救済活動を奨励し，「権利なき救済奨励」が行われた。生活困窮者は国家に奉仕しうる人間になりうる「潜在的臣民」であった。他方，共済の領域は，労働組合運動との緊張をはらんだものであった。鉄工組合や友愛会など企業横断的な組織を追求する動きは政府や経営者団体の抑圧で伸長しなかった。健康保険法が成立した1922年当時は組合の組織形態は流動的であったが，経営側が志向する「縦断組合(企業別組合)」と事業所単位の健康保険組合は形態的に馴染むものがあった。このため健康保険の施行は企業別組合にとっては追い風となったと思われるが，それによって労使関係が安定したわけではなかった。

2 被占領期から国民皆保険・皆年金体制の成立まで

2-1 生活保護法の制定

敗戦後の1946年**日本国憲法**が公布され，第25条第1項で**生存権**条項が，第2項で政府が社会保障の充実に努めることが明記されたことが時代を画する事件であった。

救貧の領域では，**連合国軍総司令部(GHQ/SCAP)** が，1946年2月指令**SCAPIN775**で**無差別平等**，**国家責任**，**必要充足**，**公私分離**の原則を提示した。これにより戦前の救貧立法は廃止され，同年9月新たに**生活保護法**が制定された。また，方面委員は**民生委員**と名称が変更されたが，引き続き生活保護で裁量権を有し，「**無差別平等の名誉職裁量体制**」が形成された。間接的救済体制が存続したのである。これは憲法の生存権条項および生活保護の国家責任原則と間接的救済体制との関係が整理されていなかった。これを整理することが一つの重要な理由となって，1950年生活保護法が全面改正された(新法)。新法では，生存権を実体化すべく**保護請求権**を認め，また，民生委員の役割を生活保護法の実施機関から協力機関に縮小し，新設される福祉事務所のもとで有給公務員が保護を担当することにした。ここにおいて戦前来の間接的救済体制は終焉し，国家責任が明示された**直接的救済体制**に移行した。また，1948年に生活保護基準として**マーケットバスケット方式**が採用され，科学的な根拠に基づく基準が追求されたが，全体として**絶対的貧困観**に基づく低い水準であった。

表14-4 被占領期の社会福祉

1946年	SCAPIN775，日本国憲法第25条，生活保護法，民生委員法
1947年	児童福祉法
1949年	身体障害者福祉法
1950年	生活保護法(新法)，社会福祉事業法，福祉事務所発足

生活保護法(旧法)から「救貧」は「公的扶助」に移行したと言われる。これは「恩恵(無権利)」から「権利」に救済原理が移行したことを表現する言葉として使用されるようになった。被占領期にはこの他，1947年に**児童福祉法**，

1949年に**身体障害者福祉法**，1950年に**社会福祉事業法**が制定され，公的扶助とともに，租税を財源に生活困窮者・生活困難を抱える者に給付する制度を社会福祉と呼ぶようになった。

新生活保護法と福祉事務所制度の発足で**直接的救済体制**が成立した。福祉事務所は中央政府の無差別平等の原理のもと，法に基づく客観的な保護を実施することが制度的理念となった。生活保護法に基づいて客観的かつ厳密に貧困を定義することを意味していた。科学的救済の時代に入った。これ以後は，生活保護基準の設定とミーンズテストの方法を基軸に歴史が展開する。

2-2　社会保障の模索

終戦以前の日本に，社会保険の制度が形成されており，医療保険は占領軍の主力を担ったアメリカよりも発達していた。救済，現金給付(年金)では，比較がやや難しいが，アメリカよりも劣っていたが，既に制度が成立していた点が重要である。

1945年11月GHQは非軍事化政策の一環として**軍人恩給の停止**を指令した。これは当時の政府関係者に強い衝撃を与えた。政府は厚生年金に元軍人を包括する案，つまり恩給を社会保険と読み替える案を策定した。だが，これはGHQの反対で実現せず，軍人恩給は停止された。停止後の対策を検討すべく1946年**社会保険制度調査会**が設置され，学識経験者が集められた。この社会保険制度調査会において，ベヴァリッジ報告書なども参照しながら，社会保険の加入資格を全国民に広げる発想が形成された。1948年に設置された**社会保障制度審議会**でも学識経験者を中心に全国民に社会保険を適用する方策が検討された。

1950(昭和25)年の社会保障制度審議会『**社会保障制度に関する勧告**』では，既存の健康保険・公務員共済を統合し，国が保険者の被用者保険

表14-5　被占領期の社会保険

年月	事項
1945年11月	GHQ，軍人恩給の停止を指令
1946年	社会保険制度調査会
1947年	失業保険，労働者災害補償
1948年	社会保障制度審議会設置，国家公務員共済組合法，国民健康保険法改正
1950年	社会保障制度審議会『社会保障制度に関する勧告』

と市町村が保険者の一般国民保険の二本立てからなる国民皆保険を提案した。また，年金は，日本経済の再建後に実施すべきとしながら，被用者については社会保険，自営業については無拠出制(租税方式)の年金を提案した。だが，勧告は公務員などの既得権を縮小し，省庁の所管の変更も提案していたため，官僚の抵抗を招き，無視されることになった。

この他，被占領期で注目すべきは，一つめに1947年に**失業保険法**と**労働者災害補償保険法**が制定されたことである。二つめに，1948年に国民健康保険は市町村公営が原則とされたことである。三つめに，戦前の官業共済組合の法的根拠を明確にする1948年**国家公務員共済組合法**が制定されたが，戦前から恩給法の対象となっていた公務員はそれが継続した。恩給が共済組合(社会保険方式)に切り換えられのは1958年の同共済組合法の改正をまたねばならなかった。

2-3 講和後～国民皆保険・皆年金体制の成立

日本が独立を回復して間もない1953年，**軍人恩給が復活**した。だが，これには反対論も強く，左右社会党などは「軍人恩給よりも社会保障を」と批判した。1954年に厚生年金の大幅な改正がなされ，定額給付の導入，男性の支給開始年齢の引き上げ，完全積立方式から修正積立方式への移行がなされた。厚生年金の給付水準は当時の生活保護基準よりも低く，魅力に欠けるものであった。このため公務員並みの高い年金を求めて1953年に**私立学校教職員共済組合**，1954年に**市町村職員共済組合**，1955年**公共企業体等職員共済組合**，1957年**農林漁業団体職員共済組合**などが独立していった。また，軍人恩給の復活と各種共済組合の独立は，厚生年金の給付水準の低さを国民に印象付け，また，厚生年金にも加入できない年金未適用の者の不公平感を増大させた。

共済組合の分立に対して，社会保障制度審議会は年金制度の一元化に逆行するものとして反対した。また，健康保険では都市部の普及が遅れ，自営業と五人未満の零細事業所の従業員が健康保険未適用の状態に置かれていた。社会保障制度審議会は1956年に『**医療保障制度に関する勧告**』を発し，国民皆保険の確立を提言した。

1955年10月に左右の社会党が統一し、翌11月に自由民主党が結成された（**保守合同**）。社会党は国民年金の創設を掲げていた。自民党は社会党に対抗するために、都市部を対象とした国民健康保険の普及と、農村部を対象とした国民年金の創設を掲げた。1956年12月石橋湛山内閣が誕生す

表14-6　国民皆保険・皆年金体制の成立

1953年	軍人恩給復活
1953年	私立学校教職員共済組合
1954年	市町村職員共済組合
1955年	公共企業体等職員共済組合，社会保障制度審議会『医療保障に関する勧告』
1955年	左右の社会党が統一（10月）
1955年	自由民主党が結成された（保守合同）（11月）
1957年	農林漁業団体職員共済組合
1958年	国民健康保険法改正，国民年金法，国家公務員共済組合法改正
1961年	国民皆保険・皆年金体制発足

ると「国民皆保険の達成」を掲げた。保守合同後最初の総選挙である1958年5月総選挙で自民党が勝利すると国民皆保険・皆年金の実施は必至となった。

社会保障制度審議会は一元論の立場から社会保険制度の分立に危惧を示したが、自民党は既存の制度の改廃を行わず、未適用者の早期解消に重点を置いた。

健康保険では、既存の被用者保険・共済組合の未加入者について、職業的状態を問わず全員国民健康保険に加入させることとした。年金についても既存の被用者保険・共済組合の未加入者を全員国民年金に加入させることにした。年金は、租税方式（無拠出制）にするか、社会保険方式（拠出制）にするかが、最大の検討事項であったが、社会保険方式にすることとした。こうして、ビスマルク型の被用者保険を非ビスマルク型の国民保険で補完することで、健康保険と年金のいずれも「社会保険中心・二方式併存体制（混合方式）」としての**国民皆保険・皆年金体制**が成立した。

国民皆保険・皆年金の成立は、日本の社会保障を社会保険方式中心に構成すること確定した点で歴史的な意味がある。健康保険においては制度間格差と財政問題が積み残され、年金においては厚生年金と国民年金の低い給付水準をいかに引き上げるかが課題として残った。

3 国民皆保険・皆年金体制下の社会保障

3-1 生活保護

1957年に始まった**朝日訴訟**は，生活保護基準が憲法第25条に規定した「健康で文化的な最低限度の生活」水準を下回っているかどうかが争われた裁判であった。1960年の第一審判決では，「下回っている」と違憲判決が出され原告の朝日茂が勝訴した。1963年の第二審判決では，生活保護基準は「すこぶる低いが違憲ではない」と被告の国が勝った。朝日訴訟は「直接的救済体制」のもとで国と個人が直接対立した事例であり，その後の生活保護裁判の先駆けとなった。政府は1961年に生活保護基準の算定方式を**エンゲル方式**に変更し，さらに1965年に**格差縮小方式**を採用した。実際に格差が縮小するのは1973年以降であった。朝日訴訟と生活保護基準の変更の背景には，高度経済成長のなか一般世帯の消費水準が急上昇する一方で，マーケットバスケット方式では保護基準が上昇しないため，一般世帯との格差が拡大したことがあった。高度経済成長が続く中，生活保護受給者数は減少傾向をたどり，特に稼働世帯の減少が著しく，受給者の「非稼働世帯化」が進展し，貧困が「見えにくく」なった。

また，この頃の動きとしては1963年に**老人福祉法**が制定され，老人ホーム・老人家庭奉仕員制度などが導入された。児童関係では低所得世帯の児童向けに1961年に**児童扶養手当法**，1964年に**特別児童扶養手当法**が制定された。さらに，1971年には一般世帯も対象とする**児童手当法**が制定された。

表14-7　高度経済成長期の低所得政策

1960年	朝日訴訟第一審判決
1961年	生活保護基準エンゲル方式採用，児童扶養手当
1963年	朝日訴訟第二審判決，老人福祉法
1964年	特別児童扶養手当法
1965年	生活保護基準格差縮小方式採用
1971年	児童手当法

3-2 健康保険

表14-8　高度経済成長期の社会保険

1962年	社会保障制度審議会『総合調整に関する勧告』
1965年	厚生年金基金，厚生年金モデル年金1万円
1966年	国民年金モデル年金1万円(夫婦合算)
1969年	厚生年金モデル年金2万円，国民年金モデル年金1万6千円(夫婦合算)
1973年	「福祉元年」

分立型皆保険体制のもと，保険者間の格差が残った。1961年4月の時点で，共済組合と組合健保は，被保険者本人に10割給付を行い，また潤沢な財源で付加給付を行うことができた。政管健保は被保険者本人は10割給付，家族は5割給付であった。これに対して，国民健康保険は世帯主・家族とも5割給付だった。国民健康保険は1961年10月から世帯主について7割給付とし，1966年に家族も7割給付となった。政管健保は医療費が増大するなか，財政危機が続いた。

国民皆保険体制成立後，国民の受診率は上昇していったが，無医村，医師不足の地域が多数あり**医療の社会化**の必要性が叫ばれた。また，この頃は，**診療報酬**の改定をめぐって診療側と支払い側の対立が鋭くなり，改定を審議する**中央社会保険医療協議会**はしばしば紛糾した。

3-3 年金

年金制度の格差が残ったため，1962年社会保障制度審議会は『**総合調整に関する勧告**』を発し，制度間格差の是正を勧告した。年金は給付水準の低い厚生年金と国民年金の引き上げが課題となった。大企業では既に退職金制度が普及していたため，経営者団体は退職金と厚生年金保険料の二重負担を嫌い，厚生年金の給付水準引き上げに反対した。これを打開するために政府は1965年厚生年金の一部を企業年金として運用できる**厚生年金基金**制度を導入することで経営者団体との妥協を図った。これにより経営者団体も厚生年金の引き上げに応じることになり，1965年にモデル年金で1万円に引き上げることができたが，生活保護基準を僅かに下回る水準であった。1969年にはさらにモデル年金を2万円に引き上げ，生活保護基準を僅かに上回る

水準となった。国民年金は1966年の改正で夫婦合わせて1万円年金とし，1969年改正で1万6千円に引き上げられた。これらの給付水準の引き上げの際に，保険料は「平準保険料方式」を採用せず，「段階保険料方式」が採用され，給付水準の引き上げに見合った保険料の引き上げがなされなかった。このため財政方式は**修正積立方式**の性格を強めていった。

3-4 「福祉元年」

1973年は「**福祉元年**」と呼ばれ，西欧諸国なみの高い給付水準が目指された。福祉元年の背景には，東京都や大阪府などで革新系知事が誕生するなど革新自治体が増大し，それらの自治体が独自に老人医療費無料化政策などを実施し，自民党政権が危機感を抱いたことが挙げられる。また，過疎過密問題や公害問題など高度経済成長の歪みが深刻となり，国民が生活の質の充実を求めるようになったことも背景にあった。

老人医療費の「無料化」政策はその一つであった。これは70歳以上の高齢者の健康保険の患者負担分を公費が肩代わりする仕組みであった。これにより高齢者は，加入する健康保険にかかわらず，自己負担なしで療養の給付を受けることができるようになった。また，同年，**高額療養費支給制度**が導入され，健康保険の患者負担額が一か月あたり一定額を超えた部分を，保険者が償還払いすることになった。患者は，加入する健康保険にかかわらず，一定額以上の自己負担をしないで済むようになった。これにより保険者間の給付格差が縮小した。他方，保険料負担能力の格差は存続したので，国民健康保険と政管健保の財政難は継続した。これらの赤字は主として国庫負担によって賄われた。したがって，分立型のもと，国庫負担による給付水準の格差縮小の時代であった。

「福祉元年」の年は年金も給付水準が引き上げられた。厚生年金は「直近の被保険者の平均標準報酬60％」を給付することをめざし「5万円年金」と呼ばれた。国民年金は夫婦合わせて五万円の給付とすることにした。また，物価水準の変動に応じて年金給付額を変動させる**物価スライド制**が導入された。

物価スライド制が導入された1973年秋に第一次石油危機が発生し，石油

価格の高騰で物価が急騰した。74年，75年と年金は大幅に引き上げられた。1976年の改正では厚生年金について，過去の報酬を再評価することで現役世代の賃金上昇分を厚生年金に反映させる措置をとった。その他給付の引き上げがなされ厚生年金のモデル年金は9万円となった。

4 1980年代前半の改革

第一次石油危機後のスタグフレーションの時期に，赤字国債の発行による積極財政を行ったこともあり，日本の財政赤字が累積していった。1970年代末頃には行政改革・財政再建の必要性が叫ばれるようになった。他方，高齢化率は1980年に9％を超え，高齢化が進展しつつあつた。

4-1 生活保護

生活保護は格差縮小方式の結果，生活保護基準は一般世帯の60％を超え，水準のさらなる引き上げは必要ないとされ，1984年より**水準均衡方式**が採用された。また，マスコミによる暴力団の不正受給キャンペーンなどが行われ，生活保護の「適正化」が叫ばれ，厚生省は1981年，「**社保一二三号通知**」を発し，資産状況と収入状況をより厳格に調査することとした。

4-2 老人保健制度の創設と健康保険

1973年に老人医療費の「無料化」実施後，高齢者の受診率が高まった。また，高齢者の増大に伴い，いったん入院した高齢者が治療が終了した後も入院し続ける「**社会的入院**」も増大してきた。老人医療費が急増し，特に高齢者が多く加入する国民健康保険の財政を圧迫した。国保に対する国庫負担の抑制も課題となった。厚生省は1980年に老人保健法案を提出したが，継続審議となり，1982年に成立し，翌年実施され

表14-8　1980年代前半の社会保障改革

1981年	生活保護「社保一二三号通知」
1982年	老人保健法成立(1983年実施)
1984年	健康保険法改正
1985年	国民年金法改正(基礎年金創設)

た。

　老人保健制度は老人医療費の無料化政策を中止し，一部自己負担を導入した。それとともに次の三つの仕組みを作った。一つは保険者間財政調整である。70歳以上の高齢者の医療費について，すべての健康保険の保険者に同じ割合で高齢者が加入していると見なして費用負担する仕組みである。二つめが，社会的入院を削減するために，退院する高齢者が自宅に戻れるようにリハビリテーション訓練を提供する老人保健施設を導入したことである。三つめが，40歳以上の住民に健康診査など保健事業を導入したことである。

　1984年には健康保険法の改正が行われた。これは第一に，被用者保険の本人の給付率を10割から9割に引き下げた。第二に，**退職者医療制度**を創設し，現役時代に被用者保険の加入者であった者が引退して国保の被保険者となった場合の医療費を被用者保険が負担する仕組みを導入した。第三に，五人未満の従業員を使用するすべての法人事業所を被用者保険に強制適用することにした。

4-3　基礎年金の創設

　1986年は国民年金創設後25年を経過し，資格期間25年を満たす年金受給者が発生する年であり，以後年金の成熟化が急速に進むことが予想された。政府は国民の支持をえるべく資格期間25年に満たない者にも年金を支給してきたため(成熟化政策)，また1960・70年代のインフレで積立金が減価していたため，財政がひっ迫することが予想された。さらに，平均寿命の予想以上の伸び，段階保険料方式を採用したことによる後代負担の増加が予想された。自営業の減少は国民年金の被保険者の減少を招き，財政の脆弱性は顕著であった。このため1970年代後半から国民年金制度の改革が検討され，社会保障制度審議会の「**基本年金構想**」や，年金制度基本構想懇談会の「**基礎年金構想**」などが提案された。これらはいずれも全国民共通の年金制度を設けることをうたっていた。

　1985年の国民年金法の改正は，従来の国民年金と厚生年金の定額部分を共通化し，**基礎年金**として20歳以上のすべての国民が加入することとした。国民年金・厚生年金の給付水準を引き下げるとともに，保険料率の引き

上げが行われた。厚生年金への国庫負担を廃止し、基礎年金給付の3分の1に国庫負担分を集中的に投じた。国民年金は個人単位で加入することとし、すべての国民が加入することになり、国民皆年金がほぼ達成されることになった。ただし、学生は1990年まで任意加入とされた。

基礎年金導入の際、被用者の専業主婦(夫)の扱いが論点となった。それまで専業主婦は、厚生年金の被扶養配偶者として扱われていて、国民年金には任意加入が認められていた。個人として収入がなく保険料負担能力がない者をどのように扱うのかという問題であった。結局、専業主婦は国民年金の**第3号被保険者**として、個人で加入するが、保険料は、本人は負担せず、被用者全員で負担することとした。専業主婦が個人で保険料を負担しなくても、年金の受給権が与えられる根拠として、世帯単位で比較すると片働き世帯、共働き世帯、単身世帯とも負担と給付の対応関係が同一であり公平であること、また、妻の「内助の功」を年金制度が評価したのだと、説明された。

基礎年金の創設は、国民年金を救済することが最大の目的であった。同時に、基礎年金という形で全国民共通の年金が作られ、年金制度の一元化に向けた大きな前進であったことを意味する。

1961年に発足した国民皆保険・皆年金体制は被用者保険を補完する国民健康保険、国民年金により実現したものであった。だが、いずれも財政基盤が脆弱であったため、高度成長期は国庫負担により支えたが、高度経済成長が終わるととともに次第に困難になった。1980年代前半改革により、被用者保険との財政調整と給付抑制で、存続を図ることになった。財政調整が可能であったのは、「高齢化の進展部分」を財政調整するという理念を被用者保険の保険者と加入者が受け容れたからであると思われる。

おわりに

1980年代後半以降の動きを簡単に見ておこう。

1990年代に入り、日本は長期的な景気停滞に陥った。1990年代半ばからホームレスが増大し、生活保護受給者数も増大に転じた。2000年代に入り**ホームレス自立支援法**が制定され、生活保護制度のあり方に関する検討が開始された。貧困、低所得、社会的格差の拡大、貧困の再生産、貧困ビジネス

が深刻な社会問題となった。生活困窮者については民間のボランティア団体の支援活動や自治体の独自の取り組みも増大し，多様な援助主体による個別的な救済が容認されるようになってきた。「直接的関係」から「多段階複合的な関係」に変容しつつあるが，まだ安定した関係・制度にはなっていない。

1989年には合計特殊出生率が1.57となり戦後最低を記録し，少子化も著しいことが社会に衝撃を与えた(**1.57ショック**)。「少子化対策」という言葉が使われ様々な対策が提案されたが，出生率の改善にはつながっていない。2009年に政権についた民主党は児童手当に代わる**子ども手当**を導入したが，財源調達に困難をきたし，2011年8月に廃止が決定し，翌年児童手当が復活した。

1989年，**消費税**3％が導入された。その財源の一部も使い，**高齢者保健福祉推進十か年戦略**(通称，**ゴールドプラン**)が策定され，介護サービスの基盤整備が着手された。だが，高齢化の速度は著しく，1994年には新ゴールドプランが策定され，基盤整備を充実させることになった。高齢化対策の財源を税に求めるか，社会保険に求めるか，が政策的論点になった。1994年2月の細川護熙首相(当時)の**国民福祉税構想**が一夜のうちに撤回されると，介護を社会保険方式で実施する構想が浮上した。介護保険を実施する場合は，保険料徴収の方法，被保険者の範囲，保険者，低所得者対策，給付方法，財政安定化対策など様々な課題があった。紆余曲折を経て，1997年12月**介護保険法**が成立し，2000年4月から実施された。

健康保険は，1990年代半ばより，老人保健制度に代わる高齢者医療制度のあり方が「抜本的改革」論として様々な構想が提案されるなど模索が続いた。だが，関係者の利害が錯綜し，2006年の医療制度改革まで歳月を要した。これにより2008年より老人保健制度に代わる**後期高齢者医療制度**が発足した。

1990年代に入り，年金の財政方式は「修正積立方式」から「**修正賦課方式**」と呼称が変わり賦課方式に近づいていった。年金は5年毎の財政再計算のたびに改正が行われた。それらは少子高齢化が進展する中で公的年金制度の持続可能性を模索する試みであった。様々な試みのなかで注目すべきは，

2004年改革で，保険料水準固定方式，有限均衡方式，**マクロ経済スライド制**導入，基礎年金への国庫負担2分の1への引き上げなどが行われたことである。これにより年金制度の持続可能性は高まったが，給付水準が中長期的に低下していくことになった。

　介護保険，後期高齢者医療制度の創設により，日本は引き続き社会保険制度中心に社会保障制度を運営していくことになった。それは保険者間財政調整と国庫負担を組み込んだもので，被用者保険が日本の社会保障制度を支えているという基本的性格は変わっていない。

参考文献
　厚生省五十年史編集委員会，1988年『厚生省五十年史』中央法規
　厚生労働統計協会『保険と年金の動向　各年版』厚生労働統計協会
　佐口卓，1977年『日本社会保険制度史』勁草書房
　菅沼隆，2005年『被占領期社会福祉分析』ミネルヴァ書房
　横山和彦・田多英範編著，1991年『日本社会保障の歴史』学文社

菅沼　隆

第15章　諸外国の社会保障

１　イギリスの社会保障

はじめに

　第二次世界大戦後，「揺りかごから墓場まで」で知られるベヴァリッジ報告の提唱を受け，イギリスの社会保障制度は体系的に再編成，整備された。
　イギリスには，①社会保険方式で一元的に運営される国民保険(National Insurance)，②租税を財源とする非拠出制給付や公的扶助，③租税を主たる財源として国民に無料で保健医療サービスを提供するNHS(National Health Service)，④地方自治体が中心的な役割を担う介護など対人サービスに関する制度がある。
　上述のうち，①，②の現金給付が，社会保障給付とされ，③，④は社会保障制度の枠組み内のサービスとして一般的に認識されていない。また，②の児童手当等や公的扶助を福祉(Welfare)ということはあっても，④の対人サービスを福祉サービスと呼ぶことはない。このように，日本とは，用語の使用法が必ずしも同一ではない。
　だが，本章では，日本との対比を行うことをふまえ，上記の①～④を広義の社会保障の範疇に含め，この順番に制度概要を述べることにする。その際，戦後最大ともいわれるキャメロン政権下の社会保障関連の制度改革の動向についても触れることにする。

1-1　国民保険制度と制度改革
　イギリスの**国民保険**は，創設当初は，防貧を主目的とした疾病保険と雇用

保険から構成される制度体系であったが，年金制度とともにそれぞれが独立した制度として発展した。だが，1946年国民保険法により，複数制度が再編統合された。現在では一元的な制度の中で，「**基礎年金**」，「**国家第二年金**」と呼ばれる報酬比例年金のほか，遺族給付，雇用関連給付など拠出制給付が包括化されている。なお，1946年に創設されたNHS制度により，疾病保険の役割は就労不能時の傷病給付に限定されることになった。

　原則，義務教育終了年齢(16歳)を超えるすべての就業者は，国民保険に加入することになる。保険料は，就労形態や所得によって保険料設定が4つのクラスに分かれる(表15-1)。被用者と事業主はクラス1に区分される。クラス1の場合は，事業主が事業主負担とともに，被用者の賃金所得から被用者負担分を源泉徴収して，納付する。

　より具体的には，表15-1を見ると明らかなように，被用者は週当たり所得のうち153から805ポンドの所得については12％，805ポンドを超える部分については2％が保険料率となっている。事業主は，被用者の週当たり所得のうち153ポンドを超える部分につき13.8％となっている。また，週当たりの収入が111から153ポンドの低所得者は，保険料全額免除(無料)となり，111ポンド未満の場合は，被保険者とならない。

　他方，自営業者は，年間利益(課税対象)により，クラス2，クラス4の保険料を支払うことが求められている。年間利益が5,885ポンド以上の場合は，クラス2の保険料として定額保険料の2.75ポンド(週当たり)を支払う。それ以下の場合は，保険料納付のみならず，保険加入そのものが義務とならない。また，7,956ポンド以上の年間利益のある自営業者は，クラス2の定額保険料およびクラス4の保険料を支払う。具体的には，年間利益7,956から41,865ポンドの部分については9％，41,865ポンドを超える部分は，2％の追加保険料が課されることになる。なお，強制加入とならない基準以下の低所得者などで国民保険に任意加入を希望する場合は，クラス3となり，定額保険料を払う。このほか，寡婦，主婦に対する割引や国家第二年金の適用除外を受けた場合の差戻し額(この場合，企業は従業員に私的年金や企業年金を提供)の設定もある。

　いずれのケースも，保険料納付先は，歳入・関税庁である。歳入・関税庁

表 15-1 国民保険のクラスと主な国民保険料の設定

クラス	区分	内容	2011-2012	2012-2013	2013-2014	2014-2015
1	被保険者	低所得下限(A)週当たり	£102	£107	£109	£111
		高所得上限(B)週当たり	£817	£817	£797	£805
		第一閾値(C)週当たり	£139	£468	£149	£153
		(A)から(C)の所得区分の保険料率	0%	0%	0%	0%
		(C)から(B)の所得区分の保険料率	12%	12%	12%	12%
		(B)以上の所得についての追加保険料率	2%	2%	2%	2%
	事業主	第二閾値(D)週当たり	£136	£144	£148	£153
		(D)を超える被用者所得について拠出する保険料率(クラス1A)	13.8%	13.8%	13.8%	13.8%
2	自営業者	定額保険料(一般,週当たり)	£2.50	£2.65	£2.70	£2.75
		少額収入除外基準額(年間)	£5,315	£5,595	£5,725	£5,885
3	任意加入者(基準所得以下の低所得者など)	定額保険料	£12.60	£13.25	£13.55	£13.90
4	自営業者	年間純利益下限(E)	£7,225	£7,605	£7,755	£7,956
		年間純利益上限(F)	£42,475	£42,475	£41,450	£41,865
		(E)から(F)の年間純利益の自営業者の保険料率	9%	9%	9%	9%
		(F)を超える利益についての追加保険料率	2%	2%	2%	2%

出所：英国政府公式サイト(GOV.UK),雇用年金省の公式サイト掲載情報に基づき著者翻訳,作成

は,その名の通り,保険料のみならず,税金を徴収する機関でもあり,一元的に管理されている。なお,国庫負担は原則ない。

以下では,国民保険制度の中核部分であり,歳出の約8割を占める年金制度について述べる。

(1) 公的年金の概要

現在のイギリスの公的年金の基本的な構造は,全就業者等を対象とする退

職者用の「基礎年金」と，二階建ての付加年金として支給される被用者の所得報酬比例年金である「国家第二年金」からなる。

　まず，国民保険に加入する全ての被用者は，基礎年金に強制加入することになる。基礎年金のため支払うべき保険料はなく，国民保険の保険料を支払うことで受給要件が満たされる。但し，二階建て部分である国家第二年金については，私的年金である企業年金や個人年金など代替的な年金を事業主が提供する場合は，「適用除外」となることが可能である。企業年金のない小中規模の企業の従業員の場合は，一定の要件を満たす「ステークホルダー年金」に加入することも可能である。この場合は，所得控除の対象となる。また，日本と同様に，離婚時の年金分割などの制度もある。藤森(2012)によると，被用者の35％が国家第二年金の適用除外を受けており，中・高所得層は，私的年金を付加年金の代替として加入しているという。

　現在，基礎年金の支給開始年齢は，男性65歳，女性60歳であるが，段階的に引き上げられており，2016-2018年までに女性の支給開始年齢を65歳に引き上げた後，男女ともに2018-2020年までに66歳，2034-36年にかけて67歳，2044年-2046年にかけて68歳に引き上げられることが決定されている。基礎年金の支給額は，拠出期間に比例するが，満額の場合，週当たり本人110.15ポンド，被扶養者は66ポンドとなっている(2013年度)。なお，OECD(2013)によると，イギリスの公的年金負担割合は，6.2％とOECD加盟国平均の7.8％より低い水準である。

　また，国家第二年金は，年収5,608ポンド以上の収入がある者を強制加入の対象としているが，前述のように中・高所得層は，代替の私的年金に加入することで適用除外になる一方で，年収14,700ポンド未満の人に対しては，給付を手厚くするなど所得再分配機能が強化された制度設計となっている。さらに，家族介護や育児で就労不能な人でも任意に加入することができる。ちなみに，国民保険の財源には，国庫負担はほとんど入っていないが，基礎年金も国家第二年金も賦課方式で運用されている。

　このほかに，国民保険の財源には直接関係しないが，無年金者への対応として，租税を財源とした拠出要件のない「**年金クレジット**」が2003年に導入された。年金クレジットは，高齢者を対象としたミーンズテスト(資力調査)

を伴う公的扶助制度の一種である。年金クレジットには，低所得高齢者向けの最低所得保障である「保証クレジット」と老後に備えた預貯金等を促進するため一定の収入以下の人に一定額を上乗せ支給する「貯蓄クレジット」がある。こうした制度により実質的に国民皆年金が達成している。なお，年金クレジットの申請者は261万5540名であり，基礎年金(拠出制)申請者(1267万2860名)と比べても相当な数であることがわかる。

(2) **キャメロン政権下の年金改革**

上記が基本的な概要であるが，キャメロン政権により年金制度は大きく変わろうとしている。2013年1月に「公的年金制度の一層化に関する白書」が出され，退職者向けの基礎年金および遺族給付も含めた年金制度の一層化に向けた方針が示された。その提案に基づき年金法案が議会に提出され，2014年5月に年金法が成立した(2016年4月より段階的に施行)。これにより，将来的に，基礎年金，国家第二年金，年金クレジットは整理統合されることになった。

なお，新制度では，2016年4月以降の受給権者に対して一律週当たり148.40ポンド(2015年度見込み)の給付を保証することになっている。また，受給権者になるには最低10年，満額支給を受けるには最低35年の国民保険料の拠出期間またはクレジットが必要となることが定められた。また，一層化により国家第二年金も廃止されることから，適用除外は完全に撤廃される。新制度では，加入単位が個人となり，結婚の有無，遺族であるかどうかは関係なくなる。また，年金クレジットの最低所得保障の部分である保証クレジット，他の公的扶助制度は継続されるが，貯蓄クレジットの部分は廃止されることになった。さらに，2007年の年金法で定められていたよりも前倒しの2026年から2028年の間に年金開始年齢が66歳から67歳に引き上げられることになった。これにともない，従来，十分な年金給付水準がなかった女性，低所得者，自営業者の年金額は増額することが見込まれている。

(3) **拠出制の雇用関連給付**

国民保険制度の被保険者は，年金のみならず，拠出制求職者給付，拠出制

表15-2　国民保険で受けられる給付と保険料拠出クラスの対応関係

給　付 （手当含む）	クラス1 （被用者）	クラス2 （自営業者）	クラス3 （任意加入者）
基礎年金	受給権あり	受給権あり	受給権あり
付加年金（国家第二年金）	受給権あり	受給権なし	受給権なし
拠出制求職者給付	受給権あり	受給権なし	受給権なし
拠出制雇用支援給付	受給権あり	受給権あり	受給権なし
産休手当	受給権あり	受給権あり	受給権なし
遺族手当	受給権あり	受給権あり	受給権あり

注意：クラス2の保険料拠出，クラス4の保険料拠出は，雇用関連給付の受給には何の効力も持たない。
出所：英国政府公式サイト（GOV.UK），雇用年金省の公式サイト掲載情報に基づき著者翻訳，作成

雇用支援給付，産休手当，遺族手当を受けることができる。だが，保険料拠出形態の異なるクラスによって，受けられない手当もある（表15-2）。なお，これらの相違は，区分における給付の格差とは認識されておらず，後述するように，国民保険の加入対象者とならない低所得者は，非拠出制手当や公的扶助などを受けることが可能である。

1-2　福祉関連給付と福祉改革

　公的扶助（ミーンズテストを伴う所得関連給付）や非拠出制手当は，財源が租税であり，国民保険の保険料の拠出は問われない。こうした給付をあわせてここでは福祉関連給付と呼ぶ。これらの福祉関連給付は，現在，30種類以上にもおよび，個人の状態（所得，家族，障害，住居，子供の有無等）により複雑な加算がある。

　代表的な給付として，前述の年金クレジット，所得補助，児童手当，所得要件付求職者手当，所得要件付雇用支援手当，障害者生活支援手当，住宅手当，介護者手当，などがあげられる。このほかに，就労税控除と児童税控除のような給付付税額控除も現在では，低所得者向けの所得保障制度として機能している。

福祉関連給付は，キャメロン政権により新しい制度に見直されることになった。「**福祉から就労へ**」をスローガンに労働党政権でもジョブセンタープラス（公共職業安定所）の機能を強化するなど，2007年，2009年にも改革は行われていたが，さらに大規模な福祉関連給付に関する制度改革が行われることになった。

　キャメロン政権は，2010年11月に「**ユニバーサル・クレジット：就労のための福祉**」という白書を提出した。これによると，現行の福祉関連給付は，1) 給付単位が個人であったり世帯であったり，要件・財源も異なるなど非常に複雑かつ細分化されていることから，国民の混乱をもたらしているばかりか給付の支給ミスや不正受給を招く温床となっている，2) 従来制度では，受給者が就労し，就労による収入が一定以上になると手当受給額を厳格化する仕組みがあるため，就労のインセンティブが低くなっていることが問題として挙げられている。同上の白書によると，イギリスでは約500万人が不就労のまま福祉関連給付を受けており，その内，約140万人が，過去10年のうち9年間継続的に受給しているという。さらに，同白書は，イギリスは，ヨーロッパ諸国で最も不就労世帯が多く，約190万人の子供が誰も就業者のいない世帯にいると指摘する。こうした状態を問題としたキャメロン政権では，「より公正」，「負担許容可能」「福祉への依存，無業，貧困の解決」という視点から，福祉改革が必要であるとし，就労可能な者が受けられる福祉関連給付の多く(所得補助，児童税額控除，就労税額控除，住宅手当，所得要件付求職者手当，所得要件付雇用支援手当)を整理統合する新しい一元的な制度としてユニバーサル・クレジットが提案された。

　こうした動きを経て，2011年2月に福祉改革法案が議会に提出され，2012年3月に成立した福祉改革法によって，ユニバーサル・クレジットは制度化され，2013年4月より段階的な導入が始まっている(完全施行は2017年)。これにより，受給者は受給資格のある手当を個別に申請する必要がなくなり，受給は世帯単位で一本化され，申請・受給手続きも一本化されることになった。さらに，受給者は，オンラインで申請することが可能になり，支給額をオンライン上で管理することが可能となった。歳入・関税庁の導入するITシステムにより，受給者が所得の変化を随時届け出る必要はなく，自動的に

稼得所得を把握できることも見込まれている。複雑な給付体系の簡素化とともに処理の正確性やスピード向上，不正受給の減少が期待されている。

　また，ユニバーサル・クレジットでは，失業者の就労意欲を向上させるため，就労可能な給付受給者が求職活動を行わないと支給停止(初回で28日，2回目で91日)や有償労働のオファーがあるにもかかわらず拒否すると支給停止(初回91日，2回目182日，3回目以降1095日)になるなど罰則の仕組みが導入された。また，ジョブセンタープラスのパーソナル・アドバイザーの権限が強化され，一部の求職者給付受給者は最長4週間，企業等での就労活動を通して社会貢献活動(求職者給付は受給できるが，就労活動の報酬はなし)を行う「義務的就労活動」の参加が求められることになった。このほかにも就業体験やワークプログラムなどの就労困難者の就労支援のためのプログラムも複数用意された。

1-3　NHS制度と改革

　イギリスでは，租税を主たる財源とするNHS制度により，すべての国民が予防，治療，リハビリまで包括的な保健医療サービスを原則無料(歯科，薬剤等の例外あり)で受けることが可能である。但し，救急医療の場合を除き，患者が直接，病院の専門医のサービスを受けることはできない。あらかじめ登録したGP(General Practitioner)と呼ばれるプライマリケア医を受診することが求められる(登録GPの変更は可)。患者は，必要に応じGPの紹介により病院の専門医を受診する仕組みとなっており，GPを経由せず専門医，病院を受診すると全額自己負担の私費医療扱いとなってしまう。なお，国民の約10％が民間保険に加入しており，民間保険や自費によるプライベート医療を受けることも可能である。なお，民間保険に加入していても，NHSサービスを受ける権利は消滅するわけではなく，NHSとプライベート医療は，完全な代替関係というよりは，補完関係にある。

　なお，GPは単独で活動することは少なく，全体の約9割が複数で日帰りの診療施設を共同運営し，受付スタッフや機材等を共有している。診療施設によっては，看護師(ナースプラクティショナーなど専門看護士を含む)やカウンセラーなど複数の専門職が勤務していることもある。

救急医療やGPでは対応できない医療については，それぞれ専門別にサービス提供機関が存在する。かつては，サービス提供機関は国営であったが，現在では，経営難の一部病院等を除き，ほぼ全ての病院がファンデーショントラストと呼ばれる公的な財団法人によって運営されるようになっている。このほか，小規模で専門特化しているが，株式会社設立の急性期病院もある。

前述のように，租税を主たる財源として，支払能力を問わず原則すべての包括的な医療が無料で受けられるという特徴に変わりはないが，組織機構・運営レベルでは，NHSは創設以降，大規模な改革が繰り返し行われている。キャメロン連立政権では，2010年6月に「公平と卓越：NHSの自由化」という白書を公表し，2011年には，医療と社会ケア法案を提出した。それから1年以上の歳月を経て，2012年3月に，「医療と社会ケア法」が成立した。これにより，2013年4月より，地域の医療資源の確保と財源管理など「コミッショニング」の役割を担う地域の公的機関として定着していたプライマリケアトラストをすべて解体し，担っていた役割の多くは，CCG（Clinical Commissioning Group）というGPを中心として新たに発足した組織に移管された。さらに，病院等の運営主体であるファンデーショントラストの経営面における自由度がこれまで以上に拡大されるなどの改革が実行に移された。

1-4　高齢者，障害者向けの介護制度と改革

高齢者，障害者向けの介護サービスは，地方公共団体を中心に対人社会サービスとして，地方税を主たる財源として提供されている。しかし，国税を主たる財源としたNHSでの保健医療サービスが原則無料であるのに対し，イギリスではソーシャルケアと呼ばれる，日本でいう高齢者，障害者向けの介護サービスは，利用者の所得による応能負担が原則となっている。

サービスの提供責任者である地方公共団体は，一定のサービスについて，利用料を徴収する権限を有するとともに，ミーンズテストを行い，サービスの内容を裁量で決定していたが，現在では，地方公共団体の多くが，ケア・ニーズのアセスメントを行い，利用者がサービスを直接選択できるようにニーズに応じた現金を給付する「ダイレクト・ペイメント」方式が導入されるようになっている。なお，実際のサービス提供主体は，株式会社，NPO

などさまざまである。

　ブラウン前政権時代に，地方公共団体の財源格差による介護へのアクセスの不公平や介護の財源確保が社会問題化し，「National Care Service」という新制度の創設が検討されたが，具体的な財源確保や財政方式については未決定のまま，超党派で議論することが提唱された。こうした流れを受けて，キャメロン連立政権は，2010年7月，「介護の財源に関する独立委員会」を設置した。この委員会報告を受け，キャメロン連立政権は，2012年6月，「将来のためのケア，財源に関する進捗報告」白書を公表した。この中で，ケア・ニーズのアセスメント基準の統一，地方自治体に対するケア支援計画の策定，複数に重複する介護制度の統廃合，介護費用に対する自己負担の総額キャップ制度（生涯負担が72,000ポンドを超えると政府負担）の導入が打ち出され，ケア法案（Care bill）が2013年に議会に提出され，2014年5月，「ケア法」が成立した（2016年4月施行予定）。

まとめ

　はじめに述べたように，社会保障制度の体系的な整備の契機となった「ベヴァリッジ報告」では，社会保険を社会保障の主軸と位置付け，社会保険になじまないものについては家族手当や無料の国民保健医療サービス（現物給付），それらの給付でも不足する場合は，国家責任による公的扶助が最後のセーフティネットとして機能することを想定した。

　だが，長い歳月を経て，現在のイギリスでは，社会保険，拠出制手当の役割が拡大するどころか，むしろ限定的な役割となり，租税を財源とした社会保障給付や現物給付の役割が拡大傾向にある。これまで述べたように，全ての就業者が加入可能な国民保険は強制加入の社会保険であるとはいえ，加入免除や適用除外も多い。社会保険の被保険者を拡大するというよりは，年金受給権のない低所得者層に対しては年金クレジットという公的扶助で対応することで国民皆年金を達成させている。さらに，所得により強制加入となっているはずの報酬比例年金についても，私的保険の加入により適用除外となることが可能である。そもそも，ベヴァリッジは完全雇用を前提として社会保険制度が社会保障の主軸であることを構想していたと思われるが，現在で

は，就労可能人口の約25％が働いていないという状況が生じている。こうした状況を改善すべく，イギリスでは，非拠出制手当や公的扶助を対象とした福祉改革がすすめられ，改めて「福祉から就労へ」というワークフェアが強化されている。

　他方，租税を財源とした現物給付であるNHSについては，創設以降，組織機構や運用レベルでは改革がすすめられていても，支払能力によらず原則無料の制度の根幹は維持されている。また，高齢化を背景に介護サービスについても公平な負担の在り方が議論されるようになり，租税を財源とした上限キャップを設定した制度が導入されたところである。

　以上より，イギリスでは社会保障における社会保険の役割が限定的であり，非拠出制給付，公的扶助，NHS，介護サービスを含め，租税を財源とした制度が重要な位置を占めているといっても過言ではない。その一方で，租税では対応できない多様なニーズは民間支出や民間活用で対応しようとしており，その傾向は，キャメロン政権下で，更に強まっているように思われる。現在，社会保障の改革が，財政再建のための公共支出削減と同時に進められているが，自助，公助，共助のあり方が改めて問われている。

参考文献リスト
　厚生労働省，2013年「第3章　欧州地域にみる厚生労働施策の概要と最近の動向　第2節　英国」『2011〜2012年　海外情勢報告』
　平部康子，2012年「イギリスにおける社会保障給付と財源の統合化」『海外社会保障研究』No.179，29-37
　藤森克彦，2012年「イギリスの年金制度」『年金と経済』Vol.31，No.1，176-181
　丸谷浩介，2009年「イギリスの公的・私的年金制度改革」『海外社会保障研究』No.169，15-27
　堀真奈美，2015年『イギリスの医療保障と政策』ミネルヴァ書房（近刊予定）

堀　真奈美

2 フランス

はじめに

　今日フランスの社会保障支出は先進諸国中でも最大規模に達している(図15-1)。社会保障制度のなかで最も大きな制度は年金制度，次いで医療保険制度だが，家族政策や雇用・失業対策も住民の生活にとっては欠かすことができない。1990年代からフランスでは出生率が回復しており，出産・子育て支援政策が日本でも注目を集めている。他方，高い失業率や雇用の不安定化に悩まされ，失業や社会的排除に対する取り組みも様々な施策を通じて行われてきた。

　以下ではフランスの社会保障制度の概要と特徴を整理し，1990年代以降の改革の動向を紹介したい。

2-1　社会保障制度全体の概要

　フランスの社会保障制度は**社会保険**(assurances sociales)と**社会扶助**(aide sociale)の二つに大別される。社会保険は労働者(とその家族)の所得を保障するための制度であり，対応するリスク別に年金・医療保険などに分かれている。一方，社会扶助は日本で言う公的扶助に相当し，社会保険の給付を受けることができない人々のための制度である。高齢者・障害者などの対象カテゴリー別に異なる社会扶助制度が併存している。

　フランスの社会保障制度の中核をなしてきたのは社会保険であり，社会扶助は補足的な位置づけとされてきた。社会保険制度として，**年金・医療保険・労働災害保険・家族給付**が法定制度として存在しており，これらとは別に**失業保険**が労使間の協約に基づいて運営されている。年金制度と医療保険制度が二大制度となっているのは日本と同様だが，日本に比べて家族給付と失業対策の規模が大きい。また，介護給付は社会保険方式をとっていない。

　社会保険制度の管理は当事者自治が原則であり，政府ではなく経営者と労働者の代表によって行われてきた。財源も租税ではなく経営者と労働者が拠

図15-1　先進諸国における公的社会支出対GDP比（%），2011年

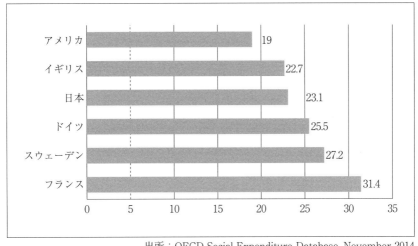

出所：OECD Social Expenditure Database, November 2014

出する社会保険料が用いられてきた（なお，日本とは異なり保険料負担は労使折半ではなく，経営者側の負担が大きい）。

以上のように社会保険（料）を中心としたフランスの社会保障制度は1990年代以降大きく変容している。

第一に，1991年から社会保障目的の所得税である**一般社会保障税(CSG)**が導入され，社会保険料から一般社会保障税への財源の切り替えが進められた。一般社会保障税は賃金のみならず，年金や失業手当のような社会保障給付や，資産所得，投資益，賭博益からも徴収されるため，社会保険料とは異なって負担が賃金だけに集中しない。景気の低迷や，失業の増加，人口の高齢化などによって，主に賃金から徴

表15-3　フランスの社会保障制度の概要

社会保険 assurances sociales	年金
	医療保険
	労働災害保険
	家族給付
	失業保険
社会扶助 aide sociale	高齢者・障害者など対象者別に異なる扶助制度が併存

出所：筆者作成

収される社会保険料収入が伸び悩むようになり，賃金以外の所得からも社会保障目的財源を確保しようとしたのである(2014年の税率は7.5%)。

第二に，長期間にわたる失業によって社会保険から排除される人々や，就職難によって社会保険に加入することができない若者が増加したことによって，様々な社会扶助給付の重要性が高まるようになった。

これらの傾向については，次に見る各制度の改革動向のなかで改めて触れる。

2-2 各制度の概要

(1) 年金制度

加入者の職業に応じて異なる公的年金制度があり，日本の国民年金のような全国民が加入する制度はない。法定の基礎制度は，商工業部門の労働者のための**一般制度**(régime général)，公務員制度，農業制度，自営業者制度の4種類に大別され，一般制度が最大の制度となっている(学生や主婦もこの一般制度に任意加入できる)。

一般制度は労使の社会保険料を財源として，**賦課方式**によって運営される**所得比例型**の年金制度であり，所得代替率は50%である。年金を満額受給するためには，一定の保険料納付期間が必要であり(1973年以降生まれの場合，43年間)，期間が不足する場合には給付が減額される。1990年代以降の年金改革によって，満額受給に必要な保険料納付期間が度々延長させられてきた。年金の支給開始年齢の引上げも進められており，2017年までに62歳へと引き上げられる予定である。

法定基礎制度では，保険料徴収の対象となる給与の額に上限が設けられており，高収入の労働者は十分な年金を受け取ることができない。そこで，基礎制度の給付を補うために労使の労働協約に基づく**補足年金制度**がある。補足年金も給付は所得比例型であり，労使が保険料を拠出し，賦課方式によって運営されている。1972年に全労働者が強制加入となった。

したがって，フランスの年金制度は基礎制度と補足制度の二階建てとなっている(さらに，私的な企業年金や個人年金に加入することもできる)。一般制度と補

足年金制度の給付を合計すると所得代替率は70%を超える場合もある。

他方，低所得の高齢者のためには拠出を要件としない**高齢者最低所得保障給付**(**最低年金**)が存在している。現行の**高齢者連帯手当(Aspa)**では月額800ユーロの最低所得が保障されている(2014年10月)。なお，高齢者の最低所得保障給付の財源には前述の一般社会保障税などが用いられてきた。

表15-4　日本とフランスの高齢化率(65歳以上人口比率)

	1990年	2010年
日　本	12.1%	23.0%
フランス	14.1%	16.8%

出所：国立社会保障・人口問題研究所『人口統計資料集　2014年版』

このように，フランスの公的年金制度は国際的に見ても高い給付水準を誇っていると言えるだろう。しかし，日本ほど急速ではないもののフランスでも人口の高齢化が進んでおり(表15-4)，1990年代に入ってから年金制度の維持を目標に掲げた改革(実質的には給付水準を引き下げる改革)が繰り返されている。1993年には一般制度の改革が行われ，満額受給に必要な保険料納付期間の37.5年から40年への段階的延長，給付額の算定基礎になる期間の拡大(賃金の最も高かった10年から25年へ)，年金額の調整の賃金スライド制から物価スライド制への変更といった措置がとられた。その後，2003年の改革では公務員の年金制度についても満額受給に必要な保険料納付期間を37.5年から40年へと引き上げ，さらに一般制度・公務員制度ともに41年へと引上げを続けていくことが決まった。2010年，2014年にも加入期間を延長し，保険料率を高める法改正が行われている(後述)。

(2) 医療保険制度

フランスの住民は職業に応じてなんらかの公的医療保険制度に加入することが義務付けられている。最大の制度は商工業部門労働者(とその扶養家族)が加入する一般制度であり，住民の90%が加入している。

一般制度は無保険者の受け皿にもなっている。つまり，職業別の医療保険制度のいずれにも加入できない人々には一般制度に任意加入することが認められてきた。さらに，2000年から**普遍的医療保障制度(CMU)**が実施されたこ

とにより，フランスに安定的に居住する全ての住民は公的医療保険制度に加入することが義務付けられ，無保険者は一般制度に加入することになった（低所得者は保険料負担を免除される）。こうして公的医療保険の未適用者の問題が解決された。なお，日本とは異なり，被保険者は退職後も現役時代に加入していた医療保険に加入し続ける。

人々が自由に医療機関を選択できるのは日本と同じだが，外来部門では患者が医療機関に全額費用を支払った上で，自分で加入している医療保険に保険給付の申請を行う(**償還払い制**)。かつては医師から受け取った領収書を郵送していたが，現在では医療機関でICカード形式の保険証(carte Vitale)を用いて償還手続きを行うことが可能である。給付率は医療行為によって異なっており，外来の診察料は70%，一般的な医薬品は65%，代替不可能な医薬品は100%，入院費用は80%，糖尿病など一定の長期疾患は100%などとなっている。公的医療保険の給付水準は他の西欧諸国に比べて高いとは言えない。また，一部の医師には公定料金に上乗せして**超過料金**の請求を行う権利が認められており，この場合には公的医療保険の給付率がさらに低くなる。このように償還払い制や超過料金が存在してきた背景には，医師の組合が医療保険によって診察料を決定されることに反対し，医師と患者による料金の自由な取り決めを要求してきたという歴史的経緯がある。

公的医療保険の給付率の低さを補うために，共済組合などが提供する民間の保険が**補足医療保険**として広く普及している。補足医療保険の普及は政府によって後押しされている。先述の普遍的医療保障制度の実施に伴い，低所得者は補足医療保険の保険料を公費によって肩代わりしてもらうことが可能になった。2000年代以降，90%以上の住民が補足医療保険に加入しており，最終的な患者自己負担が低く抑制されている。

公的医療保険の財源には原則的に労使の社会保険料が用いられてきたが，1990年代に社会保険料から一般社会保障税への財源の切り替えが進められた。2012年には公的医療保険(一般制度)の財源構成割合は，社会保険料と一般社会保障税を筆頭にした税負担とがほぼ半分ずつとなっている。

1990年代以降，フランスの医療保険制度は社会保険料を財源とした労働者のための医療保険から，税財源も用いて全住民を対象とした医療保険へと

変容したのである。

(3) **家族給付**

　フランスでは1990年代から出生率が回復し，家族政策に注目が集まっている。2012年のフランスの合計特殊出生率は2.00，日本では1.41だった（内閣府『少子化対策白書　平成26年版』）。2011年の家族関係の公的社会支出（家族給付，出産・育児休業給付，保育サービスなど）は対GDP比で2.9%であり，日本の1.4%を大きく上回っている（OECD Social Expenditure Database, November 2014）。

　ここでは代表的な家族給付に限定して解説する。家族給付は子どものいる労働者に対する上乗せ賃金を起源としており，給付の財源には経営者のみが拠出する保険料が用いられてきたが，1991年から一般社会保障税が導入され，労働者や年金生活者なども財源を負担することになった。これは，家族給付が就労・国籍を問わずに全ての家族に給付される普遍主義的な制度となっていたことから，所得のある全ての人に負担を求めたものである。

　出産・子育てを支援する様々な手当のうち，**家族手当**は20歳未満の子どもが2人以上いる家庭に支給され，所得制限はない。子どもが2人の場合，月額129.35ユーロ，3人の場合は295.05ユーロ，4人目以降は1人につき165.72ユーロ加算される（以下の様々な家族給付に関する数値は2014年4月から翌年3月までのもの）。14歳以上の子どもには月64.67ユーロの加算があるが，3人以上子どもがいることが条件であり，多子家庭が優遇されることが家族手当の特徴である（N分N乗方式という，子どもの人数が多いほど所得税が軽減される独特の税制優遇措置もある）。

　この他に，第一子から適用される**乳幼児受入れ給付（PAJE）**があり，出産前に一時金が923.08ユーロ，産後は子供が3歳になる前月まで基礎手当が月184.62ユーロ支給される（いずれも所得制限あり）。さらに，補足手当として，保育サービスを利用しながら働く場合には補助金が支給され，働かずに育児休業を選択する場合にも手当が支給される（職業活動を全く行わない場合，月額390.52ユーロ）。なお，出産にかかる費用は医療保険の給付対象となる（給付率100%）。

　以上のように，出産・育児を支援するための様々な措置が講じられてお

り，家族給付はフランスの社会保障の重要な構成要素をなしている。

(4) **失業・社会的排除対策**

1973年の第一次石油危機以降，フランスでは失業者数が急増した。2008年から再び失業率が上昇し，2014年第一四半期の失業率は9.7%となっている(INSEE)。失業の長期化や雇用の不安定化に対処するために，失業保険のみならず，様々な手当や就労支援策が存在している。

失業保険は労使の保険料拠出を財源としており，一定期間働いて保険料を納めた労働者は失業した際に保険加入期間と離職前賃金に応じて**雇用復帰支援手当(ARE)**を受け取ることができる。手当の支給だけではなく，就労復帰が重視され，求職者の就職計画の作成や職業訓練が実施されている。求職活動に取り組まない場合，雇用復帰支援手当の支給は停止される。

失業保険の給付には支給期間に限りがあるため，1984年には長期失業者のために国が税財源を用いて支給する**特別連帯手当(ASS)**が創設された。失業扶助の一種と言えよう。2015年の単身世帯の支給月額は487.50ユーロである。

さらに，1988年には社会的排除対策の要として**社会参入最低所得(RMI)**が創設された。これは失業者に限らず一定所得以下の25歳以上の人々に最低所得を保障し，社会参入を支援しようとしたものであった。RMIは勤労所得が得られた場合には減額されたが，2009年に**積極的連帯所得(RSA)**へと改革され，一定水準以下の勤労所得が得られた場合には上乗せ給付が行われるようになった。勤労所得の増加にともなって，勤労所得とRSAを合計した総収入も増加するようにすることで，受給者の就労復帰を促し，貧困を削減することが狙いである。また，対象年齢が25歳以上から18歳以上へと引き下げられた。財源は県と国の負担によって調達され，単身世帯の場合，月額513.88ユーロが支給される(2015年1月)。

雇用問題が深刻であるだけに，失業保険・特別連帯手当・積極的連帯所得など，様々な制度を通じて失業者や若者の生活支援・就職支援が行われている。

(5) 高齢者介護給付

　介護保険制度は存在せず，主に県が財源を負担する介護給付が支給されている。2001年に**個別自立手当(APA)**が創設され，日常生活の支援を必要とする60歳以上の全住民が対象になった(2012年末には約120万人が受給)。給付額は受給者の要介護度や所得に応じて異なる。

2-3　最近の動向

　世界経済危機以降，社会保障制度の赤字が急拡大し，2010年には入院時の定額負担金を一日16ユーロから18ユーロに引き上げるなどの医療保険の節約策がとられた。また，同年の年金改革では支給開始年齢の60歳から62歳への引上げや満額受給に必要な保険料納付期間の41年から41.5年への延長が決められた。

　2012年には左翼への政権交代が生じ，社会党のオランド大統領は同年中に選挙公約に従って，60歳までに保険料納付期間を満たした者への60歳での満額年金支給の実施，医師の超過料金請求に対する上限額の設定，新学期手当(家族給付の一種)の25％増額などを決めている。

　2014年の社会保障予算には，医薬品の価格引下げなどの医療費抑制策や家族給付の低所得者への重点化などが盛り込まれた。同年には社会党政権による新たな年金改革法が施行されている。主な内容は，満額受給に必要な保険料納付期間の41.5年から43年への延長，保険料率の引上げ，物価上昇に合わせた年金額の引上げ時期の4月から10月への延期などである。緊縮政策からの転換や高所得者増税を掲げて登場した社会党政権だったが，2012年・2013年とゼロ成長が続き，歳出削減にも踏み込むようになっている。

参考文献

　稲森公嘉，2013年「第3章　フランス」加藤智章・西田和弘編『世界の医療保障』法律文化社

　岡伸一，2012年「フランスにおける年金改革と高齢者所得保障─年金支給年齢の引上げを中心に」『海外社会保障研究』No.181

　小澤裕香，2010年「サルコジ政権下の貧困政策─RMIからRSAへ」佐藤清編『フランス：経済・社会・文化の諸相』中央大学出版部

神尾真知子,2012年「フランスの家族政策と女性―『一家の稼ぎ手モデル』を前提としない家族政策とは?」井上たか子編『フランス女性はなぜ結婚しないで子どもを産むのか』勁草書房
厚生労働省,2014年「第3章第1節　フランス共和国」『2013年　海外情勢報告』
国立社会保障・人口問題研究所,2007年『海外社会保障研究(特集:フランス社会保障制度の現状と課題)』No.161
原田啓一郎,2014年「第2章　フランスの介護保障」増田雅暢編『世界の介護保障(第2版)』法律文化社
Caisse d'allocations familiales　http://www.caf.fr/
Le portail du service public de la Sécurité sociale　http://www.securite-sociale.fr/
Le site officiel de l'administration française　http://www.service-public.fr/

尾玉　剛士

3 ドイツ

3-1 ドイツの社会保障制度の特徴

　ドイツは，周知の通り社会保険の発祥の地であり，社会保険が社会保障制度の根幹を占めている。連邦労働社会省が毎年発表する，社会保障関連予算の全体像を示した「**社会予算**」によれば，2013年時点で対GDP比29.7％を占める社会保障関連の給付総額(8,122億€)のうち，社会保険システムの給付規模(4,947億€)は60.9％を占める。なお，給付規模を部門別にみると，医療(34.5％)，高齢(32.5％)が顕著に大きく，後は子ども(10.5％)，障害(8.1％)，遺族(6.9％)，失業(4.2％)，住宅(2.1％)などとなっている。ドイツの社会保険の特徴として，保険者代表と，6年に1度実施される「社会選挙」によって選出される被保険者代表とが運営方針を共同で決定するという，「当事者自治」の考え方に基づく「**自主管理**(Selbstverwaltung)」といわれる運営方法が伝統的に存在することが挙げられる。

　また，ドイツには，社会政策と経済政策の基本理念として，オルド自由主義という新自由主義の一種を理論的基盤とする「**社会的市場経済**」という概念が存在する。この概念は，戦後一貫して，何度かの政権交代を経ているにもかかわらず，二大政党であるキリスト教民主同盟/社会同盟(CDU/CSU)，および社会民主党(SPD)双方から標榜され続けてきた。この概念は，経済的効率性と社会的公正の両立を志向し，社会政策・社会保障・社会福祉の分野では「自助」を重視し，また，それを支援する形での連帯性原理と**補完性原理**(民間団体や市町村といった「下位団体」が独力でなしうることに対して，州や国家といった「上位団体」は極力介入しない＝下位団体が独力でなしえないことに対して上位団体が補完的に援助するという原理)とを重視する。それゆえ，民間団体や自治体を主体とした制度運営が優先され，国家はそれを補完するというスタンスが取られている。

　なお，ドイツの憲法にあたる基本法には，ドイツが**社会国家**(Sozialstaat)(福祉国家とほぼ同義)であることが20条と28条に謳われており，また，人間の

尊厳の不可侵性についても1条に明記されている。

3-2　ドイツの社会保障制度の概要

(1) 公的扶助：社会扶助と求職者基礎保障

　公的扶助に相当する制度は、**社会扶助**制度と**求職者基礎保障**制度である。前者の対象者は稼得能力を持たない困窮者である。後者の対象は稼得能力を持つ困窮者であって、失業保険からの手当(失業手当Ⅰ)の受給期間(被保険者期間と年齢に応じて6か月～24か月)を終了した者、または、失業手当Ⅰの受給要件(離職前2年間に通算12か月以上保険料を納付)を満たさない者である。稼得能力とは、就労する能力をさし、当面の間疾病または障害が原因で、一般的な労働市場の通常の条件で毎日少なくとも3時間以上就労可能な者は稼得能力を持つとされ、そうでない者は稼得能力を持たないとされる。

　社会扶助制度も**求職者基礎保障**制度も、対象となるにあたり資産調査が実施されるが、後者のそれは前者のそれよりも内容が緩和されている。

① 社会扶助

　社会扶助の根拠法は社会法典第12編(SGB Ⅻ)である。実施機関は自治体であり、費用も自治体が負担する。給付には「生計扶助」「高齢期および稼得能力減退時における基礎保障」(年金受給開始年齢に達した困窮者、または18歳以上で疾病または障害によって稼得能力を持たない困窮者に対する給付)「医療扶助」「介護扶助」「障害者に対する統合扶助」(障害者の社会参加促進のための給付)「特別な社会的困難の克服に対する扶助」(多重債務、アルコール依存症といった社会的困難を抱えた者に対し、その困難の克服のためになされる給付)「異なる生活状態における扶助」(高齢者・盲目者などへの特別な扶助)の7種類が存在する。

　なかでも生計扶助は、社会扶助の中心部分を形成する給付である。受給額は、当該受給者の需要共同体(世帯とほぼ同義)の総需要額(基準需要額＋住居費・暖房費＋社会保険料＋その他一時的に必要な費用)から収入認定額を控除した額である。基準需要額とは、1人当りに給付される基本の給付額であり、2015年は単身者の場合で月額399€である(表15-5参照)。

表15-5　ドイツにおける基準需要額の諸段階と金額（1人当り月額）
　　　　（2015年1月改定）

段　階	金　額	説　明
第1段階	399€	単身者。1人親。第3段階に該当する者と生計を一にする者
第2段階	360€	パートナーまたはそれに類する関係の者と生計を一にする者
第3段階	320€	自ら生計を立てておらず，結婚またはそれに類する形態での共同の生計を立ててもいない25歳未満の者
第4段階	302€	14〜18歳未満の子
第5段階	267€	6〜14歳未満の子
第6段階	234€	6歳未満の子

出所：Bundesregierung (2014): Regelsätze steigen ab 2015

　次に，「高齢期および稼得能力減退時における基礎保障」について述べると，支給額は生計扶助と同額であるが，特筆すべきは，対象者の親または子の年間収入が10万€未満の場合には，彼らの扶養義務は問われないことである。この規定は，子に扶養照会がなされることを恥じるあまり，困窮に陥った高齢者が社会扶助を申請しないという，いわゆる「恥じらいによる貧困」を防ぐことと，先天的または幼少時から重度の障害を持つ者が，両親から独立して主体的に生活を送るための手助けをすることを意図して設けられた。

② 　求職者基礎保障

　求職者基礎保障制度は，雇用エージェンシー（公共職業安定所に相当）と自治体とが共同で運営している。根拠法は社会法典第2編（SGB Ⅱ）である。対象者は，15歳以上年金受給開始年齢未満で，稼得能力を有し，扶助を必要とする，通常の居所がドイツ国内にある者である。

　(a) 所得保障：失業手当Ⅱ

　求職者基礎保障の対象者は「**失業手当Ⅱ**」を受給する。受給期間は，扶助を必要とする状態にある限り，年金受給開始年齢に達するまで無期限である。支給額は，求職者の需要共同体の総需要額から収入認定額を控除した額である。総需要額とは，基準需要額（生計扶助のそれと同額），住居費・暖房費，社会保険料，その他一時的に必要な費用の合計である。**失業手当Ⅱ**の費用は

連邦負担だが,住居費・暖房費は自治体が負担する。
　(b) 就労支援
　失業手当Ⅱの受給者には,いくつかの例外（肉体的・精神的に当該就労をなしえない場合,当該就労が3歳未満の子の養育または家族の介護に支障となる場合など）を除いてはあらゆる就労も期待可能とされる。雇用エージェンシーにおいて,**失業手当Ⅱ**の受給者ごとに個別の相談員が指名され,相談員と受給者との話し合いに基づき,再就労のためになされる給付となすべき活動を定めた「再就労協定」が取り決められ,積極的な就労支援がなされる。

(2) 社会保険
① 医療保険
　ドイツの公的医療保険（法定医療保険）の保険者である「疾病金庫」は2014年7月時点で131ヶ所存在し,歴史的経緯から,地区疾病金庫,企業疾病金庫,同業者疾病金庫,農業者疾病金庫,連邦鉱夫・鉄道・海員金庫,代替金庫の6つの種別に分かれる。財源は保険料と国庫補助であり,2015年の保険料率は14.6％である。
　特徴的であるのは,疾病金庫間の競争を促進するため,被保険者が加入先の保険者を（一部を除いて）自由に選択できることと,その際,競争を公平なものとするために,各疾病金庫の被保険者集団の4つの指標（性別,年齢,障害年金受給の有無,有病率）をもとに,疾病金庫間の財政調整を行う「**リスク構造調整**」という仕組みを実施していることである。
　なお,一定の所得（2015年は年額54,990€）以上を得ている者は,法定医療保険の強制加入の対象とはならず,民間医療保険に加入するか,または,法定医療保険に任意加入する。全ドイツ国民の約85％が法定医療保険に加入し,約15％が民間医療保険のみに加入している。

② 年金保険
　ドイツの公的年金は,所得比例年金のみの「一階建て」の制度である。また,国民皆年金ではなく,専業主婦,学生などは任意加入である。
　職域別に制度が分立しており,最大規模のものは被用者と一部の自営業者

を対象とする「法定年金保険」である。受給開始年齢は2012年以降，従来の65歳から段階的に引き上げられ，2029年に67歳へと移行する。保険料率は2015年時点で18.7％（労使折半）であり，国庫補助（連邦補助金）も存在する。給付水準は，課税前ネット額（社会保険料を控除した課税前の標準年金額）を，社会保険料を控除した課税前の平均労働所得で除した値で示され，2020年までは46％，2030年までは43％を下回らないこととされている。なお，この算定方法に基づく2013年時点の年金水準は48.8％である。

③ 介護保険

介護保険は，20年以上の議論を経て1995年に世界で最初にドイツで開始された。保険者は，疾病金庫に併設された「介護金庫」であり，被保険者はすべての医療保険加入者である。要介護度は 0 ～Ⅲ の 4 段階に区分され，それぞれの給付（限度）額が定められている（表15-6）。2015年の保険料率は2.35％（子を持たない23歳以上65歳未満の被保険者は2.6％）（労使折半）である。

日本の介護保険との相違点として，①近親者の介護力に依存した構造であることから給付範囲が狭い（著しく介護を要する者にしか支給されず，給付限度額も低い），②すべての年齢の者（障害者・障害児などを含む）を対象とする，③在宅給付において現金給付（**介護手当**）が存在（制度創設時にサービス給付の不足が危惧されたことの名残り，または，在宅介護を担う近親者への対価という位置づけから）し，サービス給付と組みあわせた「コンビネーション給付」も可能である，④サービス給付の利用にあたり利用者負担が存在しない（但し施設介護の場合は宿泊費と食費は利用者負担），⑤公費負担がない，などが挙げられる。

3-3 ドイツの社会保障制度の最近の動向

(1) 公的扶助：ハルツⅣ法(2005年)による再編

公的扶助の分野における近年の大改革は，2003年12月成立・2005年 1 月施行の「ハルツⅣ法（正式名称は「労働市場サービスの現代化に関する第Ⅳ法」）」に基づく再編であった。2000年代初頭のドイツ経済の苦境と失業率の高さを受けて，それらへの対策として，2002年 2 月に，当時のフォルクス・ワー

表15-6 ドイツにおける介護保険給付と給付(限度)額一覧 （単位：€）

		要介護度0	要介護度Ⅰ	要介護度Ⅱ	要介護度Ⅲ
居宅介護	サービス給付 (限度額) (月額)	― (日常生活能力が著しく制限されている場合) 231	468 (日常生活能力が著しく制限されている場合) 689	1,144 (日常生活能力が著しく制限されている場合) 1,298	1,612 (特に過酷な場合) 1,995
	介護手当 (月額)	― (日常生活能力が著しく制限されている場合) 123	244 (日常生活能力が著しく制限されている場合) 316	458 (日常生活能力が著しく制限されている場合) 545	728
代替介護 (年間4週間まで) (限度額)	近親者による	― (日常生活能力が著しく制限されている場合) 120	235 (日常生活能力が著しく制限されている場合) 305	440 (日常生活能力が著しく制限されている場合) 525	700
	その他の者による	1,612			
ショートステイ(年間4週間まで) (限度額)		1,612	1,612		
デイケア・ナイトケア(限度額) (月額)		231	468 (日常生活能力が著しく制限されている場合) 689	1,144 (日常生活能力が著しく制限されている場合) 1,298	1,612
追加的な世話給付 (月額)	日常生活能力が著しく制限されていない場合	―	104		
	基本額	104			
	引上げられた額	208			
居住共同体に居住する要介護者に対する追加給付 (月額)		― (日常生活能力が著しく制限されている場合) 205	205		
完全入所介護 (月額)		―	1,064	1,330	1,612 (特に過酷な場合) 1,995
障害者の完全入所施設(月額)		―	施設の料金の10％(上限は266€)		
介護補助具 (月額)		(日常生活能力が著しく制限されている場合) 40	40		
住環境改善措置 (月額)		(日常生活能力が著しく制限されている場合) 4,000 (複数人が居住する場合は16,000)	4,000 (複数人が居住する場合は16,000)		

注：「日常生活能力が著しく制限されている場合」とは、主に認知症をさす。
注2：代替介護とは、家族介護者が休暇や病気等で介護に支障が生じた場合、代わりの者が介護を行うという給付。
出所：Bundesministerium für Gesundheit(2014)：Pflegeleistungen ab 1. Januar 2015より著者作成

ゲン社の労務担当役員であったペーター・ハルツ氏を座長とする「労働市場サービス現代化委員会(通称ハルツ委員会)」が招集され，同年8月に報告書が提出された。ハルツⅣ法は，その内容に基づいて2002年から2003年にかけて可決された4つの法律(通称ハルツⅠ法～Ⅳ法)の一つである。

本法施行以前は，社会法典第3編(失業保険法)に基づく失業手当の受給要件を満たす失業者は，まず，失業手当を受給し，受給期間終了後も困窮する場合は，同法に基づく失業扶助を年金受給開始年齢まで受給できた。失業手当の額は前職の手取り賃金の67％(子がある場合)または60％(子がない場合)であり，失業扶助の額は同57％(子がある場合)または53％(子がない場合)であった。他方で，失業手当の受給要件を満たさない失業者などの生活困窮者は，年金受給開始年齢まで社会扶助を受給できた。財源は，失業手当が失業保険料，失業扶助が連邦負担，社会扶助が自治体負担であった。

このような従来の制度は，①失業手当の受給要件を満たしていない失業者(主に非正規雇用者)が増えると，その分，社会扶助の受給者も増え，自治体の負担が増大する，②失業扶助受給者が十分な額の失業扶助を受給しうる場合に，再就労のための活動に真剣に取り組まなくなる，③就労支援が社会扶助と失業扶助それぞれで実施され，取り組み方もばらつきがあり非効率的である，などの問題を有していた。それゆえ，ハルツⅣ法では，稼得能力の有無での制度の区分と，「失業扶助と社会扶助の統合」(＝失業扶助を廃止し，代わりに社会扶助と給付額が等しい**失業手当Ⅱ**を新設する。従来の失業手当は失業手当Ⅰに改称された)が実施された。

ドイツにおける貧困の現状をみると，2012年末時点の社会扶助の生計扶助受給者は約34万人，2013年平均の**失業手当Ⅱ**の受給者数は約442万人である。また，ドイツの相対的貧困率は，2013年は15.5％(旧西独地域14.4％，旧東独地域19.8％)であり，2010年(14.5％)以降上昇傾向にある。

(2) 医療保険：医療費適正化をめぐる動き

2000年代は医療保険財政が逼迫していたことから，医療費適正化を促す改革が推進された。すなわち，2009年1月施行の法定医療保険競争強化法によって，それまで疾病金庫ごとに異なっていた保険料は統一保険料とな

り，保険料は新設された「医療基金」に納付された後に，**リスク構造調整**を経て各疾病金庫に交付されることとなった。また，疾病金庫による独自の経営努力の余地も増やされた(「選択タリフ」と呼ばれる任意契約の付加保険の導入，黒字の疾病金庫による配当金の給付など)。保険料率も，従来の労使折半から，傷病手当金などの分の保険料率(0.9%)については，労働者のみが負担する形に変わった。

　2011年1月にも，収入安定化と支出抑制を志向した法定医療保険財政法が施行された。そこでは保険料率の引上げと，使用者の保険料率の7.3%への固定が規定された。だが，2011年以降の良好な医療保険財政の状況を受けて，それまでの路線は一転した。すなわち，2013年1月には，2004年に導入された，外来診療にかかる「診察料(4四半期ごとに同一の疾病当り10€)」が廃止され，また，2014年7月成立・2015年1月施行の法定医療保険財政構造質改善法では，保険料率が14.6%に引き下げられ，再び労使折半の形に戻された。

(3) 年金保険：「三本柱モデル」への移行と「年金パッケージ」

① 「三本柱モデル」への移行

　ドイツは，戦後長らく公的年金のみで十分な老後所得を賄うことを是としていたが，1990年代以降の社会状況・経済状況の急変による年金財政逼迫を受けて，公的年金の給付水準を段階的に引き下げる一方で，引下げ分を私的年金によって補うことが促進され，2001年の年金改革以降は，公的年金・企業年金・個人年金の三本柱で老後所得を賄うという「**三本柱モデル**」が標榜されている。

　企業年金については，2001年に，従業員が企業に対し，自分の所得から企業年金への保険料支払いを実施させうるという「所得転換権」という仕組みが導入された。これにより，企業年金を実施していない企業の従業員も使用者に企業年金を導入させることが可能となった。企業年金の加入件数は，2001年時点の1,456万件から2011年時点には1,958万件へと増えているが，中小企業での普及度合が弱いことが課題とされている。

　個人年金については，2002年1月に「追加的老齢保障」(通称「**リースター**

年金」）（Riester-Rente）という国家助成の仕組みが開始された。これは，法定年金保険の被保険者を対象に，個人年金への保険料支出に対して，補助金の支給または特別支出控除(所得控除)のいずれか有利なほうがなされるというものである。個人年金への加入を促進すべく，低所得かつ子が多いほど助成の割合が大きくなる構造となっている。

また，2005年には，**リースター年金**の対象とならない層(自営業者)を対象として「基底年金」（Basisrente）（通称「リュルップ年金」）という国家助成の仕組みが開始された。リースター年金とは異なり，補助金は支給されず，所得控除のみがなされる。

② 「年金パッケージ」

2014年6月には「年金保険給付改善法」（通称「年金パッケージ」）が成立し，同年7月から段階的に施行された。主な改善内容の一つに「母親年金」の導入がある。これは，1991年以前に子を出産・養育していたすべての女性(ないし男性)に対して，個人報酬点数(年金算定上の要素の一つ)を追加するというものであり，それにより年金額は，子1人当り月額約30€増額される。これは，育児により就労を中断されることで低年金に陥りがちな女性の年金額引上げを意図してなされた。

(4) 介護保険：新要介護評価基準と要介護度の導入の動き

制度成立以来最初の大規模な改革である「介護保険継続発展法」（2008年7月施行）では，在宅介護の充実，認知症患者に対する給付の改善などがなされた。その後，2012年6月成立・2013年1月施行の介護保険再調整法を経て，2014年5月には第1次・第2次介護強化法案が閣議決定され，前者は2015年1月に施行された。後者も今会期中に可決・施行される予定である。前者の内容は給付内容の拡充と，今後20年間の保険料率を安定させるための「介護保障基金」（Pflegevorsorgefonds）の新設などであり，後者の内容は，従来の「介護に要する時間」を尺度とした要介護評価基準に代わる，「自立性の度合」という要介護評価基準に基づく新たな5段階の要介護度の導入などである。

参考文献

土田武史,2011年「ドイツの医療保険における「連帯と自己責任」の変容」『早稲田商学』No.428

松本勝明,2007年『ドイツ社会保障論Ⅲ—介護保険—』信山社

森周子,2013年「ドイツにおける医療費適正化の取組み」『健保連海外医療保障』No.99

森周子,2013年「ドイツにおける最低生活保障制度—社会扶助と求職者基礎保障を中心に—」埋橋孝文編『福祉+α④生活保護』ミネルヴァ書房

森周子,2014年「ドイツ」小谷眞男,後藤玲子,原島博(編集代表)『世界の社会福祉年鑑』旬報社

森周子,2014年「メルケル政権下の介護保険制度改革等の動向」『海外社会保障研究』No.186

森　周子

4 デンマーク

はじめに

　デンマークはスウェーデンなどとともに北欧(スカンジナビア)型福祉国家あるいは**社会民主主義型福祉国家**のひとつとして知られている。**北欧型福祉国家**の特徴は主たる財源を租税に求め，所得や雇用形態に関係なく生活を保障するという**普遍主義**を採用している点である。ドイツや日本のような**ビスマルク型社会保険**を基軸とする福祉国家と比較することで，新たな知見を得ることができる。また，福祉国家の将来を考察する際に，北欧型福祉国家が持続可能であるのかどうか，は重要な研究テーマである。

　さらに，2000年代に入って，デンマークは柔軟な労働市場(フレクシビリティ)と手厚い失業保障(セキュリティ)と充実した積極的雇用政策が「**フレクシキュリティ**(フレキシキュリティとも)」として世界的に注目された。福祉国家と労使関係・雇用政策を関連付けて検討することの重要性をデンマークは示している。

　ここでは日本の社会保障に相当する制度について紹介するが，高齢者の介護サービスと子どもの保育サービスについては比較的知られていて，日本語で情報を入手することも容易なので，省略する。

4-1　デンマークの概要

(1)　概要

　人口は約563万人(2014年)で日本の22.5分の1ほどである。欧州連合(EU)加盟国であるが通貨同盟(ユーロ)には加盟していない。独自通貨デンマーククローナDKKを有する。スウェーデン，ノルウェー，フィンランド，アイスランド，グリーンランドなどと北欧理事会を構成している。1人当たり国内総生産GDP(購買力平価調整)は42787ドルで，日本の35622ドルよりも高い。20世紀前半までは農業酪農国家として有名であったが，現在の一次産業人

口は2.6％程度であり，第二次産業人口も17.4％であり，第三次産業人口が80％を占めている(2013年)。付加価値税(消費税)の税率は25％で軽減税率はない。所得税の限界税率はおおよそ60％である。国民負担率(国民所得に占める税と社会保険料の割合)は69％と世界でもトップレベルになっている(2010年)。

　議会は一院制であり，比例代表制で選出される。議席を持つ政党の数は多く，20世紀以降，単独で議会の過半数を占めた政党はない。連立政権が一般的である。2011年9月総選挙の投票率は86.6％と，政治に対する国民の関心は非常に高い。

(2) 行政機構

　行政機構は，2007年の地方制度改革を経て，中央政府，5つの県(広域県レギオン)および98の基礎自治体(コムーネ)の秩序だった三層構造をなしている。県は保健医療を担い，コムーネはその他のほとんどの社会政策を担っている。

　中央政府で社会政策を担当する省庁は複数にまたがっている。例えば，「子ども・平等・統合・社会問題省」は，公的扶助，子ども手当，年金，保育，障害，高齢者介護，社会的統合などを，「雇用(職業)省」は，失業保険，雇用政策などを，「保健予防省」は保健医療を所管している。また，教育と職業訓練は「教育省」が所管し，高等教育・研究開発政策を「訓練・科学省」が所管している。政権交代とともに省庁の再編成がなされるので，所管の変更も著しい。

(3) 納税者番号制度(国民登録番号制度)

　住民は転居・転入で住民登録すると，かかりつけ医も登録し疾病保障カードが交付される。カードには**国民登録番号**が記載されており，**納税者番号**の他，図書館カードなど数多くの公共サービスの利用者証として使用されている。つまり，疾病保障や公共サービスを受けることは納税者番号が付与されることを意味し，ほとんど全ての国民・市民が国民登録番号で所得を管理されている。公平・公正な税負担を実現するために納税者番号制度が活用され，その基盤に疾病保障(医療保障)制度がある。

4-2 保健医療

公的医療保障は，社会保険方式ではなく，租税方式を採用している。イギリスに類似した**国民保健制度**を採用している。すべての国民は所得の多寡や性・年齢に関係なく医療サービスを無償で受けることができる。このためデンマークは普遍主義的な医療保障制度を有している国であるといってよい。

(1) 行政機構と財源

保健医療，精神医療は5つの県が管轄している。学校健診，訪問看護など一部の保健医療はコムーネが管轄している。県議会は選挙で選出されるが，徴税権はないため，中央政府からの一括補助金および実績ベースの補助金と，コムーネからの拠出金でまかなわれる。中央政府からの一括補助金は県保健医療財政の75%程度を占めている。政府の実績ベース補助金は受診者数とDRG方式などをもとに算出される。コムーネ拠出金は，住民の受診実績に基づいており，コムーネの住民の疾病予防活動へのインセンティブを与えることと，県・コムーネ間の患者の受け渡しなど連携を強めることを目的としている。

(2) 医療提供体制と受診の流れ

一次医療(プライマリケア)，二次医療と医療圏が整備されている(図15-2)。一次医療は，**かかりつけ医**制度が法定されており，住民登録の際，住民は一人の開業医をかかりつけ医として登録する。住民登録すると「疾病保障カード」(前述)が交付される。住民はそのかかりつけ医を受診することを原則とするため，かかりつけ医は**ゲートキーパー**(門番)の機能を果たしている。つまり，二次医療である病院を受診するためにはかかりつけ医の紹介状を必要とする。かかりつけ医は通常自営業である。一次医療の診療報酬は登録住民数に応じた人頭払いと出来高払いを組み合わせて支払われる。三次医療は大学病院や首都圏の病院が担っている。二次医療・三次医療を担う病院は県営が主たるものであるが，大学病院は国立となっている。医師も含めて病院職員は公務員である。なお，2000年代に入り民間経営病院が増大しているが，全病床数の2%程度にとどまっている。

成人の歯科診療は公的保障がなく、住民は全額自己負担か、民間の医療保険に加入し対応している。ただし、18歳以下の子供は無償の公費医療となっている。

(3) 医療の品質保障

医師の資格や病院経営を監督する行政機関として保健予防省の下に保健管理庁が設置されている。また、2000年代に入り、個々の医療機関が提供する医療の質を客観的に評価するために「デンマーク医療品質評価システムDDKM」が開発され、診療所、病院、民間病院、救急医療、薬局などを評価することになった。保健医療品質認証機構IKASは、保健予防省、県連合、コムーネ連合、首都圏病院連合などの合意で設置され、資金は保健予防省、コムーネ連合、各病院からの拠出で賄われている。

デンマークのGDPに占める国民医療費は11.0%であり、OECD平均の9.3%、日本の10.3%などを上回っているが、ドイツの11.3%、フランスの11.6%を僅かに下回っている（2012年）。

図15-2　受診の流れ（デンマーク）

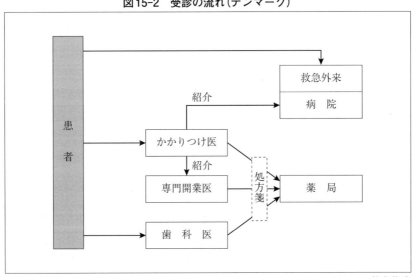

筆者作成

4-3　現金給付-子ども手当と年金

現金給付は多種多様あり、複雑であるが、ここでは子ども向け手当と年金を中心に紹介する。

(1) 子ども若者手当、子ども支援手当

子供を有する家族に対する現金給付には、**子ども若者手当、子ども支援手当、妊娠出産休職手当、家族住宅手当**などがあるが、ここでは子ども若者手当と子ども支援手当を紹介する。

子ども若者手当(børne- og ungeydelse)は、別名子ども家族手当(børnefamilieydelse)あるいは子ども切符(børnecheck)とも呼ばれる。18歳未満の子どもがいる家庭に所得とは無関係に、無条件で給付される。給付額は子どもの年齢により異なるが、ゼロ歳児から3歳児未満が年額17616DKK、3歳から6歳が13944DKK、7歳から18歳未満が10980DKKなどとなっている(1DKKは約17～18円、2014年)。

子ども支援手当(børnetilskud)は、一人親世帯など特別な事情を抱える18歳未満の子どもがいる家族に対して子ども若者手当に上乗せして給付される。受給資格を得るには、親または子がデンマーク国籍を有し、デンマーク国内で同居していなければならない。給付額は世帯の社会的経済的状況に応じて異なる。一人親世帯か二人親世帯か、親が学生かどうか、などによって給付条件や金額が異なる。一人親世帯も生別と死別で給付額が異なる。例えば、生別の一人親世帯の場合、3か月毎に普通手当1319DKK+追加手当1345DKKが給付されるが(年額10656DKK)、死別の一人親世帯の場合は、特別手当3372DKK+特別付加手当438DKKが給付される(年額15240DKK)。

このように無条件給付の普遍主義的な子ども若者手当と、一人親家庭などの特別な事情を抱える世帯への特別手当を組み合わせることで、子どもの経済的支援は充実しているといえる。

(2) 国民年金

年金は、老齢年金と障害年金が独立している。老齢年金は、二階建て方式を採用している(厳密には3階部分に相当する年金がある)。一階部分の**国民年金**

(folkepension)は租税方式(無拠出制)を採用している。二階部分は**労働市場付加年金**ATPと呼ばれ，社会保険方式で運営されている。障害年金førtidspensionは18歳から国民年金支給開始年齢までの間給付される。遺族年金はATPの一部として給付されている。

国民年金は1957年に創設された。国民年金は現役時代の所得や雇用上の地位に無関係であり，普遍主義的な年金となっている。したがって，ほとんどの高齢者は国民年金を受給しており，高齢者の貧困率は大変低い。

国民年金の受給資格を得るためには，デンマークの国籍を有するか，支給開始年齢前15年間に10年以上デンマークの市民権を有していなければならない。なおかつ，支給開始前15年間に3年以上のデンマーク居住実績がなければならない。支給開始年齢は，生年により複雑に異なるが，単純化すると1955年生まれ以降は67歳，それ以前は65歳となっている。

国民年金は，基礎給付と付加給付からなる。基礎給付は個人単位で給付される。付加給付は単身者と夫婦(同棲)世帯で異なる。

満額の国民年金は，15歳を超えた日から40年以上のデンマークでの居住実績があった場合に支給される。その基礎給付は2014年で月額5908DKKである。付加給付は単身者には6137DKK，夫婦世帯には2966DKKが給付される。基礎給付と付加給付を合計したものが個人に給付される国民年金額となる。居住期間が40年に満たない者は，それに比例して減額される。つまり，国民年金は居住期間に比例している。また，稼働所得が一定額(2014年で年304800DKK)超える場合，基礎給付が減額される。

(3) 労働市場付加年金ATP

二階部分に相当するATPは1964年に創設された。16歳以上で，一つの事業所に週9時間以上就労した場合に，強制適用される。年金保険料(ATP-bidraget)は給与形態と労働時間の区分ごとに定額であり，労使共同拠出であり，労働者3分の1，事業主3分の2の負担割合となっている。給与形態は，月給制，14日未満週給制，週給制，その他の給与(時間給など)に区分されている。労働時間は，月給制の場合，月117時間以上(270DKK)，78時間以上(180DKK)，39時間以上(90DKK)，39時間未満(ゼロDKK)に区分され，それ

それの区分ごとに定額制を採用している(カッコ内が金額)。したがって，厳格な報酬比例制(定率保険料)ではない。

また，失業手当，傷病手当，育児休業手当，職業訓練手当，社会扶助(生活保護に相当)の受給者も保険料を拠出する(事業主拠出はない)。障害年金，障害雇用，早期退職手当受給者は任意加入できる。このため多くの者がATPの受給資格を持っている。2014年の国民年金受給者104万9千人のうち91万3千人(87％)がATPを受給している。

支給開始年齢は国民年金と同一である。給付額の算定は，複雑である。過去の拠出年数と拠出額に基づくが，拠出額の再評価は拠出した年次により異なるからである。2012年の65歳新規裁定者で，40年間最高額の保険料を拠出した満額年金は年額24800DKK程度であると公表されている。国民年金に15〜20％程度の上乗せ率であるとされる。被保険者が死亡した場合は，遺族年金として配偶者または同棲者または21歳未満の子どもに遺族一時金が支給される。ATPは課税所得として取り扱われる。

日本の年金制度と比較した場合，基礎年金を租税方式で運営していること，基礎年金の給付水準が高いこと，ATPの適用範囲が広く，かつ上乗せ率が比較的小さいこと，を指摘することができる。

4-4 失業保険と積極的雇用政策

(1) 失業保険

失業保険は**ゲント方式**といわれる労働組合が失業金庫を管理する方式を採用している。労働組合は，企業横断的に職業別・資格別・学歴別に組織されている。複数の労働組合が連合して失業金庫を管理運営している。労働者は失業金庫を選ぶことができるが，多くの場合自分が加入する労働組合が運営する失業金庫に加入する(二重加入制)。デンマークの労働組合の組織率は70％前後と非常に高いが，その理由の一つがゲント方式の失業保険にあるとされる。なお，厳密な失業保険の加入率を算出することは困難であるが，失業保険の加入者は2012年で212万7千人，失業者を含む被用者は259万人程度であるので，被用者に占める失業保険加入割合は概算で82％程度となる。

失業金庫の保険料は定額制であり，労働者が全額拠出し，事業主の負担はない。国庫負担額は定まっていないが，失業給付費の三分の二程度が国庫負担で賄われることが多いとされ，比較的低額の保険料で，高い水準の給付を受けることができる。失業金庫の管理手数料は金庫ごとに異なる。

失業手当の給付額は，相対的に低賃金の労働者の場合，従前賃金の90％が給付される。ただし，給付額に上限が設定されているため，賃金が高い労働者の給付率は90％以下となる。平均的な給付率(所得代替率)は70％前後とされる。給付期間は2年間である。

(2) **積極的雇用政策とフレクシキュリティ**

失業手当を受給するには求職活動，職業訓練，就職相談など「アクティベーション」と呼ばれる再就職活動をしなければならない。失業金庫と公共職業安定所(ジョブセンター)が再就職を支援する。

失業者のみならず在職者も各種の様々な職業訓練プログラムを受講することができる。職業訓練政策は，中央政府レベル，コムーネレベルで，政府・労働組合・経営者団体の三者で協議してその内容が策定される。必要な人材を養成するために訓練プログラムは頻繁に改定される。

デンマークの積極的雇用政策は非常に充実しているといってよく，**フレクシキュリティ**を支える重要な要素となっている。図15-3の上部はデンマークのフレクシキュリティのモデルであり，労働者は柔軟な労働市場で転職・失業を繰り返すが，寛大な失業手当と積極的雇用政策で再就職を果たしていく。図の下部はそれを支える基礎としての福祉国家の主要素である。

(3) **その他—早期退職手当**

デンマークの現金給付として無視できない比重を占めるのが，**早期退職手当**エフタロン(efterløn)である。これは60歳から年金支給開始年齢の間に労働能力が低下した場合に給付されるものである。拠出制を採用しており，失業保険加入の際，労働者は早期退職手当制度に加入するかどうかを選択する。この制度は1970年代末に若年労働者の失業が増大した際に，高年齢労働者の引退を促進し，若年者の雇用を促進するという「ワークシェアリング」を

図15-3 フレクシキュリティとその基盤としての福祉国家

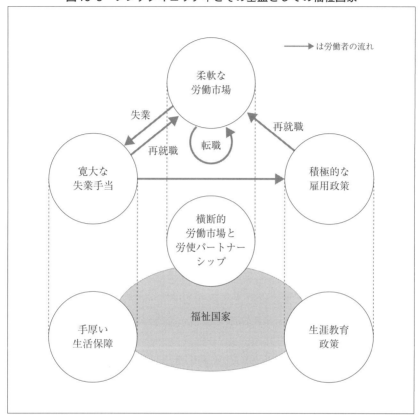

筆者作成

目的として導入されたものである。だが，当初の目的は達成できず，高年齢労働者の早期引退を促すだけの制度となってしまい，政策的には失敗した。労働者の既得権となっているが，財源を多く使っている。中長期的に縮小することになっている。統計上は失業保険とともに消極的雇用政策または現金給付に分類される。

まとめ

最後に表15-7で，デンマークのみならず北欧諸国の社会支出の大きさを確認しておこう（表15-7）。デンマークは「障害，業務災害，傷病」，「家族」，「積極的労働市場政策」，「失業」の各分野の社会支出が大きいことが分かる。「高齢」（主として年金）を除いた合計をみると，日本の二倍近いことがうかがえる。スウェーデンもデンマークに似た傾向を示している。子どもと家族への支援が手厚く，また職業訓練など積極的雇用政策も充実していることがうかがえる。これが普遍主義的な北欧型福祉国家が，「高福祉・高負担で強い国際競争力」を維持している理由の一つであるといえる。

表15-7 GDPに占める公的社会支出の割合（2009）

（単位：％）

	高齢	遺族	障害，業務災害，傷病		保健	家族	
			現金給付	現物給付		現金給付	現物給付
デンマーク	8.2	0.0	3.4	1.6	7.7	1.6	2.3
スウェーデン	10.2	0.5	2.8	2.2	7.3	1.6	2.2
日本	13.0	1.4	0.7	0.3	7.2	0.4	0.4

	積極的労働市場政策	失業	住宅	他の政策分野	合計	高齢を除いた合計
デンマーク	1.6	2.3	0.7	0.9	30.3	22.1
スウェーデン	1.1	0.7	0.5	0.7	29.8	19.6
日本	0.4	0.4	0.2	0.3	24.7	11.7

出所：OECD, iLibraryより筆者作成

参考文献

銭本隆行，2012年『デンマーク流「幸せの国」のつくりかた』明石書店
野口典子編，2013年『デンマークの選択・日本への視座』中央法規
村井誠人編，2009年『デンマークを知るための68章』明石書店
菅沼隆，2011年「デンマークの労使関係と労働市場」『社会政策』第3巻2号，ミネルヴァ書房

菅沼　隆

5 東アジア

5-1 東アジアの社会保障

「東アジア」は，北東アジアだけを指したり，北東アジアと東南アジアの両方を指したり，時にはインドやオーストラリアまで含んだりと，その範囲は必ずしも明確ではない。ここでは，狭い意味の東アジア(すなわち北東アジア)を採用し，なかでも所得水準が相対的に高く，社会保障制度も比較的整備されている韓国，台湾と中国を主に取り上げながら，東アジアの社会保障の特徴と最近の動向を概観しようとする。東アジアの主な国・地域(ここではシンガポールも含める)の概況については表15-8を参照にしていただきたい。

社会保障は産業資本主義の発展にともなう様々な社会問題に対応するため

表15-8　東アジアの各国・地域の概況(2013年)

国・地域	人口 (百万人)	面積 (万平方km)	名目GDP (10億ドル)	1人当たりGDP (ドル)
日　本	127.6	38	5,963	46,736
韓　国	50.0	10	1,156	23,113
台　湾	23.3	4	474	20,328
香　港	7.2	0.11	263	36,667
シンガポール	5.3	0.07	277	51,162
中　国	1,354.0	960	8,227	6,076

国・地域	合計特殊出生率	高齢化率 (%)	失業率 (%)	ジニ係数 (年)
日　本	1.41	24.3	4.1	37.6(2008)
韓　国	1.30	11.8	3.2	41.9(2011)
台　湾	1.27	11.2	4.2	34.2(2011)
香　港	1.29	13.6	3.3	53.7(2011)
シンガポール	1.29	9.7	2.6	47.8(2012)
中　国	1.20	8.7	4.3	47.4(2012)

データ出所：IMF, World Economic Outlook 2014; アジア銀行, Key Indicators for Asia and the Pacific 2014; CIA, The World Factbook より

に作られた社会システムであり，基本的な概念や仕組みは西洋(とりわけヨーロッパ)社会の中で形成されてきた。もちろん，非西洋社会にも人々の相互扶助や慈善活動は昔から存在していたが，それらは現代の社会保障と性質的に全く異なる。そのため，東アジアの社会保障を考える際もこの地域の近代化や資本主義の発展とセットで考えなければならない。

周知のように，日本を除く東アジアのほとんどの国・地域は19世紀半ば以降帝国列強の植民地・半植民地に転落した。東アジアの多くの国が政治的独立を果たしたのは第二次世界大戦後，一部の国・地域で経済成長が軌道に乗ったのは1960年代以降のことである。つまり，日本を含む先進国では福祉国家が成立し，全国民を対象とする社会保障制度がすでに普及した時に，東アジアはようやく本格的な産業化のスタートラインに立ったのである。もう1つ重要なことは，多くの国・地域では独立後も軍事政権や独裁政権による権威主義的な政治体制が長期に続き，労働者や社会的弱者の権利を抑制しながら経済成長を優先する，「**開発独裁**」という発展戦略が採られた。このような「開発独裁」の下で，公的な保障制度は公務員や軍人などの特殊階層，もしくはまったく身寄りのない孤児・高齢者など極貧層に限られ，一般の人々を対象とする社会保障制度は極めて少なかった。当然ながら，GDPや政府支出に占める社会保障の比重も小さく，社会保障が主な政治イシューになることもほとんどなかった。

しかし，1980年代になると各国で中産層が増え，民主化や福祉の拡充を求める声が大きくなった。例えば，韓国や台湾では80年代の民主化の過程で，医療保障のない人々の問題が度々取り上げられ，各政党がこぞって皆保険の実現を公約に掲げるようになった。その結果，韓国は1989年，台湾は1995年にすべての国民をカバーする皆保険を達成した。他に，年金や失業保険などの制度も徐々に導入されたが，国民の生存権の保障に向けた抜本的な社会保障改革は1990年代の終わりごろまで待たなければならなかった。そのきっかけとなったのが1997年に勃発した**アジア通貨危機**である。突然の経済危機によって多くの企業が倒産し，失業者は急増，社会は危機的な状況に陥った。経済危機は政権交代をももたらし，韓国と台湾では新しい政権のもとで公的扶助制度の抜本改革，失業保険の導入または拡大，社会保険の

適用範囲の拡大など大幅な社会保障改革が行われた。中国でも同じ時期に国有企業改革で多くの失業者が発生し，社会保障制度の大規模な改革を余儀なくされた。

　要するに，東アジアにおいて現代的な社会保障制度が導入・普及されたのは1990年代半ば以降で，欧米諸国や日本に比べると約半世紀も遅れたのである(このことを東アジアの社会保障の「**後発性**」という)。半世紀前と違って，1990年代以降はグローバル化，ポスト産業化が進行した時代であり，そのため東アジア各国・地域は産業化時代の医療や年金，失業などの問題とともに，ポスト産業化時代の少子化や雇用の流動化などの問題にも対応しなければならなくなった。以下では，韓国・台湾と中国に分けて，1990年代以降の社会保障の発展および近年の政策課題を紹介する。

5-2　韓国・台湾の社会保障

　韓国と台湾は東アジアのなかで社会保障の発展が日本に次いで進んだ社会である。また，社会保険を中心とする社会保障システムを有している点においても日本との類似性が高い。

　韓国の台湾の社会保障制度は1980年代ごろから整備されはじめ，1997年のアジア通貨危機を機に飛躍的な発展を遂げた。両者は輸出志向型工業化のタイミングや権威主義から民主主義への平和的移行，そして皆保険・皆年金をはじめとする社会保障制度の発展など様々な面において多くの共通性を有する。しかし，全体的発展段階は同じであっても，その中身に関してはそれぞれ異なる特徴を持っている。一言でいえば，韓国の方が社会保障の発展においてより急進的，圧縮的であり，台湾はより漸進的，温和的である。例えば，台湾は1950年代から総合的な「**労工保険**」(労働者保険)を実施したが，その制度は政府と雇用主が多くの保険料を負担するなど，労働者にとって比較的寛大なものであった。しかし，その後の制度発展や改革において台湾は韓国に遅れを取り，皆保険では6年(韓国1989年，台湾1995年)，皆年金では9年(韓国1999年，台湾2008年)遅れることになった。一方，より徹底した「開発独裁」を経験した韓国は，経済成長や民主化と同じく社会保障においても変化のスピードが速く，アジア通貨危機後の福祉国家化も台湾に比べ顕著で

図15-4 韓国と台湾における政府の社会保障関連支出の推移

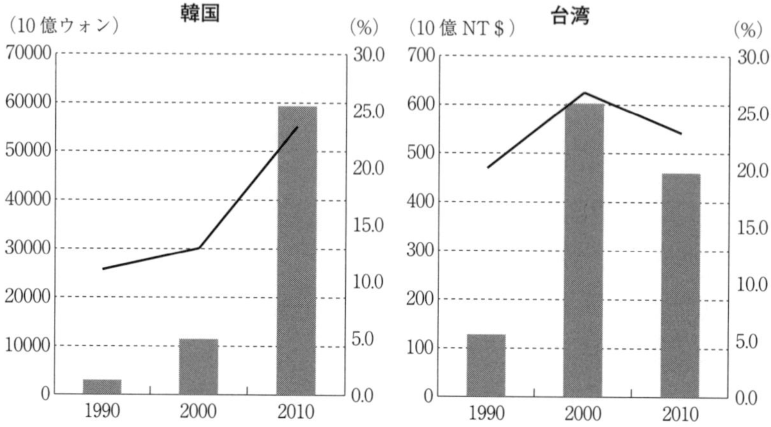

注：社会保障関連支出は「医療」と「社会保障」の両支出の合計。パーセンテージは政府支出に占める社会保障関連支出の割合。

データ出所：Asian Development Bank, Statistical Database System, and Key Indicators for Asia and the Pacific 2014

あった(図15-4)。

なお，日本との比較で言えば，年金や医療などの社会保険が職域と地域に分かれている日本と違って，韓国と台湾は同じく皆保険・皆年金でありながら一元化方式を指向してきた。特に医療保険では，元々職域別・地域別の制度から全国民が1つの医療保険制度に加入する単一保険者システム(single-payer system)に移行した。年金に関しても韓国は一元的な「**国民年金**」となっている(台湾はまだ職業ごとに分かれている)。なお，介護保険は韓国が2008年に導入，台湾も近いうちに導入する予定である。

21世紀に入ってから，韓国と台湾は日本以上に急速な少子高齢化，高学歴化と雇用の流動化による若者の生活保障問題，外国人労働者と移民の増加など，それ以前とは明らかに異なる「**新しい社会的リスク**」に直面している。

その典型が出生率の極端な低下，すなわち**少子化**(韓国では「**低出産**」，台湾では「**少子女化**」という)である。前掲の表15-8が示すように，韓国と台湾の合計特殊出生率は，現在少子化と人口減少が懸念されている日本をさらに下

回っている。しかも，1970年代半ばからゆっくり出生率が低下した日本と違って，韓国と台湾は1990年代以降，とりわけ通貨危機以後に出生率が急低下したのである。その背景には，後述する若者(特に女性)の高学歴化や雇用不安に加え，政府による家族政策の不在，およびそれに起因する子育て負担の重さが挙げられる。つまり，子どもの養育は家族の責任であるという思潮が非常に強かったため，養育費の負担や公的な保育サービスは日本よりもはるかに遅れていた。韓国と台湾で少子化が重大な社会危機として認知されるようになったのは2000年代半ばごろであり，その後育児の社会化，家庭負担の軽減のための多くの政策が採られた。例えば，韓国は2009年に「**養育手当**」を導入し，2013年には保育所・幼稚園に通うすべての子どもに対する基本保育料・教育費の全額補助を実現した。台湾でも，0～2歳の乳児を他人に預けて働く親への保育費補助制度が2008年に導入されたり，5歳児の教育費が無料化されたりと，政府による育児支援策が近年次々と打ち出されている。こうした家族政策の変化によって，東アジアの社会保障の最大の特徴と言われてきた「**家族主義**」がどこまで変わるか，日本の動向も含めて今後注目に値するところである。

　少子化の原因の1つに，2000年以降急速に進んで若者の高学歴化と雇用不安が挙げられる。東アジア地域が全体的に教育熱が高いことはよく知られているが，韓国と台湾は大学進学率が80％近くに達するほど世界でもトップレベルの高学歴社会である(日本の2013年の大学進学率は50.8％)。これは1990年代末以後の大学の規制緩和と定員増加の結果であるが，定員が増える一方で政府からの補助金が大幅に削減されたため，学生の授業料負担は著しく上昇した。高学歴化がいわゆる「**学歴インフレーション**」と大卒者の就職難をもたらすことは想像に難しくない。大卒者が希望する安定したホワイトカラーの職が絶対的に不足するなか，公的機関や大企業などの仕事を手に入れるために何年も「**就職浪人**」をしたり，インターンや嘱託など不安定な雇用を渡り歩いたりする現象が一般化している。重い教育費負担(多くの学生が学資ローンを組んで大学に通っている)，それに見合わない低賃金や不安定雇用，さらに高騰する住宅価格が若者に重くのしかかり，晩婚化，少子化に拍車をかけている。また，社会保険を中心とする社会保障制度の下では，こうした低

賃金，不安定雇用の従事者は社会保険から排除されやすく，それが将来の貧困要因にもなりかねない。近年，若者の雇用・生活保障に関する政策が断片的に取られてはいるものの，その実効性は高いとは言えない。

　一方，若者の高学歴化と就職難の背後で，農業や建築業，製造業，そして介護や家事手伝いなどの分野では深刻な人手不足が生じている。そうした労働市場の需給のギャップを埋めているのが外国人労働者と移民である。韓国と台湾(そして香港やシンガポールも)は，90年代半ば以降それまでの外国人政策を大きく変更し，外国人労働者の積極的な受け入れに舵を切った。特に台湾は，製造業などの産業労働者の他に，介護施設や家庭で介護・家事などを担うケア労働者を本格的に受け入れ，現在は外国人労働者の約半分がケア労働者で，その人数は約20万人にも上っている。韓国は，ケア労働者は受け入れていないが，従来の技能実習生・研修生制度を廃止し，雇用許可制によって国内に不足する労働者を公式に受け入れている。なお，国際結婚は2000年代前半にピークに達した後若干減ってきているものの，それでも結婚するカップルの約1割を国際結婚が占めている(2012年には台湾14.4%，韓国8.7%，日本4%)。結婚移民の多く(主に中国大陸や東南アジア出身の女性)が実際に家庭のなかで高齢者の介護や子どもの養育を担当しており，韓国と台湾のケアサービスの一部はこれらの新移民によって支えられていると言える。一般的な労働者と違って結婚移民の場合は，子どもの教育も含めてより高度な社会的統合政策を必要としており，近年，韓国や台湾では「**多文化主義**」が社会政策・人口政策の重要なキーワードとなっている。人口減少に対応するためこれから外国人労働者を増やそうとしている日本にとって，韓国や台湾の経験は重要な参照事例になるだろう。

5-3　中国の社会保障

　1949年から70年代の終わりごろまで社会主義計画経済を実施した中国の事情は韓国や台湾とかなり異なる。計画経済とは，市場メカニズムではなく政府の計画や指令にしたがって資源を配分し生産を行うシステムである。そこではモノの生産だけでなく労働者の賃金，ひいては年金，医療，住宅などの福利厚生も政府またはその指令下で生産を行う工場によって直接配分され

る。このような社会では，資本主義社会におけるような所得再分配は基本的に存在しない。建国直後の1951年には，中国も台湾の「労工保険」に似た**「労働保険」**を導入したが，台湾と違って労働者の拠出義務がなく，一般的な社会保険とは違うものであった。企業の労働者を対象とする「労働保険」とは別に，公務員や教員，医師などの年金，医療，労災などはすべて国が保障していた。一方，人口の8割以上を占める農民はこれらの公的保障の対象外で，農村共同体の相互扶助か家族保障に頼るしかなかった。

1970年代末の改革開放と市場経済の導入はこのような生活保障システムを一変させた。市場メカニズムや非公有セクターの導入・拡大によって，従来の保障制度の適用を受けられない人が増えると同時に，公有セクターのなかにも競争原理，個人責任の要素が持ち込まれるようになった。多くの農村住民をカバーし，世界的にも高く評価されていた**農村合作医療制度**」は，農村の個人経営化にともない瞬く間に崩壊し，都市部の国有企業も非国有企業との競争による業績悪化で福祉の見直しを迫られた。1993年に「**社会主義市場経済**」の建設が経済改革の総目標とされてからは，国有企業の株式化などにあわせて雇用改革（契約制の普及と余剰人員の削減），社会保障改革（企業が担っていた福祉機能の社会化）などが一気に進められた。1997－99年には従来の「労働保険」の代わりに，年金，医療，失業などのリスク別の社会保険制度が次々に創設された。また，国有企業改革から大量に発生した失業者・一時帰休者の最低生活を保障するため，「**最低生活保障制度**」も新たに導入された。これらの一連の改革によって，都市部の社会保障は計画経済的なものから市場経済に相応しいものへとがらり変わった。また，新しい年金，医療保険には被保険者本人の保険料負担を導入すると同時に，「**個人口座**」(individual account)を新設し，本人の保険料および一部企業負担の保険料は被保険者だけが使える積立原理を採用した。

1990年代末の社会保障改革は主として都市の元国有企業労働者を対象としたもので，大多数の農民，自営業者などは依然として社会的保護を欠いた状態であった。しかし，市場化は経済だけに止まらず，住宅，医療，教育などあらゆる分野に浸透し，所得・医療・教育などの深刻な格差をもたらした。2000年代に入ると，行き過ぎた市場化と社会不安への対応が強く求め

られ,「**和諧社会(調和のとれた社会)の建設**」というスローガンの下で,社会保障制度の拡大,充実が急速に進んだ。特に国民の不満が多かった医療分野では,2003年のSARS大流行をきっかけに,農村や都市の住民に対する制度整備が急ピッチで進んだ。2002年には人口の約8割が医療保険の未加入者であったが,政府の強力な財政支援もあって,2009年ごろには95%以上の人がなんらかの公的医療保障を受けられるようになった(図15-5)。年金に関しても,1998年の「**都市労働者基本養老保険**」に加え,2009年には「**新型農村社会養老保険**」,2011年には「**都市住民基本養老保険**」の両制度が新たに作られ,皆年金に向けて現在適用範囲を拡大しているところである。

図15-5 中国の皆保険システム(2012年)

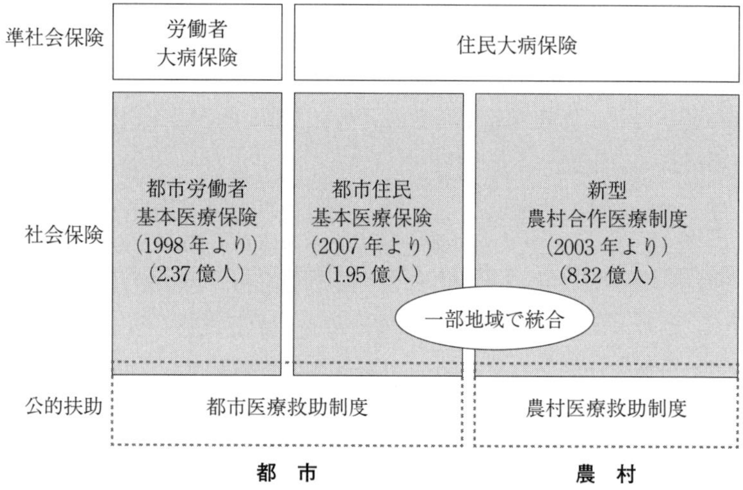

準社会保険	労働者大病保険	住民大病保険	
社会保険	都市労働者基本医療保険(1998年より)(2.37億人)	都市住民基本医療保険(2007年より)(1.95億人)	新型農村合作医療制度(2003年より)(8.32億人)
		一部地域で統合	
公的扶助	都市医療救助制度		農村医療救助制度
	都　市		農　村

出所:筆者作成

　中国の社会保障の特徴は,各制度が地域ごと(主に市や県レベル)に運営されていること,都市と農村の間に大きな格差が存在することである。同じ制度であっても地域の経済状況によって保険料や給付水準がかなり異なり,ポータビリティ(他の地域で給付を受けること)もまだ限定的である。また,医療や年金など社会保険は被用者と非被用者,都市住民と農村住民によって制度が分かれているが(図15-5を参照),現在被用者以外の住民の保険制度に関しては

制度を統合し,「**住民保険**」として運営する地域が増えている。また,都市化も急速に進んでおり,将来的には日本と同じく「**職域保険＋地域保険**」という仕組みになる可能性が高い。

韓国や台湾で問題になっている高学歴化と若者の雇用問題も中国ですでに現れはじめている。2000年以降大学の定員を大幅に増やしたため,経済成長率がまだ高い中国でも大卒の就職状況は厳しく,大卒者の賃金水準は停滞気味である。一方で,住宅や教育費用は賃金を大きく上回るスピードで上昇しており,親の支援を期待できない若者は就職・結婚・出産において不利な状況に置かれ,貧困の再生産が顕著になっている。こうしたなか,出生率も都市部に関してはすでに東アジアの他の社会と同じか,またはさらに下回っており,30年以上実施している「**一人っ子政策**」の緩和を求める声が高くなっている。

高齢化率は2012年の時点で8.7％とまだ低い水準であるが,今後急激に高齢化が進むと予測されている(これは韓国や台湾も同じである)。東アジアの「**圧縮的発展**」の特徴として,まだ高齢者の所得保障(年金など)制度が十分発展する前に,介護などの福祉サービスの問題にも対応しなければならない。この点に関しては,世界一の超高齢化国である日本の経験が大いに注目されている。

現在,日本と東アジアの間では経済的・人的交流が非常に活発に行われている。また,上で見たように,韓国や台湾,中国などは社会保障制度の発展において日本と似ている所が多く,近年はポスト産業化に伴い日本と共通する課題もますます増えている。東アジアの社会保障を学び,理解することは,欧米とは異なる視点から日本の経験および現状を見直すことにもつながる。

参考文献
　飯島渉・澤田ゆかり,2010年『高まる生活リスク──社会保障と医療』岩波書店
　落合恵美子編,2013年『親密圏と公共圏の再編成──アジア近代からの問い』京都大学出版会

金成垣,2008年『後発福祉国家論――比較のなかの韓国と東アジア』東京大学出版会
末広昭編,2012年『東アジア福祉システムの展望』ミネルヴァ書房
武川正吾・イ・ヘギョン編,2006年『福祉レジームの日韓比較――社会保障・ジェンダー・労働市場』東京大学出版会
田多英範編,2004年『現代中国の社会保障制度』流通経済大学出版会
樋口明彦・上村泰裕・平塚眞樹編,2011年『若者問題と教育・雇用・社会保障』法政大学出版局
李蓮花,2011年『東アジアにおける後発近代化と社会政策――韓国と台湾の医療保険政策』ミネルヴァ書房

李 蓮花

Column　社会保障の国際比較

　社会保障の国際比較は,ある国の社会保障制度がいかなる特徴をもつのかを捉えるための重要な研究方法である。

　これに関するもっとも代表的な議論として,G. エスピン-アンデルセンの類型論をあげることができる。彼は1990年に発表した『福祉資本主義の3つの世界』(和訳2001年)において,「社会民主主義モデル」「保守主義モデル」「自由主義モデル」という社会保障に関する3つの類型を提起した。彼以前には,たとえばH. L. ウィレンスキーの「福祉後進国」と「福祉先進国」といった類型のように,社会保障支出の規模や社会保障制度の整備水準など,各国における福祉供給の「量的差異」に着目した類型論が主流であった。これに対して,上記の3つの類型においては,支出の規模や制度の整備水準ではなくそのあり方に着目した福祉供給の「質的差異」が強調される。すなわち,社会保障制度による福祉の供給において,国家の役割が大きい社会民主主義モデル(スウェーデンなどの北欧諸国),家族や職域集団の役割が大きい保守主義モデル(ドイツなどの大陸ヨーロッパ諸国),そして市場の役割が大きい自由主義モデル(アメリカなどのアングロサクソン諸国)という類型である。この類型論は,国家,家族や職域集団,市場という現代社会を構成する基本部門の役割とその関係についての各国の同異,そしてそれを反映した社会保障支出や社会保障制度の多様なあり方についての国際比較分析によって見出されたものである。従来の二分法的かつ単線的な認識を超えたこの類型論によって,国家間の「量的

な高低」ではなく「質的な相違」を捉えることができ，そのため各国の特徴や位置づけをより正確に把握する上で適応可能性の高いものと評価されている。

　もちろん，すべての国が彼のいう3つの類型のいずれかにぴったり合うことはない。たとえば，イギリスは社会民主主義モデルと自由主義モデル，オランダは社会民主主義モデルと保守主義モデル，そして日本は保守主義モデルと自由主義モデルの中間形態として位置づけられる。ただし，このような中間形態の存在によって彼の類型論が否定されるのではなく，そこにみられる各国の多様性を含めて，社会保障の国際比較のための重要な基準を提供したという意味で大変意義がある。

　　　　　　　　　　　　　　　　　　　　　　　　　　　金　成　恒

第16章　社会保障の新たな課題

1 社会的排除と包摂

1-1　社会的排除概念の起源と背景

　社会的排除(social exclusion)は，1970年代フランスではじめて用いられた言葉であり(ルノアールの『排除された人びと』が最初といわれる)，もともとは社会保険からの脱落者を指した概念である。しかしその後，雇用(特に若年失業が焦点)，家族，コミュニティといった様々な社会的紐帯から外れた人びとにまで内容が拡大していった。また，欧州社会憲章(1989年)の30条に「貧困と社会的排除から保護される権利」が盛り込まれるなど，ヨーロッパで社会的排除概念はメジャーなものとなった。その後社会的排除概念は，アングロサクソン諸国，そして日本でも，学術・政策両面で知名度を高めていった。

　社会的排除現象の主要な背景として，先進資本主義社会を襲った**脱工業化**や**グローバル化**が指摘できる。ヤングは『排除型社会』において，人びとの同化と結合を基調とする包摂型社会から，分離と排除を基調とする排除型社会への移行を各国が経験した，と述べる。包摂型社会は，社会的メンバーシップの安定を特徴とする。人びと(特に男性)は安定した雇用を期待でき，家族も比較的安定していた。いくつかの定型的なリスクは，社会保険を中心とする社会保障制度によって対処された。しかし今や労働・家族・社会保障といったメンバーシップから弾き落とされる＝排除される人びとが増えている。排除のリスクは万人に平等にかかるのではなく，空間的・地理的に集中しがちである。特定の地域が社会の主流・中核から切り離されるとともに，そこに社会的弱者が集中する。

1-2 貧困と社会的排除

　貧困と社会的排除はどう違うか。学術的には，従来の貧困概念が単次元的で静態的な結果としての所得の分配状況のことを指すのに対し，社会的排除は多次元的で動態的な過程であるとされる。今述べたように，排除が特定地域において生じ，そこに社会的弱者が集中するならば，確かに動態的把握が必要となるだろうし，排除されたコミュニティの特質にも注目しなければならないだろう。社会的排除論の立場からは，所得貧困は，社会から排除される＝切り離されたことによって生じた「結果」として理解できる。

　この社会的排除概念をめぐっては，貧困概念と本当に違いがあるのかとか，実際に社会的排除現象が生じているのか，機会の不平等としての排除が注目されるあまり，結果の不平等としての貧困が見落とされるのではないか，といった多くの批判が寄せられてきた

　しかし，それ以上に，近代社会とは何かという根源的な問いをわれわれに突きつけ，社会が小さくなる＝社会的連帯が弱まっていく悪循環のメカニズムを提示し，そのことを批判する効果があった(放置すると悪循環があるという規範的なメッセージを提示する)ことを見落としてはならない。

　社会的排除がなぜ問題か(問題になったか)を理解するためには，その概念の祖国であるフランスの社会学・社会哲学(特にデュルケムの社会的分業・社会的連帯論)を想起するとよい。デュルケムは，前近代社会から近代社会への移行過程で，**社会的連帯**のあり方が，類似する人びとが単に集まる**機械的連帯**から，多様な人びとが協働する**有機的連帯**へと変わることを指摘する。それぞれ異なる機能をもつ多様な人びとが結びつき，協働する有機的連帯は，社会全体としてみれば個人の総和を超える大きな成果をもたらす。同様の議論は，アダム・スミスの『国富論』においても見られる。そこでは，ピンの製作を例に挙げ，全工程を1人でこなすのに比べて，各人がそれぞれ特定の作業に専念し，協力しあうと，生産力が格段に向上することが指摘されている。

　このように，社会科学，とくに経済学や社会学は，**社会的分業**の発達を近代社会の前提ととらえ，それがなければわれわれが豊かかつ幸福に暮らすことはできないことを説いてきた。このような議論からすると，社会的排除

は，以下の二つの点において近代化の過程への逆行であり，悪循環を伴う望ましくない現象といいうる。

　第一に，社会的排除は機会の不平等を生む。社会が個人の総和を超える何かである以上，特定の個人や集団の力は相対的に弱い。したがって何らかの原因により彼らがいったん社会の主流から排除されると，社会からの恩恵にあずかることができず，置かれた状況がますます悪くなる悪循環にはまりこむ。しかも排除の過程では，何らかの意味での**社会的弱者**（失業者，人種的マイノリティ，シングルマザーなど）が特定の地域に集中することもしばしば見られる。そのような地域に生まれ育った人びとは，自助努力で乗り越えることが困難な機会の不平等に直面する。このような社会的排除の悪循環を克服するためには公的な施策が不可欠である。

　社会的排除の具体例として，「**フード・デザート**」（食の砂漠，Food Deserts: FDs）をみてみよう。FDsは，食料品店が撤退するなどにより，住民が安価に生鮮食料品を購入できない地域のことをさし，その背景には，貧困地域ゆえの不採算があることが多い。仮にそのような地域で公共交通機関が未発達の場合，所得・健康上の問題から自家用車が利用できない住民は，缶詰・インスタント食品やファーストフードに頼りがちとなり，健康面でリスクを抱えることとなる。

　FDsは，もともとイギリス起源の概念であり，イギリス労働党のブレア政権下で設置された**社会的排除対策本部**（Social Exclusion Unit）でも健康や公共交通の改善問題としてクローズアップされた。またアメリカのオバマ政権では，「社会的排除」概念こそ用いないものの，FDsの問題を階層・人種問題の複合したものととらえ，そこでの子どもの栄養改善を図る「**レッツ・ムーブ**」プログラムが取り組まれている。

　第二に，社会的に排除された人びとが可視化されること自体が，社会連帯の基盤を損ない，さらなる社会的排除をもたらす悪循環の図式を生む。福祉国家の諸制度が成立するのは，共通の社会的リスクのもと，理念的には誰もが給付の受け手となりうるという想定や，そのもとでの連帯意識が存在するためである。しかし現実には，失業者，エスニック・マイノリティ，シングルマザーなどが「福祉依存者」といった形で社会全体への負荷であるとして

攻撃されることがある。それは福祉制度への大衆感情を悪化させ，社会的弱者が制度を用いることができなくなる(=社会的弱者の社会的排除)結果を招くだけでない。リスク分散の基盤である社会全体としてのまとまりや連帯意識が消失し，いくつもの集団に分裂することもありうる。アンソニー・ギデンズは，『第三の道』において，富裕層における「自発的被排除」の現象として，社会から隔離された，安全で快適な島宇宙である**ゲーティッド・コミュニティ**の増加や，公教育や公的な社会保障制度の忌避といった事例を指摘する。

1-3　さまざまな社会的包摂

　このように社会的排除はそれ自体が近代社会の存立基盤を揺るがす害悪である。また，排除された人びとは自助努力のみによってその悪循環から抜け出すことはできない。したがって，排除された人(びと)を再度社会に受け入れる社会的包摂(Social Inclusion)策が速やかに講じられなければならない。社会的包摂の内実は様々だが，労働市場(雇用)との関係が最も重視される。かつての労働市場では，(特に男性は)安定的な雇用が期待でき，仮に失業してもそれが長期化することは少なかった。しかし，脱工業化やグローバル化といった社会変動によって労働市場は大きく変化しており，従来の福祉政策によっては社会的リスクへの十分な対処ができなくなっている。

　福祉国家は，経済政策によって雇用を創出するとともに，失業をはじめとする定型的な社会的リスクには，社会保険を中心とする社会保障制度によって対応してきた。しかし今や，一国の経済政策によって雇用を創出することには財政その他の限界がある。また，社会保険にしても，長期失業(給付期間を経過)や，若年失業(保険にそもそも加入していない)といった新しいリスクに対して従来の社会保険(この場合は雇用保険)によって十分に対処することはできない。

　宮本太郎は，社会的包摂の戦略として「**ワークフェア**」「**アクティベーション**」「**ベーシック・インカム**」の3類型を提示する(『社会的包摂の政治学』)。

　前2者は，労働市場への参加・参入が，社会的包摂の最終ゴールとなる面

で外形的には共通しているが，公的な施策の充実度など，そこに至る過程において大きな違いがある。アングロサクソン諸国を典型とするワークフェアは，所得保障が低劣で，雇用機会の創出や教育・訓練サービスの充実を伴わない悪条件のもとで人びとが就労を強いられるモデルである。このもとでは，社会的包摂策が，ワーキング・プアの創出＝社会的排除策と等置されているとの非難が生じうる。

これに対して北欧を典型とするアクティベーションは，所得保障が比較的充実し，雇用機会の創出や教育・訓練サービスの保障に向けて公的な取り組みが行われた結果として，人びとの就労が実現するモデルである。そこにおいては，社会的な不平等を公的な施策によって是正しようとする意図がある。

第三の類型であるベーシック・インカム(BI)は，全ての市民に生活に十分な所得を保障するプログラムである。給付水準をどうするかは制度設計次第であるが，何らかの意味での現役世代向けの補足的な所得保障のプログラム（広義のBI）が導入されている国は多い。給付水準や他の制度との関係次第で，BIが労働市場にもたらす影響は様々でありうる。充実したBIを導入すると就労意欲が下がると多くの人びとが考える一方で，他の所得保障を廃止して低水準のBIを導入する場合には，人びとの就労を強いることになるだろう。

1-4 日本の政策領域における社会的排除－包摂論の展開

日本で社会的排除，あるいは社会的包摂概念の知名度が高まったのは比較的近年になってからのことである。日本の政策文書において社会的包摂概念が用いられた最初期のものが2000年の**「社会的な援護を要する人びとに対する社会福祉のあり方に関する検討会」**の報告書である。そこでは「ソーシャル・インクルージョン」概念を「『つながり』の再構築に向けての歩み」と位置付けている。また，自民党政権期の2009年には，内閣官房に設置された「安心社会実現会議」がその報告書(「安心と活力の日本へ」)において，失業者や障害などにより雇用から遠ざかっている人びとの「社会への迎え入れ（ソーシャル・インクルージョン）」を図る必要があるとし，そのために給付つき

税額控除の導入，就労支援サービスの提供などを提言した。

　以上の時期においては，ソーシャル・インクルージョンの訳語すら定まっておらず，政策文書において散発的に登場するにとどまっていた。しかし，民主党を中心とする連立政権(2009～2012年)において，「新しい公共」概念とセットとなる形で「社会的包摂」概念やそのための政策が花開くことになる。前者は市民やNPOなどの主体が教育や福祉をはじめとする様々なサービス・事業に参画することの重要性を強調する考え方であり，その一環として鳩山由紀夫政権期に内閣府に「『新しい公共』円卓会議」が設置された。

　後者は菅直人首相の所信表明演説において用いられるとともに，2011年に「一人ひとりを包摂する社会」特命チームが内閣官房副長官を座長とする形で設置され，さらに内閣府に社会的包摂推進室が設置された。そのキーパーソンとなったのが2008～2009年の「年越し派遣村」の運営に携わった社会運動家の湯浅誠であり，内閣官房参与として社会的包摂に関する事業の策定に関与した。

　このような過程をたどって，社会的包摂概念の知名度は次第に高まっていったが，自民党・公明党への再度の政権交代(2012年)後，社会的包摂を銘打った組織や政策は相次いで廃止されることになった。社会的包摂政策に「民主党色」がついてしまったことがその理由であることは想像に難くない(野に下った民主党は2014年に「新しい公共・社会的包摂総合調査会」を党内に設置するなど，その後も社会的包摂を重要な政策理念として用い続けている)。

1-5　日本で社会的排除概念を用いる意義：問題の可視化をめざして

　社会的排除・社会的包摂概念が再度の政権交代後に政策領域用いられなくなったことは，必ずしもそれらの学術面での有効性を否定するものではない。欧米諸国での社会的排除は，スラムや衰退地域といった地理的・空間的な文脈(排除された人びとの集中)で語られる，誰にでも見やすい自明の問題である。これに対して日本では，排除された人びとは分散していることが多く，見えづらい潜在的な現象にとどまりがちである。そのような状況を，社会的排除概念の導入により，見やすく顕在化させ，政策のアリーナにのせることを可能にするところにおいて大きな意義があるのである。

近年の労働法制の規制緩和改革等を背景に，現在では非正規雇用が労働者全体の3分の1を超えており，特に**若年非正規雇用**の増加傾向は顕著である。2000年代の言説空間では，若者問題が一つの焦点になっていたが，それは若者を社会経済変動の被害者としてとらえるものだけでなく，ニート言説のようにしばしば彼らの「甘え」や「依存」を糾弾し，政策課題から外す含意をもつものもかなり見られた。

そこに社会的排除概念を導入すると，「見え方」が変わってくる。わが国の社会的に排除された人びとは，潜在化しており，そのことが社会問題化を妨げている。第一に，問題が家庭内で処理されることが多い。親元に留まり続ける未婚者をさす「パラサイト・シングル」は，良好な雇用にありつけない貧しい若者が，住宅政策や社会保障政策の欠如を背景に，親への依存を強いられることに他ならない。第二に，テクノロジーの進歩が，排除された人びとが一堂に会す機会を奪い，連帯することを防ぐ結果を生ぜしめている。例えば，日雇い派遣労働(現在再度解禁する動きがある)に従事する人びとは，派遣主と携帯電話で話して次の働き場を指定されるだけである。仲間と連帯して労働条件を交渉する余地は全くない。また，住みかを失って**ホームレス**となった人びとも，公園や路上であれば目につきやすいが(路上生活者＝狭義のホームレス)，ネットカフェを転々とする者(ネットカフェ難民)は目につきづらい。

1-6　可視化された社会的排除

もっとも，以上で指摘したことは，わが国の社会的排除のすべてが地理的・空間的な文脈を欠いていることを意味しない。その例が**同和問題**であり，現在では国の同和対策事業こそ終了しているものの，今なお差別や不平等の存在が指摘されている。また，比較的近年になって，過疎や高齢化の文脈から，特定地域において社会の基本的な機能やつながりが失われる問題がクローズアップされるようになった。例えば，中山間地域を中心に，**人口減少**が進んでコミュニティの基本的な機能が損なわれた「**限界集落**」が存在しており，今後増加することが予測されている。また，日本版フード・デザート問題というべき「**買い物難民**」問題は，モータリゼーションの進行に伴っ

て商店街や公共交通機関が衰退し，自家用車を運転できない高齢者等が日常の買い物に苦労する問題である。

1-7　まとめ：社会的排除－包摂論がわれわれに問いかけること

社会的排除論が主張しようとしたことは様々だが，弱い個人や家庭による自助努力には限界があることと，一度ばらばらになった社会で絆を再度築き直すことは難しいということは，その中でも特に重要である。

加えて公(社会・政府)と私(個人・家庭)の役割分担をみると，日本社会は私的責任が重んじられる傾向があり，それが社会保障制度の形成に大きな影響を与えている。子育て費用をめぐる議論を例にとって考えてみよう。

民主党政権期に導入された**子ども手当**(子どもを育てている者に支給される，所得制限のない現金給付)は，数年も持たずに**児童手当**(所得制限あり)に戻った。これは一般的には，安定的な財源の確保に失敗したことと，富裕層も給付対象とする普遍主義的な施策に人びとの理解が得られなかったことによるものと理解されている。

しかし問題の本質は，そこにはない。子ども手当の廃止と児童手当の復活に携わった，石破茂・自民党政調会長(当時)は「児童手当の復活により所得制限が設けられることは，『社会が子供を育てる』という民主党の理念の撤回を意味します。子どもは第一義的に家庭が育てるものであり，その足らざるところを社会が補う，というのが自民党の従来からの考え方です。これはイデオロギー，といって差し支えがあるのなら考え方の相違とも言うべきものです」(石破茂オフィシャルブログ「子ども手当廃止」(2011.8.5))と述べている。子育てにまつわる費用やリスクを個人・家族と社会のどちらが担うべきか，という理念的対立であることを，喝破している。

個人や家族が強くあること自体は大変うるわしいことである。しかし全ての者が強くいられるわけではないし，全ての者が家族に頼れるわけではない。個人や家族よりも，社会のレベルで協働してリスクに対処する方が，はるかに大きな成果をあげることができる。近代社会の歴史――社会保障の歴史とも言い換えられる――はそのことを確認する歴史であったといってよい。われわれは，「社会」が様々な生活上のリスクを担うことの意味を，社

会的排除−包摂論を通して再確認することができる。

参考文献

宮本太郎, 2013年『社会的包摂の社会学：自立と承認をめぐる政治対抗』ミネルヴァ書房
岩田正美, 2008年『社会的排除：参加の欠如・不確かな帰属』有斐閣
ジョック・ヤング, 2007年『排除型社会：後期近代における犯罪・雇用・差異』洛北出版

菊地 英明

② 社会的企業の可能性

はじめに

　社会保障や社会福祉においては政府の活動のみによって成り立つわけではない。さまざまな政策領域で，何らかの形で営利，非営利の民間組織がかかわり，人々の必要の充足が図られている。近年，社会保障・社会福祉の新しい担い手として，**社会的企業**(Social Enterprise)と呼ばれる営利，非営利の境界線を横断するような新しい組織概念が注目されるようになった。日本でも2000年代の後半以降，就労支援や介護などの対人社会サービスの提供において関心を持たれている。本章ではこの社会的企業が社会保障のなかで期待される役割や意味について論じる。

　社会的企業への関心の高まりは，社会保障システムの変容と関連していると考えられ，社会的企業および関連する組織形態の役割や課題を理解することは，これからの社会保障のあり方を見通すために，重要な意味を持つ。本節では社会的企業の活動や概念について概観したうえで，それが政策・研究に与える意義について示す。

2-1　社会的企業についての概観

(1)　前提としての福祉の混合経済

　社会的企業を議論する前の前提として，社会保障・社会福祉分野における民間活動の影響力の高まりについて触れておこう。1980年代以降，先進福祉国家では財政的問題，およびその機能的問題——政府による福祉供給は効率的でなく，柔軟でもないことへの懸念——から，**福祉国家の危機**と呼ばれる政府を中心とする福祉供給体制への批判が見られた。

　政府を中心とする福祉供給システムへの反発と並行して，**福祉の混合経済**という考え方が注目されるようになった。福祉の混合経済とは，福祉サービスの生産と提供について，行政組織以外の担い手を含めて捉える視点のこと

を指す(ジョンソン，2002年)。福祉の混合経済という考え方では，福祉の生産と供給に関して，四部門——政府(法定)部門，民間営利部門，民間非営利部門，インフォーマル(家族・近隣)部門——が常に存在してきたことに注目し，この四者の分業のもとで福祉の達成を把握しようとする。

　福祉の混合経済は，それまでの社会保障・社会福祉研究で，主として政府による福祉の生産・提供に重点化しすぎたことに対する見直しを迫るものであった。そして，より柔軟で個人の意思決定が尊重された社会保障システムを実現するために，政府以外の活動主体を社会サービス供給の視野に含める必要があることが提起された。

　一方で，福祉の混合経済という考え方に対してはいくつかの課題も指摘された。その一つは，福祉の混合経済論の持つ，各部門の主体は本質的な共通性を持つという本質主義的想定である(武川，2011年)。その結果，部門内の多様性や，部門間の境界の曖昧性は，あまり考慮されなかった。とりわけ，非営利部門は，多様性に富むにもかかわらず，性格の一元性が強調される結構にあった。しかし，後述するように部門間の境界区分が厳格になされることの問題点も指摘されるようになり，社会的企業という組織形態が注目される背景となった。

(2) 社会的企業とは何か

　先進諸国で社会的企業と呼ばれる事業体が注目されるようになったのは1990年代以降のことである。社会的企業とは，何らかの社会的問題に対して，事業(経済)活動を通じて問題解決を目指す事業体のことを指す。国際的に著名な事例としては，雑誌販売を通じてホームレスの自立支援を行うビッグイシューや途上国で低所得者に小口貸付を行うグラミン銀行などの例があげられる。また国内の活動では，病児保育に取り組むフローレンスや障害者雇用の促進に取り組むスワンベーカリーの取り組みが有名である。社会的企業は利潤を創出すること自体が否定されるのではなく，社会的目的のために再投資することや配分の使用法に制約を設ける点に特徴がある。

　社会的企業は企業と非営利組織，あるいは協同組合と非営利組織の**ハイブリッド組織**として概念化されることがある。このとき，多くの場合，非営利

表16-1 EMESによる社会的企業の基準

■経済的次元
 a）持続的に財やサービスの生産と販売を行う
 b）有意味な水準のリスクを持つ
 c）最小レベル以上の労働性がある
■社会的次元
 d）コミュニティの利益を明白な目的とする
 e）市民の集団によって立ち上げが主導される
 f）制限された利潤の分配を行う
■参加的次元
 g）高いレベルの自律性を持つ
 h）資本所有に基づかない意思決定が行われる
 i）参加型の性質を持つ

資料：Defourny and Nyssen（2014）より作成

組織と事業組織（営利企業・協同組合）との交差に位置するものと捉えられる。社会的企業は，何らかの形で非営利部門にかかわりを持つ概念であり，非営利部門の新しい組織形態として注目されている。

社会的企業について，国際的に共有された定義は存在しないが，影響力を持つ学術的定義としては，欧州の社会的企業の研究者ネットワークであるEMES（英名：Emergence of Social Enterprise in Europe)による定義がよく知られている（表16-1を参照）。EMESは欧州各国の社会的企業の実態調査を行い，9つの項目によって社会的企業を定義することができることを主張した。最終的にEMESは，これらの9つの定義を経済的次元，社会的次元，参加的次元に分類している。

(3) **社会的企業の広がりと制度化**

社会的企業という言葉が使われるようになったのは，1980年代のアメリカと言われている。その後，1990年代前半の欧州とアメリカにおいて，影響力を強め，制度化が進んだ(Defourny and Nyssens,2014)。後述するように，社会的企業は欧州とアメリカで異なる点が強調されているが，どちらとも社会的企業と呼ばれる組織の取り組みが広まり，法制度や大学などで社会的企業の運営についての教育を進める機関が展開されたことは共通している。

欧州の場合，イタリアが，欧州の社会的企業の先駆的モデルと考えられる。イタリアでは，1991年に**社会的協同組合**が法制化されたことをきっかけに，他の諸国，イギリスやフランス，ベルギーなど，各国で特定の法人格や支援策が導入された。アメリカでは，1990年代から，大学のビジネススクールや民間財団が社会的企業振興の中心的な担い手となり，州レベルでは

社会的企業を意図した認証制度が用意されるようになった。

　最近ではアジアにおいても社会的企業は注目されることが多く，韓国では2007年に社会的企業を支援する，**社会的企業育成法**が制度化された。これは法人格によらず，貧困層を対象とした対人社会サービスや就労支援を実施した事業体等を認証し，人件費補助やコンサルティングなどの一定の支援を行うことを定めた法律である。日本国内では公的な制度化はほとんど見られないものの，2000年代から，就労支援や対人社会サービスなどで社会的企業と呼ばれる事業体の活動が注目されるようになった。

(4)　社会保障にかかわる社会的企業の活動分野と具体例

　社会保障分野で社会的企業の活動が期待されるのは，大きく分けると，対人社会サービスと就労支援の二つの領域である。

　介護や保育などの対人社会サービスについて言えば，国内では，高齢者介護などの領域で，社会的目的を持ちながら経済活動を行うNPO法人や営利組織は，少なくない。しかし，これらの既存の制度領域で活動する事業体は，一般的には社会的企業と呼ばれることは多くない。対人社会サービス領域で，社会的企業という言葉が用いられるときには，派遣型の病児保育や引きこもりの若者向けの教育サービスを提供するなど，これまでに制度化されていない新しい形の社会サービスを提供する事業体を指す場合が多い傾向にある。

　また，社会的企業は経済活動を行うために，有償の労働力が必要となるため，その機会を利用して労働市場から排除された人々の就労の場や就労訓練を提供するものも少なくない。これは，特に**労働統合型社会的企業**(Work Integration Social Enterprise)と呼ばれる。日本国内では近年までこの領域の活動は注目されなかったが，2000年代には，様々な就労支援策が整備されるなかで，就労経験の乏しい若年者や障害者，ひとり親などに対して，就労訓練の機会や働きやすい就業の場を提供するような就労支援を図る労働統合型社会的企業の活動が見られ，注目されるようになった(米澤，2011年)。

2-2　社会的企業への政策的・学術的期待と懸念

(1)　社会的企業概念の二つの潮流

　社会的企業と言っても，当該社会に応じて異なる意味が付与されることに注意する必要がある。大別すれば，アメリカと欧州では異なる概念化がなされてきた。アメリカモデルでは，社会的企業は営利企業と非営利組織の中間領域に，欧州モデルでは協同組合と非営利組織の中間領域に位置づけられる。相違点はいくつかあるが，以下の二つの点が顕著である。

　第一に，強調されるガバナンスのあり方である。社会的企業は，経済的目的と社会的目的をバランスさせることが必要とされるが，この方法が問題になる。アメリカモデルでは，事業の立ち上げ，経営する**社会的起業家**の役割やリーダーシップが強調される。社会的起業家は，社会的目的を明確に持ちながら創造的に事業を拡大することが求められる。一方，欧州では従業員，地域住民，行政関係者などの社会的企業にかかわる多様な利害関係者の参加が強調され，民主的運営によって複数の目的をバランスさせることが強調される。

　第二に，中心となる収入源である。アメリカモデルでは，社会的企業の収入源については，政府からの補助金の役割は否定的に捉えられる傾向があり，市場からの収入（事業収入）が強調される傾向にある。一方で，欧州モデルでは，政府の役割が強調される。補助金の供出元としてはもちろんのこと，委託契約の相手先，あるいは組織の意思決定にかかわる組織の利害関係者の一部として，政府の関与が不可欠なものとされる。

　実際の個別の社会的企業の活動を見ると，アメリカモデル，欧州モデルは厳格に分けることが難しい。ただし，その特徴を理解する上では，欧州とアメリカで異なる概念化がなされていることについて理解することは有益である。

(2)　社会保障分野の社会的企業の政策的意義

　社会的企業は，社会保障・社会福祉政策にかかわる関係者から様々な側面から期待されている。社会的企業への期待も，概念の多様性を反映し，想定

される組織モデルや活動領域によって異なる。

アメリカモデルの社会的企業に対しては、企業的手法を取り入れることで、行政によるサービス提供では欠けると考えられがちな効率性を確保できることや、社会的起業家による社会的イノベーションによって、これまでにないサービス提供ができるという期待が寄せられる。一方で、欧州モデルの立場に対しては、サービス利用者や労働市場から排除される人々の組織運営への参加によって、質の高いサービスの供給がなされたり、安定的な就労の場が提供されると考えられている。さらにその参加的性格によって、当事者のエンパワーメントがなされることや、地域における信頼性や社会的ネットワークなどの社会関係資本の構築が期待されることもある。

一方で、社会的企業に対して、社会保障のあり方と関連して懐疑的な意見が提示されることもある。例えば、社会的企業が、伝統的な非営利組織と異なって市場中心的な考え方を反映したものであると捉えられることもある。この立場からは、社会的企業が社会保障分野で影響力を強めることは、社会保障分野の市場的要素が強化されることを意味し、社会保障や社会福祉の受益者の権利を後退させることが懸念される。

市場的要素の強調との関連で、とりわけ問題となるのが、表向きは社会的目的を掲げながら不当に利潤を発生・配当させる、生活困窮者分野で活動する**貧困ビジネス**と社会的企業の区別である（湯浅、2008年）。社会的企業は社会的目的と経済的目的という複数の目的を持つが、このうち、社会的目的が達成されているかどうかは必ずしも第三者にとってわかりやすいものでもなく、社会的目的と経済的目的のあいだで、どのようなバランスをとることが望ましいかについても合意は容易ではない。そのため、社会的目的を掲げながらも、その実態は経済的目的に傾斜するような事例も存在する。そのような貧困ビジネスと社会的企業を区別するには、少なくとも、社会的企業は活動内容に関しての説明責任を確保することが重要である。

(3) 社会保障分野での社会的企業概念の研究上の意義

社会的企業概念は、政策的な意義だけではなく、研究上も一定の意義も持つ。欧州の社会的企業の研究者は、社会的企業を「複数の目的と複数の資源

システムを安定化させている組織」として広く捉える(エバース, ラヴィル, 2007年)。このような概念化では政府, 市場, コミュニティの間に広がる領域で活動する事業体として, 社会的企業は理解される。

これまで非営利部門に注目する社会保障・社会福祉研究では, 福祉の混合経済に代表されるように営利と非営利, 公と私など部門区分を明確に区分されると捉えてきた。しかし, 社会的企業概念は, アメリカ・欧州モデルとも, 部門間にまたがる連続的領域に位置づけられる。特に欧州の研究者ネットワークであるEMESは社会的企業を広く捉えるが, これは, 営利と非営利など厳格に区分する視点を見直すアプローチと考えることができる。社会的企業概念を用いることで, 起業家の性格, 所有構造, 資源のバランスなどの社会保障や社会福祉にかかわる組織の性格の違いをセクター区分にとらわれず, 把握することを可能とする。

今後の社会保障・社会福祉について, その供給主体の多様性を踏まえたうえで供給体制の把握を行うことは, 重要な意味を持つ。その背景には, 社会保障のサービス給付化が進みつつあることと, その担い手となる民間組織の役割が高まっていることがある。

相対的に自律性の高い民間組織が社会サービス供給の担い手になることの多い状況では, 政府による政策が直接社会保障の受益者に影響を及ぼすのではなく, 民間組織を経由して影響を及ぼす傾向がある。そうしたときに, 同程度の社会支出であっても, それを介する民間供給組織の性格がどのようなものかや組織がどのように分布しているのかによって, 人々の必要の充足の様態が異なることは十分に考えられる。セクター区分を前提としない社会的企業という概念によって, 供給体制の柔軟な把握が可能になると期待できる。

おわりに

以上のように, 社会的企業は社会保障が変化しつつあるなかで, 形成されつつある組織形態である。

現在のところ, 社会的企業は, 共通した概念化が見られない萌芽的状況であると言える。しかし, 何らかの形で民間事業体が社会保障の民間化, 現物

給付化がすすむなかでは影響力を高めていくと考えられる。このような事業体がいかなる収入構成のもとで，どのような統治形態をとり，いかなる変化を社会保障システムに与えるのか，社会保障の今後を考えるうえでは重要な課題となると考えられる。これらの福祉供給にかかわる諸論点を明らかにするうえで，社会的企業という組織形態はひとつの焦点となるだろう。

参考文献

武川正吾，2011年『福祉社会〔新版〕——包摂の社会政策』有斐閣
ノーマン・ジョンソン(青木郁夫・山本隆監訳)，2002年『グローバリゼーションと福祉国家の変容』法律文化社
米澤旦，2011年『労働統合型社会的企業の可能性——障害者就労における社会的包摂へのアプローチ』ミネルヴァ書房
湯浅誠，2008年『反貧困——滑り台社会からの脱出』岩波書店
アダルベルト・エバース，ジャン＝ルイ・ラヴィル編(内山哲朗・柳沢敏勝訳)，2007年『欧州サードセクター——歴史・理論・政策』日本経済評論社
Defourny, J. and M. Nyssens, 2014, "The EMES Approach of Social Enterprise in a Comparative Perspective", J. Defourny, L. Hulgård, V. Pestoff, eds. *Social Enterprise and the Third Sector: Changing European Landscapes in a Comparative Perspective*, Routledge, 42-65.

米 澤　旦

3 災害支援と社会保障

3-1 災害に向けた社会保障はあるのか

　日本は自然災害多発国である。東日本大震災(2011年3月11日)の地震・津波の発生は災害による被害が社会に多大な影響を与え，人々の生活，福祉を脅かすことを顕在化させた。

　災害対策基本法(1961年)は伊勢湾台風(1959年)の経験から，国の基本的な災害対策として制定された。同法(2条の1)に「災害」とは，暴風，竜巻，豪雨，豪雪，洪水，崖崩れ，土石流，高潮，地震，津波，噴火，地滑り等の自然災害，または大規模な火事若しくは爆発その他とある。さらに，災害対策基本法施行令(1条)では，放射性物質の大量の放出，多数の者の遭難を伴う船舶の沈没その他の大規模な事故，人為災害も含まれる。

　このような自然災害あるいは大規模な災害によって生じる様々な被害，損害がいかに救済されるか，これまで社会保障の枠組みで十分に検討されてきたであろうか。一般的に，社会保障は災害による被害に対する救済をその対象とはしてこなかった。しかし，阪神・淡路大震災(1995年1月17日)後の1997年に「災害と社会保障」を共通主題とした報告において，西原(1997)が，災害救助は社会保障の一種としての性格をもち，一般の社会保障との連続性に特に配慮する必要があると指摘している。このように憲法25条「生存権」保障の観点から被災者への支援を考える時代がきている。

　日本では災害が起こる都度，その支援が考えられてきたため包括的な体系となっておらず(西原,1997年，津久井,2012年，生田,2013年)，被災者への公的支援においても過去の災害時の支援措置等で法や関連諸制度が制定され，それが被災者支援の課題である。

　社会保障の観点からみた災害関連諸制度にはどのようなものがあるのか。『社会保障の手引き』(中央法規)によると「災害救助」(根拠：災害救助法(1947年制定)と「災害弔慰金・災害障害見舞金・災害援護資金」(根拠：災害弔慰金の支給等に関する法律(1973年))がある 。しかし，それだけでは不十分であることは

いうまでもない．以下では，災害に対する社会保障の支援策について考えていくことにしたい．

3-2 災害サイクルからみる社会保障

災害後，生活の自立的回復には健康を支える医療，生活の糧の職業，心の安らぎとそれを育む住居，教育の「医・職・住・育」が必要であり（室﨑，2013年），それぞれが「緊急期」→「応急期」→「復興期」の災害サイクルの中で考えられる．

被災者支援においても自助・共助・公助の役割について議論されてきていて，図16-1は自然災害による生活再建全体像の一つの考え方（内閣府防災担当）である．

公助の視点から災害救助法は1946年の昭和南海地震を契機に1947年に制

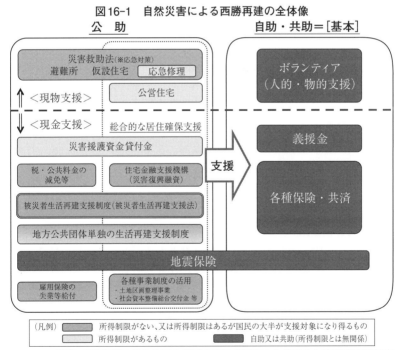

図16-1 自然災害による西勝再建の全体像

出所：「被災者に対する国の支援の在り方に関する検討会」内閣府防災担当

定された。避難所と応急仮設住宅を含む緊急・応急対応の多くは災害救助法、災害救助法施行令に則る一般基準のほかに実質的な救助内容や基準が担当省庁からの事務連絡(通知等)によって示され、災害の種類や規模によって特別基準が設定されることで、状況に応じた弾力的な支援が行われる。なお、災害救助法は、災害対策基本法等の一部を改正する法律(2013年)の施行に伴い同年10月より所管が厚生労働省から内閣府に移管されている。

(1) **緊急期の社会保障**

　緊急期には、災害救助法において被災者の救出、埋葬、避難所及び炊き出し、食糧、飲料水、被服、寝具、学用品他生活必需品の給与・貸与、医療及び助産の救助がある。これらの程度、方法及び期間等、必要な事項は政令で定められ、災害規模等を考慮した対応がなされる。避難所においては1人／1日当たり1,310円(2014年時点)を上限に後に国庫負担金等で都道府県に交付される。開設期間は7日間と定められているものの避難者が0人になるまで閉鎖できない。東日本大震災では発災3日目で約47万人(復興庁)が避難したが、福島第1原子力発電所事故の強制避難地域である双葉町住民の避難所が最後に閉鎖されたのは2年9カ月後であった。なお、大規模災害の場合は長期間設置され、避難者の生活拠点として介護保険や生活保護等の各種社会保障制度の給付を受けることができる。

　また、高齢者、障がい者あるいは妊産婦、乳児らが福祉面の特別な配慮を受けることができる「福祉避難所」の設置が認められており、全国の自治体で検討されている。

(2) **応急期の社会保障**

　応急期では住宅、生業の確保がより重要となる。災害救助法では被災住宅の応急修理、応急仮設住宅の供与、生業に必要な資金、器具他がある。被災者がこれら公的支援を受けるには「罹災証明」が必要となる。罹災証明とは、災害によって住宅被害を受けた世帯の世帯主が市町村に被害状況を申請し、その程度に応じて「全壊」「大規模半壊」「半壊」「一部損壊」のいずれかの判定を受けて確定、発行されるもので、2013年災害対策基本法改正に

よって，その発行が市町村長に義務づけられている(90条の2)。ただし，建築構造物の所有者であってもその住宅に居住していない場合は仮設住宅入居や公的な被災者支援を受けることはできない。その他に，罹災

表16-2

東日本大震災での仮設住宅	供給戸数
建設型仮設住宅	46,275戸
借り上げ仮設住宅	53,392戸
雇用促進住宅，一般公営住宅ほか	9,153戸

出所：2013年10月，復興庁

証明を持つ被災者は住宅の応急修理(現物給付，52万円限度)の選択が可能であり，基準額に上乗せする形で独自に支援している自治体もあるが，その修理をすると仮設住宅への入居資格を失うことになる。

東日本大震災では建設型仮設住宅(1DKから3Kまで3タイプ(19.8〜39.6㎡))とともに借り上げ仮設住宅が認められている。借り上げ仮設住宅というのは，いわゆる，「みなし仮設」で，民間から借り上げる住宅の他にUR住宅，国家公務員住宅，雇用促進住宅および一般公営住宅等に入居できる。

入居期間は建設型の場合，建築基準法85条によって2年を最大期限とされている。しかし，実際には，解消に至るまで阪神・淡路大震災では5年近くかかり，東日本大震災被災地においては7年を超えることが予想されている。入居3年目以降は1年毎に延長が決定されるため，原発事故による全国の避難者を含め，被災者が安定して生活再建のプランを立てることができないとして延長等に関する問題提起がなされている。

(3) 復興期の社会保障

被災者は避難所→応急仮設住宅→恒久住宅(自力再建，あるいは災害公営住宅)へと移行するが，多くの人にとっては初めての経験であるとともに，このプロセスに偏った支援策が実施されてきたとの批判もある。避難所と仮設住宅は災害救助法に基づく「避難先」であるのに対して，自力再建あるいは災害公営住宅の入居先は「居住地」となり災害救助法の対象ではなくなる。

住宅を確保し，収入が安定できてこそ，被災者は生活再建に本格的に取組むことができる。都市型災害であった阪神・淡路大震災以降はこの「生活再建への支援」が重視されるようになり，関連の法制度・政策の拡充が図られ

表16-3 被災者生活再建支援金と基準

区分		基礎支援金	加算支援金		基礎支援金＋加算支援金
複数世帯	全壊世帯	100	建設・購入	200	300
			補修	100	200
			賃借	50	150
	大規模半壊世帯	50	建設・購入	200	250
			補修	100	150
			賃借	50	100
単身世帯	全壊世帯	75	建設・購入	150	225
			補修	75	150
			賃借	37.5	112.5
	大規模半壊世帯	37.5	建設・購入	150	187.5
			補修	75	112.5
			賃借	37.5	75

出所：内閣府防災担当ホームページ

てきた。

　ここで特筆すべきは「被災者生活再建支援法」(1998年)の制定である。当時、この法律は災害が発生した市町村に居住する家屋が半壊以上で滅失・損壊し解体証明書がある世帯に対して支援金を支給するものであった。阪神・淡路大震災以前は、住居を含む私有財産等の損失は自助努力によって解決することとして公的支援の仕組みはなかった。しかし、阪神・淡路大震災の後に2,500万人の署名を集めた市民運動が起こり、その動きが議員立法の形で結実、制定された。これまで2度の法改正(2003年、2007年)により所得要件、使途制限等が撤廃され、対象被害の全ての世帯(世帯主)に住居の被害程度(基礎支援金)と再建方法に応じた(加算支援金)定額・渡し支援金が支給される(表16-3)。基礎支援金は自力再建ができなくとも返還の必要はないため、実質「見舞金」へと性格が変化してきている(生田、2013年)。

　住宅復興は、自力再建と、自治体から供給される災害公営住宅に賃貸契約を結んで入居する場合に大別できる。阪神・淡路大震災では災害公営住宅

(42,137戸内新規25,421戸)，準公営住宅(12,320戸)等が建設され(阪神・淡路大震災の教訓，2009)，東日本大震災被災地では2018年度完成を目途に岩手県(5,946戸)，宮城県(15,525戸)，福島県(復興庁，2014)において災害公営住宅の建設が進んでいる。

被災者は阪神・淡路大震災後に制定された被災市街地復興特別措置法(1995年)21条の「入居者資格の特例」が適用され，災害発生日から3年間は，「住宅困窮要件(第3号)」が備わっていれば，「同居親族要件(第1号)」，「入居収入基準(第2号)」を求められず，東日本大震災においては特例期間が最長10年間(2020年度末)に延長されている。また，災害公営一戸建住宅の払下げも予定されている。

産業支援，雇用の確保は応急期，復興期に本格化する。阪神・淡路大震災では解雇等の問題が発生し，雇用者数，自営業主が減少，非正規化等，雇用形態の変化が起こった。東日本大震災においては沿岸部の漁業・水産業等の第1次産業が被害を受けた事で，産業の復興と雇用の確保が同時に求められた。厚生労働省は復興事業，雇用創出基金事業，被災者雇用開発助成金等による雇用創出を図るとともに，雇用保険法25条(広域延長給付)に則り給付期間を2度にわたって延長し，支給終了者に対しては求職者支援制度(職業訓練の実施等による特定求職者の就職の支援に関する法律(2011年))による職業訓練の実施，受講給付金が支給される仕組みを活用する等している。起業支援は内閣府「復興支援型地域社会雇用創造事業(社会的企業支援基金)」等によって行われたが，単年度事業が主であり継続的な支援の仕組みが求められる。

3-3 社会保障と災害支援の連続性と新しい課題

阪神・淡路大震災以降，被災者への公的支援は拡充されてきている。しかし，東日本大震災をはじめとするその後の被災者への対応からは既存の社会保障制度と綿密につながっているとは言えない。ここではいくつかの具体例を紹介したい。

(1) 被災者支援と社会保障の隙間の課題
　①生活保護と被災による収入認定
　被災者は国，自治体，日本赤十字社に寄せられた義援金を受け取る事ができ，義援金は「臨時的に恵与された慈善的性質を有する金銭」として収入認定からは外れる。その一方で，災害弔慰金等法や被災者生活再建支援法に基づいた支給が，認定除外とはなるものの「自立更生計画書」の提出が必要となり，その手続きは煩雑である。
　②災害弔慰金と主たる生計維持者の定義
　死亡者が世帯の主たる生計維持者であった場合(500万円)とそうでない場合(250万円)とで支給額が異なる。仮に，死亡者の残された扶養家族に総所得金額38万円(給与収入のみの場合103万円)を超える収入がある場合は，死亡者は「主たる生計維持者」と判断されない。
　③被災者生活再建支援法の支給単位の課題
　被災者が単身者のみ世帯と複数での構成世帯では表16-3のとおり支給金額が異なる。例え，複数世帯であっても支給は世帯主のみが対象となる。

(2) 人為災害と社会保障の課題
　東日本大震災とそれに続く津波による，東京電力原子力発電所事故(以下，原発事故)と放射能汚染問題は人々の生活再建，生活補償の問題が浮き彫りになった。福島県全体の避難者数 は約13.1万人とされるが，避難指示区域の見直しによりその対象は変わり，自主避難者については正確な把握は困難である。自然災害被災者との制度的な違いは，例えば，原発事故の避難指示区域に該当し，長期にわたって居住できない住宅世帯に対して，被災者生活支援法が適用されない事が挙げられる。
　原子力賠償制度に則った東京電力による賠償の他に，東京電力原子力事故により被災した子どもをはじめとする住民等の生活を守り支えるための被災者の生活支援等に関する施策の推進に関する法律（2012年)が議員立法で制定されているが，具体的な対応がなされているとは言えない。例えば，福島県が災害後に開始した10歳から18歳までの医療費の無料化の対象は福島県に居住(住民票)する事が条件であり，転出者はたとえ，2011年3月に福島県に

いたとしても対象にはならない。

(3) 被災者支援の検討課題

①全国共通の被災者台帳の構築と罹災証明世帯の課題

被災者台帳は災害発生日を基準とした被災者の被害および支援状況の情報を一元的に集約する行政資料である(吉田,2013, 山崎,2013)。2013年災害対策基本法改正によって被災者台帳の作成とそれに関わる必要な個人情報を利用できる旨明記された。また，被災者に対する多くの公的支援は罹災証明世帯を基本とする制度となっている。個人個人の生活再建を考えるのであれば，少なくとも基礎支援金部分については個人単位での支給の在り方の検討に基づいた制度設計が求められる。罹災証明世帯は災害発生日に固定され，その後の能動的な選択，実践の幅を狭めている(山地, 2014)。これは被災者支援レジームと呼ぶことができ，制度と制度の隙間が生じるのはこの，被災者支援と社会保障制度との断絶を端的に示している。

②ナショナル・ミニマムとローカル・オプティカルの整合性

地方分権化が進み社会保障分野における基礎自治体の果たす役割は増大している。被災者支援も同様で，国の制度への「上乗せ」あるいは「横だし」の自治体の独自制度は個人の復興に影響を与えていて，東日本大震災においても複数の自治体で独自施策がある(山崎,2013年)。これら施策の「差異」が復興の「格差」へとつながることには懸念が残る。

③再建支援における公助・共助・自助

被災者の住宅再建には自力再建支援として自助＝地震保険等，公助＝被災者生活再建支援法，さらに共助＝共済制度がある。ここでの共済制度とは「助け合いの精神に基づく『共助』の仕組み」として創設された「兵庫県住宅再建共済制度」を指す(和久, 2011年)。

阪神・淡路大震災後，同年10月に兵庫県は「地震災害共済保険制度」(全額共済(保険)，最大1700万円)を提唱した。それは固定資産税に保険料を上乗せして徴収する強制加入方式の仕組みで，全国制度化を目指した(大塚・小澤, 2005)。保険制度化は実現しなかったものの，この一連の動きは先述の被災者生活再建支援法制定につながった。

表16-4　兵庫県住宅再建共済制度の給付金

加入者	住宅の所有者			
対象災害	暴風・豪雨・豪雪・洪水・高潮・地震・津波・噴火その他の異常な自然現象による被害			
再建方法		再建・購入	補修	居住確保
被害規模	全壊	600万円（県外の場合，300万円）	200万円	50万円
	大規模半壊		100万円	35万円
	半壊		50万円	25万円
	【特約】一部損壊（10％以上）	25万円（県外の場合，12万5千円）	25万円	10万円

出所：公益財団法人兵庫県住宅再建共済基金ホームページ

表16-5　兵庫県家財再建共済制度一部損壊特約の給付金

加入者	県内居住者
対象災害	住宅再建と同じ
再建方法	購入・補修
被害規模 全壊	50万円
大規模半壊	35万円
半壊	25万円
床下浸水	15万円

出所：公益財団法人兵庫県住宅再建共済基金ホームページ

その後も兵庫県は検討を続け，独自に「兵庫県住宅再建制度（フェニックス共済）」（住宅所有者のみ加入できる）（2005年），「家財再建共済制度」（賃借人等も加入できる）（2010年）を確立した。本制度は，市町村担当課を通じて被害認定（罹災証明）に基づき，加入者へ共済給付金が給付される（表16-4）。2014年からは一部損壊も特約によって25万円まで給付されることとなった（表16-5）。なお，兵庫県は大規模災害等により共済積立金が不足する事態が起こった場合，県の損失補償のもとで公益財団法人兵庫県住宅再建共済基金が金融機関から借り入れ，給付するとしている（兵庫県住宅再建共済基金ホームページ）。

本制度は災害支援における共助の仕組みとして画期的である。全国的な住宅再建共済制度の確立（室﨑，2008）が求められるが，加入率の低さ（9.2％，2014年12月現在），住宅所有者と賃借者間の支援の違い，共済積立金の問題等，解決すべき課題がある。

④災害社会手当の導入

東日本大震災後に復興財源確保のため,復興特別法人税及び復興特別所得税が25年間の予定で導入されている。現在,復興支援は国民の連帯によって成りたっているといえる。新たに,被災者への支援制度を手当化できれば給付額の柔軟性を確保でき,現物給付を原則としている被災者支援において被災補償を含め現金給付が可能となる。

災害には一次災害に続き,二次災害がある。この二次災害は多様であるがいかに柔軟に対応できるかが重要であり,被災者支援と社会保障とのさらなる連携が柔軟性を持った新しい仕組みとして求められている。

参考文献,参考URL

生田長人,2013『防災法』信山社
一圓光彌,1993『自ら築く福祉―普遍的な社会保障をもとめて―』大蔵省印刷局
大塚路子・小澤隆,2005「被災者生活再建支援」『調査と情報』437,http://warp.da.ndl.go.jp/info:ndljp/pid/287276/www.ndl.go.jp/jp/data/publication/issue/0437.pdf
津久井進,2012『大災害と法』岩波書店
津久井進・出口俊一・永井幸寿・田中健一,2012『「災害救助法」徹底活用』兵庫県震災復興研究センター編,クリエイツかもがわ
西原道雄,1997「災害と社会保障の総論的課題―大規模災害における賠償・補償・保障―」『社会保障研究』13:169-182
阪神・淡路大震災復興フォローアップ委員会『伝える―阪神・淡路大震災の教訓―』兵庫県編,ぎょうせい
室﨑益輝,2008「生活再建支援法の再改正の意義と課題」『市民政策』57,4-13
室﨑益輝,2013「東日本大震災後の生活再建」『人間福祉学研究』6(1):9-18
山崎栄一,2013『自然災害と被災者支援』日本評論社
山地久美子,2014「災害/復興における家族と支援―その制度設計と課題―」『家族社会学研究』26(1):27-44
吉田稔,2013「被災者台帳は,『事前に』準備すべし―大震災の教訓:準備なくして被災者支援は機能せず」『復興』4(1):69-76
和久克明,2011「兵庫県住宅再建共済制度(相性:フェニックス共済)の創設と活用」『災害対策全書3復旧・復興』公益財団法人ひょうご震災記念21世紀研究機構編,ぎょうせい,318-323
2013『社会保障の手引―施策の概要と基礎資料』中央法規
2014「被災者に対する国の支援の在り方に関する検討会」(被災者に対する国の支援の在り方に関する検討会,座長:室﨑益輝 神戸大学名誉教授)内閣府防災担当

ホームページ：http://www.bousai.go.jp/kaigirep/kentokai/hisaishashien2/index.html
公益財団法人兵庫県住宅再建共済基金ホームページ：http://phoenix.jutakusaiken.jp/

山地　久美子

《索引》

ア 行

アクティベーション …………… 370
朝日訴訟 …………………… 306
アジア通貨危機 ……………… 356
育児休業制度 ………………… 176
石綿による健康被害の救済に関する法律
　　　……………………………… 122
遺族基礎年金 ………………… 80
遺族厚生年金 ………………… 80
遺族年金 ……………………… 65
遺族補償 ……………………… 112
遺族（補償）給付 ……………… 119
一次判定 ……………………… 156
1.57ショック ………………… 167, 176
一部負担 ……………………… 200
　　──金 …………………… 32
逸脱 …………………………… 118
一般会計 ……………………… 195
一般会計歳出 ………………… 197
一般雇用 ……………………… 149
一般歳出 ……………………… 199
一般社会保障税［フランス］ …… 327
一般制度［フランス］ ………… 328
一般病床 ……………………… 41
医薬制度調査会 ……………… 301
医療給付 ……………………… 29
医療計画 ……………………… 41
医療・健康費用 ……………… 258
医療提供体制 ………………… 13, 40
医療の社会化 ………………… 307
医療扶助 ……………………… 130
医療保険 …………………… 13, 280, 326
医療保険法［ドイツ］ ………… 278
医療保護法 …………………… 295

医療保障 ……………………… 8
医療保障制度に関する勧告 …… 304
医療利用組合 ………………… 300
院外救済の禁止 ……………… 272
インクルージョン …………… 143
インフォーマルな社会保障 …… 187
請負払い方式 ………………… 36
運用収益 ……………………… 200
衛生費 ………………………… 199
NHS［イギリス］ …………… 322
エリザベス救貧法 …………… 269
エンゲル方式 ………………… 306
エンゼルプラン ……………… 176
OECD ……………………… 191
応益負担 …………………… 32, 150
応益割 ………………………… 28
　　──額 ………………… 24
OJT ………………………… 232
応能負担 …………………… 14, 149
応能割 ………………………… 28
　　──額 ………………… 24
Off-JT ……………………… 232
恩給 ………………………… 8, 295

カ 行

概況調査 ……………………… 156
介護給付 …………………… 54, 151
介護手当［ドイツ］ ………… 339
介護認定審査会 ……………… 52
介護扶助 ……………………… 130
介護報酬 ……………………… 59
介護保険 …………………… 45, 130
　　──法 ………………… 312
介護予防 ……………………… 61
介護予防給付 ………………… 57

介護予防サービス計画 …………… 54
介護療養型医療施設 ……………… 58
介護老人福祉施設 ………………… 58
開発独裁 …………………………… 356
外部委託化(アウトソーシング) …… 248
買い物難民 ………………………… 373
かかりつけ医 ……………………… 347
格差縮小方式 ……………………… 306
確定給付企業年金 ………………… 255
　　──法 ………………………… 257
確定拠出年金 ……………………… 255
　　──法 ………………………… 256
囲い込み運動 ……………………… 269
過失責任主義 ……………………… 111
家族関係社会支出 ………………… 185
家族給付[フランス] ……………… 331
家族政策 …………………………… 165
家族・地域の絆の再生・再強化 …… 179
家族手当 …………………………… 288
鐘紡共済組合 ……………………… 245
カフェテリアプラン(選択型企業福祉制度)
　　………………………… 249, 252
官営八幡製鉄所 …………………… 296
患者負担 ……………………… 30, 200
間接的救済体制 …………………… 294
完全参加と平等 …………………… 145
機械的連帯 ………………………… 368
機会費用 …………………………… 176
企業型確定拠出年金 ……………… 256
企業年金 ……………… 71, 253, 255
企業の社会的役割 ………………… 243
企業福祉 …………………………… 243
企業別組合 ………………………… 230
基金型企業年金 …………………… 257
危険(リスク) ……………………… 210
既婚夫婦の出生児数の低下 … 170, 181
疑似福祉システム ………………… 188
基準該当医療 ……………………… 151

基準病床数 ………………………… 41
基礎年金 …………………… 70, 310
　　──勘定 …………………… 84
　　──拠出金 ………………… 83
　　──構想(年金制度基本構想懇談会) 310
基礎年金[イギリス] ………… 316, 318
技能検定制度 …………………… 234
基本年金構想(社会保障制度審議会) … 310
規約型企業年金 ………………… 257
休業特別支給金 ………………… 119
休業補償 ………………………… 112
休業(補償)給付 ………………… 119
救護法 …………………………… 295
救護法実施促進運動 …………… 294
求職者基礎保障[ドイツ] …… 336, 337
求職者支援法 …………………… 238
救貧 ……………………………… 291
救貧院 …………………………… 269
救貧機能 ………………………… 219
救貧法 …………………………… 269
給付付き税額控除 ……………… 239
給付・反対給付均等の原則 … 15, 212
教育費 …………………………… 200
教育扶助 ………………………… 129
協会けんぽ ……………………… 16
教区徒弟 ………………………… 270
共済 ……………………………… 291
共済会費用 ……………………… 259
共済金庫 ………………………… 278
共済組合 ………………………… 15
共済年金 ………………………… 71
強制加入 ……………… 14, 69, 214
共生社会 ………………………… 150
強制適用事業所 ………………… 19
業務起因性 ……………………… 116
業務災害 ………………………… 115
業務遂行性 ……………………… 116
ギルバート法 …………………… 271

均一給付・均一拠出の原則 …………… 284	後期高齢者支援金 ………………………… 28
緊急人材育成支援事業 ………………… 238	公共企業体等職員共済組合 ………… 304
近視眼的な行動 …………………………… 68	公共職業訓練 …………………………… 232
金銭給付 ………………………… 129, 130, 131	合計特殊出生率 ………………………… 167
均等割 ……………………………………… 28	高校授業料無償化 ………………… 180, 183
──額 ……………………………………… 24	公債金 …………………………………… 200
勤労者財産形成促進法 ………………… 251	公私分離 ………………………………… 302
組合健保 …………………………………… 16	公衆衛生および医療 ……………………… 6
グローバル化 …………………………… 367	向上訓練 ………………………………… 232
軍事救護法 ……………………………… 294	厚生団 …………………………………… 299
軍事扶助法 ……………………………… 295	厚生年金勘定 ……………………………… 83
軍人恩給 …………………………… 303, 304	厚生年金基金 ………………………… 255, 307
訓練等給付 ……………………………… 151	厚生年金保険 ………………………… 65, 71
ケアプラン ………………………………… 54	──の適用拡大 …………………………… 92
ケアマネジメント ………………………… 54	──法 …………………………………… 299
ケアマネジャー ……………………… 54, 59	──料 ……………………………………… 73
計画相談支援給付 ……………………… 151	公的医療保険 ……………………………… 14
軽減措置 ………………………………… 159	公的救助義務主義 ……………………… 295
慶弔関係費用 …………………………… 258	公的年金 …………………………………… 65
ケインズ ………………………………… 285	公的扶助 ………………………………… 2, 6
ケースワーカー ………………………… 135	高等学校等就学費 ……………………… 131
ゲーティッド・コミュニティ ………… 370	高年齢者雇用安定法 …………………… 232
現役世代向け支出 ……………………… 185	公費負担 …………………………… 195, 200
限界集落 ………………………………… 373	公費負担方式 ……………………… 81, 201
現金給付 ………………………………… 8, 29	合理的配慮 ……………………………… 145
健康保険 …………………………… 15, 119	高齢者最低所得保障給付(最低年金)[フランス] ………………………………… 329
──組合 …………………………… 16, 298	高齢者世代向け支出 …………………… 185
──法 …………………………………… 298	高齢者保健福祉推進十か年戦略 …… 312
憲政会 …………………………………… 297	高齢者連帯手当[フランス] ………… 329
ゲント方式(失業保険) ……………… 351	ゴールドプラン ……………………… 199, 312
現物給付 …………………………… 33, 130	国際障害者年 …………………………… 144
──方式 ………………………………… 34	国民医療費 ………………………… 15, 38
広域連合 …………………………………… 49	国民医療法 ……………………………… 301
高額障害者福祉サービス等給付 …… 151	国民皆年金 ………………………………… 71
高額療養費 ………………………………… 30	国民皆保険 ………………………………… 14
高額療養費支給制度 …………………… 308	国民皆保険・皆年金体制 ………… 7, 305
後期高齢者医療広域連合 ……………… 17	国民健康保険 ……………………… 15, 200
後期高齢者医療制度 ………… 15, 200, 312	

——組合 … 17
——税 … 202
——団体連合会 … 34
——法 … 300
国民登録番号[デンマーク] … 346
国民年金 … 65
——勘定 … 83
——基金 … 71
——保険料 … 73
国民年金[デンマーク] … 349
国民福祉税構想 … 312
国民扶助法[イギリス] … 276
国民負担率 … 189, 193
国民保健サービス法[イギリス] … 286
国民保健制度[デンマーク] … 347
国民保険[イギリス] … 315, 316
——法 … 280
個人型確定拠出年金 … 256
子育て・教育コストの軽減政策 … 182
子育てや教育費の負担 … 174
国家公務員共済組合法 … 304
国家責任 … 302
国家第二年金[イギリス] … 316, 318
国庫負担 … 84, 195
固定的な性別役割分担 … 178
後藤新平 … 293
子ども・子育て支援 … 180
子ども支援手当[デンマーク] … 349
子ども手当 … 180, 183, 312, 374
子ども若者手当[デンマーク] … 349
個別自立手当[フランス] … 333
五榜の掲示 … 292
雇用対策 … 8
雇用対策法 … 232
雇用の確保 … 5
雇用の非正規化 … 173
雇用復帰支援手当[フランス] … 332
雇用保険 … 95

混合型 … 202
混合診療 … 30
今後の障害保健福祉施策について(改革のグランドデザイン案) … 147

サ 行

サービス提供体制の確保に係る目標 … 157
災害時の生活保障 … 11
財源構成 … 195
財源調達方式 … 81, 201
在職老齢年金 … 77
財政赤字 … 194
財政安定化基金 … 61
済生会 … 293
財政検証 … 86
財政支援制度 … 42
最低限の生活 … 2
最低生活費 … 131
最低賃金制度 … 6
差別の禁止 … 146
産業革命 … 271
産業組合 … 300
三本柱モデル … 342
ジェンダー平等 … 245
支援費制度 … 147
時間的所得再分配 … 222
事業内訓練 … 232
事業主負担 … 200
事後重症 … 79
自己責任 … 261
仕事と家庭の両立支援 … 176, 178
——政策 … 182, 183
自己負担 … 60
資産割額 … 24
自主管理 … 335
市町村国民健康保険 … 17
市町村職員共済組合 … 304
市町村審査会 … 156

失業対策費 …………………………… 196
失業手当Ⅱ[ドイツ] ……… 337, 338, 341
失業法[イギリス] …………………… 282
失業保険 ……… 95, 280, 298, 326, 332, 351
失業保険法 …………………………… 304
実費負担 ……………………………… 159
私的年金 ……………………………… 65
児童手当 ………………………… 8, 374
　——法 ……………………………… 306
児童福祉法 …………………… 146, 302
児童扶養手当法 ……………………… 306
シドニー・ウェッブ ………………… 275
ジニ係数 ……………………………… 222
社会権 ………………………………… 229
社会国家[ドイツ] …………………… 335
社会参入最低所得[フランス] ……… 332
社会支出の対GDP比 ………………… 191
社会政策 ……………………………… 277
社会政策的所得再分配機能 ………… 221
社会手当 …………………… 8, 219, 283
社会的企業 ……………………… 11, 376
社会的企業育成法 …………………… 379
社会的起業家 ………………………… 380
社会的協同組合 ……………………… 378
社会的公正 …………………………… 227
社会的市場経済 ……………………… 335
社会的弱者 …………………………… 369
社会的障壁 …………………………… 150
社会的責任 …………………………… 264
社会的な援護を要する人びとに対する社会
　福祉のあり方に関する検討会 …… 371
社会的入院 …………………………… 309
社会的排除 ……………………… 11, 367
社会的排除対策本部 ………………… 369
社会的分業 …………………………… 368
社会的包摂 …………………………… 11
社会的連帯 …………………………… 368
社会福祉 ……………………………… 6

社会福祉基礎構造改革 ……………… 146
社会福祉サービス ……………… 3, 8, 219
社会福祉事業法 ……………………… 303
社会福祉費 …………………………… 196
社会扶助[フランス] ………………… 326
社会復帰促進等事業 ………………… 122
社会保険 ……………………………… 3, 6
社会保険[フランス] ………………… 326
社会保険診療報酬支払基金 ……… 34, 51
社会保険制度調査会 ………………… 303
社会保険中心・二方式併存体制 …… 301
社会保険費 …………………………… 196
社会保険方式 ……… 17, 81, 201, 202, 220
社会保障関係費 ……………………… 189
社会保障基金 ………………………… 195
社会保障給付費 ……………………… 189
社会保障制度審議会 ………………… 303
社会保障制度に関する勧告 … 241, 292, 303
社会保障・税番号（マイナンバー）制度 241
社会保障の原型 ……………………… 282
社会保障の前提条件 ………………… 285
社会保障負担率 ……………………… 194
『社会保障への途』(ILO) …………… 292
社会保障法[アメリカ] ……………… 282
社会保障法[ニュージーランド] …… 283
社会民主主義型福祉国家 …………… 345
社会予算 ……………………………… 335
社会連帯 …………………………… 3, 227
若年非正規雇用 ……………………… 373
社保一二三号通知 …………………… 309
自由開業医制 ………………………… 40
就業促進手当 ………………………… 101
収支相等の原則 ……………………… 212
終身給付 ……………………………… 69
修正積立(修正賦課)方式 …… 220, 308, 312
自由選択 ……………………………… 261
住宅関連費用 ………………………… 258
住宅支援 ……………………………… 251

住宅政策 …………………………… 11
住宅対策 …………………………… 8
住宅扶助 …………………………… 130
自由放任主義 ……………………… 272
就労支援政策 ………… 179, 180, 181, 183
受給資格期間の短縮 ……………… 90
授産施設 …………………………… 149
恤救規則 …………………… 292, 293
出産育児一時金 …………………… 31
出産手当金 ………………………… 32
出産扶助 …………………………… 130
寿命の不確実性 …………………… 67
障害基礎年金 ……………………… 78
障害厚生年金 ……………………… 79
障害支援区分認定調査 …………… 156
障害者基本計画 …………………… 146
障害者基本法 ………………… 145, 150
障害者権利条約 …………………… 144
障害者権利宣言 …………………… 144
障害者雇用促進法 ………………… 232
障害者支援区分 …………………… 149
障害者自立支援法 ………………… 147
障害者政策委員会 ………………… 146
障害者総合支援法 ………………… 143
障害者に関する世界行動計画 …… 144
障害者の機会均等化に関する標準規則 144
生涯総合福祉プラン ……………… 244
障害程度区分 ……………………… 149
障害等級 …………………………… 79
障害認定日 ………………………… 79
障害年金 …………………………… 65
障害のあるアメリカ人法 ………… 145
障害福祉計画 ……………………… 157
障害福祉サービス ………………… 152
障害補償 …………………………… 112
障害（補償）年金 ………………… 119
障害・老齢保険法［ドイツ］…… 279
償還払い ……………………… 34, 330

商業革命 …………………………… 268
消極的雇用政策 …………………… 231
少子化 ………………………… 167, 358
――対策 ………………… 165, 176
消費税 ……………………………… 312
消費の平準化 ……………………… 66
傷病手当金 ………………………… 32
傷病（補償）年金 ………………… 119
将来人口推計 ……………………… 190
将来の経済状況の不確実性 ……… 68
昭和恐慌 …………………………… 300
初期職業教育 ……………………… 233
職業安定法 ………………………… 232
職業訓練法 ………………………… 232
職業能力開発促進法 ……………… 232
初診日 ……………………………… 79
職権保護 …………………………… 127
所得格差 …………………………… 222
所得再分配 ………………………… 4
――機能 ………………… 70, 218
所得代替率 ………………………… 78
所得比例型 ………………………… 328
所得保障 ………………… 8, 66, 284
――政策 …………………… 181
所得割 ……………………………… 28
所得割額 …………………………… 24
ジョブカード制度 ………………… 234
私立学校教職員共済組合 ………… 304
自立支援医療 ……………………… 151
自立支援給付 ……………………… 151
資力調査（ミーンズ・テスト）…… 69, 127
新救貧法 …………………………… 271
人口減少 ……………………… 166, 373
人口増加 …………………………… 166
人口置換水準 ……………………… 167
新ゴールドプラン ………………… 199
審査支払機関 ……………………… 34
心身障害者対策基本法 …………… 145

人生後半の社会保障 ……………… 188
人生前半の社会保障 ……………… 187
身体障害者福祉法 ………… 148, 303
新保守主義 ………………………… 289
診療報酬 …………………… 34, 307
　――点数表 ……………………… 36
　――明細書 ……………………… 34
水準均衡方式 ……………………… 309
垂直的所得再分配 ………………… 221
水平的所得再分配 ………………… 221
SCAPIN775 ……………………… 302
スピーナムランド制 ……………… 271
スライド制 ………………………… 69
生活扶助 …………………………… 129
生活保護 …………………… 2, 125
　――費 …………………… 136, 196
　――法 ………………………… 302
　――法の一部を改正する法律 … 139
生活保障 …………………………… 241
生業扶助 …………………………… 131
制限救助主義 ……………………… 293
生産性の向上 ……………………… 243
精神病床 …………………………… 41
精神保健及び精神障害者福祉に関する法律
　………………………………… 148
生存権 ……………………… 125, 302
　――保障 ………………………… 2
税方式 ……………… 17, 81, 201, 220
セーフティネット ………………… 241
世帯合算制度 ……………………… 30
世代間所得再分配 ………………… 222
世帯分離 …………………………… 128
積極的雇用政策 …………………… 232
積極的連帯所得［フランス］ …… 332
絶対王政 …………………………… 268
絶対的貧困観 ……………………… 302
折半負担 …………………………… 200
船員保険法 ………………………… 299

前期高齢者交付金 ………………… 29
前期高齢者納付金 ………………… 29
全国健康保険協会 ………………… 16
潜在的国民負担率 ………………… 194
戦争犠牲者援護 …………………… 8
選定療養 …………………………… 30
総額人件費管理 …………………… 263
早期退職手当［デンマーク］ …… 352
総合組合 …………………………… 20
総合調整に関する勧告 …………… 307
総合福祉共済センター …………… 247
葬祭扶助 …………………………… 131
葬祭料 ……………………………… 112
総報酬制 …………………………… 21
租税負担率 ………………………… 193
卒後職業訓練 ……………………… 233

タ　行

第1号被保険者 …………… 49, 50, 73
第2号被保険者 …………… 49, 51, 73
第2のセーフティネット ……… 180, 182
第3号被保険者 ……………… 73, 311
第一次国民皆保険運動 …………… 301
待機児童の解消 …………………… 180
大逆事件 …………………………… 293
代行返上 …………………………… 255
退職一時金 ………………………… 253
退職金制度 ………………………… 253
退職者医療制度 …………………… 310
退職積立金及び退職手当法 ……… 299
大数の法則 ………………………… 211
代替医療保険 ……………………… 18
ダイバーシティ …………………… 264
多数回該当 ………………………… 31
脱工業化 …………………………… 367
脱施設化 …………………………… 144
惰民養成 …………………………… 294
単一組合 …………………………… 20

男性片働きモデル ………… 230, 299
男性の育児参加 ………………… 178
治安警察法 ……………………… 296
地域移行 ………………………… 144
地域医療構想（ビジョン）……… 42
地域支援事業 ……………………… 61
地域生活支援事業 ……………… 151
地域相談支援給付 ……………… 151
地域における医療及び介護の総合的な確保を推進するための関係法律の整備等に関する法律 …………………………… 63
地域包括ケアシステム …………… 63
地域包括支援センター …………… 63
地域保険 ………………………… 17
地域密着型介護サービス ………… 56
知的障害者福祉法 ……………… 148
中央社会保険医療協議会 ……… 307
中小企業退職金共済制度 ……… 258
中断 ……………………………… 118
超過料金 ………………………… 330
超高齢社会 ……………………… 191
長時間労働 ………………… 178, 180
直接的救済体制 …………… 302, 303
貯蓄意欲 ………………………… 195
賃金スライド …………………… 78
通勤災害 ………………………… 115
積立方式 …………………… 82, 220
DRG ……………………………… 35
帝国鉄道庁共済組合 …………… 296
DPC 制度 ………………………… 36
低年金 …………………………… 89
出来高払い方式 ………………… 35
鉄工組合 ………………………… 296
ドイツ社会政策のマグナ・カルタ … 277
当事者自治 ………………………… 3
同和問題 ………………………… 373
特定障害者特別給付 …………… 151
特別会計 ………………………… 195

特別加入制度 …………………… 114
特別支給の老齢厚生年金 ………… 76
特別児童扶養手当法 …………… 306
特別徴収 ………………………… 51
特別連帯手当［フランス］……… 332
特例給付 ………………………… 151
特記事項 ………………………… 156
土木費 …………………………… 200

ナ 行

内務省 …………………………… 294
ナショナル・ミニマム ……… 2, 275
二次医療圏 ………………………… 41
二次健康診断等給付 …………… 122
二次判定 ………………………… 156
日常生活の支援 …………………… 9
日本医療団 ……………………… 301
日本国憲法第25条 ……………… 302
日本年金機構 …………………… 72
日本版401k …………………… 256
日本版デュアルシステム ……… 233
入院時食事療養費 ………………… 30
入院時生活療養費 ………………… 30
ニューディール政策 …………… 282
乳幼児受入れ給付［フランス］… 331
任意継続被保険者 ………………… 19
任意適用事業所 …………………… 19
認定調査 ………………………… 155
年金 ………………… 65, 190, 326
年金クレジット［イギリス］…… 318
年金生活者支援給付金 …………… 90
年金制度 ………………………… 65
年金積立金管理運用独立行政法人（GPIF）
　　…………………………………… 83
年金特別会計 ……………………… 83
年金保険 ………………………… 65
年金保険改革 …………………… 287
年金保険料 ……………………… 65

年功制	230
年功賃金	230
納付率	87
能力再開発事業	232
農林漁業団体職員共済組合	304
ノーマライゼーション	3, 143

ハ　行

ハイブリッド組織	377
晩婚化	171
反射的利益	295
PPS	35
ビスマルク	277
——型社会保険	229, 298, 345
必要充足	302
一人一年金の原則	81
ひのえうまの年	167
非ビスマルク型社会保険	301
被扶養者	17
被保険者証	30
被保険者負担	200
評価療養	30
被用者保険	15
標準賞与額	21
標準報酬月額	20, 73
病床機能報告制度	42
平等主義	284
平等割額	24
貧困線	273
貧困ビジネス	381
フード・デザート	369
付加給付	29
賦課方式	69, 82, 220, 328
福祉から就労へ	321
福祉元年	189, 308
福祉工場	149
福祉国家	226
——体制	286
——の危機	289, 376
福祉事務所	134
福祉的就労	149
福祉の混合経済	376
福利厚生	243
——管理・運営費用	259
——費	258
富士紡績	296
扶助原理	218, 227
ブース	273
負担金	197
負担上限額	159
普通会計	195
普通税	201
普通徴収	51
物価スライド	78, 308
普遍主義	284, 345
普遍的医療保障制度［フランス］	329
フリーアクセス	40
フレクシキュリティ	345, 352
文化・体育・レクリエーション費用	258
ベアトリス・ウェッブ	275
ベヴァリッジ	229
——報告	284, 292
ベーシック・インカム	370
包括的な保健医療サービス	9
包括払い方式	35
法定外福利費	243
法定給付	29
法定受託事務	134
法定福利費	243
防貧機能	219
方面委員制度	294
ホームレス	373
——自立支援法	311
補完性原理	335
北欧型福祉国家	345
保険医	33

保険医療機関 ………………… 33
保健衛生対策費 ……………… 196
保険外併用療養費 …………… 30
保険基金 ……………………… 211
保険技術的公平の原則 ……… 213
保険原理 ………………… 218, 227
保険事故 ……………………… 210
保険者 ………………………… 16
　——の選択 ………………… 23
保険的所得再分配 …………… 221
保険料公平の原則 …………… 213
保険料水準固定方式 ………… 86
保険料の後納制度 …………… 91
保険料負担 …………………… 200
保険料率 ……………………… 21
保護基準 ……………………… 131
保護請求権 …………………… 302
保護率 ………………………… 137
母子保護法 …………………… 295
保守合同 ……………………… 305
補助金 ………………………… 197
補装具 ………………………… 151
補足医療保険[フランス] … 18, 330
補足年金制度[フランス] …… 328
捕捉率 ………………………… 140

マ 行

マーケットバスケット方式 … 302
マクロ経済スライド ……… 86, 313
未婚化 ………………………… 171
未婚化と晩婚化の進行 … 170, 181
未納率 ………………………… 88
ミュルダール夫妻 …………… 289
民間医療保険 ……………… 14, 18
民生委員 ……………………… 302
民生費 ………………………… 199
無過失責任主義 ……………… 111
無差別平等 …………………… 302

武藤山治 ……………………… 297
無年金 ………………………… 89
メディケア[アメリカ] ……… 287
メディケイド[アメリカ] …… 287
メリット制 …………………… 115
目的税 ………………………… 201
モデル年金 …………………… 77

ヤ 行

安上がりの政策 ……………… 185
薬価基準 ……………………… 36
友愛会 ………………………… 297
有機的連帯 …………………… 368
ユニバーサル・クレジット[イギリス] 321
養育手当[韓国] ……………… 359
要介護認定 …………………… 52
養成訓練 ……………………… 232

ラ 行

ライフサポート費用 ………… 258
ラウントリー ………………… 273
リースター年金[ドイツ] … 342, 343
離婚時の年金分割 …………… 77
リスク構造調整 ………… 338, 342
リスク分散 …………………… 13
リベラル・リフォーム ……… 276
利用者負担 …………………… 200
療養介護医療 ………………… 151
療養の給付 …………………… 30
療養費 ………………………… 30
療養病床 ……………………… 41
療養補償 ……………………… 112
療養(補償)給付 ……………… 119
隣保相扶 ……………………… 294
レセプト ……………………… 34
レッツ・ムーブ ……………… 369
劣等処遇の原則 ……………… 271
連合国軍総司令部(GHQ/SCAP) … 302

ロイド・ジョージ ……………………… 275
労工保険［台湾］ ……………………… 357
労災保険 ……………………… 111, 279
労使関係の安定 ……………………… 243
老人医療費の「無料化」政策 ………… 308
老人福祉法 ………………………… 46, 306
老人保健拠出金 ……………………… 27
老人保健制度 ……………………… 27, 46, 310
労働安全衛生法 ……………………… 111
労働基準監督署 ……………………… 114
労働基準法 ……………………… 111, 180
労働契約法 ……………………… 238
労働権 ……………………… 229
労働市場付加年金［デンマーク］ ……… 350
労働者災害補償保険法 ………… 111, 304
労働者年金保険法 ……………… 299
労働者派遣法 ……………………… 232
　　──の改正 ……………………… 238
労働統合型社会的企業 …………… 379
労働費 ……………………… 199
労働保険［中国］ ……………………… 361
労働保険調査会 ……………………… 298
老齢基礎年金 ……………………… 75
老齢厚生年金 ……………………… 76
　　──の一部を代行 …………… 255
老齢年金 ……………………… 65
老齢年金法［イギリス］ …………… 276

ワ　行

ワークハウス ……………………… 269
ワークフェア ……………………… 370
ワーク・ライフ・バランス ……… 179, 243
ワイマル期 ……………………… 229

執筆者紹介(五十音順)

岩永理恵(神奈川県立保健福祉大学専任講師)　6章
尾玉剛士(東京大学大学院総合文化研究科学術研究員)　15章②
菊地英明(武蔵大学教授)　16章①
金　成垣(東京経済大学准教授)　8章，15章column
澤邉みさ子(東北公益文科大学教授)　7章
菅沼　隆(立教大学教授)　11章，14章，15章④
園田洋一(東北福祉大学教授)　12章
鄭　在哲(民主政策研究院研究委員)　2章
土田武史(早稲田大学名誉教授)　序章，10章，13章
堀真奈美(東海大学教授)　15章①
松江暁子(国際医療福祉大学専任講師)　8章
松本由美(熊本大学専任講師)　1章
百瀬優(流通経済大学准教授)　3章
森周子(高崎経済大学准教授)　15章③
森田慎二郎(東北文化学園大学教授)　4章，5章
山地久美子(大阪府立大学客員研究員)　16章③
于　洋(城西大学准教授)　9章
米澤　旦(明治学院大学専任講師)　16章②
李　蓮花(静岡大学准教授)　15章⑤

編著者紹介

土田武史（つちだ たけし）

1943年　秋田県横手市に生まれる
1969年　早稲田大学政治経済学部経済学科卒業
1972年　早稲田大学大学院経済学研究科修士課程修了
1993～2014年　早稲田大学商学部教授
現在　早稲田大学名誉教授　博士（商学）

主要著書

『ドイツ医療保険制度の成立』勁草書房，1997年
『先進諸国の社会保障4・ドイツ』（共著）東京大学出版会，1999年
『比較福祉国家論』（共著）法律文化社，1999年
『社会保障改革―日本とドイツの挑戦』（共著）ミネルヴァ書房，2008年
『社会保障概説・第7版』（共著）光生館，2009年
『日独社会保険政策の回顧と展望』（共著）法研，2011年

社会保障論　　商学双書3

2015年3月20日　初版第1刷発行
2020年9月20日　初版第2刷発行

|編著者|土　田　武　史|
|発行者|阿　部　成　一|

〒162-0041　東京都新宿区早稲田鶴巻町514番地

発行所　株式会社　成文堂

電話 03(3203)9201代　FAX 03(3203)9206
http://www.seibundoh.co.jp

製版・印刷・製本　シナノ印刷
©2015 T. Tsuchiya　printed in Japan
☆乱丁・落丁本はお取替えいたします☆　検印省略
ISBN978-4-7923-4254-8 C3036

定価（本体3,000円＋税）